|世界经典励志系列丛书|

羊皮卷智慧全集

承良 主编

内蒙古出版集团 远方出版社

图书在版编目（CIP）数据

羊皮卷智慧全集 / 承良 主编. -- 呼和浩特 : 远方出版社, 2014.4

（世界经典励志系列丛书）

ISBN 978-7-5555-0154-1

Ⅰ. ①羊… Ⅱ. ①承… Ⅲ. ①成功心理－通俗读物Ⅳ. ①B848. 4-49

中国版本图书馆CIP数据核字(2014)第055346号

世界经典励志系列丛书 · 羊皮卷智慧全集

主　　编　承　良
责任编辑　董美鲜
装帧设计　柏拉图
出版发行　内蒙古出版集团　远方出版社
社　　址　呼和浩特市乌兰察布东路666号
　　　　　（电话：0471-2236466 邮编：010010）
经　　销　新华书店
印　　刷　北京毅峰迅捷印刷有限公司
开　　本　710mm × 1040mm　1/16
字　　数　424千
印　　张　26.5
版　　次　2014年6月第1版
印　　次　2016年6月第1版第2次印刷
印　　数　1—6500册
标准书号　ISBN 978-7-5555-0154-1
定　　价　39.80元

《羊皮卷智慧全集》是一部人生“圣经”。它由一个流传了2000多年的财富故事导入，辑录了《伟大的励志书》、《获取成功的精神因素》、《从失败到成功的销售经验》等11本书的精华，涉及有关成功学的方方面面，其作者都是近200年来美国各个行业中的成功人士。

他们根据自己的经历，以独到的视角、犀利的文笔、极富感召力的理论，循循善诱地告知世人成功的秘密，以及由此带来的幸福生活的意义，引导人们从中汲取思想养料，收获人生智慧。

他们告诉你怎样面对人生，确立目标，把握人生机遇，迈出成功的第一步；也会帮助你全面了解自己的性格，抑制消极思想，培养积极向上的心态和战胜一切挫折的力量；帮助你学会选择、学会思考，靠智慧来创造和掌握财富。

在大师们的指导下，你能养成良好的习惯，懂得爱的力量、信仰的力量，持之以恒，团结合作，为成就大事业打好基础。同时，激励你向自己挑战，在短时间里克服困扰、拖累你的陋习，实现生命的终极突破和超越。

总之，这里有震古烁今的大秘密：为人处世的哲学、经商不败的法则与技巧、成功者必备的学习精神和品质……是最值得收藏的一部励志书。

如果你有志于成功，那就绝不能忽略它。至于你能领悟到什么程度，能实行到哪一步，则全看你个人的造化。但可以肯定的是，当你领悟了这启迪人心的“羊皮卷”秘密，你会发现生活的变化已天翻地覆，身体里仿佛有一股成功的体悟在涌动，成功的大门随即为你敞开。

现在，我们就将这部迄今为止，包含内容最广、思想最为丰富的励志书奉献给读者。书里充满伟大力量的思想，曾经改变了千百万人的命运，今天一定也会让你受益匪浅，助你踏上成功之路！

羊皮卷
智慧全集

目录
CONTENTS

第一篇
羊皮卷誓言
——西方商业圣经《世界上最伟大的推销员》

第二篇
获取成功的精神因素
——好的心态产生不可战胜的力量

第三篇 最伟大的力量
——学会选择，最伟大的力量来自选择

第四篇 伟大的励志书
——迈出成功的第一步

第五篇 思考的人——抑制消极思想的法宝

第六篇 钻石宝地
——人类靠智慧来创造和掌握财富

第七篇 思考致富
——只有会思考才能致富

第十篇
信仰的力量
——对“美”与“善”的信仰是神圣的

第十一篇
金克拉密码
——改变千万人生的一堂课

第十二篇 十天改变一生：终极突破
——突破生命的所有设限

第一篇

羊皮卷誓言

——西方商业圣经《世界上最伟大的推销员》

《世界上最伟大的推销员》被称为“西方商业圣经”。它重在励志，通过对10张羊皮卷的反复诵读，能培养人的潜意识。通过长期坚持，这种潜意识便转化为受益终生的好习惯。在日常生活和工作中，好习惯是做任何事情都能获得成功的关键。

羊皮卷的故事

2000年前，在今天阿拉伯地区的沙漠地带，有一个赶骆驼的男孩，名叫海菲。

他最急切的愿望就是要改变自己地位低下的生活，因为他爱上了一位美丽的姑娘，而姑娘的父亲却富有而势利……

他的恳求获得了他的老板——大名鼎鼎的皮货商人帕萨罗的恩准。为了验证他的潜力，帕萨罗派他到一个名叫伯利恒的小镇去卖一件袍子。

然而，他却失败了，因为出于一时的怜悯，他把袍子送给了客栈附近山洞里一个需要取暖的新生婴儿。

海菲满脸羞愧地回到皮货商那里，但有一颗明星却一直跟随着在他头顶上方闪烁。

帕萨罗将这种现象解释为上帝的启示，于是，他给了男孩10张羊皮卷，那里面记载着震古烁今的商业大秘密，有实现男孩所有抱负所必需的智慧。

海菲怀揣着这10张羊皮卷，带着老板给他的一笔本金，离开了驼群，走向远方，正式开始了他独立谋生的推销生涯。

若干年后，这个男孩成了一名富有的商人，并娶回了自己心爱的姑娘。他的成就在继续扩大，不久，一个浩大的商业王国在阿拉伯半岛崛起……

羊皮卷之一：今天，我开始新的生活

今天，我爬出满是失败创伤的茧壳。

今天，我重新来到这个世上，我出生在葡萄园中，园内的葡萄任人享用。

今天，我要从最高最密的藤上摘下智慧的果实。这葡萄藤是好几代前的智者种下的。

今天，我要品尝葡萄的美味，还要吞下每一粒成功的种子，让新生命在我心里萌芽。

我选择的道路充满机遇，也有辛酸与绝望。失败的同伴数不胜数，叠在一起，比金字塔还高。

然而，我不会像他们一样失败，因为我手中持有航海图，它可以引领我越过汹涌的大海，抵达梦中的彼岸。

失败不再是我奋斗的代价，它和痛苦都将从我的生命中消失。失败和我，就像水火一样互不相容。我不再像过去那样接受它们。我要在智慧的指引下，走出失败的阴影，步入富足、健康、快活的乐园，这些都超出了我以往的梦想。

我要是能长生不老，就可以学到一切，但我不能永生，所以，在有限的人生里，我必须学会忍耐的艺术，因为大自然的行为一向是从容不迫的。造物主创造树中之王橄榄树需要100年的时间，而洋葱经过短短的9个星期就会枯老。我不留恋从前那种洋葱式的生活，我要成为万树之王——橄榄树，成为现实中最伟大的推销员。

怎么可能？我既没有渊博的知识，又没有丰富的经验，况且，我曾一度跌入愚昧与自怜的深渊。答案很简单：我不会让所谓的知识或者经验妨碍我的行程。造物主已经赐予我足够的知识和本能，这份天赋是其他生物望尘莫及的。经验的价值往往被高估了，人老的时候开口讲的多是糊涂话。说实在的，经验确实能教给我们很多东西，只是这需要花费太长的时间。等到人们获得智慧的时候，其价值已随着时间的消逝而减少了。结果往往是这样，经验丰富了，人也余生无多。经验和时尚有关，适合某一时代的行为，却并不意味着在今天仍然行得通。

只有原则是持久的，而我现在正拥有了这些原则。这些可以指引我走向成功的原则全写在这几张羊皮卷里。它教我如何避免失败，而不只是获得成功，因为成功更是一种精神状态。人们对于成功的定义，见仁见智，而失败却往往只有一种解释，就是一个人没能达到他的人生目标，不论这些目标是什么。

事实上，成功与失败的最大分别，来自不同的习惯。好习惯是开启成功之门的钥匙，坏习惯则是一扇向失败敞开的门。因此，我首先要做的便是养成良好的习惯，全心全意去实行。

小时候，我常会感情用事。现在长大成人了，我要用良好的习惯代替一时的冲动。我的自由意志屈服于多年养成的恶习，它们威胁着我的前途。我的行为受到品位、情感、偏见、欲望、爱、恐惧、环境和习惯的影响，其中最厉害的就是习惯。因此，如果我必须受习惯支配的话，那就让我受好习惯的支配。那些坏习惯必须戒除，我要在新的田地里播种好的种子。

我要养成良好的习惯，全心全意去实行。这不是轻而易举的事情，要怎样才能做到呢？靠这些羊皮卷就能做到。因为每一卷里都写着一个原则，可以摒除一个坏习惯，换取一个好习惯，使人进步，走向成功。这也是自然法则之一，只有一个习惯才能抑制另一个习惯。所以，为了走好我选择的道路，我必须养成的第一个习惯是：

每张羊皮卷用30天的时间阅读，然后再进入下一卷。

清晨即起，默默诵读；午饭之后，再次默读；夜晚睡前，高声朗读。第二天的情形完全一样。这样持续30天后，就可以打开下一卷了。每一卷都依照同样的方法读上30天，久而久之，它们就成为一种习惯了。

这些习惯有什么好处呢？它们隐含着人类成功的秘诀。当我每天重复这些话的时候，它们成了我精神活动的一部分，更重要的是，它们渗入我的心灵。那是一个神秘的世界，永不静止，创造梦境，在不知不觉中影响我的行为。

当这些羊皮卷上的文字被我奇妙的心灵完全吸收之后，我每天都会充满活力地醒来。我从来没有这样精力充沛过。我变得更有活力，更有热情，要向世界挑战的欲望克服了一切恐惧与不安。在这个充满争斗和悲伤的世界里，我竟然比以前更快活。

最后，我会发现自己有了应付一切情况的办法。不久，这些办法我都能运用自如。因为任何方法只要多加练习，就会变得简单易行。经过多次重复，一种看似复杂的行为就变得轻而易举，实行起来就会有无限的乐趣，有了乐趣，出于人之天性，我就更乐意常去实行。于是，一个好的习惯便诞生了，习惯成为自然。既是一个好的习惯，也就是我的意愿。

今天，我开始新的生活。

我郑重地发誓，决不让任何事情妨碍我新生命的成长。在阅读这些羊皮卷的时候，我决不浪费一天时间，因为时光一去不返，失去的光阴是无法弥补的。我也决不打破每天阅读的习惯。事实上，每天在这些新习惯上花费少许时间，相对于可能获得的快乐与成功，只是微不足道的代价。

当我阅读羊皮卷中的字句时，决不能因为文字的精练而忽视内容的深沉。一瓶葡萄美酒需要由千百颗果子酿制而成，果皮和渣子抛给小鸟，葡萄的智慧代代相传，有些被过滤，有些被淘汰，随风飘逝。只有纯正的真理才是永恒的，它们就凝结在我要阅读的文字中。我要依照指示，种下成功的种子。

今天，我的茧化为尘埃。我在人群中昂首阔步，不会有人认出我来，因为我不再是过去的自己，我已拥有新的生命。

羊皮卷之二：用全身心的爱来迎接今天

我要用全身心的爱来迎接今天。

因为，这是一切成功的最大的秘密。强力能够劈开一块盾牌，甚至毁灭生命，但只有爱才具有无与伦比的力量，使人们敞开心扉。在掌握爱的艺术之前，我只能算是商场上的无名小卒。我要让爱成为我最强大的武器，没有人能抵挡它的威力。

我的理论，他们也许反对；我的言谈，他们也许怀疑；我的穿着，他们也许不赞成；我的长相，他们也许不喜欢；甚至我廉价出售的商品都可能使他们将信将疑；然而我的爱心定能温暖他们，就像太阳的光芒能溶化冰冷的冻土。我要用全身心的爱来迎接今天。

我该怎样做呢？从今往后，我对一切都要满怀爱心，这样才能获得新生。我爱太阳，它温暖我的身体；我爱雨水，它洗净我的灵魂；我爱光明，它为我指引道路；我也爱黑夜，它让我看到星辰。我迎接快乐，它使我心胸开阔；我忍受悲伤，它升华我的灵魂；我接受报酬，因为我为此付出汗水；我不怕困难，因为它们给我挑战。我要用全身心的爱来迎接今天。

我该怎样说呢？我赞美敌人，敌人于是成为朋友；我鼓励朋友，朋友于是成为手足。我要常想理由赞美别人，绝不搬弄是非，道人长短。想要批评人时，咬住舌头；想要赞美人时，高声表达。飞鸟、清风、海浪，自然界的万物不都在用美妙动听的歌声赞美造物主吗？我也要用同样的歌声赞美她的儿女。从今往后，我要记住这个秘密，它将改变我的生活。我要用全身心的爱来迎接今天。

我该怎样行动呢？我要爱每个人的言谈举止，因为人人都有值得钦佩的性格，虽然有时不易察觉。我要用爱摧毁困住人们心灵的高墙，那充满怀疑与仇恨的高墙。我要建一座通向人们心灵的桥梁。我爱雄心勃勃的人，他们给我灵感；我爱失败的人，他们给我教训。我爱王侯将相，因为他们也是凡人；我爱谦恭之人，因为他们非凡。我爱富人，因为他们孤独；我爱穷人，因为穷人太多了。我爱少年，因为他们真诚；我爱长者，因为他们有智慧。我爱美丽的人，因为他们眼中流露着凄迷；我爱丑陋的人，因为他们有颗宁静的心。我要用全身心的爱来迎接今天。

我该怎样回应他人的行为呢？用爱心。爱是我打开人们心扉的钥匙，也是我抵挡仇恨之箭与愤怒之矛的盾牌。爱使挫折变得如春雨般温和，它是我商场上的护身符：孤独时，给我支持；绝望时，使我振作；狂喜时，让我平静。这种爱心会一天天加强，越发具有保护力，直到有一天，我可以自然地面对芸芸众生，处之泰然。我要用全身心的爱来迎接今天。

我该怎样面对遇到的每一个人呢？只有一种办法：在心里默默地为他祝福。这无言的爱会闪现在我的眼神里，流露在我的眉宇间，让我嘴角挂上微笑，在我的声音里响起共鸣。在这无声的爱意里，他的心扉向我敞开了，他不再拒绝我推销的货物。我要用全身心的爱来迎接今天。

最主要的，我要爱自己。只有这样，我才会认真检查我的身体、思想、精神、头脑、灵魂、胸怀等一切东西。我决不放纵肉体的需求，我要用清洁与节制来珍惜我的身体。我决不让头脑受到邪恶与绝望的引诱，我要用智慧和知识使之升华。我决不让灵魂陷入自满的状态，我要用沉思和祈祷来滋润它。我决不让胸怀狭隘，我要与人分享，使它成长，温暖整个世界。我要用全身心的爱来迎接今天。

从今往后，我要爱所有的人。仇恨将从我的血管中流走。我没有时间去恨，只有时间去爱。现在，我迈出了成为一个优秀的人的第一步。有了爱，我将成为伟大的推销员，即使才疏智浅，也能以爱心获得成功；相反的，如果没有爱，即使博学多识，也终将失败。

我要用全身心的爱来迎接今天。

羊皮卷之三：坚持不懈，直到成功

在古老的东方，挑选小公牛到竞技场格斗有一定的程序。它们被带进场地，向手持长矛的斗牛士攻击，裁判以它受戳后再向斗牛士进攻的次数来评定这头公牛的勇敢程度。从今往后，我必须承认，我的生命的每一天都在接受类似的考验。如果我坚韧不拔，勇往直前，迎接挑战，那么我一定会成功。坚持不懈，直到成功。

我不是为了失败才来到这个世界上的，我的血管里也没有失败的血液在流动。我不是任人鞭打的羔羊，我是猛狮，不与羊群为伍。我不想听失意者的哭泣、抱怨者的牢骚，这是羊群中的瘟疫，我不能被它传染。失败者的屠宰场不是我命运的归宿。坚持不懈，直到成功。

生命的奖赏远在旅途的终点，而非起点附近。我不知道要走多少步才能达到目标，踏上第1000步的时候，仍然可能遭到失败。但成功就藏在拐角后面，除非拐了弯，否则我将永远不知道还有多远。再前进一步，如果没有用，就再向前一步。事实上，每次进步一点点并不太难。坚持不懈，直到成功。

从今往后，我承认每天的奋斗就像对参天大树的一次砍击，头几刀可能了无痕迹，每一击看似微不足道，然而，累积起来，巨树终会倒下，这恰如我今天的努力。就像冲洗高山的雨滴、吞噬猛虎的蚂蚁、照亮大地的星辰、建起金字塔的奴隶，我也要一砖一瓦地建造起自己的城堡，因为我深知水滴石穿的道理，只要持之以恒，什么都可以做到。坚持不懈，直到成功。

我绝不考虑失败，我的字典里不再有放弃、不可能、办不到、没法子、成问题、失败、行不通、没希望、退缩……这类愚蠢的字眼。我要尽量避免绝望，一旦受到它的威胁，立即想方设法向它挑战。我要辛勤耕耘，忍受苦楚。我放眼未来，勇往直前，不再理会脚下的障碍。我坚信，沙漠的尽头必是绿洲。坚持不懈，直到成功。

我要牢牢记住古老的平衡法则，鼓励自己坚持下去，因为每一次失败都会增加下一次成功的机会。这一次的拒绝就是下一次的赞同，这一次皱起的眉头就是下一次舒展的笑容。今天的不幸，往往预示着明天的好运。夜幕降临，回想一天的遭遇，我总是心存感激。我深知，只有失败多次，才能成功。坚持不懈，直到成功。

我要尝试，尝试，再尝试。障碍是我成功道路上的弯路，我将迎接这项挑战。我要像水手那样，乘风破浪。坚持不懈，直到成功。

从今往后，我要借鉴别人成功的秘诀。过去的是非成败，我全不计较，只抱定信念，明天会更好。当我精疲力竭时，我要抵制回家的诱惑，再试一次。我一试再试，争取每一天的成功，避免以失败收场。我要为明天的成功播种，超过那些按部就班的人。在别人停滞不前时，我继续拼搏，终有一天我会丰收。坚持不懈，直到成功。

我不因昨日的成功而满足，因为这是失败的先兆。我要忘却昨日的一切，是好是坏，都让它随风而去。我信心百倍，迎接新的太阳，相信“今天是此生最美好的一天”。只要我一息尚存，就要坚持到底，因为我已深知成功的秘诀：坚持不懈，终会成功。

羊皮卷之四：我是自然界最伟大的奇迹

自从上帝创造了天地万物以来，没有一个人和我一样，我的头脑、心灵、眼睛、耳朵、双手、头发、嘴唇，都是与众不同的。言谈举止和我完全一样的人，以前没有，现在没有，以后也不会有。虽然四海之内皆兄弟，然而人人各异。我是独一无二的造化。我是自然界最伟大的奇迹。

我不可能像动物一样容易满足。我心中燃烧着代代相传的火焰。它激励我超越自己。我要使这团火燃得更旺，向世界宣布我出类拔萃。没有人能模仿我的笔迹，我的商标，我的成果，我的推销能力。从今往后，我要使自己的个性充分发展，因为这是我得以成功的一大资本。我是自然界最伟大的奇迹。

我不再徒劳地模仿别人，而要展示自己的个性。我不但要宣扬它，还要推销它。我要学会去同存异，强调自己与众不同之处，回避人所共有的通性，并且要把这种原则运用到商品上。推销员和货物，两者皆独树一帜，我为此而自豪。我是独一无二的奇迹。物以稀为贵。我特立独行，因而身价百倍。我是千万年进化的终端产物，头脑和身体都超过以往的帝王与智者。但是，我的技艺、我的头脑、我的心灵、我的身体若不善加利用，都将随着时间的流逝而迟钝、腐朽，甚至死亡。我的潜力无穷无尽，脑力、体能稍加开发，就能超过以往的任何成就。从今天开始，我要开发潜力。我不再因昨日的成绩沾沾自喜，不再为微不足道的成绩自吹自擂。我能做得比已经完成的更好。我的出生并非最后一个奇迹，为什么自己不能再创奇迹呢？我是自然界最伟大的奇迹。

我不是随意来到这个世上的。我生来应为高山，而非草芥。从今往后，我要竭尽全力成为群峰之首，将我的潜能发挥到最大限度。我要吸取前人的经验，了解自己以及手中的货物，这样才能成倍地增加销量。我要字斟句酌，反复推敲推销时用的语言，因为这是成就事业的关键。我绝不忘记，许多成功的商人，其实只有一套说辞，却能使他们无往不利。我也要不断改进自己的仪态和风度，因为这是吸引别人的美德。我是自然界最伟大的奇迹。

我要专心致志对抗眼前的挑战，我的行动会使我忘却其他一切，不让家事缠身。身在商场，不可恋家，否则会使我思想混沌。另一方面，当我与家人同处时，一定得把工作留在门外，否则会使家人感到冷落。商场上没有一块属于家人的地方，同样，家中也没有谈论商务的地方，两者必须截然分开，否则就会顾此失彼，这是很多人难以走出的误区。我是自然界最伟大的奇迹。

我有双眼，可以观察；我有头脑，可以思考。现在我已洞悉了一个人生中伟大的奥秘。我发现，一切问题、沮丧、悲伤，都是乔装打扮的机遇之神。我不再被他们的外表蒙骗，我已睁开双眼，看破了他们的伪装。我是自然界最伟大的奇迹。

飞禽走兽、花草树木、风雨山石、河流湖泊，都没有像我一样的起源，我孕育在爱中，肩负使命而生。过去我忽略了这个事实，从今往后，它将塑造我的性格，引导我的人生。我是自然界最伟大的奇迹。

自然界不知何谓失败，终以胜利者的姿态出现，我也要如此，因为成功一旦降临，就会再度光顾。我会成功，我会成为伟大的推销员，因为我举世无双。我是自然界最伟大的奇迹。

羊皮卷之五：我生命中的最后一天

假如今天是我生命中的最后一天，我该如何利用这最后、最宝贵的一天呢？首先，我该把一天的时间珍藏好，不让一分一秒的时间滴漏。我不为昨日的不幸叹息，过去的已够不幸，不要再赔上今日的运道。时光会倒流吗？太阳会西升东落吗？我可以纠正昨天的错误吗？我能抚平昨日的创伤吗？我能比昨天年轻吗？一句出口的恶言，一记挥出的拳头，一切造成的伤痛，能收回吗？不能！过去的永远过去了，我不再去想它。

假如今天是我生命中的最后一天。我该怎么办？忘记昨天，也不要痴想明天。明天是一个未知数，为什么要把今天的精力浪费在未知的事情上？想着明天的种种，今天的时光也白白流逝了。企盼今早的太阳再次升起，太阳已经落山。走在今天的路上，能做明天的事吗？我能把明天的金币放进今天的钱袋里吗？明日瓜熟，今日能蒂落吗？明天的死亡能将今天的欢乐蒙上阴影吗？我不能杞人忧天。明天和昨天一样被我埋葬。我不再想它。

今天是我生命中的最后一天。这是我仅有的一天，是现实的永恒。我像被赦免死刑的囚犯，用喜悦的泪水拥抱新生的太阳。我举起双手，感谢这无与伦比的一天。当我想到昨天和我一起迎接日出的朋友，今天已不复存在时，我为自己的幸存，感谢上苍。我是无比幸运的人，今天的时光是额外的奖章。许多强者都先我而去，为什么我得到这额外的一天？是不是因为他们已大功告成，而我尚在途中跋涉？如果这样，这是不是成就我的一次机会，让我功德圆满？造物主的安排是否别具匠心？今天是不是我超越他人的机会？

今天是我生命中的最后一天。生命只有一次，而人生也不过是时间的累积。我若让今天的时光白白流逝，就等于毁掉人生的最后一页。因此，我珍惜今天的一分一秒，因为它们将一去不复返。我无法把今天存入银行，明天再来取用。时间像风一样不可捕捉。每一分每一秒，我都要用双手捧住，用爱心抚摸，因为它们如此宝贵。垂死的人用毕生的钱财都无法换得一口生气。我无法计算时间的价值，它们是无价之宝！

今天是我生命中的最后一天。我憎恨那些浪费时间的行为。我要摧毁拖延的习性。我要以真诚埋葬怀疑，用信心驱逐恐惧。我不听闲话，不游手好闲，不与不务正业的人来往。我终于醒悟到，若是懒惰，无异于从我所爱之人手中窃取食物和衣裳。我不是贼，我有爱心，今天是我最后的机会，我要证明我的爱心和伟大。

今天是我生命中的最后一天。今日事，今日毕。今天我要趁孩子还小的时候，多加爱护，明天他们将离我而去，我也会离开；今天我要深情地拥抱我的妻子，给她甜蜜的热吻，明天她会离去，我也是；今天我要帮助落难的朋友，明天他不再求援，我也听不到他的哀求。我要乐于奉献，因为明天我无法给予，也没有人来领受了。

今天是我生命中的最后一天。如果这是我的末日，它就是不朽的纪念日。我把它当成最美好的日子。我要把每分每秒化为甘露，一口一口细细品尝，满怀感激。我要让每一分钟都有价值。我要加倍努力，直到精疲力竭。即使这样，我还要继续努力。我要拜访更多的顾客，销售更多的货物，赚取更多的财富。今天的每一分钟都胜过昨天的每一小时，最后的也是最好的。

假如今天是我生命中的最后一天，我一定会珍惜。如果不是的话，我要跪倒在上苍面前，深深致谢。

羊皮卷之六：我要学会控制情绪

今天，我要学会控制情绪。潮起潮落，冬去春来，夏末秋至，日出日落，月圆月缺，雁来雁往，花开花谢，草长瓜熟，自然界万物都在循环往复的变化中，我也不例外，情绪会时好时坏。

今天，我要学会控制情绪。这是大自然的玩笑，很少有人窥破天机。每天我醒来时，不再有旧日的心情。昨日的快乐变成今日的哀愁，今日的悲伤又转为明日的喜悦。我心中像有一只轮子在不停地转着，由乐而悲、由悲而喜、由喜而忧。这就好比花儿的变化，今天绽放的喜悦也会变成凋谢时的绝望。但是我要记住，正如今天枯败的花儿蕴藏着明天新生的种子，今天的悲伤也预示着明天的欢乐。

今天，我要学会控制情绪。我怎样才能控制情绪，以使每天卓有成效呢？除非我心平气和，否则迎来的又将是失败的一天。花草树木，随着气候的变化而生长，但是我为自己创造天气。我要学会用自己的心灵弥补气候的不足。如果我为顾客带来风雨、忧郁、黑暗和悲观，他们也会报之以风雨、忧郁、黑暗和悲观，而且什么也不会买。相反，如果我为顾客献上欢乐、喜悦、光明和笑声，他们也会报之以欢乐、喜悦、光明和笑声，我就能获得销售上的丰收，赚取成仓的金币。

今天，我要学会控制情绪。我怎样才能控制情绪，让每天充满幸福和欢乐呢？我要学会这个千古秘诀：弱者任思绪控制行为，强者让行为控制思绪。每天醒来，当我被悲伤、自怜、失败的情绪包围时，我就这样与之对抗：沮丧时，我引吭高歌；悲伤时，我开怀大笑；病痛时，我加倍工作；恐惧时，我勇往直前；自卑时，我换上新装；不安时，我提高嗓音；

穷困潦倒时，我想象未来的富有；力不从心时，我回想过去的成功；自轻自贱时，我想想自己的目标。总之，今天我要学会控制自己的情绪。

从今往后，我明白了，只有低能者才会江郎才尽，我并非低能者，我必须不断对抗那些企图摧垮我的力量。失望与悲伤一眼就会被识破，而其他许多敌人是不易觉察的。它们往往面带微笑，招手而来，却随时可能将我摧毁。对它们，我永远不能放松警惕。自高自大时，我要追寻失败的记忆；纵情享受时，我要记得挨饿的日子；扬扬得意时，我要想想竞争的对手；沾沾自喜时，不要忘记忍辱的时刻；自以为是时，看看自己能否让风停止；腰缠万贯时，想想那些食不果腹的人；骄傲自满时，要想到自己怯懦的时候；不可一世时，让我抬头，仰望群星。

今天，我要学会控制情绪。有了这项新本领，我也更能体察别人的情绪变化。我宽容怒气冲冲的人，因为他尚未懂得控制自己的情绪。这样想我就可以忍受他的指责与辱骂，因为我知道明天他会改变，重新变得随和。我不再只凭一面之交来判断一个人，也不再因一时的怨恨与人绝交。今天不肯花一分钱购买金篷马车的人，明天也许会用全部家当换取树苗。知道了这个秘密，我就可以获得巨大的财富。

今天，我要学会控制自己的情绪。我从此领悟了人类情绪变化的奥秘。对于自己千变万化的个性，我不再听之任之。我知道，只有积极主动地控制情绪，才能掌握自己的命运。我控制自己的命运，而我的命运就是成为世界上最伟大的推销员！

我成为自己的主人。我由此变得伟大。

羊皮卷之七：我要笑遍世界

只有人类才会笑。树木受伤时会流“血”，禽兽也会因痛苦和饥饿而哭嚎哀鸣。然而，只有我才具备笑的天赋，可以随时开怀大笑。从今往后，我要培养笑的习惯。

笑有助于消化，笑能减轻压力，笑是长寿的秘方。现在我终于掌握了它。

我要笑遍世界。我笑自己，因为自视甚高的人往往显得滑稽。千万不能跌进这个精神陷阱。虽说我是造物主最伟大的奇迹，但我不也是沧海一粟吗？我真的知道自己从哪里来，到哪里去吗？我现在所关心的事情，10年后看来，不会显得愚蠢吗？为什么我要让现在发生的微不足道的琐事来烦扰自己？在这漫漫的历史长河中，能留下多少日落的记忆？

我要笑遍世界。当我受到别人的冒犯时，当我遇到不如意的事情时，我只会流泪诅咒，怎么可能笑得出来？有一句至理名言，我要反复练习，直到它们深入我的骨髓，能脱口而出，让我永远保持良好的心境。这句话，传自远古时代，它们将陪我渡过难关，使我的生活保持平衡。这句至理名言就是——这一切都会过去。

我要笑遍世界。世上种种到头来都会成为过去。当我心力衰竭时，我安慰自己，这一切都会过去；当我因成功而扬扬得意时，我提醒自己，这一切都会过去；穷困潦倒时，我告诉自己，这一切都会过去；腰缠万贯时，我也告诉自己，这一切都会过去。是的，昔日修筑金字塔的人早已作古，埋在冰冷的石头下面，而金字塔有朝一日也会埋在沙土下面。如果世上种种终必成空，我又为何对今天的得失斤斤计较？

我要笑遍世界。我要用笑声点缀今天，我要用歌声照亮黑夜。我不再苦苦寻觅快乐，我要在繁忙的工作中忘记悲伤。我要享受今天的快乐，它不像粮食可以贮藏，更不似美酒越陈越香。我不是为将来而活，今天播种今天收获。

我要笑遍世界。笑声中，一切都显露本色。我笑自己的失败，它们将化为梦的云彩；我笑自己的成功，它们回复本来面目；我笑邪恶，它们离我而去；我笑善良，它们助我心想事成。我要用我的笑容感染别人，虽然我的目的自私，但这确是成功之道，因为皱起的眉头会让顾客弃我而去。

我要笑遍世界。从今往后，我只因幸福而落泪，因为悲伤、悔恨、挫折的泪水在商场上毫无价值，只有微笑可以换来财富，善言可以建起一座城堡。我不再允许自己因为变得重要、聪明、体面、强大，而忘记如何嘲笑自己和周围的一切。在这一点上，我要永远像小孩子一样，因为只有做回小孩子，我才能尊敬别人，而只有尊敬别人，我才不会自以为是。

我要笑遍世界。只要我能笑，就永远不会贫穷。这也是天赋，我不再浪费它。只有在笑声和快乐中，我才能真正体会到成功的滋味。只有在笑声和快乐中，我才能享受到劳动的果实。如果不是这样的话，我会失败，因为快乐是提味的美酒佳酿。要想享受成功，必须先有快乐，而笑声便是那伴娘。

我要快乐。

我要成功。

我要成为世上最伟大的推销员。

羊皮卷之八：我要加倍重视自己的价值

今天，我要加倍重视自己的价值。

桑叶在天才的手中变成了丝绸。

黏土在天才的手中变成了堡垒。

柏树在天才的手中变成了殿堂。

羊毛在天才的手中变成了袈裟。

如果桑叶、黏土、柏树、羊毛经过人的加工，可以成百上千倍地提高自身的价值，我为什么不能使自己身价百倍呢?

今天，我要加倍重视自己的价值。我的命运如同麦粒，有着3种不同的前途。麦粒可能被装进麻袋，堆在货架上，等着喂猪；也可能被磨成面粉，做成面包；还可能被撒在土壤里，发芽生长，直到金黄色的麦穗上结出更多的麦粒。我和麦粒唯一的不同在于：麦粒无法选择自己的前途，而我有选择的自由。我不会让生命腐烂，也不会让它在失败、绝望的岩石下被磨碎，任人摆布。

今天，我要加倍重视自己的价值。要想让麦粒生长、结实，必须把它种植在黑油油的泥土中，我的失败、失望、无知、无能便是那黑油油的泥土，我须深深地扎在泥土中，等待成熟。麦粒在阳光雨露的哺育下，终将发芽、开花、结实。同样，我也要健全自己的身体和心灵，以实现自己的梦想。麦粒须等待大自然的契机方能成熟，而我却无须等待，因为我有选择自己命运的能力。

今天，我要加倍重视自己的价值。怎样才能做到呢? 首先，我要为每一天、每个星期、每个月、每一年，甚至我的一生确立目标。正像种子需要雨水的滋润才能破土而出，发芽长叶，我的生命也须有目标方能结出硕果。在制定目标的时候，不妨参考过去最好的成绩，使其发扬光大。这必须成为我未来生活的目标。永远不要担心目标过高。取法乎上，得其中也；取法乎中，得其下也。

今天，我要加倍重视自己的价值。高远的目标不会让我望而生畏，虽然在达到目标以前可能屡受挫折。摔倒了，再爬起来，我不灰心，因为每个人在抵达目标前都会受到挫折。只有小爬虫不必担心摔倒。我不是小爬虫，不是洋葱，不是绵羊，我是一个人。让别人用他们的黏土造洞穴吧，我只要造一座城堡。

今天，我要加倍重视自己的价值。太阳温暖大地，麦粒吐穗结实。这些羊皮卷上的话也会照耀我的生活，使梦想成真。今天，我要超越昨日的成就。我要竭尽全力攀登今天的高峰，明天更上一层楼。超越别人并不重要，超越自己才是最重要的。

今天，我要加倍重视自己的价值。春风吹熟了麦穗，风声也将我的声音吹往那些愿意聆听者的耳畔。我要宣告我的目标。君子一言，驷马难追。我要成为自己的预言家。虽然大家可能嘲笑我的言辞，但会倾听我的计划，了解我的梦想，因此我无处可逃，直到兑现诺言。

今天，我要加倍重视自己的价值。我不能降低目标。我要做失败者不屑一顾的事。我不停留在力所能及的事上。我不满足于现有的成就。目标达到后，再定一个更高的目标。我要努力使下一刻比此刻更好。我要常常向世人宣告我的目标。但是，我决不炫耀我的成绩。让世人来赞美我吧，但愿我能明智而谦恭地接受它们！

今天，我要加倍重视自己的价值。一颗麦粒可以变成数千株麦苗，这些麦苗又可以结出更多的麦粒，如此下去，它们可以供养世上所有的人。难道我不如一颗麦粒吗？当我完成这件事后，我要再接再厉。

当羊皮卷上的话在我身上实现时，世人会惊叹我的伟大。

羊皮卷之九：我现在就付诸行动

我现在就付诸行动。我的幻想毫无价值，我的计划渺如尘埃，我的目标不可能达到。一切的一切毫无意义——除非我们付诸行动。

我现在就付诸行动。一张地图，不论多么详尽，比例多么精确，它永远不可能带着它的主人在地面上移动半步。一个国家的法律，不论多么公正，永远不可能防止罪恶的发生。任何宝典，即使是我手中的羊皮卷，永远不可能创造财富。只有行动才能使地图、法律、宝典、梦想、计划、目标具有现实意义。行动，像食物和水一样，能滋养我，使我成功。

我现在就付诸行动。拖延使我裹足不前，它来自恐惧。现在我从所有勇敢的心灵深处，体会到这一秘密。我知道，要想克服恐惧，必须毫不犹豫，行动起来，唯有如此，心中的慌乱方得以平定。现在我知道，行动会使猛狮般的恐惧，减弱为蚂蚁般的平静。

我现在就付诸行动。从此我要记住萤火虫的启迪：只有在振翅的时候，才能发出光芒。我要成为一只萤火虫，即使在艳阳高照的白天，我也要发出光芒。让别人像蝴蝶一样，舞动翅膀，靠花朵的施舍生活；我要做萤火虫，照亮大地。

我现在就付诸行动。我不把今天的事情留给明天，因为我知道今天是永远不会再来临的。现在就去行动吧！即使我的行动不会带来快乐与成功，但是做而失败总比坐以待毙好。行动也许不能结出快乐的果实，但是没有行动，所有的果实都无法收获。

我现在就付诸行动。立刻行动！立刻行动！立刻行动！从今往后，我要一遍又一遍，每时每刻重复这句话，直到成为习惯，好比呼吸一般，成为本能，好比眨眼一样。有了这句话，我就能调整自己的情绪，迎接失败者避而远之的每一次挑战。

我现在就付诸行动。我要一遍又一遍地重复这句话。清晨醒来时，失败者流连于床榻；我却要默诵这句话，然后开始行动。

我现在就付诸行动。外出推销时，失败者还在考虑是否会遭到拒绝的时候，我要默诵这句话，去面对第一个来临的顾客。

我现在就付诸行动。面对紧闭的大门，失败者怀着恐惧与惶惑的心情，在门外等候；我却默诵这句话，随即上前敲门。

我现在就付诸行动。面对诱惑时，我默诵这句话，然后远离罪恶。

我现在就付诸行动。只有行动才能决定我在商场上的价值。若要我的价值加倍，我必须加倍努力。我要前往失败者惧怕的地方，当失败者休息的时候，我要继续工作；失败者沉默的时候，我开口推销。我要拜访10户可能买我东西的人家，而失败者在一番周详的计划之后，却只拜访一家。在失败者认为为时太晚时，我已经大功告成。

我现在就付诸行动。现在是我的所有。明日是为懒汉保留的工作日，我并不懒惰。明日是弃恶从善的日子，我并不邪恶。明日是弱者变为强者的日子，我并不软弱。明日是失败者的借口，我并不是失败者。

我现在就付诸行动。我是雄狮，我是苍鹰，饥即食，渴即饮。除非行动，否则死路一条。我渴望成功、快乐、心灵的平静。除非行动，否则我将在失败、不幸、夜不成眠的日子中死亡。我发布命令。我要服从自己的命令。

我现在就付诸行动。成功不是等待。如果我迟疑，她会投入别人的怀抱，永远弃我而去。

此时。此地。此人。

我现在就付诸行动。

羊皮卷之十：我言出必行，行之必果

即使没有信仰的人，遇到灾难的时候，不也是呼求神的保佑吗？一个人在面临危险、死亡或一些从未见过或无法理解的神秘之事时，不也曾失声大喊吗？每一个生灵在危险的时刻都会脱口而出的这种强烈的本能，是由何而生的呢？

把你的手在别人眼前出其不意地挥一下，你会发现他的眼皮会本能地眨一下；在他的膝盖上轻轻一击，他的腿会跳动；在黑暗中吓一个朋友，他会本能地大叫一声“天啊”。

不管你有没有宗教信仰，这些自然现象谁也无法否认。世上所有的生物，包括人类，都具有求助的本能。为什么我们会有这种本能、这种恩赐呢？我们发出的喊声，不是一种祈祷的方式吗？

人们无法理解，在一个受自然法则统治的世界里，上苍将这种求救的本能赐予了羊、驴子、小鸟、人类，同时也规定这种求救的声音应被一种超凡的力量听到并作出回应。

从今往后，我要祈祷，但是我只求指点迷津。我从不求物质的满足。我不祈求有仆人为我送来食物，不求屋舍、金银财宝、爱情、健康、小的胜利、名誉、成功或者幸福。我只求得到指引，为我指引获得这些东西的途径，我的祷告都有回音。

我所祈求的指引可能得到，也可能得不到，但这两种结果不都是一种回音吗？如果一个孩子问爸爸要面包，面包没有到手，这不也是父亲的答复吗？我要祈求指导，以一个推销员的身份来祈祷——万能的主啊，帮助我吧！

今天，我独自一人，赤条条地来到这个世上，没有您的双手指引，我将远离通向成功与幸福的道路。我不求金钱或衣衫，甚至不求适合我能力的机遇，我只求您引导我获得抓住机遇的能力。您曾教狮子和雄鹰如何利用牙齿和利爪觅食。求您教给我如何利用言辞谋生，如何借助爱心得兴旺，使我能成为人中的狮子、商场上的雄鹰。帮助我，让我经历挫折和失败后仍能谦恭待人，让我看见胜利的奖赏。把别人不能完成的工作交给我，指引我从他们的失败中获取成功的种子。让我面对恐惧，好磨炼我的精神。给我勇气，嘲笑自己的疑虑和胆怯。赐给我足够的时间，好让我达到目标。帮助我珍惜每日如最后一天，引导我言出必行，行之必果。

让我在流言蜚语中保持缄默。鞭策我，让我养成一试再试的习惯。教我使用平衡法则的方法。让我保持敏感，得以抓住机会。赐给我耐心，得以集中力量。让我养成良好的习惯，戒除不良嗜好。赐给我同情心，同情别人的弱点。让我知道，一切都将过去，却也能计算每日的恩赐。让我看出何谓仇恨，使我对它不再陌生。但让我充满爱心，使陌生人变成朋友。

但这一切祈求都要合乎您的意愿。我只是个微不足道的人物，如同那孤零零地挂在藤上的葡萄。然而，您使我与众不同。事实上，我必须有一个特别的位置。指引我，帮助我，让我看到前方的路。

您把我当种子种下，让我在世界的葡萄园里发芽，让我成为您为我计划的一切。

帮助我这个谦卑的推销员吧！

主啊，指引我！

羊皮卷的实践

你可以在任何一个星期一开始填写你的成功记录表，一旦开始，就不能中断，除非患了严重的疾病。还有一个例外，如果在你执行这项计划的过程中，碰巧有一次休假，那么尽管让自己去享受假日的轻松。然后，一旦假期结束，就立刻继续执行计划。

现在，你要开始阅读第一张羊皮卷。这一卷会告诉你阅读其他几卷的方法以及时间的安排。在你开始进入这项计划的那个星期一之前的周末，把这一卷预先多看几遍。

注意，千万不要因为卷内叙述的方法太简单而泄气，要知道简单平易才是成功的关键。

现在，你马上就要开始学习如何对付一个最顽固的敌人——你的坏习惯。第一张羊皮卷谈的就是摆脱这些坏习惯的方法。慢慢看，手中不妨拿一支笔，把自己认为最有理义、最受启发的句子画出来。当你往下进行的时候，你会发现有人陪伴着你，那就是我！我会一路陪着你。

现在，在你往下进行之前，重新阅读这张羊皮卷，里面有一些关键性的句子，我希望你能画出来：

"当我每天重复这些话的时候，它们成了我精神活动的一部分，更重要的是，它们已渗入我的心灵。那是一个神秘的世界，永不静止，创造梦境，在不知不觉中影响我的行为。"

用现在的话说，这段话是让你调节意识。你要开始把新的材料输入到下意识中去，那是人体的"控制箱"，指挥我们的行为和志向。这项技术没有什么稀奇古怪的。许多杰出人物不断地改进自己的"程序"，使他们可以本能地应付千变万化的环境，从而受益无穷。美国联合保险公司主席克莱门特·斯通就是采用了以上的方法，使自己拥有了4亿多美元的资产。

或许你的目标没有那么高，不管怎么样，我们不妨一试。

实践一

高山滑雪是人与环境以及时间的竞赛。每当我看到输赢之间只相差极短的时间时，就不禁摇头同情那些输家。

第一名的时间是1分27秒22。

第二名的时间是1分27秒25。

也就是说，冠军与平庸之间，只差0.03秒，连眨眼的时间都不够！到底冠军与输家有什么不同呢？运气？也许是。但也许冠军多下了一点点工夫，多花了一点点时间。也许冠军肯下工夫对付自己的坏习惯，直到把它从自己的行为中戒除。这样，他在高山滑雪时少用了一点点时间，而这就足以使他成功。

现在回到你自己的情况。首先你得承认，你确实有一些或许很多坏习惯，而且你知道它们是什么，或许是拖拉、放纵、懒惰、邋遢、坏脾气、缺乏毅力，肯定不止这些，你心里也明白，只要这些不良习惯继续存在，你就不可能有太大的长进。

每当我看到美元票面上的华盛顿的肖像时，看着他那白色卷发映衬着的平静、自信、显示着自控能力的面庞，我简直难以相信他年轻时曾有一头红发，脾气火爆。

如果他没有学会靠自控力改变自己的坏习惯，恐怕就无法叱咤风云，率领没有受过训练的民兵战胜乔治王的军队，恐怕他也不会成为美国第一任总统。

本杰明·富兰克林大概算得上美国历史上最有影响力的伟人之一，他博学多才，他是爱国者、科学家、作家、外交家、发明家、画家、哲学家。他自修法文、西班牙文、意大利文、拉丁文，并引导美国走上独立之路。

但是，就连富兰克林也有不好的习惯，正如他自己清楚的那样。与众不同的是，他下决心想方设法改变了它们。他不愧是一个发明家，他为自己制定了一个戒除恶习的妙方。他首先列出了获得成功必不可少的13个条件：节制、沉默、秩序、果断、节俭、勤奋、诚恳、公正、中庸、清洁、平静、纯洁、谦逊。

在那本不朽的自传中，他提及了使用这个妙方的方法："我打算获得这13种美德，并养成习惯。为了不致分散精力，我不指望一下子全做到，而要逐一进行，直到我能拥有全部美德为止。"他的秘方中，有一点借鉴了毕达哥拉斯的忠告：每个人应该每日反省。他设计了第一套成功记录表：

"我制作了一个小册子，每一个美德占去一页，画好格子，在反省时若发现有当天未达到的地方，就用笔做个记号。"

妙方对这位伟人起了什么样的作用呢？

富兰克·贝格，这位擅长写自我激励一类书籍的作家，曾在《从失败到成功的推销术》一书中写道："当富兰克林79岁时，写了整整15页纸，特别记述了他的这一项伟大发明，因为他认为自己一切成功与幸福均受益于此。"

富兰克林在自传中写道："我希望我的子孙后代能效仿这种方式，有所收益。"

富兰克·贝格效仿富兰克林的妙方，从一个平庸的推销员成为了美国人寿保险事业的创始人。

这种妙方是否对你有效呢？

实践二

俯卧撑。

在开始阅读下一张羊皮卷之前，让我们先来想一下这个问题。

如果你趴在地上，就是现在，你能做多少个俯卧撑？6个，10个，12个？就算10个好了。两周以后再做做看，多少个？可能还是10个。

但是，如果你今天做10个，明天再做，后天继续，一直到两个星期以后，看看你能做几个？可能是30、40、50，或者更多。为什么？因为你肩膀和手臂上的肌肉由于每天的练习而变得强健起来。你不断对它们进行调整，使它们适应每天逐渐增大的强度。每天抽出一点时间，使俯卧撑的次数增加一两个，这是轻而易举的事情。累积起来，就相当可观了。这只是一个简单的例子。事实上，你是自然界的奇迹。那些使你肩上的肌肉起作用的法则，同样适用于你的头脑。你现在就动员它做一件此刻看起来不可思议的事。

准备好了吗?

好吧，我们先来复习一下第一张羊皮卷，然后，从星期一开始执行新的计划。起床后到出门上班前的这段时间里，你要看一下第二张羊皮卷。大约中午的时候，再看一遍。也就是说，你得随身带着它，把它放进公文包里，或者车上。晚上就寝前，再看一遍，这次要大声朗读。你也许得向家人解释一下这种举动，他们知道这对你有好处，一定会支持你的。

在第二卷的后面，你会看到成功记录表，够你填5个星期，其目的是帮助你遵循第一卷的规定，在30天内阅读、思考，并且付诸行动。

设计这些成功记录表是有目的的，它们可以使你像富兰克林那样，每天进行自我检验。这些表格将帮助你简明扼要地总结每天的行为，记录下当日表现出的美德、品质、好习惯，以及坚持计划的意志力。

当你完成第一天的工作时，在成功记录表“星期一”一栏中填上日期，然后在特定某栏注明你当天阅读羊皮卷的次数（但愿是3次），最后把本卷的重点段落复习一遍，再想想自己醒来以后，有没有依照卷中的原则行事。给自己打分，1分代表“差”，2分代表“好”，3分代表“很好”，4分代表“极佳”。对自己要诚实。把分数填在格内。这两格内的分数相加得到的数字，就是这一天的总分。最高分可能达到7分，这些分数将表示你付出的努力与进步的程度。

如此再继续剩下的4个工作日，然后把一周的总数加起来填好。这样坚持5个星期，之后就可以往下阅读新的一张羊皮卷了。

简单吧?

我告诉你一个秘密，正因为简单，所以很多人半途而废，他们总以为复杂或者昂贵的东西才有价值。这些人肯定也做不了很多个俯卧撑——如果那是我们计划的目标的话。所以，如果有人要退出这个计划，随他们去好了。他们的一生也将在平庸中度过。

头几个星期过后，你会发现自己待人接物的态度渐渐起了变化。你开始听到别人对你说：“你最近好像有点不同。”“你和以前不一样了。”

这些信号表明，羊皮卷和成功记录表已经开始起作用了。你在下意识中已经培养出新的个性，它们将构建你未来的生活。你已经踏上新的征途。

现在就是第一个星期。

在你开始生命中这至关重要的一天之前，我有一句话与你共勉："只要决心成功，失败永远不会把你击垮。"

现在请回头细读羊皮卷之二。

实践三

还没有打退堂鼓吧?

看看你周围的朋友，不少人已经退出了这项计划。这些人会找出至少一个借口。绝非巧合的是，这些人过去的行为显示了他们惯于"退出"。他们以前也尝试过什么，但结果总是半途而废。这些人就是我前面提到过的只有假欲望的人，光说不练。

当然，当你不再去为他们惋惜时，你突然意识到，他们的退出正好减少了你的竞争对手。威廉·丹佛在他著名的《向你挑战》一书中写道：95%的人缺乏开发潜力的决心。"这一大批人迅速聚集在平庸之上，哀叹自己的不幸，余生无望。而另外5%的有勇气的人已闯入开风气之先的行列。

该书作者对这一小部分人说："处处设防的日子已经过去了。从现在开始，你不需要为保住工作而发愁。把忧愁留给别人吧。从现在开始，那些潜伏在暗中的坏事物要处于防卫状态，因为你已经聚集起所有优势向它们展开进攻。你的眼睛看到的是自己的能力，而非弱点。从今往后，你清晨醒来想的是做事的方法，而不是担心行不通的理由！"

今后的5个星期，你每天早晨醒来，阅读并吸收下面的原则。

阅读羊皮卷之三。

实践四

简单吧?

到目前为止，你已经养成了每天阅读3次的习惯，没有什么难的吧?就像你10周前开始练习俯卧撑一样，现在也可以轻而易举地完成100个了。10个星期，有了多少变化!

每天完成成功记录表，这也是简单易行的事，对吗？简单得你甚至不能借口太忙或太累而无暇顾及它。

每天3次，每卷5周，这样的阅读确实简单易行。但你知道吗，你已经由此把第二、三张羊皮卷输入到你的意识中，铭记在你的头脑中。毫无疑问，你已经更擅长待人接物了，已经改掉了一些坏习惯，你更有勇气，可以深入尝试。要是在过去，你稍有挫折，就夹着尾巴逃回家去了。

现在你的个性比以前更加开朗，更有热情，交朋友也容易多了。你甚至比以前工作起来更加得心应手，因为你更加友善，讨人喜欢。你会慢慢发现，这些羊皮卷上面所写的美德不是彼此孤立的，它们之间有着千丝万缕的联系。当你获得其中一个美德，其他的也随之进步；当你戒除一个坏习惯，下一个也容易对付多了。

我说过你是造物主最伟大的奇迹，你将从下面的阅读中得到证实。

阅读羊皮卷之四。

实践五

已经过去15个星期了。

我的好朋友，你已经走了一大段路。

如果你已经做到每天看3遍羊皮卷，每晚花一点时间自省，那么无疑你已经改变了自己，你和以前大不相同了。更有意思的是，你周围的人看上去也都变了。

也许下面这个古老的传说能让你明白这一切是怎么回事。

从前有一个老教徒，站在村口，和长途跋涉到那里的游客打招呼。当人家问道：“这里的人怎么样？”老教徒会反问道：“你上一次经过的地方，那里的人怎么样？”

如果对方说他刚刚离开的那个村子，人人快乐开朗、亲切可爱，这个老教徒便蛮有把握地告诉他，这里的情形完全一样。但是，如果游客说他刚刚离开的那个村子，人人丑陋、爱吵架、脾气不好，那么老教徒会遗憾地摇着头说：“唉，恐怕这里也一样。”

接下去的5个星期非常有趣。我保证在第五卷的世界里，你将备受关注，注意你的人中有陌生人、朋友，还有对手。

亨利·凡·迪克曾经写道，有人惧怕死亡，因而从来没有开始生活。

在接下去的5个星期中，你要假设自己即将死亡，每一天都是你的最后一天，并以这种心态生活。

那些信心不足、没有勇气的人，如果知道这真的是最后一天，就会躲在角落里瑟瑟发抖。不过，既然你已经坚持执行计划到今天，我敢肯定你有足够的信心与勇气面对生活。

这5个星期，你可以把别人对你的反应，特别是上司的反应记录下来。这一卷在改进你的个性的同时，也使你在面对上司时有所改变，发生有趣的进步，譬如升职、加薪，等等。

让我们开始这重要的一卷吧！

认真阅读羊皮卷之五。

实践六

你的情绪会不会起伏不定？

当然会了。有些时候你恨不得钻进地洞藏起来，远离这个世界。你一身晦气，做什么都成功不了，一件生意都谈不成。无聊透了，对不对？

还有一些时候，你一帆风顺。从起床开始，你好像戴上了玫瑰色眼镜，充满乐观，周围的一切都是那么可爱，事事顺心如意。

为什么我们的情绪会时好时坏呢？为了回答这个问题，我与爱德华·R.杜威教授合作撰写了《周期，神秘的动力》这本书。人类的情绪周期是我们面对的一个重要周期。几年前，加州大学的雷克斯·赫西教授进行了一项科学研究，结果表明人类情绪周期平均是5周。也就是说，一个人的心情由高兴降到沮丧，再回到高兴，往往需要5周的时间。

5个星期！也许你的情绪周期较长或较短，不过，你一定希望了解自己的高潮期与低落期。下面介绍一种简便的方法，它可以使你了解和自己有关的这个秘诀。制表如下：

（某）月1 2 3 4 5 6 7 8 9 10制表至30或31

兴高采烈 +3

愉悦快乐 +2

感觉不错 +1

平平常常 0

感觉欠佳 –1

伤心难过 –2

焦虑沮丧 –3

每天晚上花点时间想想当天的情绪，在与之相符的一栏打上记号。过些日子，把这些记号连接起来。

不久你就会发现一个模式，这就是你的情绪韵律。这项测试通常很准。再过几个月，你就会惊奇而准确地知道，什么时候你的高潮将至，什么时候你得小心低潮的到来。知道了这一点后，你就可以预测自己的情绪变化，并相应地调整自己的行为。情绪高昂时，注意不要随意承诺，一定要三思而后行；情绪低落时，不妨鼓励自己：这种状况很快就会过去。

第六张羊皮卷还提醒了你一个事实：你的顾客、上司或者家人也同样有着情绪周期。你兴高采烈时，别人可能正垂头丧气，不易打交道。千万别让自己泄气。几天以后，那个人可能就变得开心起来，对你的想法大加赞赏。

好了，现在我们知道自己有情绪变化了。可是，情绪低落时，我们总不能老待在家里，那样的话，一年中有一半的时光就在窗外溜走了。那么，当我们情绪低落时，应该怎么办呢？

多年来，人类认为思想控制行为。但是，心理学家威廉·詹姆士却提出“行为可以控制思想和情绪”。也就是说，如果你的行为是快乐的，那么你的感觉也是快乐的；如果你做事时充满热情，那么你的感觉就是热情的；如果你的行为健康，那么你的感觉也必定健康。你可以把这种现象称为意识控制或是其他什么名称，总之，这种方法非常有效。遗憾的是，这个秘密深藏在人们心底，无人知晓。现在，请阅读羊皮卷之六，迎接这伟大的一天吧！

实践七

站在繁忙的街头，注意来往行人的表情。

有多少人在笑？有多少人看上去快乐满意？我们的国家几乎成了机器人的王国，大家像蚂蚁一样，匆匆忙忙，跑来跑去，担心这个，烦恼那个。真想对笑进行一次统计，看看每人每天笑过多少次。

我们不是很愚蠢吗？摇摇晃晃地把整个世界扛在肩上，还要皱着眉头，增加不必要的皱纹。忧郁的情绪可能置人于死地。詹姆士·沃尔什博士曾经指出，爱笑的人平均寿命比不爱笑的人要长。很少人知道健康与笑有关。我们不但忘了怎样笑，而且忘了笑的重要性。古人深知其理，甚至在吃饭时，还要让小丑表演逗笑，以助消化。

显然，不爱笑者大有人在。自从本书问世以来，我收到许多信函探讨有关笑的问题。

萨米·戴维斯谈及成功时说的话，令人终生难忘。他说："我不知何谓成功，但我知道失败是什么。失败就是想要讨每个人的欢心。"如果你打算博得所有人的喜爱，而你已经忘了如何嘲笑别人和自己，那么现在是改变一下自己的时候了，别把别人和自己看得过重。你虽然是造物主最伟大的奇迹，但也千万别把自己弄得面无笑容。好了，现在开始阅读羊皮卷之七。

实践八

你坚持得不错，你看起来真了不起！

我为你感到骄傲。

我打算告诉你一个伟大的秘密。你的上司知道这个秘密，那些事业达到顶峰的人也都知道这个秘密。其实，这也算不上什么秘密，成功的人常常说到它，只是没有人注意听罢了，包括你。

或许现在你会注意听。

世界上最伟大的秘密就是：你只要比一般人稍微多努力一点，就会成功。

再念3遍，把它背下来，永远不要忘记。

我们生活在一个平庸的世界上，芸芸众生大多在平庸中得过且过。我不说，想必你也知道。还记得你上次买的那辆新车吗？装配得真糟糕，干活的人只是为了混饭吃。你新买的那栋房子简直千疮百孔。你的夹克衫，口袋都没有剪开。还有你买的那本杂志，竟然缺了16页。

查理·H.布劳尔，美国卓越的企业家，由此感慨道："我们生活在一个平庸的世界里，大家都马马虎虎，工作只做一半，喜欢逃避责任。洗衣店不熨衣服，服务员不服务，木匠爱来不来，主管们满脑子高尔夫球，当老师的敷衍了事，做学生的专挑不动脑筋的课程来修。人们得意扬扬地享受悠闲的生活，精神懈怠。"

要想成功，你不必拼命往前钻，只要原地不动，把该做的事做好，就已经很出众了。为什么？因为别人都退却了！他们受不了压力，逃之夭夭。只有你是剩下的人。“剩人”者，“圣人”矣！

正如布劳尔先生所言：“我是一个很有信心的人。我们随处可见一些明智的人，他们不喜欢游手好闲、虚度光阴。我真想对他们说，当你发现自己漂浮在平庸的海洋中时，不要泄气；当这股愚蠢的潮流风靡一时时，不要消沉。只有少数执著热忱的人才能成为中流砥柱。”

我特意等到现在才把这个秘密说给你听。我也故意把它藏在书里，使那些随意浏览的人无法觉察。那些渐渐远离我们的人永远不会知道这个秘密。你却与众不同。只要留心，你会从第八张羊皮卷中得到极大的财富，让你知道这一切是值得的。

请细心阅读羊皮卷之八。

实践九

据说，由于地球自转减慢，再过180万个世纪以后，一天将有25个小时！

不过，看起来你是等不到那额外的能使你卖掉更多的东西，赚到更多钱的一个小时了。话说回来，现在你拥有的每天23小时56分04秒得到充分利用了吗？

乔治·塞维兰斯现在是美国俄亥俄州人寿保险公司最著名的推销员，但他曾经穷困潦倒，甚至走投无路。他在后来为克莱门特·斯通的《无限的成功》一书撰文道：

“终于有一天，我被自己的负债总额吓住了。我面临着真正的经济危机。那时，我记起了不知在哪儿看到过的一句话——‘不要期待你本不期待的事情。’”

乔治打算记录一下自己是如何消费时间——这个对于推销员来说最为宝贵的资产的。“我发现，每个月我和朋友一起喝咖啡就要用去32个小时。我惊讶地意识到，这刚好相当于4个工作日。我还发现，有时候我用在午饭上的时间，要比实际需要长出一个小时。”

正如你用成功记录表进行自省一样，乔治也发明了一种社交时间表，用来记录每天时间利用与浪费的情况。

“当我检查自己的行为时，我发现在很多时候，我在工作时间里社交成功。但是，当我使用社交记录表之后，我意识到：如果在工作日社交成功，那么当天的工作一定是失败的。”

为什么社交成功要比工作成功容易达到呢？你一定知道答案，因为你也深有体会。我也是这样。社交容易、有趣；相反，推销、工作、攻克难关，这些事情让人头疼，毫无乐趣可言。所以，像其他生物一样，我们不加抵抗，拖延敷衍，找出种种借口避免做那些我们原本应该做的事。我们避免行动，得过且过，这种懒于行动的特点，正是95%在平庸中度过一生的人所具备的。

但你不是这样的。你走过了这么一大段路，一定不会输给那个坏习惯。要想克服掉拖拉的恶习，就必须不断命令自己开始行动，并且要立即服从这个命令。你可以循序渐进，一点点改掉这些坏习惯——

你走过起居室的地毯，上面有一张废纸。以前的你会对它置之不理，等着妻子打扫房间。新的你会立刻把它捡起来。

早晨，你把车子开出停车房。清洁工已经来过，把你的两个垃圾筒倒空了。以前的你会任由它们留在车道上，直到晚上下班回来才把它们搬回车库。新的你现在就把它们搬回去。

以前的你会从早晨的信件中挑出那些必须回复的备忘录或者信函，其他的都留到以后再处理。新的你知道及时处理每一封信的重要性，马上着手回复每一封信。

以前的你感到不舒服时，决定等到哪一天不那么忙的时候再去看医生。新的你现在就去看病。（对以前的你来说，“不那么忙”的一天永远不会来！）

我敢肯定你还能列举出类似的拖拉行为。如果你不能改掉这个坏毛病，那么我们花在记录表上的时间就白费了。

让我们付诸行动吧！现在就开始阅读羊皮卷之九。

实践十

上帝存在吗？

如果你肯定他不存在，那么你也不必进行这最后的5个星期了。因为第十张羊皮卷是为祈祷者写的。如果你不相信冥冥之神在聆听，祷告就毫无意义。

1958年，为了庆祝国际地球物理年，G.P.普特曼公司出版了一本书，名为《浩瀚的宇宙证明神》。对于那些怀疑上帝存在的人，我极力地推荐这本书。

此书作者中没有一位宗教领袖或《圣经》专家。相反，它是由40位卓越的科学家合力撰写而成，每个人都提出上帝存在的科学论据。

直到现在，我仍为之吸引。这些学识渊博之士不顾同事的讥笑，大胆陈言，表达自己的信仰。而他们同事的人生哲学通常都是无神论的唯物主义，他们的神就是现代的尖端科技。

尽管如此，生物物理学家弗兰克·艾伦、动物学家爱德华·路得·恺瑟、生理学家沃尔特·奥斯卡·伦德伯格、数学家兼物理学家唐纳德·亨利·波特、遗传学家约翰·威廉·克劳兹、地球化学家唐纳德·罗伯特·卡尔、天文学家彼得.W.斯通、化工工程师奥林·卡洛尔·卡尔克利斯、医学内科专家马尔科姆·邓肯·温特、生物学家塞西尔·科恩菲尔德、土壤学家莱斯特·约翰·齐默尔曼，以及其他29位富有创造力的科学家，对上帝的存在深信不疑。他们对上帝的存在提出了合乎逻辑的科学证据，坚定了我以前摇摆不定的信仰，较以往所闻布道更具说服力。

虽然让人相信一切将会招惹麻烦，但我还是希望你能相信确实有神或者一种力量在控制着你的生活。尽管近年来你疏于与其交流，你仍然要相信，确有神在，这就够了。

我不奢望我会打动你，就像一个小女孩曾经打动过一位将要为她进行手术的医生那样。那位医生把小女孩抱上手术台上时说："孩子，我们在治好你的病以前，先要让你睡一会儿。"

小女孩仰着脸，微笑着望着医生说："你们要我睡觉的话，我得先祷告。"说着，她跳下来，跪在大理石地面上，双手合十，念念有词道："主啊，现在让我躺下睡觉吧。"

后来，那位医生说，当晚他自己也跪在床前祷告。自从他长大以后，这还是第一次。

接下去的5个星期（但愿永远），你不要祈求帮助或者有这样那样的收获，只要求得到指引。你知道吗，在美国华盛顿，成百上千名立法者聚集在一起，静静地祈祷，双膝跪地，请求神的指引。

他们是否知道一些我们所不了解的事情？也许是。但是他们从不祈求小恩小惠，只是求得指引，以使自己有能力做出选择，解决每天遇到的问题，随时迎接挑战。

我相信，任何为个人得失或危机而做的祷告都将如石沉大海。有例为证：

佐治亚州有位农夫和他的儿子在地里耕种，突然间，电闪雷鸣，狂风大作。老农赶紧跑回农舍，回身看见儿子正仰望天空。

老人喊道："喂，你在干什么？"

"我在祷告，爹。"

"祷告！现在祷告，上帝不会理你的。还不快跑！"

在这最后一卷中，成功祷告将给你一个圆满的结局。在此，我们将总结所有前面提及的成功原则。

我相信，阅读之后，你会获得力量和激励。无论将来发生什么，你都会继续前行。

记住："只要决心成功，失败永远不会把你击垮。"

祝你这5个星期过得愉快。

只要祈祷，不必再阅读羊皮卷之十。

结束，也是开始

毕业典礼的日子总是充满欢笑……直到主持人站起来提醒你：毕业是起点，而非终点，你还有很多从未尽过的义务、从未担过的责任，你面前仍然有美妙的挑战和机会。

为了这张文凭，你花了不少时间，吃了不少苦头，现在你最不愿意听到的话就是：前途越来越坎坷。

同样，这些日子，你坚持不懈，终于写完了所有的成功记录表，读完了所有的成功誓言，现在你最不愿意听到的话就是：我为你计划了更多的工作，更多要读的书，更多的自我反省。

不管怎么样，那正是我要对你说的话！

既然你已经写完了成功记录表，我要你找出在开始这项计划前你悄悄写下的备忘录，那上面记着你渴望在完成计划后达到的薪水和职位。

我敢说，你一定比想象中进步大得多。现在，我要你为下一年写下一张类似的备忘录。如果你愿意，还可以加上一些具体目标，作为对你的勇气和辛苦的物质奖赏。譬如说，一次旅游，一部新车，一件惹人喜爱的礼物。

但是，与上次不同的是，现在你已经看完了这本书，熟知羊皮卷上所有的内容，什么力量还能激励你继续前进呢？你可知现在我为你准备的计划吗？

在新一轮的10个月中，我希望你能阅读12本最伟大的自我帮助、自我充实、自我激励的书。我得承认，对我来说，以“最伟大的”的名义列出任何12本书都是很冒昧的举动，而我的判断纯然是主观的。但是，近10年来，我一直致力于这方面的研究，几乎对所有称得上“自我帮助”的著作，我都进行了一番研究。从富兰克林的《自传》、英国的塞绍尔·斯麦尔斯和他的《自我帮助》、马尔顿的《奋进》，一直到布里斯托、卡耐基、希尔、皮尔、斯通，以及以书名怪异著称的当代作家作品，如《如何激发体内的超自然力量从而有力地把握他人》。我读了数百本书，并认真研究了《无限的成功》杂志中的节选部分。现在我打算推荐给你一份书单，免得你花费宝贵的时间去读一些垃圾文章。记住，那些以“如何”开头的书是不会让你成为百万富翁或者圣人的。

虽然有些书市面上已经无法见到，不过，你可以在附近的图书馆里找到它们。如果你以前不爱去图书馆，现在你应该养成经常去图书馆的好习惯。

下面就是我为你推荐的书单，排列顺序不分先后，它们都非常值得一读。

11本自我帮助的书：

《本杰明·富兰克林自传》，本杰明·富兰克林著

《思考与致富》，拿破仑·希尔著

《获取成功的精神因素》N.克莱门特·斯通著

《信仰的力量》，路易斯·宾斯托克著

《最伟大的力量》，J.马丁·科尔著

《向你挑战》，廉·丹佛著

《钻石宝地》，拉塞尔.H.康维尔著

《爱的能力》，艾伦·弗洛姆著

《从失败到成功的销售经验》，弗兰克·贝特格著

《神奇的情感力量》，罗伊·加恩著

《思考的人》，詹姆斯.E.艾伦著

怎么才11本？你问道。第12本早已搁在你的书架上，布满了灰尘，静静地在那里等候着你。它是所有自我帮助书籍的取之不尽的源泉，它就是“圣经”——羊皮卷。

我希望今后你还能抽出一些时间回顾这本书的内容，因为那10张羊皮卷会让你温故知新，开卷有益。

现在是说再见的时候了，在此我想引用雷因霍尔德·聂赫尔博士的一段话作为本书的结束：

“没有一件值得一做的事情可以在你的一生中完成，因此你需要希望；没有一样美丽的东西可以在瞬间展现它的华彩，因此你需要信心；没有一件值得一做的事情可以一个人完成，因此你需要爱。”

愿心平安！

羊皮卷智慧全集

第二篇 获取成功的精神因素

——好的心态产生不可战胜的力量

《获取成功的精神因素》是世界保险业巨子、创富学第三代祖师、一代保险推销奇才克莱门特·斯通，总结亲身经历的结晶。它曾使奥格·曼狄诺摆脱失败的阴影，最终成为世界著名的成功学大师。它给我们的启示是：

1.为了实现生活中任何有价值的目标，无论你采用哪些成功法则，你都必须拥有积极的心态。积极的心态是促使所有成功法则的组合发挥作用、实现有价值的目标的催化剂。

2.培养积极之心，是你生命中最重要的一环。所谓积极之心，包括所有正面的特质，如自信、希望、乐观、勇气、慷慨、机智、仁慈及丰富的知识。

积极的心态可以调整你的情绪

1.消极的心态会在心底播下不良的种子

如果你总是背着“情绪包袱”来生活，就不可能带着良好的心态去拼搏，更谈不上获得人生的成功。但在现实生活中，很多人往往无法甩掉“情绪包袱”，常常被它压得喘不过气来，他们总想着过去没解决的问题和矛盾，一开口便是从前的灾祸、现在的艰难和未来的倒霉。

对于失败者来说，他们往往把周围环境中每件美中不足的事情放在心上，对周围事情的指责和消极的念头捆住了他们的手脚，使他们很难再去体验欢乐。他们认为一切事情都会糟下去，而且不自觉地促使自己造成不愉快的局面，使他们的预言实现。

对于失败者来说，从来没有一件事情是满意的。当他们终于得到了所向往的东西时，他们又不想要了；如果失去了，他们又一定要找回来。他们不断重复老一套消极泄气的想法，把不幸和烦恼作为生活的主题。即便在相安无事、一切顺利的时候，也只习惯于琢磨生活中消极泄气的事情。他们觉得不幸和气愤的时间太多。他们总是喜欢喋喋不休地发表消极泄气的言论。他们说泄气话，指手画脚，令人难堪，致使别人和他们疏远。

失败者常常由于似乎难以解决的问题而挫伤情绪，失去活力，陷入失望，无所作为。在遇到麻烦和苦恼的时候，他们往往把精力用在责怪、发牢骚和抱怨上。

失败者常说许多带“不”字的话，比如不能如何、不要如何、不应该如何等。他们最常用的形容词是糟糕、讨厌、可怕和自私。他们没完没了地指责别人为什么不如何、怎么没有如何。

而成功者往往为自己四周的美好事物感到欢愉。他们对于含苞待放的鲜花、雨后的清新空气之类的小事物也欣赏喜爱。

愉快乐观的态度是成功者关键性的品质之一，他们把自己的思想和谈吐引导为振奋鼓劲的念头和看法。他们把过去当成借鉴参考的资料库，把未来看作充满无限希望和欢乐的境界。成功者看重他们所具备的有价值的条件，他们会想出有创造性的办法去争取达到想要达到的其他目标。成功者能够迅速解决问题，把处境中的消极因素减少到最低程度，并且找出积极的因素来。他们致力于在所处的环境中求得发展和学习的机会。

成功者喜欢和别人交往，不论自己有所收获还是对别人有所帮助，他们都会喜形于色。他们对参与的活动都从好的方面加以评价，与别人相处时也很热情。即使处于严峻的环境与灾祸中，成功者也会发掘出积极因素，鼓起勇气向前跨步，使情况有所改善。

成功者感到烦恼不快的时候，会动手扭转局面。他们知道，要过得顺心愉快，责任在自己。

成功者善于用“情绪吸尘器”清除掉自己的烦恼念头和悲观情绪。他们在不利的环境中也会设法发掘出积极因素来。他们在头脑里储存的是“好、妙极了、亲切、重要、喜欢、高兴、了不起”一类的词语。

黑暗的心情会在心底播下不良的种子，而这种不良的作用会反复地传达下去。因此，还是要尽量以明朗的心情去努力比较好。

假设你现在被厄运打垮，也应该保持着“过去已成过去，今后情况一定会变好”的心情。这种将心中由黑暗改变成光明的方法，会慢慢地改变周围的环境或条件。相反，不求改变，心里一直失望地认为“我的环境不好，条件也不好”的话，就难以扭转你所处的环境或条件。所以，我们应该抱着“环境或条件虽然不好，我也要做做看”的心情去奋斗。如此，就会在心底播下希望的种子，并且由于这样的作用，环境或条件会慢慢地变好。

当然，仅靠明朗的心情是不够的，还需要一边努力一边培养“我要做给你看”、“我很想做”、“我一定要做”的思想，努力开拓一条宽阔的道路。

努力而无法成功的人也很多，原因之一是，他们没有抱着“我一定要做给你看”、“我一定要成功”的心情去努力。努力加上信念，并一直坚持下去，总有一天你会踏上一条新的道路。本来被你认为“那么厚重，大概没办法打破”的一堵墙，总有一天会在你眼前突然崩塌下来。

纵使身处苦难之中，也能够忘记苦难，这才是开拓新道路应怀有的心情。

大部分人在一生中都曾有过几次失败的经历，但那些都已经成为过去了。未来会有什么伟大的事业等着我们去开创，是谁都无法预测的。

2.积极的心态会给你带来好运气

你见过消极的成功人士吗？很多人说自己天生就消极，其实，没有“消极的婴儿”，只有消极的成人。所有积极和消极的习惯，都是后天培养出来的。既然是后天培养出来的，就一定可以改变，凡事为什么不多往积极的方面去想呢？

也许你会问：“思想要积极，难道有了问题，不要去想它吗？”研究问题，有时也是积极的，因为你研究未来可能发生的问题，这并不是消极的，这里指的是一般人的负面思考，也就是只谈论问题本身，而不去思考如何解决。

想想你所见过的成功人士，他们一定都是积极思考者。当他们遇到问题的时候，会问自己从这个问题中可以学到什么；当他们遇到挑战的时候，他们相信自己一定能战胜；当他们遇到困难的时候，他们告诉自己，人生就像季节更替一样，困难一定会过去。他们总是保持着对未来的期望。

要想就要往好处想，为什么要往坏处想？思想是原因，环境是结果。如果你不满意现在的环境，就必须改变自己的思想。

不同的信念、不同的心境，会影响人的言谈举止以及客观环境。既然思想观念深刻影响着主观行动与客观环境，那么不论遭遇什么困难，都应该以积极乐观的心态去面对，才能激发出走向成功的动力。

下面是一个美国商人自述的故事，这个故事告诉我们他是怎样从平庸的世界中逃脱的。

5年前，我经营的是小本农具生意。我过着平凡而又体面的生活，但并不理想。我们的房子太小，也没有钱买我们想要的东西。我的妻子并没有抱怨，很显然，她只是安于天命但并不幸福。我的内心深处变得越来越不满。当我意识到爱妻和我的两个孩子并没有过上好日子的时候，内心感到了深深的刺痛。

但是今天，一切都有了极大的变化。现在，我有了一所占地800多平方米的漂亮新居。我们再也不用担心没钱供我们的孩子上一所好大学了，我的妻子在花钱买衣服的时候也不再有那种犯罪的感觉。明年夏天，我们全家将去欧洲度假。我们过上了真正幸福的生活。

这一切都是因为我利用了信念的力量。5年以前，我听说在底特律有一个经营农具的工作。那时，我们还住在克利夫兰。我决定试一试，希望能多挣一点钱。我到达底特律的时间是星期天的早晨，但公司与我面谈还得等到星期一。晚饭后，我坐在旅馆里静思默想，突然觉得自己是多么的可憎。“这到底是为什么？”我问自己。失败为什么总属于我呢?

我不知道那天是什么促使我做了这样一件事：我取了一张旅馆的信笺，写下几个我非常熟悉，并且在近几年远远超过我的人的名字。他们取得了更多的权力和工作职责。其中两个原是邻近的农场主，现已搬到更好的地区去了；其他两位我曾经为他们工作过，最后一位则是我的妹夫。

我问自己：“是什么使这5位朋友拥有优势呢？”我把自己的智力与他们做了一个比较，但我并不认为他们比我更聪明；而他们所受的教育、他们的品格、个人习惯等，也并不拥有任何优势。终于，我想到了另一个成功的因素，即主动性。我不得不承认，我的朋友们在这一点上胜我一筹。

当时已快深夜3点，但我的脑子仍十分清醒。我第一次发现自己的弱点，发现缺少主动性是因为在我的内心深处，我并不看重自己。我坐着度过了残夜，回忆着过去的一切。从我记事时起，我就缺乏自信心，我发现过去的我总是在自寻烦恼，总对自己说不行、不行、不行！我总在表现自己的短处，几乎我所做的一切都表现出这种自我贬值。终于，我明白了：如果自己都不信任自己的话，那么将没有人信任你！

我一直都把自己当成一个二等公民，从今往后，我再也不这样想了！

第二天上午，我充满自信地去与公司面谈，并将此作为对自信心的第一次考验。在这次面谈以前，我希望自己有勇气提出比原来工资高750甚至1000美元的要求。但经过这次自我反省，我认识到了我的价值，因而把这个目标提到了3500美元。结果，我达到了目的。我获得成功，是因为经过整整一个夜晚的自我分析以后，终于认识到了自己的价值。

取得这个工作后的两年间，我建立起了很好的商业信誉，使我觉得自己的价值倍增，这表明在这个领域里我取得了很大的成功。最后，公司重新组合，我得到了很大一笔股票，工资也有了大幅度提高。我实现了自己的愿望。

因此，相信你自己，好运气就会降临。

你不必告诉别人“我喜欢你”、“我瞧不起你”或“我觉得你很了不起"、"你不行"、"我嫉妒你"，也不必对别人说"我喜欢我的工作"或"我很无聊"、"我饿了"，这一切都会从你身上无声地表达出来。我们的行为就是我们思想的真实写照，心态就像大脑的一面镜子，它反映了我们的思想。

一个人的心态好坏确实很重要。心态好而充满热情的推销员会超额完成任务；同样，心态端正的学生会取得优异成绩。为人诚恳，还可以使你受人欢迎和信任。好的心态会使你在精神方面永远立于不败之地。

3.积极心态可以化伤心为励志

能不能把失意和挫折转化成继续前行的动力，两者的结果会有天壤之别。下面两个小故事是最好的证明。

1929年下半年的某一天，在美国中南部的俄克拉荷马城，麻省理工学院毕业的奥斯卡准备乘火车前往东部。他正在为那里的一个公司勘探石油。据说，他已经把老式探矿杖、电流计、磁力计、示波仪和其他仪器组合成勘探石油的新式仪器。

正当奥斯卡在火车站等候火车的时候，他被告知，他所在的公司因无力偿还债务破产了。奥斯卡的东部之行也随之泡汤，失业的痛苦一下子淹没了他，使他感到前途黯淡。

他在火车站等待返程的火车，百无聊赖之际，架起了他的探矿仪器，以消磨时光。巧得很，仪器上的读数显示车站地下蕴藏有石油。但失意中的奥斯卡怎么可能相信这一切，他在盛怒之下踢翻了那些仪器。"这里根本不可能有那么多石油！"他在心里叫着。

机会就在脚下，出路也在脚下，但看脚下，莫问前程。所有这些道理在一个失意消极的人那里根本不起作用，他不愿意承认事实，他对自己的创造力彻底失去了信心。

那天，奥斯卡在登上火车之前，把他用于勘探石油的新仪器毁弃了，因此他也失去了一个发现全国最富饶的石油矿藏的机会。

不久以后，人们发现俄克拉荷马城地下有石油，甚至可以说这座城市就浮在石油上。

你看，消极的心态就连到手的财富也要排斥。而积极的心态则可以化伤心为励志，并能得到丰厚的回报。

亚兰是美国联合保险公司的推销员，他的明星推销员之梦促使他看了许多励志方面的书。他曾遭遇一件倒霉事：寒冬里的一天，亚兰在威斯康星州一个城市的街区里推销保险，结果一笔生意也没做成，他十分懊恼。但是，励志书中所说的把不满化作“励志的不满”的原则影响了他。

第二天，当他从办事处出发时，他对同事们讲了昨天遭遇的惨败，接着又向他们打包票：“你们等着吧，今天我要再到那个街区去，我一定拿到比你们的总和还多的保单。”

亚兰真的做到了这一点。他二顾“茅庐”，访问了第一次访问过的每一个人，结果卖出去66份事故保险。后来，亚兰成了这家保险公司的最佳销售员，并被提升为销售经理。

看起来，亚兰的成功简直神秘莫测——同样的被访问人群，同样的一个亚兰，为什么第一次和第二次访问有着截然不同的结果？其实，秘密无他，关键就在于亚兰能够把头一天的失败转化成励志。积极的心态仅停留在观念上似乎还不够，还必须努力实践它。亚兰的故事再明白不过地告诉我们这一点。

是采取积极的心态化伤心为励志，还是消极对待挫折，沦为一蹶不振的失败者？你何去何从？

4.积极的心态可以由你来选择

有这样一则故事：

有一位大臣特别有智慧，因此格外受到国王的宠爱与信任。

智慧大臣无论何时都能够保持绝对积极的想法，不论遇上什么事，他总是看好的一面，而拒绝消极的一面。

智慧大臣以这种处事态度，为国王妥善处理了许多难事，因而国王十分器重他，凡事都要咨询他的意见。

国王热爱打猎，有一次在追捕猎物时意外受伤，弄断了手指。国王剧痛之余，立即召来智慧大臣，征询他对这一事件的看法。

智慧大臣仍本着他的一贯态度，轻松自在地告诉国王，这是一件好事，劝国王朝积极方面想。国王闻言大怒，以为智慧大臣在嘲讽自己，于是下令将其关到监狱里。待断指伤口愈合之后，国王也忘了此事，又兴冲冲地四处打猎，不料误入邻国国境，被在丛林中埋伏的一群土人捉住了。

依照土人的惯例，必须将捉住的这队人马的首领祭献给他们的神，于是他们把国王放到祭坛上。当祭神仪式准备开始时，主持的巫师突然惊呼起来。

原来，巫师发现了国王断了一节手指，按他们部族的习俗，将不完整的祭品献给神，是会受天谴的。土人连忙将国王抬下祭坛，驱逐他离开，而将同行的大臣抬上了祭坛。

国王狼狈地回到宫中，庆幸大难不死。他忽然想起智慧大臣说的断指是一件好事，便立刻将他从牢中释放出来，并当面向他道歉。

智慧大臣还是保持他的积极态度，笑着原谅了国王，并说这一切都是好事。

国王不理解地说："说我断指是好事，如今我能接受。但我误会你，将你关在牢里受苦，难道这也是好事？"

智慧大臣笑着回答道："臣在牢中，当然是好事。陛下不妨想一想，今天我若不是在牢中，陪陛下出猎的大臣会是谁呢？"

每件事情必然有两面，这位深具智慧的大臣选择了积极的那一面。那么，我们如何才能拥有并自由运用积极的心态呢？实践证明，积极的心态不是与生俱来的，它可以通过我们的自觉意识来培养。培养积极的心态一般可分为以下8个步骤。

（1）多与乐观者在一起，不要浪费时间去阅读别人的悲惨故事。

每天在开车上班途中，听听音乐。如果可能的话，与一位乐观者共进早餐或午餐。晚上不要坐在电视机前，要把时间用来和你所爱的人聊聊天。

（2）改变你的习惯用语。

不要说"我真累坏了"，而要说"忙了一天，现在心情真轻松"；不要说"他们怎么不想想办法"，而要说"我知道我将怎么办"；不要在团体中抱怨不休，而要试着去赞扬团体中的某个人；不要说"为什么偏偏找上我，上帝"，而要说"上帝，考验我吧"；不要说"这个世界乱七八糟"，而要说"我要先把自己家里弄好"。

（3）向龙虾学习。

龙虾在某个成长阶段，会自行脱掉外面那层原本具有保护作用的硬壳，因而很容易受到天敌的伤害，但它能够有效地保护自己。这种情形将一直持续到它长出新的外壳为止。生活中的变化是很正常的。每次发生变化，总会遭遇陌生及预料不到的事件。不要躲起来，使自己变得更懦弱。相反，要敢于去应对危险的状况，对你未曾见过的事物，要培养出信心来。

（4）重视你的生命。

不要说：“只要吞下一口（毒药），就可获得解脱。”不妨这样想：“信心将帮我渡过难关。”你不妨作最乐观的思考。当人们问你为何如此乐观时，请告诉他们，你情绪高昂是因为你服用了“贝多芬”。

（5）从事有益的娱乐与教育活动。

观看介绍自然风光、如何增进健康以及娱乐性的节目；挑选电视节目时，要根据它们的质量与价值，而不是其商业吸引力。

（6）在幻想、思考以及谈话中，时刻表现出你的健康状况良好。

每天对自己做积极的自言自语。不要总是想着一些小毛病，如伤风、头痛以及一些小外伤等。如果你对这些小毛病太过关注，它们将会成为你最好的朋友，经常来向你“问候”。你脑中在想什么，你的身体都会表现出来。

（7）写信、拜访或打电话给某个需要帮助的人，向对方显示你的信心，并把你的信心传递给他。

（8）把星期天变成培养信心的日子。

去郊游，找一两个知心朋友小聚，看一本自己喜爱的书，和家人共进晚餐等，这些美好的事情都能帮你找回信心。

积极的心态可以建立你的信心

1.对自己失去信心是最糟的事情

对自己失去信心是最糟的事，连自己都不相信自己，你的目标当然也不可能实现了。

做事一定要坚持不懈、持续努力。例如，在寻找工作时，到几家公司应聘都没有被录用，有些人就很容易悲观地认为自己的实力太差。但对于那些为了实现目标不懈努力的人来说，总有一天，他们的境况会逐渐变好。这是因为他们能够坚持不懈，在心底播下了希望的种子，所以能结出丰硕的果实。

为了使愿望变成现实，千万不要灰心。不管处在如何恶劣的环境中，也千万不能放弃，而要不断地努力下去。当愿望已确实形成时，好机会自然而然就会来临。

一个没有信心的人，做事是无法成功的，更何况想要获得人生的巨大成功，几乎是无法想象的事。

要在这个世上生存，就应该为达到某种目标而努力。消极地对付不如积极地行动，积极地行动就是满怀希望地生活。拥有信心，不断努力，同时憧憬美好的未来，这才可以引导你走上成功之路。

享受成功的是自己，负担失败的也是自己。我们对于自己的事应该认真。

2.积极的心态可以使一个懦夫变成英雄

一个具有积极心态的人绝不是一个懦夫，具有这种心态的人了解自己的能力。他们会从所发生的一切事情中争取对自己最有利的结果。他们所坚持的原则，是不断地将弱点转化为力量。

在纽约附近有一个小镇，镇上有一个名叫吉姆的男孩，他十分可爱，也是一个真正的男子汉，一个意志坚强的人。他是个天生的运动好手。不过，他进入中学不久腿上就长了恶性肿瘤。医生告诉他必须动手术，于是，他的一条腿被锯掉了。出院后，他拄着拐杖返回学校，高兴地告诉朋友们，他将安上一条木头做的腿，“到时候，我便可以用图钉将袜子钉在腿上，你们谁都做不到。”

足球赛季一开始，吉姆立刻回去找教练，要求当球队的管理员。在练球的几个星期中，他每天都准时到球场，并带着训练沙盘。他的勇气和毅力迅速感染了全体队员。有一天下午，他没来，教练非常着急，后来才知道他又进医院做检查了，并得知吉姆的肿瘤已转移到肺部。医生说：“吉姆只能活6周了。”吉姆的父母决定不将此事告诉他。他们希望在吉姆生命的最后这段时间，尽量让他平静地度过。

所以，吉姆又回到了球场上，带着满脸笑容看其他队员练球，给队员们加油鼓劲。由于他的鼓励，球队在整个赛季保持了全胜的纪录。为庆祝胜利，他们决定举行庆功宴，准备送一个有全体球员签名的足球给吉姆。但是，餐会并不圆满，吉姆由于身体太虚弱没能参加。

几周后，吉姆又回来了。他这次是来看足球赛的。他脸色苍白，但仍然满脸笑容，和朋友们有说有笑。比赛结束后，他来到教练的办公室，队员们都在那里，教练轻声问他："怎么没有来参加餐会？""教练，你不知道我正在节食吗？"他的笑容掩盖了脸色的苍白。

一位队员拿出要送给他的足球，说："吉姆，都是因为你，我们才能获胜。"吉姆含着眼泪，轻声道谢。教练、吉姆和其他队员又谈到下个赛季的目标，然后大家互相道别。吉姆走到门口回过头来，以平静坚定的目光看着教练说："再见，教练！"

"你的意思是说，我们明天见，对不对？"教练问。

吉姆的眼睛亮了起来，坚定的目光化为微笑。"别替我担心，我没事！"说完，他便离开了。

两天后，吉姆离开了人世。

吉姆知道自己不久于人世，但他却能坦然面对，这说明他是一个意志坚强的人。虽然他的生命如此短暂，但他把勇气、信心与欢笑永远留在他所认识的人的心中。一个能做到这一点的人，你还能说他的一生失败了吗？

积极心态能使一个懦夫变成英雄，让人的心志变得坚强。

3.用积极的心态面对失败

人生的路上，一帆风顺者少，曲折坎坷者多。成功是由无数次失败构成的，正如美国通用电气公司创始人沃特所说："成功就是把你失败的次数增加一倍。"但失败对人毕竟是一种负面刺激，总会让人不愉快、沮丧、自卑。因此，如何面对、如何自我解脱，就成为能否战胜自卑、走向自信的关键。

面对挫折和失败，唯有培养乐观积极的心态才是正确的选择。其一，做到坚韧不拔，不因挫折而放弃追求；其二，调整脱离实际的目标，及时改变策略；其三，用"局部成功"来激励自己；其四，采用自我心理调适法，提高心理承受能力。

要使自己不成为“经常的失败者”，就要善于挖掘、利用自身的“资源”。虽然有时个体不能改变环境，但谁也无法剥夺其作为自己主人的权利。应该说，当今社会发展机遇很多，只要敢于尝试，勇于拼搏，就一定会有所作为。

此外，作为一个现代人，应具有迎接失败的心理准备。世界充满了成功的机遇，也充满了失败的可能，所以要不断提高自己应对挫折与干扰的能力，调整自己心态，增强适应能力，坚信失败乃成功之母。若每次失败之后都能有所领悟，把每一次的失败当作成功的前奏，你就能化消极为积极、变自卑为自信。用积极的心态来培养信心

信心是一种精神状态，它是靠调整你的内心，去接受无穷智慧的方法发展而成的。运用信心是使无穷智慧来配合明确目标的一种适应表现。信心是成功者的发电机，也是将你的想法付诸现实的原动力。

无论你心中的意念是什么，它都可能成为现实。因此，切勿在通往智慧的道路上自设路障，就像阳光透过三棱镜时会形成七色光束一样，当智慧通过你的内心时，也会绽放出不同的光芒。

那些消极的念头，诸如“不可能成功”、“不值得去做”、“有些事无法成功”等，都是思想中的缺陷，这些缺陷足以扭曲和分散无穷智慧的力量。如果你因为缺乏创意而关闭通往智慧的大门，你将永远无法享受到蕴含其中的好处。

信心是一种必须经过培养才会产生的精神状态。每天腾出一个小时的空隙，来思考你和无穷智慧之间的关系，找出可在你的生活中以及在所有的地方应用无穷智慧的方法。

首先清除你内心的各种消极思想——悲观、恐惧、自卑和自闭等，接着再用积极的心态按照下列3个简单的步骤，建立你的信心。

（1）表达对达到目标的明确欲望，并使这种明确欲望和一项或多项基本行为结合在一起。

（2）制订实现愿望的明确且详细的计划。

（3）开始执行计划，并以所有自觉性的努力作为后盾。

你越能以信心作为行动的基础，就越能以敞开的心胸去接受它的力量，同时也越能洞察到这股力量对你生命的影响。最后，这股力量会使你更容易以信心作为行动的基础，这难道不是一个完美的循环过程吗?

当你面对一项问题或疑问时，便可用信心去解决它。你以信心为基础

的行动风格，已使你的潜意识相信你必能成功，而你也会在这种潜意识的推动下走向成功。

积极的心态可以决定你的前途

1.积极心态的力量

事业有成的人，往往都具有积极的心态。人人都希望成功不期而至，但绝大多数人没有这样的运气或条件。即使有这些条件或运气，我们也可能感觉不出来。

人的心态会随着环境的变化，自然地形成积极的和消极的两种。思想与任何一种心态结合，都会形成一种“磁性”力量，这种力量能吸引其他类似的或相关的思想。

这种由心态“磁化”的思想，好比一颗种子，当它被培植在肥沃的土壤里时，会发芽、成长，并不断繁殖，直到原先那颗小小的种子变成了数不尽的同样的种子。

这就是心态之所以产生重大作用的原因。积极的心态，能够激发我们自身的所有聪明才智；而消极的心态，就像蛛网缠住昆虫的翅膀一样，束缚我们才华的光辉。

柯林・鲍威尔是牙买加移民的儿子，他从纽约黑人区的街巷里走出来，最终担任参谋长联席会议主席和美国国务卿，并成为美国最受尊敬的人物之一。他在自己的畅销书《美国之路》中，列举了30条他严格恪守的生活准则，其中有不少体现了乐观主义的价值观，很值得我们借鉴。它们包括：

（1）千万不要把事情想象得那么糟，也许明天早晨它就会有转机。

（2）这事能做！

（3）不要让任何不利的事实来妨碍你作出一个好的决定。

（4）不要向自己的恐惧退让，也不要轻易向对手妥协。

（5）永远的乐观主义，是一个力量的加倍器。

（6）鲍威尔作为一个乐观主义者，可以说，是积极的心态帮助他获得了成功。

2.积极的心态可以缔造美好的未来

美国社会学家曾做过一项深入的研究，他们调查了从《美国名人录》中随机选出的1500名有突出成就的人的特性。《美国名人录》收录的主要标准不是财富，也不是社会地位，而是在某一领域的成就。他们的研究结果表明，最成功的人都表现出许多相同的特性，积极心态就是其中5个最重要的特性之一。

成功者就是依靠他们自己的积极心态、智慧和能力取得成功的。对于个人心态，77%的被调查者给自己的评价是A级。他们认为自己有明确的生活和工作目标，有坚强的意志力，可得A级。

积极的心态好比航标灯射出的明亮光芒，在朦胧浩渺的人生海洋中，指引着人们走向辉煌。高高举起积极心态之旗的人，对一切艰难困苦都无所畏惧；相反，积极心态之旗倒下了，人的精神也就垮了下来。从来就不曾拥有过信念的人对一切都会畏首畏尾，在漫长的人生旅途中抬不起头、挺不起胸、迈不开步，整天浑浑噩噩，看不到光明，因而也感受不到人生的幸福。

积极的心态来自对成功的精神追求，反过来它又对成功起推动作用，主要表现在：

（1）积极的心态可以排除恐惧和各种消极因素的干扰，使人在积极的心理支配下产生力量，这种力量能推动我们去思考、去创造、去行动，从而完成我们的使命，实现我们的心愿。

（2）面对充满诱惑和多变的世界，面对许多不确定的因素，拥有积极心态的人，能坚守自己的理想和目标不动摇，从而按照自己的心愿，以自己的方式走向成功。

（3）积极的心态能够产生信心。信心可以感染别人，同时能激发别人对你的信心，这样容易赢得他人的好感，获得良好的人缘。而人缘好，机会就多，成功也会变得更加容易。

美国前总统里根说：“创业者若拥有积极的心态，就可以缔造一个美好的未来。”所以，要想让人生美好，就必须培养积极的心态。

积极的心态可以改变你的命运

1.你才是自己命运的主人

人生最大的难题之一，就是如何把握自己的心态，重新获得成功的动力。成功者的特性之一，就是能够在面对各种不利因素的时候，调整好自己的心态，重新展翅飞翔。

有些人也许会问："老天生来就待我不公，我生下来就有缺点，那我该怎么办呢？"如果你属于这类"不幸者"，那就想想海伦·凯勒的人生经历吧！还有谁能比一个又聋又哑又瞎的女孩更为不幸呢？可她却成了美国著名的作家。也许你会觉得她的例子太特殊，不具有普遍性，那不妨再看看下面这则平凡人的故事。

有一个名叫丹普赛的男孩，一生下来就四肢不全，只有一只脚和一条右臂。他想和别的孩子一样踢足球，他的父母就给他做了一只木制的假足，以使他能穿上特制的足球鞋。丹普赛每天都用他的木脚练习踢足球，球技越来越精。他出名了，被新奥尔良的圣哲队雇为球员。

在一次比赛中，当丹普赛用他的跛腿在最后2秒钟内，在离球门63码的地方破门时，球迷的欢呼声响遍了全美国。这是当时职业足球队员踢进的最远的球。这次圣哲队战胜了底特律雄狮队。

底特律雄狮队的教练施密特说："我们是被一个奇迹打败的。"

"那个球不是丹普赛踢进的，是上帝踢进的。"底特律雄狮队的后卫沃尔凯说。

丹普赛的故事很有趣，但它对我们有什么意义呢？

不论你是否在生理上有残疾，不论你是儿童还是成人，从丹普赛的故事中，你都能得到以下启示。

（1）只有那些怀着强烈愿望追求崇高目标的人，才能走向伟大。

（2）只有那些拥有积极心态并不断努力的人，才能取得并保持成功。

（3）要成为一名成功者，就必须实践、实践、再实践。

（4）当你确定了自己的目标时，你的努力和劳动就会成为乐事。

（5）对那些被积极的心态所激励，要成为成功者的人来说，无论遭遇什么逆境，都不能使他屈服。

有这样一句诗："我是命运的主人，我主宰自己的心态。"是的，只有你才是自己命运的主人，只有你才能把握自己的心态，而你的心态塑造着你的未来，这是一个普遍的规律。

2.你能够把握自己命运的方向

亚伯拉罕·林肯曾讲过一个非常有趣的故事。

有个铁匠把一根长长的铁条插进炭火中烧得通红，然后放在铁砧上敲打，希望把它打造成一把利剑。但打成之后，他觉得很不满意，又把它放进炭火中烧，取出后再打，希望把它做成一把铲子，但结果亦不如他意。就这样，他几经反复全都失败了。最后，他从炭火中拿出火红的铁条，茫然不知所措。在无计可施的情形下，他把铁条插入水桶中，在听到一阵嘶嘶声后说："唉！起码我也能用铁条弄出嘶嘶的声音。"

你是否像那个铁匠一样，在屡遭挫败后放弃梦想，或不再梦想呢？其实，你可以使梦想实现，唯一的条件是，你要学会掌握自己的命运，做自己的主宰。

自信是成功必不可少的条件。而当机会来临的时候，我们是否能把握住，往往取决于我们是否有足够的信心。

威廉·麦克劳德是《纽约时报》的一位著名记者，他总是津津乐道地述说他是怎样找到第一份工作的。

当时，他紧张兮兮地等在办公室门外，申请材料已经送进去了。一会儿门开了，一个小职员走出来："主任要看您的名片。"可他从来就没有准备过什么名片，他灵机一动，拿出一副扑克抽出一张黑桃A说："给他这个。"

半个小时后，他被录取了。黑桃A真是一张好牌。麦克劳德若是没有足够的自信，怎敢用它当名片？

罗斯福的业绩是巨大的，他实现了人生的最大价值。特别是他以残疾之身履行总统之要职，充分体现了他的顽强意志和矢志不渝的伟大精神。

在一般情况下，患了小儿麻痹症就意味着一个人永远地丧失了行动的能力。但是，罗斯福却发誓说：“我还要走路，我要走进白宫。”第一次竞选总统时，他对助选员说：“你为我布置一个大讲台，我要让所有的选民看到这个得过小儿麻痹症的人，可以走到前面演讲，不需要拐杖。”是的，罗斯福走到了前台，走进了白宫，踏上了事业的辉煌道路。

3.心态可以改变你的一生

人的心态是可以随时随地转化的。一个人心里想的是快乐的事，他就会变得快乐；心里想的是伤心的事，心情就会变得灰暗。

一个少妇欲投河自尽，被正在河中划船的老艄公救上了船。

艄公问：“你年纪轻轻的，为何寻短见？”

少妇哭诉道：“我结婚两年，丈夫就抛弃了我，接着孩子又不幸病死。你说，我活着还有什么乐趣？”

艄公又问：“两年前你是怎么过的？”

少妇说：“那时候我自由自在，无忧无虑。”

“那时你有丈夫和孩子吗？”

“没有。”

“那么，你不过是被命运之船送回到了两年前，现在你又自由自在、无忧无虑了。”

少妇听了艄公的话，心里顿时敞亮了。她告别了艄公，高高兴兴地跳上了岸。

美国著名心理学家威廉·詹姆斯说：“我们这一代人最重大的发现就是，人能改变心态，从而改变自己的一生。”的确，人生的成功或失败、幸福或坎坷、快乐或悲伤，在相当大的程度上是由人自己的心态造成的。只要你拥有积极的心态，你就可以缔造出一个幸福、快乐的人生。

4.改变了心态也就改变了命运

有这样一个故事：

有个孩子，因家境贫寒，生活窘迫，不得不经常去拾煤块、捡破烂，有些同学因此很看不起他。放学以后，常有3个爱欺负人的孩子袭击他，以此取乐。他每次受到惊吓或是挨了打骂，都流着泪回家，感到恐惧和自卑。后来，他读了一本名叫《罗伯特的奋斗》的书，内心受到启发和鼓舞。他在心理上进行了积极的自我暗示，决定拼命战斗，打败对方。

这天放学的路上，他又遇到了那3个恃强凌弱的孩子，他们一起喊叫着冲向他。他这回不是逃跑，更不是害怕求饶，而是挺身迎战。这是一场恶战。他打倒了一个，另一个见势不妙逃跑了，领头的那个也只好退却了。从此，他们再也不敢欺负他了。

实际上，他并不比几个月前强壮多少，攻击他的3个孩子也没有变得虚弱，不同的只是他心理上的自我暗示。他改变了自己的心态，也就改变了自己的命运。

5.命运的转机就在你的一念之间

我们要知道，其实命运的转机就在我们的一念之间。这句话的道理可以由一个牧师传达给我们：

一个星期六的早晨，天下着雨，妻子出去买东西了，牧师正准备他的布道演说，但是工作进展不大，他的小儿子不停地吵闹，分散了他的精力。无奈之余，牧师在失望中捡起一本旧杂志，一页一页随便翻阅，翻到一幅色彩艳丽的世界地图时，他有了主意。他把这页地图从杂志上撕下来，再把它撕成很小的碎片，丢在客厅的地上，对儿子说：“小约翰，如果你能把这些碎片拼拢，我就给你2角5分钱。”

牧师以为这样一件麻烦事会让儿子花掉大半个上午的工夫。令人惊讶的是，还不到10分钟，儿子就过来敲他的门，牧师简直不敢相信自己的眼睛——约翰已经完整地拼好了这幅世界地图。

“孩子，你怎么能把这件事做得如此神速？”

孩子说：“这很容易，在这些碎片的另一面有一个人的照片，我就把这个人的照片拼到一起，然后再把拼好的照片翻过来。我想，如果这个人是正确的，那么这张世界地图也是正确的。”

牧师的脸上有了笑意，他给了儿子2角5分钱，兴奋地说：“儿子，你已经替我准备好了明天布道的题目。我想说的就是，如果一个人是正确的，他的世界也会是正确的。”

这个小小的故事，可以给我们许多想象和思考的空间，使我们受到深刻的启发。它展示了积极的态度所具有的巨大力量。世界的改变，命运的转机，也许就在我们一念之间。小男孩只是换了一个角度，完整的世界就从破碎中诞生，难题得以解决。如果你是正确的，你的世界也会是正确的。牧师从小男孩的视角看到的成功之道，正是我们所希望的。当你对任何事情都抱有积极的态度时，世界怎能不在你面前低下头来？

积极的心态可以成就你的辉煌

1.积极的心态是成功者必备的要素

拿破仑·希尔博士通过对500名伟大成功者的观察和研究，发现了一个奥秘：每个人的心灵都有一个法宝，它像硬币一样具有两面，正面写着积极心态，反面写着消极心态。这个法宝的力量令人吃惊。积极心态让人积极进取，创造成功；消极心态却让人绝望而平庸地生活，永远没有改变命运的机会。而要克服消极心态办法很简单，就是永远把法宝的正面翻过来，激励自己去争取成功。

奥里森·马登认为，自我心像的发现是20世纪最重要的发现之一。我们全都拥有心理的蓝图，虽然我们并不一定能够完全实现它。我们也许并不能感觉到它的存在，但它确实是存在的。我们坚定地相信它，并且不怀疑它的正确性。

我们所有的行动与情绪都是和我们的自我心像一致的。你认为你是怎样的人，你就会采取怎样的行动。认为自己是"失败者"的人，将会走上失败之路，不论他如何努力想要获得成功，甚至即便他遇到很多好机会，也一定会失败。认为自己"运气不佳"的人，将会设法证明自己确实是"坏运气"的受害者。

自我心像是一个人个性的基石。因此，我们的经验似乎就可证实并强化我们的自我心像，形成一个恶性的或良性的循环。

对自己缺乏自信的推销员，会带着一种沮丧的表情去面对他的客户，这当然要遭到客户的拒绝。因为他的自我心像是：我是个讨人厌的、差劲的失败者。

但是，如果你在心理上不认输，即使身有残疾，也完全可能书写出不同的人生。

米契尔曾经是一个不幸的人。

一次火灾，把他身上65%的皮肤都烧坏了。为此，他动了16次手术。手术后，他无法拿叉子，无法拨电话，也无法一个人上厕所，但以前曾是海军陆战队队员的他从不认为自己被打败了。他说："我完全可以掌握自己的人生之船，我既可以把目前的状况看成倒退，也可以看成是一个新的起点。"6个月之后，他又能开飞机了。

后来，米契尔在科罗拉多州买了一幢维多利亚式的房子，另外还买了一架飞机和一家酒吧。他还和两个朋友合资开了一家公司，专门生产以木材为燃料的炉子。这家公司后来变成佛蒙特州规模排名第二的私人公司。

积极向上的心态是成功者必备的要素。

记住，你认识了自己的积极心态的那一天，也就是认识了一个最重要的人物的那一天，而这个世界上最重要的人物就是你自己。你的这种思想、这种精神、这种心理就是你的法宝、你的力量。

克莱门特·斯通说他成功的奥秘就是因为他有一种叫做"积极心态"的东西，这一点我们可以从他的经历中看出。

斯通生于1902年，童年时家在芝加哥南区，他曾卖过报纸。斯通卖报时，有家餐馆把他赶出来好几次，但他还是一再地溜进去。客人们见他勇气非凡，便劝餐馆的人不要再踢他出去。结果，他的屁股被踢得生疼，口袋里却装满了钱。这事不禁令他深思："哪一点我做对了呢？哪一点我做错了呢？下次我该怎样处理同样的情形呢？"他一生中都在这样问自己。也正是在不停的追问与改正中，斯通成了美国保险业的巨子，成为万人景仰的人物。

不要由于没有成功就责备这个世界不够完美，这是可笑与可鄙的。你要像所有成功者那样追求自己炽烈的谋求成功的愿望。怎样追求？把你的心放在你所想要的东西上，使你的心远离你不想要的东西。

只有那些具有积极心态的人才能成功，这是颇有意义的逻辑。

托马斯·爱迪生的积极心态使他在成千上万次失败后，最终发明了电灯。这个发明迎来了伟大的电气时代，给人们提供了巨大财富。

亨利·福特的积极心态使他在创业的初期处于领先地位。他把积极心态当作他最重要的资产，这使他创建了一个伟大的企业。这个企业使他比克利萨斯更富有，直接或间接地给1000多万男男女女提供了工作机会。

安德鲁·卡内基的积极心态使他从贫穷中奋起，他所代表的钢铁工业，现在仍是整个经济系统中最重要的一个环节。

圣雄甘地的积极心态使他成为英国殖民者的强大对手。甘地把他的2亿多同胞组成了一个“心理联盟”，并最终从英国的统治下解放了印度，而且不费一枪一弹。

无须多举例子，相信你已经明白：要想成功，必须具有积极的心态。

2.成功依赖于积极的心态

没有一个好的身体素质，没有一个好的心理素质，就根本谈不上人生的幸福。叔本华，这位人类哲学的大师更是把这一问题摆上了探讨人生幸福的讲坛。他曾对此有过一段专门的论述：

“能够促使心情愉快的不是财富，而是健康。我们不是常在下层劳动者，特别是工作在野外的人们脸上找到愉快满足的表情吗？而那些富有的上层人士不是常愁容满面，满怀苦恼吗？所以我们当尽力维护健康，唯有健康方能绽放愉悦的花朵。而要想使我们的身体健康，首要的条件就是我们应该拥有积极的心态。”

幸福系于人的心态，心态的好坏又与身体健康息息相关。这只要想想我们对同样的外界环境和事件，在健康强壮时和缠绵病榻时的看法及感受如何不同，即可看出。一般来说，人的幸福很大程度上有赖于身体健康，有了健康，每件事都可能是令人快乐的；失去健康就可能失掉了快乐。当两个人见面时，我们首先会问候对方的健康情况，相互祝福身体康泰，因为身体健康实在是成就人类幸福最重要的成分。只有愚昧的人才会为了其他幸福而牺牲健康。不管其他幸福是功名利禄、学识，还是过眼烟云似的感官享受，世间没有任何事比健康更重要了。

一般来说，任何成功都是身心互相配合的结果。运动员是以开发身体潜能为主，但如果没有健康向上的积极心态，没有大脑的聪明灵敏和正确的判断力等，则不可能取得任何成功。可见，成功依赖于健康，而从根源上说成功则是依赖积极的心态。

3.成功源于积极的心态

培养积极的心态，是我们生命中最重要的一环。所谓积极的心态，包括所有正面的特质，如自信、希望、乐观、勇气、慷慨、机智、仁慈及丰富的知识。对人生态度积极的人，必有远大的目标并为此而不懈努力。

有些人虽然有积极的心态，但一遇到挫折就会失去信心。他们不了解成功需要以积极的心态去不断尝试，成功正是源于积极的心态。

纽约的零售业大王伍尔沃夫年轻时非常贫穷。他在农村工作，一年中几乎有半年的时间是打赤脚的。他成功的秘诀就是让自己的心灵积极向上，仅此而已。他借来300美元，在纽约开了一家商品售价全是5美分的店，曾经全天营业额还不到25美元，不久便倒闭了。以后，他又陆续开了4个店铺，有3个店完全失败。就在他几乎丧失信心的时候，他的母亲来探望他，紧紧握住他的手说："不要绝望，总有一天你会成为富翁的。"

在母亲的鼓励下，伍尔沃夫面对挫折毫不气馁，更加充满自信地开拓经营，最终成为全美一流的资本家，建起了当时世界第一高楼，即纽约市有名的伍尔沃夫大厦。

其实不只是伍尔沃夫，几乎所有白手起家的成功者，都有一个共同的特点，那就是拥有积极的心态。他们以积极的心态来支配自己的人生，用乐观的精神去面对一切困难，从而保证自己不断地走向成功。而许多一生潦倒者，则普遍精神空虚。以自卑的心理、失落的灵魂、悲观失望的心态和消极颓废的人生目的作前导，只能是从失败走向失败。

仔细观察比较一下大多数人与成功者的心态，尤其是关键时刻的心态，我们会发现心态导致人生惊人的不同。

心态在很大程度上决定了我们人生的成败。我们怎样对待生活，生活就怎样对待我们；我们怎样对待别人，别人就怎样对待我们。我们在一项任务刚开始时的心态，就决定了最后能取得多大的成功，这比其他任何因素都重要。

蒙利根是以上理论的实践者。蒙利根想做薄饼生意，但每个人都告诉他："你完全缺乏这方面的知识，你没有可能成功。"但蒙利根对这些议论不以为然。他排除万难，于1962年在密歇根州开设了第一间"多棉劳"薄饼店。30年后，他在全球拥有5000多家分店，成为"薄饼大王"。

实际上，所谓的积极心态，就是一种进取心。这是一种极为难得的美德，它能驱使一个人主动去做他应该做的事。

积极的心态并不能保证事事成功，但积极心态肯定会改善一个人的生活。而且，可以肯定的是，消极的心态会使你必败无疑，从来没有哪个消极悲观的人能够取得成功。

积极的心态与消极的心态都能对人产生一种作用力。不过，两种作用力的方向相反，作用点相同，这一作用点就是你自己。为了获取人生中最有价值的东西，为了获得自己家庭的幸福和事业的成功，你必须最大限度地发挥积极心态的力量，以抵制消极心态的反作用力。

正确地思考

1.突破常规，正确思考

要乐于接受各种创意。要摒弃“不可行”、“办不到”、“没有用”、“那很愚蠢”等思想渣滓。要主动前进，而不是被动后退。

想想看，如果公司的经理们总想今年我们的产品量已达极限，进一步发展是不可能的，那么，即便是强大的公司也将很快衰败下去。

成功的人就像成功的企业一样，他总是带着问题生存：“我怎么才能改进我的表现呢？我如何才能做得更好？”做任何事情，总有改进的余地，成功者能认识到这一点，因此，他总在探索一条更好的道路。

突破常规不仅要求打破传统思维，建立理性的思维，还要求人们敢于创新。

每个人都具有想象力，而想象力正是创造的源泉。将梦境中所见尽量描绘出来，就是一种想象力的运作；发明一样东西或创造一样东西，也是在发挥想象力。

想象力丰富的人，好奇心会比别人强10倍。

一个人如果缺乏好奇心，却想做一位出色的实业家，那是相当困难的。好奇心强烈的人，不但对于吸收新知识抱有高度的热忱，而且经常搜寻处理事物的新方法。因此，一个人如果没有了好奇心，就不可能花心思研究新事物，只能是遵循前人的步伐原地踏步而已，更不用说会有惊人的成就出现了。

2.学会抓重点

从重点问题突破，是成大事者的思考习惯之一，因为没有重点的思考，等于没有主攻目标。

卡尔森就是一个善于抓重点的人。1968年，他在温雷索锁门旅游公司从事市场调研工作，3年以后，北欧航联出资买下了这家公司，卡尔森先后担任市场调研部主管和公司部经理。由于他熟悉业务，并且善于解决经营中的主要问题，使得该公司成为瑞典第一流的旅游公司。

卡尔森的经营才能引起了北欧航联的高度重视，他们决定对卡尔森进一步委以重任。

航联下属的瑞典国内民航公司购置了一批喷气式客机，由于经营不善，连年亏损，到最后连购机款也偿还不起。

1987年，卡尔森调任该公司的总经理。他上任不久就抓住了公司经营中的症结——票价不合理，早晚高峰时段的票价和中午空闲时段的票价一样。卡尔森将中午航班的票价降低一半，以此吸引去瑞典湖区、山区的登山野营者和滑雪者。此举很快就吸引了大批旅客，客运量猛增。卡尔森任主管后的第一年，国内民航公司即扭亏为盈。

卡尔森认为，如果停止使用那些大型飞机，公司的利润还会进一步增长。一般旅客都希望乘坐直达班机，但庞大的“空中巴士”无法满足他们的这一愿望。

尽管DC-9型客机座位较少，但如果让它们从斯堪的纳维亚的城市直飞伦敦或巴黎，就能赚钱。但是，原来的安排是DC-9型客机到了哥本哈根就不飞了，旅客不得不换乘巨型“空中客车”。卡尔森把这些“空中客车”撤出航线，仅供包租之用，开辟了奥斯陆至巴黎等城市的直达航线。

与此同时，卡尔森的另一举措也充分显示了他的抓重点的能力，这就是“翻新”旧机。

多年来，DC-9型客机在乘坐舒适性方面没有多大改进。卡尔森敦促北欧航联拿出1500万美元（约为购买一架新DC-9型客机所需费用的65%）来给客机“整容”，更换内部设施，以提高乘坐的舒适性。公司的

DC-9型客机一直使用到1990年，依靠这些“翻新”的DC-9型客机和越来越多的旅客，公司获得了更多的利润。

成功人士遇到重要问题时，一定会仔细考虑应该把精力集中在哪一方面，怎样做才能最大限度地利用现有的人力和物力，从而获得最大的效益。

那些有所成就的人已经培养出一种习惯，那就是找出并设法控制那些最能影响他们工作的主要因素。这样一来，他们比一般人会工作得更为轻松愉快。由于他们知道如何从一大堆事情中抓住重点，就等于为自己的杠杆找到了一个恰当的支点，只需轻轻一撬，就能移动原先以浑身力量也难以移动的重物。

3.成功是“想”出来的

积极思考是由“敢想”和“会想”两方面构成的。那些成功的人大多因为具备这两种素质，所以才有惊人之举，因为敢想才能敢干，因为会想才能巧成。

当别人失败时，你如果能从他人的失败中吸取教训，你就有可能成功。当你失败了，你只要找出失败的原因，并加以改正，还是有机会获得成功的。

1939年，美国芝加哥北密契根大道的众多写字楼里空空荡荡，无人租用，一栋楼租出去一半就算是幸运的。

这是商业不景气的一年，消极的心态像乌云一般笼罩在芝加哥不动产置业者的心头。那时，人们常听到这种论调：“登广告毫无意义，人们根本就没有钱”，“我们没有必要工作了”。就在这时，一位受雇于西北互助人寿保险公司的经理来到了这个生意惨淡的地区。他负责管理该公司在北密契根大道上的一栋大楼，他接手这项工作时，这栋大楼只租出去10%。但不到一年，他就把它全部租出去了，而且他面前还有一串长长的待租人名单。为什么短短时间内情况会发生这么大的变化呢?

记者采访他时，他介绍了他对整件事情的思考。当时，要把这些房间都租出去是很困难的。因此，必须做到以下几点。

（1）要选择称心的客户。

（2）要增强吸引力：客户中心提供芝加哥市最漂亮的办公室。

（3）租金一定要比客户现在所付的房租低5%。

（4）如果客户按为期一年的租约付给公司同样的月租，公司就对他现在的租约负责。

（5）除此之外，免费为客户装饰房间。根据客户的喜好来改造装饰每一间办公室，让他们真正满意。

他通过推理得到下列几个方面的认识。

（1）如果一间办公室在以后几年中还不能出租，公司就不能从那间办公室得到收入。现在这样做，到年底可能得不到什么收益，但这总比租不出去强。现在因为满足了客户的需要，他们以后会按期如数地交付房租。

（2）租期以一年为基数，在大多情况下，房间仅仅空闲几个月，就可接纳新的客户。这样一来，就有可能在较短的时间内得到新的租金。

（3）一所设备良好的大楼易于出租。免费装饰办公室并不会得不偿失，因为它会增加房产的股票价值。

当面临严重问题的时候，一种人说："我有一个问题，那是很可怕的。"另一种人说："我有一个问题，那很好。"

一个人如果能够抓住问题的萌芽，洞察它并寻求解决，他就是懂得正确思考之内涵的人。如果一个人能形成一种有效的思路，紧接着付诸实践，他就能把失败转变为成功。

成功是"想"出来的。只有敢"想"、会"想"的人，才会是成功的候选人。如果一个人善于思考，他就可以把别人难以办成的事办成，把自己原本看起来办不成的事情办成。

普遍性规律

1.成功的一般规律

克莱门特·斯通认为，奋斗，失败；再奋斗，再失败；再奋斗……直到最终的成功，这就是成功的一般规律。这一规律可以从以下几个方面来理解。

（1）失败是到达成功目标之前必经的环节。

任何一项事业的成功都不可能一帆风顺、一蹴而就，因为一项事业的每一步进展都需要战胜许多困难，解决许多问题和矛盾，需要付出艰辛的努力，其中难免失败。没有失败就不会有成功，不克服失败就不能到达成功的目的地。

（2）奋斗是超越失败，将成功的希望转化为现实的必要劳动。

奋斗就是勤奋劳动。成功只接待勤奋劳动者，而将懒汉、空谈家、只想坐享其成的人拒之门外。失败是在所难免的，要超越失败，只有奋斗。只有坚持不懈地顽强奋斗，才能发现失败的根源和克服失败的途径，才能把克服和预防失败的主意、措施付诸实施。成功的希望只是一种主观的愿望，任何主观愿望都不会自动地转化为现实，必须经过奋斗这一必要劳动。世界上没有一种真正有价值的东西，可以不经过奋斗者的艰辛劳动而能够得到。成功之花要靠奋斗者辛勤劳动的汗水去浇灌。

（3）成功是通过奋斗与失败的多次循环而实现的。

奋斗，失败；再奋斗，再失败；再奋斗……直至成功。奋斗与失败的每一次循环，都将人的认识提高到一个新的水平和高度，都向成功的目标逼近一步。在现实生活中，通过一次奋斗就直接实现成功的事是很少的。因为一个正确认识的形成，往往需要经过实践——认识——再实践——再认识的多次反复才能完成。

懂得成功的一般规律，把握奋斗、失败与成功的辩证关系，将有助于增强奋斗的自觉性，提高奋斗的成功率。

2.胜利时更要谨慎

如果被一时的胜利冲昏了头脑，那将是极其危险的事情。

公元前559年，居鲁士做了米底亚和波斯国的国王。他打败了利比亚的统治者克里苏斯，征服了爱奥尼亚君主及其他较小的王国，顺利占领了巴比伦，成为世界之王——居鲁士大帝。

之后，他又准备进攻由女王汤米莉丝领导的马萨格它族。他根本不把马萨格它族放在眼里，认为自己是战无不胜的超人。如果他能够打败马萨格它族，他的帝国的疆域就会进一步扩张。

几年后，居鲁士的军队渡过阿瑞各斯河，在河边安营扎寨，并摆上肉和烈酒，然后留下最弱的兵士守营，其他士兵撤回西岸。马萨格它军队很快就攻占了居鲁士军队的营地，胜利的士兵看到一桌桌酒肉迫不及待地大吃大喝起来，一个个酩酊大醉。当晚，居鲁士的军队返回营地，俘虏了睡梦中的马萨格它士兵，其中包括史帕戈皮西斯，也就是女王汤米莉丝的儿子。

女王知道发生的事情后，写信给居鲁士，斥责他用诡计打败她的军队。她说："如果你们离开我的国家，释放我的儿子，我将把1/3的土地让给你。否则，我会让你得到应有的回报。"居鲁士对她的话置之不理。

不久，女王的儿子因为无法忍受屈辱而自杀了。儿子的死令汤米莉丝极其悲痛。她调集所有军队，以报仇的狂热激励他们奋起反攻，和居鲁士军队展开了激烈而又血腥的战斗，终于战胜了居鲁士。

的确，没有比胜利更令人陶醉的事了，但胜利往往又是最危险的事。因此，不要被胜利冲昏了头脑，策略和审慎是成功的基础。我们应该接受理智的引导，一时的兴奋可能会导致致命的结果。当我们获得成功时，应该更加小心谨慎。

羊皮卷智慧全集

第三篇 最伟大的力量

——学会选择，最伟大的力量来自选择

马丁·科尔在《最伟大的力量》中说："千百万的人穷其一生都在困苦中无奈地生活，这仅仅是因为他们没意识到自身蕴藏的最伟大的力量。这种力量就是选择的力量。"

在这本激励人的经典作品中，马丁·科尔将引导你学会选择，并教你认识和运用这种选择的力量。"每当你感觉到厌恶、烦恼、不快的时候，读读这本书，你会觉得好一些；在你的枕边放上一本，睡前读上几页，第二天早上醒来，你会觉得更舒服、更有力。"

发现它，最伟大的力量

你拥有一种伟大而令人惊叹的力量。这种力量一旦运用得当，将带给你无穷的信心。

千百万的人都在抱怨自己命运不济，他们厌倦生活以及周围这个世界，但却没有意识到，在他们身上有一种力量，这种力量会使他们获得新生。

一旦你意识到了这种力量的存在并开始运用它，你就会改变自己的整个生活，使生活变成你喜欢的样子。一种原本充满悲伤的生活可以变得充满快乐，失败可能会转化为成功。当贫穷啃噬着你的生活的时候，你可以将它变成一种幸运。怯懦可以转化为信心，充满失望的生活会变得妙趣横生和令人愉快，担惊受怕也可能变为轻松自在。

当一个人不断前行的时候，可能会一次又一次地处于逆境中。他可能会陷入一系列的困难之中，他可能不得不和这样那样的麻烦抗争。不久，他便形成了这样一种生活态度：人生是艰难的，生活所发的牌总是跟他过不去……那么，做这样那样的事情又有什么用呢？这个人觉得自己怎么也不可能成为赢家。”于是，他灰心丧心，认准自己无论怎么做，都“不会有什么好事”。成功的梦想就此破灭。

自始至终，这个人都没有能够发现那种可能改变他的人生的巨大力量，他甚至不知道这种力量的存在。他看见成千上万的人都和他一样，他认为那就是生活。

莱莫多·德奥维斯曾经讲过一个故事。

亚里山德拉大图书馆被烧毁之后，只有一本书保存了下来，但这并不是一本很有价值的书。一个识得几个字的穷人用几个铜板买下了这本书。这本书并不怎么有趣，但里面却有一个非常有趣的东西。那是一张羊皮纸，上面写着点金石的秘密。

点金石是一块小小的石子，它能将任何一种普通金属变成纯金。羊皮纸上的文字解释说，点金石就在黑海的海滩上，和成千上万与它看起来一模一样的小石子混在一起，但秘密就在这儿：真正的点金石摸上去很温暖，而普通的石子摸上去是冰凉的。于是，这个人变卖了他为数不多的财产，买了一些简单的装备，在海边扎起帐篷，开始寻找点金石。

他很聪明，每当他捡起一块摸上去冰凉的石子，就将它扔进大海，这样可以避免再次捡到它。他这样干了一整天，却没有捡到点金石。然后，他又这样干了一个星期、一个月、一年、三年，他还是没有找到点金石。然而，他还是继续这样干下去，捡起一块石子，是凉的，就将它扔进海里；又去捡另一块，还是凉的，再把它扔进海里……

有一天，他捡起了一块石子，这块石子是温暖的，但他却随手把它扔进了海里。他已经形成了扔石子的习惯，以至于当他真的捡到了点金石，他还是将其扔进了海里。

唉，有多少次我们已经触摸到了这种巨大的力量却没有认出它；有多少次这种巨大的力量就握在我们手中，而我们却把它扔掉了。这正是我要用这样一整篇文章来讨论这个问题的原因！

康威尔在他的《钻石宝地》一书中讲述了一个非常快乐的农夫的故事。

一个农夫辛勤耕作赚了许多钱，并有一个非常美满的家。他什么都不缺，生活得既有价值，又很快乐。然而，有一天来了一个僧侣，对他说：“如果你能找到一个地方，水从白色的沙子上面流过，你就会找到钻石。你的女儿会比任何一位公主都富有，你的儿子会比任何一位王子都富有，而你将得到你所能想象得到的所有财富。”

那一夜，农夫没睡着觉——这是多年以来的第一次。他在床上辗转反侧。最后，当天蒙蒙亮的时候，他决定卖掉农场，离开家去寻找钻石。他把家人托付给一位邻居，拿上钱，满世界去寻找钻石。最后，当他口袋里只剩下几分钱的时候，仍然没有找到，因此他自杀了。这个时候，那个僧侣又来到了农场。他走进房子，抬头看了看炉台，问道：“农场原来的主人回来了吗？”农场的新主人回答说：“没有，他没回来。”僧侣说：“他肯定回来了，要不那边炉台上的石头怎么都是钻石呢？”“啊，不，”农场的新主人说，“那不可能，我是在后院发现这些石头的。”僧侣向这位农场的新主人保证说：“是的，那些的确是钻石。”

非洲的金伯利金刚石矿就是这样发现的。

你当然读出了这个故事的意义。我们满世界去找钻石，而钻石恰恰就在我们的后院里。我们一生都在寻找可以使我们的生活彻底改变的东西，但是大多数人一生都没有找到。其实，它就在我们面前。我们所要做的就是认识它并利用它。它就在这儿。

在讲述这种巨大的力量究竟是怎么回事之前，我想先给你讲另外一个发生在非洲的故事。

有一个探险家走进了非洲的荒野中。他随身带了一些物品，打算送给当地的土著人。在这些物品中，有两面一人高的镜子。他把这两面镜子靠在两棵树干上，这时，有个土著人手里拿着长矛向镜子走过来。当这个土著人从镜子里看见自己的身影时，便朝镜子刺去。当然，镜子被打碎了。

探险家问这个土著人为什么要打碎镜子。土著人回答说："他要杀我，我就先杀了他。"探险家解释说："你误会了。"然后带着土著人走到第二面镜子前，说："看，镜子是这样一个东西，通过它你可以看到你的头发有没有梳好，你脸上的油彩涂得是否合适，你的肌肉是多么发达。"土著人回答说："噢，我不知道。"

成千上万的人都是这样，他们一生都在和生活作战。在生命的每个转折点上，他们都以为会有一场战斗，而情况也确实如此。他们预计会有敌人，而他们确实遇到了敌人；他们预计困难会接踵而至，而困难确实来了。其实他们完全可以避免和敌人遭遇，也可以绕开困难，但是他们没有认识到这种能够让自己改变命运的力量。这种力量就是"选择的力量。"

选择是上天赋予你的权利

1.选择掌握在你的手里

在有限的生命中，上苍赋予我们许许多多宝贵的礼物，“选择的权利”就是其中一项。

既然上苍将其赐给了我们，我们就有权利思考、行动。一般人总以为只有在决策时才需要选择，其实，我们做的每件事情都是一种抉择。

正因为这是上苍赐予人类的礼物，所以，不论面对何事，我们都可以作出自己的选择。暂且不管我们作出什么的选择——勇于面对也好，逃避现实也罢，只要一选择，我们就会感到一种强大的控制力。

很多人总是抱怨自己活在别人的阴影下，什么事都由别人控制着，自己就像傀儡一样任人摆布。殊不知，怎么活是自己选择的，哪能怪得着他人。

没错，人总是有很强的控制欲，除了想控制自己之外，还想控制别人，无形之中，他人的一举一动都可能侵犯你的权利领域。但是，当碰到这种外来侵犯时，你本身的控制力难道不奋起抵抗吗?

因此，假如你也有过丧失控制力的感觉，你首先需要做的就是自省一下，你是不是了解自己的选择权利在哪里？你有没有充分运用它？想要自己活得好一点，就该善用你的选择权。没人能完全左右自己的命运，但至少应该掌握选择的权利。如果选择之后，再全力以赴，成败就不必计较了。

2.学会选择，不要被他人左右

学会选择，不要被他人的论断阻挡住自己前进的步伐。追随你的热情，追随你的心灵，它们将带你到你想要去的任何地方。

剑桥郡的世界第一名打击乐独奏家伊芙琳·格兰妮说："从一开始我就决定，一定不要让其他人的观点阻挡我成为一名音乐家。"

她出生在苏格兰东北部的一个农场，8岁时开始学习钢琴。随着年龄的增长，她对音乐的热情与日俱增。不幸的是，她的听力却在渐渐下降。医生诊断是由于神经损伤造成的，而且这种损伤是难以康复的，并且断定她到12岁时，将彻底耳聋。可是，她对音乐的热爱却从未停止过。

她的理想是成为打击乐独奏家，虽然当时并没有这么一类音乐家。为了实现自己的理想，她学会了用不同的方法"聆听"其他人演奏的音乐。她只穿着长袜演奏，因为这样她能通过身体感知乐器的振动。她几乎用自己所有的感官来感受音乐。

她决心成为一名音乐家，于是她向伦敦著名的皇家音乐学院提出了入学申请。

因为以前从来没有一个失聪的学生学习音乐，所以一些老师反对接收她入学。但是，她的演奏征服了所有的老师，她顺利地进入了皇家音乐学院，并在毕业时荣获了学院的最高荣誉奖。

格兰妮一直坚持着自己的选择，并没有因为医生的诊断而放弃对理想的追求。最终，她凭借热情和信心取得了成功，成为世界上第一位打击乐独奏家。

3.别选择烦恼

有这样一个故事。

一位老太太的两个女儿都出嫁了。大女儿家做雨伞，小女儿家做布鞋。天晴时，老太太发愁大女儿的伞卖不出去，日子怎么过。下雨时，老太太发愁小女儿的布鞋没人要，一家人怎么活。天不是晴就是雨，老太太就天天愁、月月愁、年年愁。

村里有位年轻人好心劝老太太说："你应该掉过头来想，天晴时小女儿的布鞋好卖，下雨时大女儿的雨伞好卖。"老太太听了，顿然释怀。这以后，老太太天天乐、月月乐、年年乐，日子过得很舒心。

由此可见，选择的角度不同，对问题的看法就会相差很远。尤其是面对生活中的困难和挫折，只要我们不局限于传统习惯，从另一种角度去看，便会产生截然不同的结果。

在现实生活中，生活的压力、事业的艰辛、家庭的矛盾等因素，很容易引起人们情绪上的起伏波动，给人们带来烦恼与困惑。但是，不论你遇到多么不如意的事情，都不要忘了追求快乐，给自己选择一个良好的心境。心情好了就会觉得事事如意，许多问题也能迎刃而解。快乐的心境对人非常重要。

对事物的看法没有绝对的对错之分，但却有积极与消极之分，而且每个人都必定要为自己的看法承担后果。消极思维者对事物永远都会作出消极的解释，并且总能为自己找到抱怨的借口，最终得到的是消极的结果。消极的结果又会强化他消极的情绪，从而使他更加消极，形成恶性循环。

所有这一切正如叔本华所言：“事物本身并不影响人，人们是受到对事物看法的影响。”我们不能改变环境，至少我们可以改变内心的想法和对待事物的态度；我们不能改变自己的容貌，但可以展现笑容；我们不能控制他人，但可以把握自己；我们不能预知明天，但可以利用好今天；我们不可能逢战必胜，但可以尽心尽力。只要我们选择积极的思维，就能够抛却烦恼，取得意想不到的收获。

选择具有神奇的力量

是的，不论你信仰什么，你都具备这种力量。你作出了决定是因为你作出了选择。你作出了这样的选择，是因为你希望它这样。你可能很熟悉那句老话：“自助者，天恒助之。”不管有关上帝的那些传说我们信还是不信，上帝确实赋予了每个男人和女人自助的权利，换句话说，就是选择的权利。

亨利·德拉蒙德在他的《世界上最伟大的事情》一书中，讲述了一个病得很重的小男孩的故事。这个男孩快要死了，他的父母非常伤心。有一天，一位老人来到他家，看到一家人都很悲伤，便问这是为什么。他们告诉老人，孩子得了重病，快要死了。老人走进卧室，将手放在小男孩头上，说：“我的孩子，上帝爱你，你难道不知道吗？”老人走了之后，小男孩从床上跳下来，在房子里跑来跑去，喊着：“上帝爱我！上帝爱我！”他不再是一个病人。

这是一个极好的例子，它向人们展示了当一个人选择相信上帝爱他的时候，会发生什么样的事情。

在这个世界上，除了我们自己错误的选择，没有什么会主动伤害我们。如果我们吃得太多并因此生病的话，该怪谁呢？如果我们将车开得太快以至于它最终失去控制的话，该怪谁呢？如果我们品行龌龊、令人讨厌的话，该怪谁呢？如果我们要把金钱带进棺材，做“坟墓中最富有的人”，却使自己成了病人的话，该怪谁呢？如果我们自己没有学会怎样生活，该怪谁呢？我们不能怪任何人。这都是由于我们没有正确地运用上苍赋予我们的最伟大的力量——选择，才伤害了自己。

不是吗？你的人生由你自己决定，你事业的成败也完全由你自己决定，你就是做决定的人。当你作出一个新的、认真且坚定不移的决定时，你的人生也在这一刻随之改变。有了决定就可以解决问题，有了决定便能带来无穷的机会与快乐，有了决定就能使事业成功，它是一种能把梦幻化为现实的神奇力量，是使无形变为有形这一过程的催化剂。

当你明白了决定的意义，便会晓得这种力量早就蕴藏在你的身上，它不是有权有势者的专利品，而是属于所有的人。当你阅读本书时就可以支取这种力量，只要你敢于拿出主见。请问你今天是否愿意为自己的未来做个决定？

艾德是一个很平凡的人，14岁时因患小儿麻痹症致使颈部以下瘫痪，必须靠轮椅才能行动，但他却因此而有了不平凡的成就。得病之后，他曾几次差点丧命。不过，他从不为自己的不幸而伤心难过，反而期望有朝一日能帮助有相同病症的患者。

他呼吁社会要重视和保障残疾人的权利。在他10余年的努力推动下，社会终于注意到了残疾人的权利。如今，在美国各个公共场所都设有轮椅专用坡道，有残疾人专用的停车位，有帮助残疾人行动的扶手，这都是艾德的功劳。艾德从加州大学伯克利分校毕业后，担任了加州州政府康复部门的主管，是第一位担任公职的严重残疾人士。

艾德的行动只不过源自于一个单纯但有力量的决定。如果换成你，你打算为自己的人生作出什么样的决定呢？

选择是成功的起点

美国钢铁大王安德鲁·卡内基年轻时曾担任过铁路公司的电报员。

有一次，卡内基在假日期间值班，收到一份紧急电报，内容是在附近有一列火车出轨，要求上司通知下趟列车采取紧急措施，以免发生碰撞的惨剧。

当天是假日，卡内基找不到可以下达命令的上司，眼看时间一分一秒地过去了，他必须马上作出选择。他果断地决定以上司的名义命令后继列车采取紧急制动措施，从而避免了一场可能造成巨大伤亡的碰撞事故。

按当时铁路公司的规定，电报员冒用上司名义发报，要给予开除的处分。卡内基十分清楚这项规定，于是在隔日上班时写好辞呈放在上司的桌子上。

上司将卡内基叫到办公室内，当着卡内基的面将辞呈撕毁，拍拍卡内基的肩头说："你做得很好，我要你留下来继续工作。记住，这世上有两种人永远在原地踏步，一种是不肯听命行事的人，另一种则是只听命行事的人。幸好你不是其中的一种。"也正是由于具有这种伟大的力量，在以后的事业中，卡内基一步步走向成功。

成功者之所以能够成功，是因为他们愿意去做一些失败者不愿意做的事。失败者之所以失败，是因为他们一直在做成功者不愿意做的事。

要能够明了什么是该做或不该做的事，首要的就是必须拥有明确的目标，其次需要有清晰的定位，再加上智慧。这样就可以有正确的判断力，看清自己该做的事情。

不听命行事和只听命行事的人都难以成功。真正的成功者，是能运用心中的天平，来衡量轻重利弊，并及时作出正确选择的人。

在你获得自己明确的定位，看清自己的任务后，没有别的选择，必须立即行动。如果你还在犹豫不决，不妨想想卡内基若在那一刻有所迟疑，将会造成多少人的伤亡？而你的迟疑呢？

是的，你必须选择立即行动。

选择成就幸福的人生

幸福，寻找它的人很多，得到它的人很少。有人以为，有了物质财富就有了幸福，可是他忘了，幸福并不在于得到多少物质财富，而是心灵在感受到自我价值时所处的一种状态。那些每天带着期望去生活的人，那些在生活中感到快乐和满足的人，可以说，都是幸福的宠儿。幸福是自然的，它不需要创造。

那些把自己的喜怒哀乐完全寄托在外物之上的人，幸福的大门并不会向他们敞开。你希望自己幸福吗？你完全可以自己选择。当然，你可以让外界事物来决定你的幸福，但你也可以为自己所做的一切感到幸福。即使生活中发生了各种不幸，也并不会妨碍你选择幸福。你的生命还在，你的呼吸未停，你还可以看着这本书，从中汲取养料，生活中有很多让你幸福的事。即使你暂时还无法做其他事情，但至少你还拥有把握幸福的能力。

要相信自己，一切都是你能做到的。你是独一无二的，你必然会有非凡的成就。在你内心深处的某个地方，你在热烈地渴望成功，而且你也具备了这样的能力。从今天起，你要做的就是先改变自己的人生观，改变你对自己的看法。

要去想象，去憧憬幸福，每天都要这么做，让自己的生活拥有目标，拥有一个巅峰；要保持内心的宁静，要相信自己，没有什么是你不能做的。事实上，只要你意识到无论什么时候，你都可以实现幸福，那么，实际上你就已经无时无刻不在幸福之中了。

不要活在过去，我们要把握的是今天、明天，我们需要的是未来的幸福。你的态度就决定了你的幸福。如果你消极悲观，处处不满，整天唉声叹气，你永远也进不了幸福的门。

要相信自己配得上幸福，重要的是这种信心，有了信心也就有了幸福。抛开你从前那套愤世嫉俗的观点，鼓励自己继续向前，去接受变化，去拥抱原本就属于你的幸福，去做希望和成功的忠实信徒。这一切，需要的只是勇气，而这种勇气就在你心里，唤醒它、抓住它，你就会拥有更美好的生活。

不要自己画地为牢、作茧自缚，要让新鲜的空气进入自己的内心，不要在那窄小封闭的巢穴里坐等生命的流逝。一个对自己做的事情感觉不到丝毫乐趣和意义的人，是不可能产生幸福的感觉的。记住，首先是选择，有了选择就有了幸福的可能；它就是动力，就是航船，会把你带到你想去的地方。

生活不是日复一日地重复，你今天做的，完全可以和昨天不同，你永远有用不完的机会。而幸福，首先就意味着寻找机会、把握机会。如果觉得现在的一切并不能带来成就感，并不能让你满意，为什么不选择去改变它呢？去寻找你的目标、你的意义，然后全身心地投入吧。在这一点上不必吝惜时间，因为它带给你的将是幸福。逼迫自己去面对选择、接受选择，幸福就在你的掌握之中。

世界上最幸福的人，是那些克服了艰难险阻，忍受了长期煎熬，但始终在斗争、在坚持的人。没有经历苦难挫折，没有经历生死搏斗，就不可能有真正的幸福。

想一想你过去走过的路程，曾克服的那些障碍，在挫折和奋斗中得到的经验和教训。想一想你最幸福的时刻，难道不正是经过努力坚持，终于攻克重重困难的时刻吗？不正是你开始还心有怯意，最终却出色地完成了任务的时刻吗？或者，是你本来以为不能坚持，以为苦难不会结束，最终咬咬牙却挺过去的时刻吗？

生活随时随地都会遭遇各种挑战。我们越是能够将不利变成机遇，就越有可能过上幸福的生活。你的生活将变成一场盛大庆典，所有机会来临的时刻都是你的节日。没有什么能够约束你思考、行动的自由，没有什么能限制你去发展这些方面的能力。你完全可以去享受生活的种种乐趣，你唯一需要的，是给自己去接近、达到、创造幸福的机会。是选择成就了人生的幸福！

选择你的性格

人生最大的问题之一，就是性格问题。各种性格似乎总是在不断地发生冲突。我们一生中许多困难和麻烦都源于性格：不能与人和睦相处，家庭破裂，友谊中断，被迫辞职。性格冲突无时不在上演人生悲剧。

在性格问题上，人类拥有的最伟大的力量——选择的力量，再一次发挥了非常重要的作用。下面就是一个绝好的例子。

本杰明·富兰克林觉察到他正在失去一些朋友，因为他经常与人发生争执，与人相处不好。有一天，大概是快到新年了，大家都在制订新年计划。富兰克林坐下来，开出一张清单，清单上有他所有让人讨厌的性格特点。他把它们一一列出，把最有害的一个排在第一位，然后依次排下来。他决定要一个一个地改掉这些讨厌的毛病。每当他发现自己已经成功地改掉一个坏毛病的时候，他就把它从清单上划掉，直到清单上所有的坏毛病都划完为止。他成了全美国人格最为完美的人之一。每个人都尊敬他，崇拜他。今天，几乎在所有关于性格塑造的书中，你都会发现富兰克林的名字，他被作为这方面最杰出的例子。

然而，让我们来设想一下，如果富兰克林选择终其一生不对自己的性格进行任何改造，老天爷给我什么样的性格就用什么样的性格，那么，他绝不可能成为一个这样伟大的人。一个人的性格对其一生意义重大。但是，仍然有数不清的人说：“我能怎么样呢？我该做些什么呢？我怎么知道自己本来可以做些什么？”林肯说：“我要让自己准备好，总有一天我的机会会出现。”机会确实出现了。他抓住了机会，因为他做好了准备——这就是他的选择。

许多人在生活中都会遇到这样的问题——失去自己所爱的人。不少人在失去父母、伴侣、朋友之后变得非常伤心，以至于对生活失去兴趣。“现在活着又为了什么呢？”他们这样问。他们没有意识到自己拥有这种最伟大的力量——选择的力量，他们完全可以选择另一种方式生活下去。

你不能责怪这些人，因为那种打击也许来得太突然。但是，无论怎样，选择的权利都在自己手中，我们完全有能力让自己的生活更美好。

在困难和不幸面前，你可以选择坚强，选择执著，选择不放弃，选择不屈不挠。实际上，只要你愿意作出这样的选择，你也可以像富兰克林那样，成为一个伟大的人。

选择周围的环境

对于大多数人来说，他们控制不了外部环境。那么，我们能做什么呢？我们可以控制我们的想法，而且，通过控制自己的想法，通过运用这种最伟大的力量——选择的力量，我们可以间接地控制周围的环境。

外部环境总是时好时坏，有的人甚至在情况好的时候都活不下去，更不要说情况糟的时候了。这主要是因为他们没有运用这种最伟大的力量——选择的力量。当困难到来的时候，有些人会恐惧、畏缩，心里充满了失意与落魄。有些人则会运用这种最伟大的力量——选择的力量，使自己即使在最困难的时候也可能取得成功。许多伟大的事业都是在所谓的困难时期开始的。为什么？因为世界上到处都是满怀失望的人，稍微有点勇气的人不需要打什么硬仗就可以获得成功。

有个人做生意遇上了经济危机。他觉得自己生意做得不好的原因是时运不济，除非情况有所好转，否则他的生意不可能有任何转机。有一天，他来到一个市场，看见两个卖肉的店铺，其中一个生意非常忙，人们排着队等着买肉，而另一个却一个顾客也没有。

他走进那家有人在排队等候的肉店，老板用一种非常客气的口吻对他说："你好！请您等几分钟，我就可以招呼您了。"那个老板对每个顾客都是那样和气而有礼貌，殷勤地为顾客服务。几天以后，这个商人又来到另一家肉店。那个老板态度生硬地问道："你要买什么？"那个商人没有说话，他似乎明白了自己该怎么做。

他开始做广告，搞促销，调整了商品的价格。不久，他的生意好起来了，他又在赚钱了。周围的环境没有变，但是他变了。通过运用这种最伟大的力量——选择的力量，他的公司没有关门，而是又兴旺起来。

选择的力量只存在于自己的头脑中，人人都可以有自己的选择，实现自己的计划，按照自己所梦想的方式去生活。每个认识到了这种最伟大的力量的人便能够取得进步。这种自信是建立在个人的能力和主动性的基础上的。只要我们摆脱对环境的依赖，相信自己的力量，就没有克服不了的困难。

选择你的财富

人人都在寻找财富，都希望有一天可以对自己说："现在，我再也不用为钱发愁了。"为了不再为钱发愁，人们绞尽脑汁，使尽各种招数，力图使自己富起来。结果，有的人成功了，有的人失败了，失败者灰心丧气，认定自己不是那块料。虽然失败者也进行了各种尝试，但就是不曾试着改变自己的想法——而这是唯一可能使事情有所改变的途径。

以前，我认识一个男人，当时他正面临家庭财务问题。他的妻子抱怨说，她害怕去开门，因为唯一可能出现在门口的人是来讨账的。这种情形真令人泄气。我给了这家人一本书，认为这本书也许会帮助他们改变考虑问题的方式。这位妻子看了一眼那本书说："我是不会去读那玩意的，读那玩意没有任何用处。"丈夫说："我想读一读，把它留下吧。"结果，这个男人开始以一种新的方式思考问题，他以一种全新的状态投入到生活中去。一年以后，他们搬到了一个更好的地方，买了全套新家具，甚至交付了一辆新车的定金。

我没有给这个男人一分钱。当然，钱可能会对他有所帮助，但这种帮助只是暂时的。我所做的，是促使这个男人选择改变自己的想法，进而改善自己的经济状况。如果我们不改变考虑问题的方式，那就永远都不要希望改变自己的处境。

通过正确运用这种巨大的选择的力量，你就肯定能改善自己的经济状况。太多的人没能正确地运用这种巨大的力量，而使他们成了自己想极力躲避的那种东西的奴隶。

那么，成千上万的人仍然深陷于贫困中，这还有什么好奇怪的吗？他们选择了继续生活在贫困中，却没有意识到这一点。这些人本可以利用这种巨大的选择的力量，本可以在脑子里装满生活中那些美好的东西。

每天我们都听到有人说："我很想要那件东西，但是我买不起。"买不起，这是实话，但是别这么说。只要你继续说"我买不起"，它将伴你度过一生。选择一种更积极的思想，比如说："我要买下它，我要得到它。"当你逐渐建立起"我将买下它，我将得到它"的想法时，你就逐渐建立起了期待，建立起了希望。永远不要毁掉自己的希望，否则你将为自己创造一种充满困难和失意的生活。

一个一文不名的年轻人说："总有一天，我要去欧洲。"在座的一个朋友笑了起来，说道："看看是谁在讲大话。"当时，这个人没有说他支付不起这笔费用。他怀有希望，这种希望给了他动力。这种动力促使他去努力，这样他就有可能去欧洲。选择的力量会带给你希望，带给你动力，还会带给你行动的勇气，它将使你从生活中得到你真正想要的东西。

艾伦在《思考的人》一书中说："思想就是物质。"我们把它改为"思想变为物质"。电话在没有诞生之前，它是贝尔头脑中的一种想法；收割机在真正变成收割机之前，它是麦克头脑中的一种想法；电灯在真正成为电灯之前，它是爱迪生头脑中的一种想法。约翰·D.洛克菲勒在口袋里还没有一美元的时候，他就说："有一天我要变成一个百万富翁。"而他确实成了百万富翁。所以，你必须意识到，那些你想从生活中得到的东西在成为现实之前，首先是你大脑中的一些思想。如果你想改变自己的财务状况，必须首先改变自己的想法。如果你选择改变自己的想法的话，你的外在状况就一定会发生变化。这是一个法则。当你选择了"我买不起"，"我永远也不会得到它"，当你选择了"我是个快乐的穷光蛋"的想法时，你就堵死了自己通往财富的路。选择自己的想法，你可以做到；改变自己的想法，你可以做到——如果必要的话，在一开始就充分运用你的想象力。你从前认为绝不可能发生的事会在你眼前发生，你从前认为绝不可能出现的变化会出现在你的生活中。毫无疑问，你将获得一次重生的机会。

这种巨大的潜力，这种选择的潜力，如果运用得当的话，可以无数次地使一个人的生活变成他所向往的样子。这着实令人惊讶。

有个年轻人是个"万能"先生，他可以把很多事情做得很好。然而，尽管他无论做什么都做得很成功，却没能赚到一点钱。人们不理解这是为什么。他有抱负，讨人喜欢，性格也很可爱，但在金钱方面，他却年复一年徒劳地奋斗着。最后，这个年轻人请人指明他的问题究竟出在什么地方。他不断地对人表白："除了赚钱，什么事我都能干好。"

他的问题其实很简单，只是他对想法的选择有点糟糕。当他认识到这一点的时候，事情就开始发生了变化。他不再说："除了赚钱，我什么事情都能干好。"而是说："我什么事都能干好，包括赚钱。"在几年的时间里，他的财务状况发生了变化，他的确开始赚进一些钱。现在，人们都说他是个富翁。

这个人本来也可能终其一生将许多事情做得很好却赚不到一点钱。他一旦认识到他选择了一种错误的想法，并且积极地去改变这种错误想法时，他的财务状况就开始发生变化，向着好的方向发展。事实证明，选择的力量会带给你一种好得多，也有效得多的赚钱的能力。

羊皮卷智慧全集

第四篇 伟大的励志书

——迈出成功的第一步

《伟大的励志书》又译为《奋力向前》，是奥里森·马登的第一本著作。它是作者实现自己的理想——在有生之年竭尽全力写成一本能激励人、鼓舞人的书——的第一步，书中包含了大量成功人士如何征服困难、获得成功的激动人心的例子，是青年人完善自己的素材。

在书中，作者对任何人物的评价标准都不是看他们拥有多少金钱，而是看他们的成长历程；不是看他们的地位，而是看他们的实际能力；不是看他们的财富，而是看他们的品格。

拿破仑·希尔说："马登的《伟大的励志书》让整个国家的态度由消极变为积极，影响了整个世界。"将一本书与一个国家和全世界联系起来，可见这本书的影响力之大。

确立人生目标

在激烈的社会竞争中，一个人能否合理地确定自己的人生目标，往往是与能否激发出他的精力与热情来为成功而奋斗密切相关的。即使在看起来大有前途的领域，滥用自己的精力，胡乱地确定自己的目标，对未来的成功都是致命的。

格莱斯顿说过："一个人能够胜任的工作任务是有限的，体力劳动者与脑力劳动者都是如此。"格莱斯顿就是富有智慧的人，他从不浪费精力去做自己不胜任的事情。

"发现自己天赋所在的人是幸运的，"卡莱尔说，"他不再需要其他的福佑。他有了自己命定的职业，也就有了一生的归宿。他找到自己的目标，并将执著地追寻这一目标，奋力向前。"

选择职业时，不要问自己什么职业能最充分地发挥自己的潜能，要选择那些能促进你的发展，使你雄心勃勃，将来会有所成就的职业。你要的不是金钱、地位和名望，而是实现自己真正的力量和内涵。实现自我，做一个完整的人，比获得财富更重要，比名望和地位更尊贵，而个性与品格也要比事业本身更有价值。

这个世界并没有要求你一定要成为某个行业的人——律师、外交大使、医生、农民、科学家或者商人，它也没有武断地命令你成为其中的任何一种人，但是它确实要求你精通自己所选择的行业。如果你在自己的专业领域是独占鳌头的行家里手，世界就会为你鼓掌喝彩，所有的大门都将向你敞开。但是，它不允许一个人在自己的职业上三心二意、半途而废或是做一些徒劳无功的努力。

卢梭说："如果一个人因为受过良好教育而懂得应该怎样履行自己生而为人的使命，那么，他在选定的相关领域就不会手忙脚乱、疲于奔命。对我来说，我的学生将来是做军人、教士还是律师都没有关系。命运注定了我们生而为人，就必须完成具有特定意义的个人职业生涯。我对他们的全部教导就是：要学会生活。当我完成对他们的教导时，他们既没有成为军人，也没有成为律师或神职人员，但他们首先要成为真正的人。也许以后的命运会随心所欲地左右他们的生活，使他们在社会中起伏浮沉，但他们总会找到自己真正的位置。”

在生活的漫漫路途中，常识是指引人们前行的准则。即便你在财富、学历、家世、才能、天赋等各个方面具备了所有的优越条件，但是，如果没有掌握常识和恰当的处世技巧，你也只会成为一个平庸的人。许多人尽管拥有各种各样的学位、证书，但因为能力平平、不切实际而被远远地抛在了后面。在我们这样的社会，每个人被经常询问的问题不是“你知道什么”，或者“你是谁”，而是“你是做什么的”，以及“你能做什么”。

英国诗人乔治·赫伯特说得很好：“我们是什么比我们做了什么更重要。”如果一个目标在社会正义、个人荣誉或合理性方面存在质疑，那么就应该放弃这一目标。把错误的东西加以粉饰掩盖，使它看起来像是正确的东西，这种艺术从来没有像今天这样深入人心。这是一种很奇怪的现象：面对一个实际的压力，精于计算的理性竟然会战胜天然的是非观念！一位杰出的科学家曾经说过：“一个人只要肯承受一些心灵的代价并一直朝着这方面努力，那么，他很快就会靠着理性说服自己放弃以前一贯坚持的关于体面与尊严的观念。”

所以，当一个似是而非却极有吸引力的未来摆在眼前时，一个人往往会面对极大的诱惑——想方设法地使错误的行为看起来好像也是对的。但是，任何不道德的目的中都存在着某些注定要失败的种子。现实地来看，这种失败既是实际上的结果，又是精神上的代价。

打造成功的品格与个性

我们所处的是一个追逐金钱的时代。然而，一个奇怪的现象是，虽然身处这样的时代，那些衣衫褴褛、身无分文的作家和艺术家，衣着朴素的大学校长，在社会上反而更有声望，报纸也更愿意不惜篇幅来报道他们的行踪或活动。之所以有这种反差，也许要归因于追求知识和追求财富是两种不同性质的活动。前者有很多积极的影响，而后者存在着很大的负面作用。我们几乎可以肯定地说，在以金钱为标准的世界里，但凡有一个人获得成功，就必定是以成百上千名竞争者的失败为代价。而在知识和品格的世界里，一个人的成功同时也是对社会的贡献，这几乎可以说是一种规律。

个性是我们刻在事物上的标志，正是这种无法涂抹的标记，决定了所有人、所有劳动的全部价值。我们都相信个性成熟的人。一个伟大的名字意味着怎样的一种魔力啊！西奥多·帕克过去常说的一句话是："对于一个国家来说，苏格拉底的价值远远超过像南卡罗来纳这样一个州的价值。"

两度出任英国首相的政治家约翰·罗素说："在英国，所有的政党都有一种天然的倾向，他们都试图寻求天才人物的帮助，但他们只会接受那些具有伟大品格的人作指导。"

"通过培养品格与个性，最后我获得了真正的力量。"英国著名政治家坎宁在1801年写道，"我并没有尝试过其他的途径。我也相信，这条路也许不是最便捷的，却是最稳妥的。对这点，我十分乐观。"

对于一台机器，我们可以根据它所能够承受的最大压力来检测它的性能，但房间的温度也许就会决定它的性能。然而，对于一种伟大的品格与个性来说，谁又能估量出其内在的力量呢？谁又能够料到，一两个小孩可能会对一所学校的品性产生影响呢？一所学校的传统、风俗和行为方式，可能正是因为这样几个具有非凡个性的学生，再经过几届学生的变动，就完全得以改变。这些学生就像日常生活中常常看到的那种力量，作用有些类似于拖着一长列车厢的火车头，而他们正是以自己那微不足道、却和那些风俗传统同样重要的方式改造了这一切，成为了校园英雄。几乎每一个学校的老师都可以告诉你一些诸如此类的故事：几个具有巨大感染力的学生，如何带动了学校的进步，或是破坏了它的发展。

展示才华和机智

今天，才华的作用已经远不能和机智相媲美，才华四处碰壁，而机智畅通无阻。事实上，一个人如果拥有机智，即使他的才华有限，他也可以利用空余的时间，慢慢发展他在某些方面欠缺的才华；相反，如果他毫无机智，即使他有10倍的才华，也不可能做到这一点。俗话说得好："有才华的人蒙头大睡，有机智的人起早摸黑。"才华是一种能力，而机智是一种技巧；才华知道该做什么，而机智知道怎么去做。

才华虽然可以冲锋陷阵，但总不及机智能够统领三军。机智虽然不是什么第六感官，却是其他5种感官的生命所在，使我们的视觉、听觉、味觉、嗅觉和触觉都更加敏锐。在机智面前，一切疑团、困难和障碍都会迎刃而解。

这个社会也有许多片面发展的人，他们偏爱理论，却轻视实践；或者他们把一生的精力都集中用于发展某一种能力，最终却以牺牲其他能力为代价，成为一个畸形的人，而不是一个全面均衡发展的人。我们经常把他们称作"跛脚的天才"，因为他们在某一方面有特殊的能力，能完成他人无法做到的事情，所以，即使他们对于实际生活一窍不通，即使他们在很多方面行为荒谬可笑，我们也会原谅他们。

对一个商人来说，只要他是个生意方面的奇才，哪怕他在客厅里显得很木讷，我们也不大会介意。亚当·斯密用他的《国富论》告诉了人们经济学的奥秘，但他却不知道如何有效管理自己家庭的财务。

很多伟大的人物甚至对许多日常生活细节一窍不通。伊萨克·牛顿能够解读自然的奥秘，但在生活方面却显得很笨拙。一次，由于身体疲劳，为了不用起来给一只母猫和一只小猫开门，他索性决定在门上开洞。考虑到两只猫一大一小，他在门上开了一大一小两个洞。一时间，这件事情成为笑柄。

创造成功的机会

不要等待非同寻常的机会在你面前出现，而要抓住每一个普通的机会，让它在你的手中变得非同寻常。

1838年9月6日早晨，在英格兰与苏格兰之间的兰斯顿灯塔里，一位年轻女子被外面尖厉恐怖的呼叫声惊醒了。此时，外面狂风大作，暴雨倾盆，海浪在怒吼翻滚，一阵凄厉的呼叫声穿过呼啸的风与咆哮的波涛传来。通过望远镜，她看见9个弱小的身影，他们正拼命地抓住一艘失事船只的漂浮木板，而船则搁浅在半英里之外的礁石上。

“我们对此无能为力。”灯塔的看守人威廉姆·达琳无可奈何地摇摇头说。“不，一定会有办法的，想想办法吧。我们必须把他们救出来。”女儿含泪苦苦地恳求着父母。父亲终于动摇了：“好吧，格蕾思，我就按你的要求去试一试。但我知道这样有悖常理，不符合我的判断。”

随后，一叶小舟如同狂风中飘零的一片羽毛，在汹涌澎湃的大海上颠簸起伏，顶着疾风骤雨，穿过惊涛骇浪，驶向失事的船只。听到那些船员的尖声呼叫，这位柔弱的女子不知道从哪儿来的一股勇气和力量，她与父亲一起，奋力地划着桨在暴风雨中穿行。9个船员最终得救了。

“愿上帝保佑你，亲爱的姑娘。没想到你这么一位单薄瘦弱的姑娘，却在惊涛骇浪中救了这么多人。”一位船员难以置信地看着这位女英雄，脱口称赞道。她的所作所为让所有英国人都感到无比光荣，她的英雄气概让高贵的君王在她面前也黯然失色。

弱者等待机会，而强者创造机会。

夏宾说过：“优秀的人不会等待机会的到来，而是寻找并抓住机会，把握机会，征服机会，让机会成为为他服务的奴仆。”

你一生中能获得特殊机会的可能性还不到百万分之一。然而，机会却常常出现在你面前，你可以把握住机会，将它变为有利的条件。而你所需要做的事情只有一件——行动起来。

软弱和犹豫不决的人总是说没有机会，他们总是喊：机会！请给我机会！其实，每个人生活中的每时每刻都充满了机会。你在学校里的每一堂课是一次机会，每一次考试是一次机会；每一个病人对于医生是一个机会；每一次布道对于牧师是一次机会；每一次商业买卖是一次机会，是一次展示你的优雅与礼貌、果断与勇气的机会，是一次表现你诚实品质的机会，也是一次结交朋友的好机会；每一次对你自己的心的考验都是一次机会。

在这个世界上生存，本身就意味着上帝赋予你奋斗进取的特权。如果你利用这个机会，充分施展自己的才华去追求成功，那么这个机会所能给予你的东西要远远大于它本身。想一想吧，像弗莱德·道格拉斯这样一个连身体都不曾属于自己的奴隶，尚且能够通过自身的努力，最终成为一名杰出的演说家、作家和政治家，那么，当今的年轻人，与道格拉斯相比拥有无限机会的年轻人，是不是应该做得更好些呢？

只有懒惰的人才总是抱怨自己没有机会、没有时间，而勤劳的人则永远在孜孜不倦地工作着、努力着。有头脑的人能够从琐碎的小事中寻找到机会，而粗心大意的人却轻易地让机会从眼前溜走。有的人在其有生之年处处都在寻找机会，他们就像辛勤的蜜蜂一样，从每一朵花中汲取琼浆。对于有心人而言，每一个他们遇到的人，每一天生活的场景，都是一个机会，都会在他们的知识宝库里增添一些有用的东西，都会给他们的个人能力注入新的能量。

合理运用时间

1.学做时间的主人

许多人日复一日，花费大量的时间去做一些与自己的梦想毫不相干的事情，这是因为他们还不懂得如何才能成为时间的主人。不要成为他们中的一分子，要努力让你生命中的每个日子都值得“计算”，而不要只是“计算”着过日子。

一个人真正拥有，而且极其需要的只有时间。其他的事物多多少少都部分或全部为他人拥有。比如你呼吸的空气、占有的空间、走过的道路、拥有的财产等，都只是短时间拥有。时间如此重要和宝贵，但仍有很多人随意浪费。

太多的人把80%的时间浪费在那些只有20%成功概率的事情上；雇主花费太多的时间在那些最容易出问题的少数雇员身上；经纪人把太多的时间花费在不按时参加演出的演员身上；政治家花费太多的时间为那些有问题或就是问题本身的人运作，而那些人甚至不是当初投票给他们的选民。玛丽·露丝在《节约时间与创意人生》一文中写道："我的工作有一部分是市场咨询，常常要和人们讨论如何建立事业。我通常会建议他们，学会自由运用自己的时间，把最重要的时间优先留给那些能够帮助自己建立事业，并且愿意协助自己达到成功的人。"

要学会做时间的主人，你应尽可能避免不必要的电话和约会，特别是在你一天中效率最高的时段。节省其他的时间，优先处理那些能帮助你达到目标和梦想的工作和约会。

如果你已抛开了低价值的活动，你的时间就一定会花在高价值的活动上（无论是为了成就还是为了让自己开心）。希望你先认识清楚，哪些是把时间吃掉的低价值事务。以下列出了最常见的10项，以防你有所疏漏。

（1）别人希望你做的事。

（2）总是以同样方式完成的事。

（3）你不擅长的事。

（4）做起来无乐趣可言的事。

（5）总是被打断的事。

（6）别人也不感兴趣的事。

（7）如你所料已经花了2倍时间的事。

（8）合作者不可信赖或没有品质保障的事。

（9）可按预期过程进行的事。

（10）接电话。

果断抛开这些事，绝不轻易让人占用你的时间。不因别人开口要求，或接到一个电话就去做某事。该说"不"时就说"不"，你的时间应由你自己做主。你只有学会做自己时间的主人，才能使生命变得更加丰富多彩。

2.提高时间的效率

要想提高时间的效率，就必须把所有时间都看作是有用的。尽量从每一分钟里得到满足，这种满足是多方面的，它不仅包括取得一定的成就，也包括从消遣中得到的快乐等。

尽量在工作中以苦为乐，善于在枯燥无味的工作中发现能够引起自己极大兴趣的因素，这样就可以大幅度地提高工作效率，从而大大节约时间。

做一个终生乐观的人，尽量把烦恼和忧愁从自己的心中排除出去，这样才能使你每一分钟都过得有意义、有价值。

在工作中一定要寻求取得成功的有效途径，把所做的一切工作都建立在期望成功的基础上。

不要在惋惜失败上浪费时间。如果你经常因为某些事情的失败而惋惜，这本身就是浪费时间，而且还会造成心理上的压力。

下面一组建议可以教你如何提高时间效率。

（1）既往不咎，即使做错了也不后悔。经常悔恨以前做过的事情，会浪费许多时间。所以，从时间这个角度来看，任何懊悔都是不必要的。

（2）充足的时间应用在最重要的事情上，这是节约时间的诀窍。如果你常常在不重要的事情上纠缠，就难以达到节约时间的目的。

（3）经常掌握一些新的节约时间的技巧。对于这些技巧，应尽快熟知并加以利用。

（4）每天要早起，坚持下去就可以节约许多时间。

（5）午餐要适量。午餐不可吃得太饱，否则到下午容易打瞌睡，工作效率会降低。而工作效率的降低，本身就是浪费时间。

（6）学会浏览报纸，不要事无巨细全部看完，那样会浪费时间。

（7）掌握快速读书的方法，从而获得书中最主要的观点。

（8）不要花过多的时间在电视节目上，看一看有关新闻和业务方面的节目即可。

（9）尽量让家与公司的距离短一些，把花在上下班路上的时间降到最低限度。

（10）对自己的习惯要经常进行反省，好的保留，不好的坚决改掉。

（11）别空等时间。假如必须花费时间进行等待，如等车、等电话等，应当把等待当做构想下一步工作计划的良机，或者用它来看书看报。

（12）把表拨快5分钟，每天提早开始工作。

（13）口袋里经常装有10×7厘米的空白卡片，以便随时记下各种有价值的资料，以备使用，这样可以节约大量翻阅报刊的时间。

（14）每月修订一次生活计划，删除那些没有意义的内容。

（15）每天阅读一次当天的计划表，并确定当天的工作内容，以便当天的活动有条不紊地进行。

（16）把所要完成的工作写成一句话贴在办公室墙上，以提醒自己。

（17）在处理必须处理的小事时，把重要的工作、目标记在心中，并善于在处理这些小事时发现能够促成重要工作目标迅速实现的重要线索。

（18）早上上班后的第一件事，就是排列好当天工作的次序。

（19）按照事先排列的次序制成一张表，把重要的工作放在最前面，并尽快完成。

（20）在每月制订计划时要有弹性，最好在计划中留出空余时间，以便应付紧急情况。

（21）在完成重要工作项目以后，要适当地休息，以求得工作和休息的平衡。

（22）对难度较大的工作要巧干，不要蛮干。

（23）对哪些事情应列为优先事项，要有信心作出准确的判断。而且，要不畏困难，坚持到底。

（24）经常问问自己："若做这些事情，能不能产生效果？"如果不能，就干脆不做。

（25）一次最好只专心致力于一件事。

（26）当自己感到马上可以取得成功时，就要加紧去做，不要耽误。

（27）养成逐条检查日常工作计划表的习惯，看看是否有意跳过了困难的项目。

（28）起草文件时不要怕花费时间，一定要深思熟虑。

（29）在精力最佳的时段投入工作。

（30）对自己的每一项工作都要确定完成的期限，尽可能在期限内完成，绝不可超过期限。

（31）在讨论问题和听演讲时，一定要专心倾听，以免事后再花费时间找人解释。

（32）不要浪费别人的时间，浪费别人的时间就等于谋财害命。

（33）碰到专业性很强的问题时，一定要请专家帮忙。因为你在两三天中弄不清楚的问题，专家会在一两个小时甚至几分钟内就帮你弄清楚。

（34）如果担当重要职务，最好学会分身，请专人为你管理信件、电话和处理琐事。

（35）把回复各种问题的答案都写在文件上，有人来问时，把文件给他看就可以了，以避免谈话可能造成的时间过长的问题。

（36）各种常用或不常用的物品要各归其位，以免在寻找时浪费太多时间。

集中全部精力

马休斯博士说过："那些同时有着很多目标、精力分散的人会很快地耗尽他们的精力，随着精力的耗尽，随之而来的就是原先雄心壮志的消磨。"

"永远不要抱着投机的态度来学习。"林赛·沃特斯语重心长地告诫我们，"这种学习态度只能导致一无所获。首先给自己制订一个计划，确定一个奋斗目标，然后脚踏实地地为之努力，把你所有的精力和才干都用在上面，这样你就离成功不远了。我所说的投机的学习态度，是指那种由于认为所学的东西在未来某个时候，可能会带来好处而毫无方向地进行学习的态度。"

明确的目标也是所有伟大艺术的共同特征。如果说某位画家想要在一张画布上同时表现多种创作理念，并且给予所有对象同等的重要性，他必定称不上艺术巨匠。真正的艺术家是那种细致入微地给予不同的对象不同表现程度的人，而在整个创作过程中，他始终有一个主题和中心形象，并使所有居于次要地位的要素为其服务。

其实，我们的生活也是如此，在一种和谐的生活中，不管你的学识修养多么广博精深，肯定会存在一种核心的精神和才能，使你的其他才干相对只是一种陪衬，并使它们各得其所，有恰如其分的表现之地。

年轻人经常被教育要志向高远，但是我们的目标也必须是符合内心渴望并切合实际的。如果你只是含含糊糊地给自己确定一个大概的目标，希望在行动的过程中再加以调整或更改，那么，即便你的目标再远大宏伟，也只能如海市蜃楼般虚无缥缈。

在生活中，会有各种各样的诱惑向我们频频招手，试图诱使我们偏离对既定目标的追求——也是偏离对真理和自身职责的追求。但是，我们决不能让形形色色的诱惑迷住双眼，从而偏离真正切合自己既定的人生轨道。

办事决不拖延

有两句充满智慧的俗语说得好，一句是“趁热打铁”，另一句是“趁阳光灿烂的时候晒干草”。

很少有人能注意到自己经常在什么时候比较懒散倦怠，有的人是在晚饭后，有的人是在午饭后，还有的人在晚上7点钟以后。每个人一天的生活往往都有一个关键时刻，如果这一天不想白过的话，这个时刻一定不要浪费。对大多数人而言，早晨的几个小时往往是这一天会不会过得充实的关键时刻。

有人曾经在亨利面前称赞麦亚尼具有高超的技巧和过人的勇气。“你说得很对。”亨利说，“他是位了不起的将军，但是我总是比他早起5个小时。”亨利早上4点钟起床，而麦亚尼上午9点钟才起床。这一点造成了他们两个人之间的所有差别。

迟疑不决是一种疾病，拖延磨蹭则是它的前期症状。对那些犹豫不决的人来说，唯一的改正办法就是果断作出决定。否则，这一疾病将成为摧毁胜利和成就的致命武器。通常来说，犹豫不决的人就是失败的人。

一位著名的作家说过，床是个让人又爱又恨的东西。我们晚上上床睡觉前，想到没有完成的工作，总觉得睡觉还太早。但是，我们早上同样不愿意早起床。我们每天晚上下决心第二天早上一定要早起，但是，我们每天早上还是在床上伸懒腰打呵欠，磨磨蹭蹭不愿意起床。

大部分杰出人物起床都很早，彼得大帝总是天一亮就起床。他说：“我要使自己的生命尽可能地延长，所以就尽可能地缩短睡觉的时间。”哥伦布在清晨的几小时里计划寻找新大陆的航线，拿破仑在清晨考虑他最重要的战略部署。古代和现代的许多著名文学家都习惯早起，诗人布赖恩特5点钟起床，历史学家班克罗夫特天刚亮就起床。我们熟知的很多重要作家都起得很早。另外，华盛顿、杰斐逊、韦伯斯特、克莱和卡尔霍恩等政界要人也都习惯早起。

丹尼尔·韦伯斯特经常在早餐前写20~30封回信。瓦尔特·司各特也是个非常守时的人，他早上正点起床。他自己曾经说，到早餐时，他已经完成了一天当中最重要的工作。一位渴望有杰出成就的年轻人写信向他请教，他这样答复：“一定要警惕那种使你不能按时完成工作的习惯——我指的是拖延磨蹭的习惯。要做的工作马上去做，干完工作后再去消遣，千万不要在完成工作之前先去玩乐。”

再现热忱的魅力

一个年轻人最让人无法抵御的魅力，就是他满腔的热忱。

在拥有热忱的人的眼里，未来只有光明，没有黑暗，即使会遇到险境，最终也可以转危为安。他不知道这个世界上还有“失败”这两个字；他坚信，人类历史过程中所有的劳作，都是为了等待他的出现，等待他成为真善美的使者。

家人为了不让少年韩德尔接受知识与音乐的熏陶，就禁止他触摸乐器，也不给他提供上学的机会。可是，这一切终究是徒劳的。每天半夜，他偷偷爬上阁楼，那里有一架已经废弃的钢琴，他在那里练习弹钢琴。少年马巴赫为了抄录书籍的内容，向周围的人要蜡烛，结果被粗暴地拒绝。但这没有使他气馁，他借着月光抄录，后来他亲手抄录的笔记被人搜走。他为了做支画笔，把家里的小猫偷偷骗出来，拔了猫身上的一些毛做画笔。

传说中，弗利基亚国王戈尔迪专为未来亚洲的征服者打的那个难解的结，多年来一直没有人能解开，直到马其顿国王亚历山大凭借他的热忱，一剑斩断。

英国教士、作家查尔斯·金斯利写道：“人们总是面带微笑，看着青年人表现出的热忱。每次他们自己心里回顾自己当初的这种热忱，未尝不带有一丝遗憾和惋惜，但他们却没有意识到，这种热忱之所以离他们而去，至少部分原因在于他们自己。”要知道，但丁的热忱给世界带来了怎样的财富啊！诗人丁尼生18岁写出了他的处女作，19岁赢得了剑桥大学的金质奖章。英国作家罗斯金说：“不管是哪一种艺术，最杰出、最优美的作品都是出自热忱的年轻人之手。”“几乎一切英雄壮举都出自年轻人。”这是英国政治家迪斯雷利的话。“世上的一切，都在上帝的统治之下，都在热忱的年轻人手上。”美国政治家特朗布尔博士如是说。

满怀热忱的人总是热情洋溢，他面对朝阳，把影子留在了身后。年轻人听任心灵的支配，而成年人则受大脑的控制。

盖斯特原本只是一个无名小辈，但她第一次在舞台上露面时，立刻就让人感觉到她的前途不可限量。她演唱时所投入的热情，使听众几乎像被催眠了一样。结果，她登台演出不到一个星期，就成为众人喜爱的明星。她有一种提高演唱技艺的强烈渴望，于是，她把自己全部的心智都用在了这一方面。

爱默生的一段话正可以做这一事例的注解，他说：“人类历史上每一个伟大而不同凡响的时刻，都可以说是热情造就的奇迹。”

穆罕默德就是一个例子。他带领阿拉伯人，在短短的几年内，从无到有，建立起了一个比罗马帝国的疆域还要辽阔的帝国。虽然他们的战士没有盔甲，却有一种崇高的理念在引领着他们，所以其战斗力丝毫不亚于正规的骑兵部队。他们的妇女也和男子一样在战场上纵横驰骋，杀得罗马人溃不成军。他们的武器虽然落后，粮草严重不足，但军纪严明，从来不去抢夺什么酒肉，而是靠着小米大麦最后征服了亚洲、非洲和欧洲的西班牙。他们的首领用手杖敲一敲地，人们简直比看到拿着刀枪的人还要害怕。

拿破仑发动一场战役只需要两周的准备时间，换成别人也许会需要一年。其中的差别，正是因为他那无与伦比的热忱。战败的奥地利人目瞪口呆之余，也不得不称赞这些跨越了阿尔卑斯山的对手：“他们不是人，是会飞行的动物。”拿破仑在第一次远征意大利的行动中，只用了15天时间就打了6场胜仗，缴获了21面军旗、55门大炮，俘虏15000人，并占领了皮德蒙特。

在拿破仑这场辉煌的胜利之后，敌军中的一位奥地利将领愤愤地说：“这个年轻的指挥官对战争艺术简直一窍不通，用兵完全不合兵法，他什么都做得出来。”但拿破仑的士兵也正是以这么一种根本不知道失败为何物的热忱，跟随着他们的长官，从一个胜利走向另一个胜利。

我们每个人的身上都蕴藏着巨大的力量，只要我们善于运用自身的热忱，就能将力量充分发挥出来，创造出一个又一个奇迹。

养成自尊与自信的品质

苏格兰有一个纺织工人，虽然很贫穷，却非常虔诚，每天都要做祷告。他的祷告中有一项内容非常奇怪，他祈求神让他对自己有一个好的评价。其实，这又有什么奇怪的？难道不应该这样吗？如果我们自己对自己都没有好的评价，又怎能期望别人会对我们有好的评价呢？正如一句谚语所言：“不自重的人，别人也不会尊重他。”

如果人们发现你并不怎么尊重自己，那么，他们也有权利拒绝你，把你看成骗子。因为你一方面对别人说，他们应该对你有好感，另一方面自己却对自己没有好感。其实，对自己的尊重和对别人的尊重是建立在同一原则和基础上的。

林肯曾经说：“你可以在某一时间欺骗所有的人，也可以在所有的时间里欺骗某一部分人，但你不可能在所有的时间里欺骗所有的人。”然而，无论在什么时候，我们都无法欺骗自己。所以，要真正产生自尊的感觉，唯一的办法就是让自己配得上这种对自己的尊重。

人们通常按照他们看待自己的眼光来评价别人。我们认为自己有多大价值，别人也会对我们有相应的看法，不能期望别人把我们看得比这更重。一旦我们踏入社会，人们就会从我们的脸上和眼神中去判断，我们到底赋予了自己多大的价值。如果我们对自己的评价都不高，别人又有什么理由要给自己添麻烦，来费心费力地研究我们的自我评价到底是不是偏低呢？很多人都相信，一个走上社会的人对自己价值的判断，应该比别人的判断更真实、更准确。

保持良好的行为举止

良好的举止足以弥补一切自然的缺陷。在通常情况下，一个人最吸引我们的，不是他美丽的容貌，而是那让人诚服的举止神态。古时候，希腊人认为美貌是上帝对一些人的特殊恩宠，但同时，如果一个美貌的人表现出某种不好的内在品质，就不再值得人们膜拜。政治家米拉波是法国出名的丑男，据说他长了一张麻子脸，但却没有人不被他的风度所折服。

美好的品质是柔和的，一个人的品质，一旦表现出粗暴、唐突、不合时宜，其价值自然而然就会受损。实际上，只要我们多加修饰，注意举止文明，往往可以事半功倍。据说，古希腊著名画家阿佩利斯为了画好日后风靡希腊的《美神图》，事先曾专程到各地游历，仔细观察各类年轻貌美的女子，将她们的长处都汇集到他画的美神身上。整个过程历时数年之久。同样的道理，一个人也应当注意观察、研究他所接触的各种人，择其善者而从之，才能使自己拥有真正的教养。

学会持之以恒

持之以恒才会成功。

莎士比亚曾说过："千万人的失败，都失败在做事不彻底上；往往做到离成功还差一步，便终止不做了。"只要我们还能坚持一小会儿，便会看到成功的曙光；如果我们不轻易放弃，一直坚持到底，成功的大门就会向我们敞开。下面的故事就很能说明这一点。

希拉斯·菲尔德先生退休的时候积攒了一大笔钱。有一天，他突发奇想，想在大西洋的海底铺设一条连接欧洲和美国的电缆。随后，他就开始全身心地推动这项事业。前期基础性的工作包括建设一条1000英里长，从纽约到纽芬兰圣约翰的电报线路。纽芬兰400英里长的电报线路要从人迹罕至的森林中穿过，要完成这项工作，不仅包括建一条电报线路，还包括建一条同样长的公路。此外，还要铺设穿越布雷顿角全岛的440英里长的线路和跨越圣劳伦斯海峡的电缆，整个工程十分浩大。

菲尔德使尽浑身解数，总算从英国政府那里得到了资助。然而，他的方案在议会遭到了强烈的反对，在上院仅以一票的优势获得通过。随后，菲尔德的铺设工作开始了。电缆一头搁在停泊于塞巴斯托波尔港的英国军舰“尼亚加拉”号上，不过，就在铺设了5英里的时候，电缆突然被卷到了机器里面弄断了。

于是，菲尔德又重新开始。然而，当电缆铺了200英里的时候，电流突然中断了。船上的人在甲板上焦急地踱来踱去，就在菲尔德即将下令割断电缆，放弃这次铺设的时候，电流突然又神奇地出现了，一如它神奇地消失一样。夜间，轮船以每小时4英里的速度缓缓航行，电缆的铺设也以每小时4英里的速度进行。这时，轮船突然发生了严重倾斜，制动器紧急制动，不巧又割断了电缆。

但菲尔德不是一个轻言放弃的人。他又订购了700英里的电缆，并聘请了一个专家，请他设计一台更好的机器，以完成如此长的铺设任务。后来，英、美两国的科学家联手把机器赶制出来。最终，两艘船在大西洋上会合了，电缆也接上了头。随后，两艘船继续航行，一艘驶向爱尔兰，另一艘驶向纽芬兰。两船分开不到3英里，电缆又断了，再次接上后，两船继续航行。到了相距8英里的时候，电流又没有了。电缆第三次接上后，在距离“阿伽门农”号20英里处又断开了，两艘船最后不得不返回爱尔兰。

参与此事的很多人都泄了气，公众对此流露出怀疑的态度，投资者也对这一项目失去了信心，不愿再投资了。这时，如果不是菲尔德，如果不是他百折不挠的精神，不是他天才的说服力，这一项目很可能就此被放弃。菲尔德继续为此日夜操劳，甚至到了废寝忘食的地步，他决不甘心失败。

于是，第三次尝试又开始了，这次总算一切顺利，全部电缆铺设完毕，信号也通过这条漫长的海底电缆发了出去。一切似乎就要大功告成，但电流突然又中断了。

这时，除了菲尔德和他的一两个朋友外，几乎没有人不感到绝望。但菲尔德仍然坚持不懈地努力，最终又找到了投资人，开始了新的尝试。他们买来了质量更好的电缆，这次执行铺设任务的是“大东方”号，它缓缓驶向大洋，一路把电缆铺设下去。一切都很顺利，但最后在铺设横跨纽芬兰的600英里的电缆时，电缆突然又折断了，并掉入海底。他们打捞了几次，都没有成功。于是，这项工作就耽搁了下来，而且一搁就是一年。

所有这一切困难都没有吓倒菲尔德，他又组建了一个新的公司，继续从事这项工作，而且制造出了一种性能远优于普通电缆的新型电缆。1866年7月13日，新的铺设又开始了，并且最终顺利接通，发出了第一封横跨大西洋的电报。电报内容是：“7月27日。我们晚上9点到达目的地，一切顺利。感谢上帝！电缆都铺好了，运行完全正常。希拉斯·菲尔德。”不久以后，原先那条落入海底的电缆被打捞上来，重新接上，一直连到纽芬兰。现在，这两条电缆仍然在使用，而且再用几十年也不成问题。

菲尔德的成功证明了：只有持之以恒，不轻言放弃，才会有意想不到的收获。

毅力是持之以恒的前提

持之以恒可以成为我们终生受益的一种好习惯，但要养成这种好习惯，必须具有顽强的毅力，毅力是持之以恒的前提。

你也许听过挖井人的故事：一个人要挖一口井，他挖呀挖，挖了许多天，没有挖出水来，于是就放弃了这个地方，到下一个地方继续挖。这次他又挖了许多天，还是没挖到水，于是又放弃了。就这样，他挖了许多个洞穴，最终还是未挖成井，他断言这个地方没有水。但过了不久，人们在他挖过的最深的一个洞穴底层发现了湿土，于是有人继续他未完成的工程，结果所有挖过的地方全有水。

这个挖井人之所以没取得成功，正是因为他缺少那么一点点毅力，缺少持之以恒的精神。许多人做事常常半途而废，其实，只要他们再多花点力气，再坚持一段时间，那些下大工夫争取的东西就会得到。英国诗人威廉·古柏曾语重心长地说：“即使是黑暗的日子，能挨到天明，也会重见曙光。”这是事实，最后的努力奋斗，往往是胜利的一击。

每一位成功人士都有一个共同特征，那就是在他们成功之前，都遇到艰难险阻。表面上看来，事情是应该罢手了，殊不知，还有一步就可以到达终点，这一步正在突破的边缘。

1941年秋天，第二次世界大战期间，英国正陷入苦战。首相丘吉尔受到来自内阁的压力，要他和希特勒妥协，寻求和平之可能。

丘吉尔拒绝了，他说事情会有变化，美国会加入战争，局势将会改变。他的态度十分坚决，有人问他何以如此肯定，他回答说：“因为我研读历史，历史告诉我们，只要你撑得够久，事情总是会有转机的。”

1941年12月7日，日本偷袭珍珠港，距离丘吉尔的那番谈话不过几个星期。希特勒得知这个消息后，立刻向美国宣战，一夜之间形势逆转，美国宣布参战。日本的军事行动牵动了世界局势，使得丘吉尔得以拯救英国。

坚持到底。在这个世界上，没有任何事物能够取代毅力。能力无法取代毅力，这个世界上最常见到的莫过于有能力的失败者；天才也无法取代毅力，失败的天才更是司空见惯；教育也无法取代毅力，这个世界充满了具有高深学问的被淘汰者。拥有毅力，再加上决心，就能无往而不胜。

毅力并不一定是指永远坚持做同一件事。它的真正意思是，你应该对你目前正在从事的工作集中精力，全力以赴；你应该做得比自己以为能做的更多一点、更好一点；你应该多拜访几个人，多走几里路，多练习几次，每天早晨早起一点，随时研究如何改进目前的工作和处境。

每一个成功人物的背后，都有一段艰苦奋斗的历程。

著名钢琴演奏家贝多芬在一次精彩的演出结束后，身旁围满了赞美音乐奇才的人。

一个女乐迷喊道：“哦！先生，如果上帝赐给我如你一般的天赋，那该有多好！”

贝多芬答道：“不是天赋，女士，也不是奇迹。只要你每天练习8个小时钢琴，连续40年，你也可以做得像我一样好。”这就是毅力。

毅力需要恒定的忍耐。请看以下这些数字：

马克思写《资本论》用了40年；

达尔文写《物种起源》用了20年；

哥白尼写《天体运行论》用了36年；

摩尔根写《古代社会》用了40年；

歌德写《浮士德》用了60年；

托尔斯泰写《战争与和平》用了37年；

司马迁写《史记》用了15年；

左思写《三都赋》用了10年；

洪升写《长生殿》用了9年；

曹雪芹写《红楼梦》用了10年；

徐霞客写《徐霞客游记》用了34年。

从以上这组数字，我们可以看到，要成就一项事业需要多么顽强的毅力！

英国作家狄更斯说：“顽强的毅力可以征服世界上任何一座高峰。”

羊皮卷
智慧全集

第五篇 思考的人

——抑制消极思想的法宝

《思考的人》的作者詹姆斯·艾伦是英格兰著名作家，被誉为“人生哲学之父”。

这部书的主题为“思想是编织大师”，它创造了我们的内在性格和外在环境。这部著作还提出了一个令人震惊的结论：“我们并不能得到自己渴望得到的东西，而只能得到我们本身就是的东西。”成就之所以诞生，是因为你作为一个人，是外在成就的化身；你不是“获得”了成功，而是“变成”了成功。思想和物质之间不存在沟壑。伟大的思想创造伟大的人物，消极的思想诞生痛苦的人物。

思考与性格

“当一个人进行思考时，他就因此而存在。”这句箴言不仅概括了一个人存在的全部意义，而且也包含了一个人生活中所触及的所有环境和条件。可以毫不夸张地说，一个人是在思考中挺立起来的，他的性格是其思维的一个总和。

正如一株植物是从种子中生长出来的一样，人的每一个行为都是从内心潜伏着的思想中生发出来的，行为的出现是离不开思维的。这不仅适用于那些精心策划实施的行为，同样也适用于那些被称为“自发性的”和“无意的”行为。行为是思考的花朵，而欢乐与痛苦是思考的果实。人收获着自己结出的果实，有的甜蜜，有的苦涩。

思考造就了我们，我们的存在是靠思考建造的。如果一个人心存恶念，痛苦就会追随着他，就像是老牛身后紧紧跟随的车轮……

如果一个人的思想纯洁高尚，欢乐也将伴随着他，如影随形。

人类的成长是有规律的，而不是靠技巧来完成的。在思维的世界里，因与果也是绝对的，毫无偏差。就像我们能看到的一样，高贵的品质不是来源于上帝的恩惠，或是机遇的关照，而是长期进行正确思考的结果，是长期进行神圣思考的结果。卑贱下流的性格也是经过类似的过程，那是长期怀有下贱的思想的结果。

人的创造或毁灭都是由自己来完成的。在思维的兵工厂里，他锻造了自我毁灭的武器，也打制了可以用来为自己建造充满欢乐、力量、和平与天堂般的庄园的工具。通过正确的选择和诚实的思考，人在向神圣和完美迈进；错误的思想和毫无理性的选择，只能将人降至与禽兽为伍的地步。在这两个极端之间，还有各种不同层次的性格，而人正是这些性格的创造者和主人。

在这个年代所揭示的所有关于灵魂的美丽的真相中，最令人兴奋和最能给人带来憧憬与信心的莫过于此——那就是人是思维的主人，是性格的塑造者，是状况、环境和命运的创造者。

作为一个有智慧和爱的生命，作为自己思想的主人，你手中握着通向各种境遇的钥匙。人本身就具有那种转变和重塑的力量，由此他可以使自己成为他愿意成为的形象。

人永远是主人，即使当他处在最虚弱和最孤独的境地，他也是自己的主人。只不过当他虚弱和堕落时，他是一个对自己的“家业”管理不当的愚蠢的主人。当他开始反省自己的状况，开始辛勤地寻找自己的生命所依据的法则时，他就变成了一个聪明机智的主人，以智慧来引导自己的精力，将自己的思想倾注于充满希望的事业上。这样才是清醒的主人，而人要想成为这样的主人，必须通过在自身中寻找思想的法则。而发现思想法则的道路，是建立在实践探索、自我分析和经历世事之上的。

只有不懈地搜寻和挖掘，才能得到真金和钻石。

如果人能够在自己灵魂的矿山深处发掘，他就能够发现与自己的存在有联系的所有真理。他会发现他是自己性格的制造者，是自己生活的塑造者，是自己命运的建构者。他可以毫无疑问地证明这一点。

只要他愿意观察、控制和改变自己的思想，同时仔细探求自己的思想对自己、对他人、对自己的生活与环境的影响和作用，他就可以通过耐心的实践和调查将因与果联系起来，将自己每一次即使是最微不足道的经历和日常发生的琐事，作为一种获取知识的途径。这样获得的知识就是理解、智慧和权力。这就是人们常提及的：“只有努力寻找的人才能找到，大门只会对叩门的人敞开。”只有通过耐心、实践和无止境的追求，才能进入幸福殿堂的大门。

性格决定成败

成功是每个人从事任何一项活动乃至于整个人生所要达到的境地。成功地完成一件事，成功地度过人生，是每个人的愿望。

成功地做事、成功地度过人生，固然跟我们付出的努力有重大关系，但很多时候，我们付出了巨大的努力，接下去也应该成功。但事实上，我们并没有成功。其中的原因可能有很多：既有客观的原因，诸如遇到困难；也有主观的原因，比如我们的性格。

对任何人而言，做任何事都与性格有关，是性格在决定着我们对事对人的态度，是性格在决定着我们为人处世的方向，是性格在决定着我们是否能争取到成功的机会等，以至于可以说“性格就是命运”。性格何以对成功如此重要呢？这是因为它和德、识、才、学等因素一样，同是构成一个人内在素质的主要组成部分。

一般来说，德反映着一个人的思想品质和道德风貌，决定着个人的发展方向；识反映着个人判断事物、分析事物的准确性和深刻程度；才反映着个人在能力素质上的强弱程度；学反映着一个人知识的广度和深度；而性格则反映着个人的胸襟、度量、意志、脾气和性情，影响着个人的精神状态，决定着个人的行为特征。这5方面的因素，共同组成一个人的内在素质。而任何人对自己行为的指导和支配，都是由其整个内在素质共同起作用的，其中任何一方面的缺陷，都会使整个内在素质遭到削弱。

现代许多科学家认为，只要充分发挥自身的才能潜力，大部分人都有可能成为科学家和发明家。然而事实上，能够有所发现、有所发明、有所创造的人太少了。造成人们才能被埋没有多方面的原因，而不良性格就是其中的一项。

人们通过对有创造能力的科学家的研究发现，这些人都具有不同于常人的性格特征，这些性格特征表现为：

（1）具有恒心、韧劲和能力的持续性。他们能长期从事极为艰苦的工作，甚至在看来希望渺茫的情况下，仍然坚持到底。

（2）儿童时代就具有顽强追求知识的欲望。他们幼小时常常对难以想象的新奇东西看得着了迷，不管要挨多么严厉的训斥，但受好奇心的驱使，总想去试试。

（3）具有鲜明的自立、自主的独立倾向和独创性格。留心周围的事物和见解，但不轻易相信，凡事有主见，不以别人指示的方法作为自己工作的准则。

（4）有雄心，肯努力，不愿虚度一生，想为世间留下卓著的业绩。

（5）充满自信。敢于坚持自己的意见，并常和他人进行争论，而且在争论中常常居于支配地位。

（6）精力充沛，干劲大。工作中始终充满力量。

凡是在科学上有所成就，智力、才能得到充分发挥的人，都有一定的性格方面的良好条件。优良的性格，是保证我们的智力、才能得到充分发挥的必不可少的条件。如果忽视性格修养，让许多不良性格支配自己，即使有较高的智力和才能，也会被不良性格所压抑而发挥不出来。在日常生活中，我们周围因性格的缺陷而导致才能被压抑的人和事，相当普遍地存在着。

没有雄心抱负、甘愿随波逐流、追求现实的安乐和享受、是压抑智力和才能的性格特征之一。

许多人未能获得成功，往往不是不能干，而是不想干。他们思想懒惰，追求舒适，宁愿在安闲中过日子，不愿做长期而艰苦的努力。这样一来，他们的智力、才能就被懒惰这把锈锁锁住了，天赋再高、智力再好，也因得不到充分发掘而被白白浪费掉。

严重的自卑感，是压抑智力和才能的性格特征之二。有的人本来在某些方面很有发展潜力，但由于不相信自己、瞧不起自己，因而认识不了自己的才能潜力，即使露出了具有真知灼见的思想萌芽，也因为自我怀疑而遭到自我否定。一个对自己的能力缺乏自信的人，永远不会提出大胆的设想和独到的见解。

依赖和顺从、易受暗示、容易接受现成结论，是压抑智力和才能的性格特征之三。有的人天赋智力素质不错，如果把自己的思想机器充分开动起来，独立思考，也可以提出许多自己的独到发现和见解。但由于性格易受暗示，容易顺从，有了现成的观点和结论就全盘接受，不愿再去动脑筋，使自己的思想机器很少有充分开动的机会，当然也就提不出多少自己的独到发现和见解。

缺乏毅力、意志薄弱，也是压抑智力和才能的一种不良性格。有的人在从事某项研究之初，曾表现出很高的热情和才华，但若遇到十几次、几十次的挫折和失败，便心灰意冷，“收兵回朝”，不想再干了，结果也造成了智慧和才能的埋没。其他如兴趣容易转移，注意力不能长久地集中于一个目标，或虚荣心强，目光短浅，总想在细小事情上胜过别人而忽视对事业的追求等，也都是压抑智力和才能的不良性格特征。

显然，不认真进行性格修养，克服上述妨碍聪明才智充分发挥的不良性格，就会增加成功的阻力和困难，使自己难以成为出色的人才。

人人都可以改变自己的性格

人们通常认为，所谓的性格是一种神秘的东西，事实上并非如此。我们平时所说的某人有“良好的性格”，实际上是指他已经发挥出他自己创造性的潜力，并且能够表达他“真正的自我”。

“良好的性格”与“抑制的性格”是一枚硬币的两面。有不良性格的人，不会表达出创造性的自己，他抑制了自己，锈住了自己，上了锁并且将钥匙丢失。

“抑制”这个词，字面上的意思是停止、避免、禁止、约束。“抑制的性格”会约束真正自我的表达，由于某种原因，他害怕表达自己，害怕成为真正的自己，而将“真正的自我”囚禁在内心的监牢里。

抑制的症候有很多，如害羞、胆怯、敌意、神经过敏、罪恶感、失眠、紧张、易怒、无法与人交往，等等。

困扰是具有抑制性格的人在各方面活动的特征，而他真正的基本的困扰在于他无法“成为自己”，在于他无法适当地表达自己。但是，这个基本的困扰很可能渗入他所做的每一件事中。

“抑制的性格”会阻碍人们获得成功，“良好的性格”则能促使人们走向成功。而性格不是深藏于人体内不可改变的天性，这关键要看人们是否具备坚强的决心与毅力。

思考塑造了我们的性格

詹姆斯·艾伦曾说过：“当一个人思考时，他就因此而存在。”这句话不仅指出了人存在的全部意义，也指出了人在生活中面临的环境和条件。毫不夸张地说，人应该是在思考中挺立起来的。人的性格其实就是他思考的集合体。

如同植物从种子里萌芽一般，人的行为也都是发自内心的。行为的出现和思考是难以分开的。不仅那些精心策划实施的行为，就连那些无意识或自发性的行为，也是和思维分不开的。如果说思考像一棵树的话，行为就是它的花，而欢乐和痛苦就是它的果实。人们收获的果实都是他们自己培植的，有的甘甜，有的苦涩。

思考塑造了我们。我们的存在是建立在思考基础之上的。假如一个人心存不善，痛苦就会伴随着他，如同车子下面的轮子。假如一个人的思想纯洁高尚，他必将与欢乐共存。

在思维的世界中，因与果是并存的，有因就有果，如同我们看到的一样：高贵的品质应该是长期坚持神圣思考的产物，而不是上帝的恩赐或偶然的机遇；同样的道理，卑鄙下流的性格也是类似行为的产物，是长期进行卑鄙思考的最终结果。

人类所有的发明和毁灭都是自己完成的。人们能在自己思考的兵工厂里制造毁灭自己的武器，也能制造为自己带来快乐和幸福的武器。通过诚实的思考，人们能作出正确的选择，从而走向完美和神圣，而不正确的思考往往会给人带来没有理性的行动。还有更多的不同性格在这两个极端之间，而人正是这些性格的主人和缔造者。

对一个拥有爱和理性的生命来说，他是自己思想的主人，他完全有权利决定自己该进入哪种境遇。人类本身就具备创造和改变的力量。因此，他有能力使自己成为自己想要的那种形象。

人类永远都是自己的主人，无论是在孤立无援还是在虚弱不堪的时候，他们都能主宰自己。事实上，当一个人处于堕落和颓废的时候，他就相当于一个对家庭不负责任的愚蠢的主人。当他开始醒悟并浪子回头的时候，他就会着手去寻找生活的意义，成为机智聪明的主人，并且会理智地思考，引导自己为充满希望的事业而奋斗，这时他就成了清醒的主人。要想做到这一切，你必须找到自己思想的规律，而发现思想规律的基础，是不断地实践探索，对经历的事情进行分析。

只有通过不懈的努力，才有希望发现钻石和金子。同样的道理，只有对自己的内心深处进行挖掘，才有希望找到与自己的生命有关的真理。人们会意识到他们就是自己性格的主宰，是自己生活的主宰，是自己命运的主宰。要证明这一点很简单，只要有意识地对自己的思想进行观察、控制和改造，同时仔细分析自己的思想对自己和他人生活环境的影响，然后再耐心地把实践与分析结果联系起来，去印证生活中的每一件小事，哪怕是一些经常发生的琐事，就可以不断获得知识。通过这种途径学到的知识是理解、智慧和权力。

人们经常说："大门只会对那些勇敢叩门的人敞开，只有努力探索的人才能找到真理。"实践告诉我们，只有通过坚持不懈的努力，才能踏入幸福的大门。

思想对健康和身体的影响

身体是思想的奴仆，它服从思想的指引，无论思想是特意选择的还是自动表现的。如果一个人有罪恶思想的压力，他的身体就会迅速地堕落至疾病与腐朽。如果一个人有愉快、美好思想的指挥，就会受到青春与美丽的祝福。

疾病与健康深深地根植于我们的思想之中。有缺陷的思想会通过有疾病的躯体表现出来。众所周知，恐怖的想法杀死一个人的速度不亚于一颗子弹。事实上，这些想法也一直不停地消磨着成千上万人的生命。那些生活在对疾病的恐惧中的人，是心理上有疾病的人。焦虑会迅速地侵蚀身体的锐气，从而使身体无法抵御疾病的入侵。不纯洁的思想会很快破坏人的神经系统，即使这些想法并未变成实际行动。

坚强、纯洁和快乐的思想会使身体充满活力与魅力。身体是一种精致可塑的器具，它会非常迅速地对思想作出反应。已成习惯的思想会对身体产生一定影响，可能是好的，也可能是坏的。坚强、纯洁与快乐的思想，还会把活力与优雅注入身体。我们的身体是一架结构精巧、反应灵敏的仪器，对心里产生的欲望能够迅速作出反应，而这种欲望将会影响到身体。好的思想产生好的影响，坏的思想自然会伤害身体。

只要心里存在杂念，人们的血管里就会流淌污秽、有毒的血液。健康的生活和强健的身体来自纯净的心灵，龌龊的生活与身体则源于不洁的思想。所以，思想是人们言行、外表乃至整个人生的源头。源头纯净，它所产生的一切也会是纯净的。

思想的纯洁可以使人养成洁净的习惯，而能够经常净化自己思想的人，根本不会受到疾病的侵害。如果想让身体健康起来，就应该美化和纯净自己的思想。心中的怨恨、嫉妒、失望、沮丧，会使你的健康遭到损害，你的快乐将会消失。愁苦的面容并不是偶然出现的，而是思想焦躁忧虑导致的。满脸的皱纹都是因怨恨、暴怒与自大生出的。

就如同只有当自由的空气和灿烂的阳光充满你的房间时，你才拥有一个甜蜜、舒爽的家一样，只有心灵充满欢愉、美好和宁静的思想，才会让你拥有强健的体魄和明朗、快乐的笑容。有的人脸上刻画出坚定的信念，有的人脸上则写满怒气……谁都能看出这些皱纹的差别。那些光明磊落的人，光阴宁静而平和地在他们身上流逝，岁月在自然而然中成熟老去，如同一轮西斜的落日。

在祛除身体病痛方面，愉悦的情绪能达到一个好医生治疗的效果；在赶走悲哀与伤心的阴影方面，良好的祝愿和真实的幸福能起到最好的安抚效果。长期处于邪恶、愤世嫉俗、怀疑与妒忌的思想环境里，就好比把自己禁锢在自己建立的牢笼里。如果能够快乐地面对人生，凡事往好的方面想，用积极愉快的态度对待一切，耐心地去发现别人的优点，这些无私的想法就会帮你打开通向幸福的大门。心境平和地看待一切事物，将会为你带来永恒的安宁。

要谨记：我们的健康是服从我们思想指引的。明白了这一道理，相信你就能够明白使自己时刻保持积极思想的重要性了。

健康是成功的资本

健康是别人夺不走的资本。拥有这笔资本，你就能获得更多的财富，让你终生享用不尽。健康对你的生活和工作都起着重要的作用。

“我每天过得越来越好。”有些人每天在醒来和就寝前都要把这句话朗诵好几遍。对我们来说，这句话并不是华而不实的语言表达，而是说明健康来自积极的心态。对于健康，很多人的体验是，积极的心态会给人体健康带来好处，消极的心态则可能引发疾病。一个人心存消极思想，是一件十分危险的事。

在现实生活中，到处都有人因为他们内心的挫折、愤恨、恐惧或罪恶感，给自己的健康造成伤害。因此，要保持身体健康的秘诀是，首先要摆脱所有不健康的思想。我们必须净化自己的心灵，为了身体的健康，先除去心中的消极念头。

常有人提起，愤恨不满的情绪会引发疾病。如果一个人在工作岗位上屡屡失意，他的心理就会向身体发出“生病”的暗示，借此来逃避现实。

一位政坛元老曾说过：“有两件事对心脏不好，一是跑步上楼，二是诽谤别人。”所以，学会宽容很重要。你会发现，体谅别人会起到奇妙的治疗效果。

许多报纸曾报道过这样一则新闻：一名男子在过马路时不幸被汽车撞倒而丧命。验尸报告说，这个人有肺病、溃疡、肾病和心脏衰弱。可是，他竟然活到了84岁。给他验尸的医生说：“这个人全身都有病，一般情况，30年前就该去世了。”有人问他的遗孀，他怎么能活这么久？她说：“我的丈夫一直确信，明天他一定会过得比今天更好。”

还有人认为，在运用积极心态方面，多使用积极的表述，也有利于身体健康。语言文字是有影响力的。你的思想是积极还是消极，会影响你身体的各种器官的健康。

曾任美国精神治疗协会会长的卡特博士在谈到一个人所持的积极态度对健康的影响时，甚至反对人们使用像“我今天不会生病”这样的说法。他认为那只是半积极的态度，应该改为“我今天觉得比昨天好”，这才是非常积极的陈述，因而是一种引导健康的想法。卡特博士说：“肯定的态度是以科学的事实为基础的，这些事实来自生物学、化学、医学等领域。正确地运用肯定的态度将有助于改善你的健康，延长你的寿命，使你精力充沛，备感幸福，有助于你取得成功，并且还能给你带来一个最主要的东西——那就是心灵的平静。

你的身体和思想是合一的，实际上是一个“身心“，你的身心和自然是合一的。你身体的健康和思想的健康是不可分的，任何影响到你思想健康的因素，同样会影响你的身体，反之亦然。同时，你的身心健康也会受到自然法则的规范，它对你身心的规范与对树木、山川、鸟和昆虫的规范并没有什么不同。

因此，要想了解保持身心健康的方法，必须先了解自然界的法则，你必须和自然力和谐相处而不是和它对抗。人的心智是伴随着身体才能存在的，由于你的身体受到大脑的控制，所以，要想得到健康的身体就必须具备积极的心态、健康的意识，必须在工作、生活、学习等各方面，都培养出良好和平衡的健康习惯。

为了保持健康的意识，应从健康的角度，而不应从病态的角度进行思考。无论你的思想集中在哪个方面，它都能使这方面的事情成真——包括经济上的成就和身体上的健康。为了使自己能以积极的态度培养及保持健康的意识，使你的内心远离消极思想和消极因素，你必须创造和保持平衡的生活状态。

工作之后娱乐，思想活动之后从事体力活动，严肃之后保持幽默。如果能持之以恒，必能保持良好的健康状况和快乐的心情。如果你能以积极的心态生活，就能得到健全的思想和健康的身体。有了健康的体魄，我们才有机会享受到成功的喜悦！

成功源于思考

成功者不允许别人任意否定或侮辱自己，也从不无故贬低自己。成功者在任何场合都期望有一个良好的气氛。他和在场的每个人握手问好，向他们说些积极向上的话语。问候别人之后，他可能谈起他取得的某项成绩，或把自己想到的一个鼓舞人心的想法及正在进行的某个新项目提出来，征求大家的意见。成功者不掩盖事实，乐意把自己的成就介绍给他人，并引以为自豪。那么，如何才能具有像成功者一样的思想呢？

（1）以成功者的姿态自居。对自身能力抱有信心的人，比缺乏这种信心的人更有可能获得成功，尽管后者很可能比前者更有能力、更加勤奋。重要的是要坚信自己必定会获得成功。即使在尚未达到目标之前，也应以成功者的姿态出现。如果你打算有朝一日获得成功后，让太太戴镶有钻石的耳环或金手镯，那么，从今天起你就设法让她戴上这些象征成功的东西。它们会使你此时此刻就感觉到成功，也会使你在别人面前显得是个成功者。事实上，这是一种增强自信心的方式。

（2）做“白日梦”想象成功。花点时间想象一下，如果你登上事业高峰，生活将是什么样子。不妨做点“白日梦”，想象你坐在总经理办公室里的情景，想象随之而来的巨额报酬和发号施令的权力。然后，再回头想想，在通向总经理办公室的道路上，你经历过的每一个阶段，所有你已经达到并超越的前期目标。在“白日梦”里，想象自己已达到某个近期目标，会有助于你保持心情舒畅，有助于你在每个阶段都充满信心——强有力的自信心。

还有一种同样有效的做“白日梦”的方法，称为“形象化设想”。这种方法很简单，每天只花20分钟做一做，就能有所收益。

第一步，想象自己是一个成功者。比如，想象自己坐在豪华的办公室或会议室里，正在对手下的一批管理人员训话。他们专心致志，聆听着你的每一句话。

第二步，闭上眼睛，全身放松，尽可能地在脑子里构想上述情景，使你的成功者形象进一步具体化或者说视觉化。这样持续10分钟，眼睛要始终闭着。如果你走神，图像就会消失。但即使这样也没关系，只要图像能再次出现就行了。图像中的某些细节可能会发生变化，这意味着你的主司直觉的右半脑正在修正想象中的成功形象，使其更为现实。

经过一星期左右这种“形象化设想”练习，你会发现自己的某些态度或行为已开始发生变化，可能是变得比较果断、比较轻松或比较热情了。不管怎样，这种变化表明你的直觉正在引导你慢慢地接近你在想象中渴望的成功。

（3）贮存积极心态于大脑。每个人都会遇到许多不愉快、令人尴尬、使人泄气的事情，但成功者与失败者会以两种截然不同的态度来处理同一事件。失败者常把这些不愉快的事深深地埋在心底，他们不停地想着这些事，怎么也摆脱不了这些事的纠缠。到了夜晚，他们更是为这些事烦恼。自信的成功者则完全采取另一种方法，他们会强迫自己：“我再也不要想它了。”成功者善于只把积极的想法存入大脑。

存在大脑中的消极的、不愉快的思想，会使你感到忧虑、沮丧和情绪低落。它使你停滞不前，而眼睁睁看着别人奋勇前进。因此，应该拒绝回忆不愉快的情形和事件。

你应该这样做：当你一个人的时候，回忆愉快、积极的经历，把好消息全部存入你的大脑，这样做将提高你的自信心，给你以良好的自我感觉，也将帮助你的身体良性运转。

这里有一个使你的大脑产生积极作用的极好图像。每天睡觉前，你把自己的积极思想储存在大脑里，数数你幸运的事，想想各种令你觉得愉快的事——你的妻子、你的孩子、你的朋友、你良好的健康状况，回忆你取得的哪怕是小小的成功与胜利，把使你愉快的事都回忆一遍。如果你能够持之以恒，总有一天这些积极的、愉快的、成功的思想，会在你的大脑里生根、发芽。

反思使你步入成功之旅

在这个世界上，每个人都会犯错误，可怕的并不是犯错误，而是犯同样的错误。善于反思的人不会使自己犯两次相同的错误。

如果你犯了错误，必须找出犯错误的原因，这便需要你反思。如果你能找到问题的根源，就能够真正改善你目前的生活质量，从而大大提高成功的概率。

你应该常常分析，自己做错的最大的一件事是什么。当你可以明晰地分析出它的原因的时候，应该马上采取改进措施。不管你有多么成功，你一定要不断地问自己，这一次为什么会成功，成功最大的原因是什么，记取此次经验并加以重复运用。

本杰明·富兰克林是美国历史上最能干、最杰出的外交官之一。当富兰克林还是毛躁的年轻人时，一位教友会的老朋友把他叫到一旁，严厉地对他说：“你真是无可救药，你已经打击了每一位和你意见不同的人。你的意见太尖刻了，没人能承受得起。你的朋友发觉，如果你不在场，他们会自在得多。你知道得太多了，没有人能再教你什么。”这位教友指出了富兰克林的刻薄、难以容人的个性。

而后，富兰克林渐渐地改正了这一缺点，变得成熟、明智。他意识到他即将面临社交失败的命运，必须一改以前傲慢、粗野的习性。后来，富兰克林说："我立下一条规矩，决不正面反对别人的意见，也不准自己太武断。我甚至不准自己在语言上措辞太自主。我不说'当然'、'无疑'等，而改用'我想'、'我觉得'或'我想象'一件事该这样或那样。"这种方式使他渐渐成为事业的强者。

很多人只能集中精神于一天、两天，或者是一个星期、一个月、一年、两年，成功者却能一辈子集中精神，全力以赴。这就是成功者与一般人的差别，他集中注意力、专注于某事的态度和别人不一样，对目标的信心、决心、毅力和坚持到底的精神也和别人不一样。通过对成功者的研究，你会发现，他们都有这样一个特质——都能不断地分析自己做对的事情和做错的事情，并且不断地改进。

如果你是对的，就要试着温和、巧妙地让对方接受你；如果你是错的，就要迅速而真诚地承认，这种态度远比争执有益得多。一个有勇气承认自己错误的人，可以获得比别人更多的尊重。

艾柏·赫巴是著名的作家，他的文学风格是很独特的。他经常用尖酸的嘲笑来抨击那些不满的人，这种做法经常闹得满城风雨。艾柏·赫巴也有犯错误的时候，但最为可贵的是他善于处理这种事情，即勇于承认自己的错误，这经常使他的敌人变成他的朋友。

例如，当一些愤怒的读者写信给他，表示对他某些文章不以为然，结尾又痛骂一顿时，赫巴便如此回复：

"回想起来，我也不完全同意自己。我昨天写的东西，今天就不见得满意，我很高兴地知道你对这件事的看法。如果我真的有些地方出错的话，请你下次在附近时，光临我处，我们可以互相交换意见，互致诚意。赫巴呈上。"

赫巴用这样一种方式避免了不少争斗，而且往往使那些激愤者成为他要好的朋友，使一时的争斗变成永久的友谊。

如果你能够及时发现你的错误，并及时总结经验避免下次再犯同样错误的话，下一个成功的人士一定是你。

成功过程中的思考因素

詹姆斯·艾伦说：“一个人的思想往往决定他所能取得的成就和所能达到的高度。”在一个公正规范的世界里，如果没有平衡，那就意味着毁灭。人们应该加强对这个世界的责任心。怯懦或勇敢，纯洁或不纯洁，都是人们自己的选择而非别人强加到他们头上的，只有自己才可能改变自己。人们所处的环境也是由自身选择而不是别人决定的，也只有自己才能把握住自己的幸福。

一个人即使非常强壮，也不能改变一个虚弱的人，除非虚弱的人自己决定要改变。弱者只有通过不懈努力，才有可能使自己由虚弱变得强壮，使自己也拥有曾经非常羡慕且只有强者才有的力量。只有自己才能改变自己所处的环境。

一个人若想出人头地、飞黄腾达，必须先使自己的思想升华到更高的境界。如果一个人拒绝对自己的思想进行提高，他将永远在怯懦和悲观的境地徘徊。

一个人若想取得成就，哪怕是世俗的物质成就，他都必须使自己的思想脱离低级趣味。成功虽然并不需要他以放弃人的本性为代价，但却要求他必须牺牲其中的一部分。假如一个人满脑子全是低级趣味的思想，他将不能清晰地思考，也不能理智地工作。他不可能发现和发挥自身的潜在力量，所以他会处处失败。最严重的是，他不能像正直的人那样能控制自己的思想，无法承担责任或控制局面，没有勇气独立应对发生的事情。实际上，他是被自己选择的思想拖垮的。

没有牺牲就没有进步和成就，衡量一个人所取得的成就的尺度，应包括摒弃兽性的思想。只有果断地抛弃兽性的思想，他才能全身心地投入到自己的计划中去，才能增强自己的毅力和信心。他的思想境界高了，他的魅力和勇气也会与日俱增，他的成就也会更高。世界对那些贪婪者、恶毒者其实是无比厌恶的，虽然表面上不是这样的。其实，世界青睐高尚者和大公无私者。人类历史上所有伟人的事迹都证实了这个观点。如果你也想证实这个观点，就必须坚持自己正确的思想，使自己的思想越来越高尚。

智力上的成熟是追求知识或探索自然与生命的结果，虽然这些成熟有时好像与人们的野心和虚荣心有关，但实际上它们并非野心和虚荣心所致，它们是长期坚持奋斗、不断提高思想水平的自然结晶。

精神上取得的成就实际上就是实现理想。思想崇高的人和心地善良纯洁的人，都会养成高贵无私的品德，而且这种品质还会不断地升华提高，直到最辉煌的境界。这就像太阳在正午最高，月亮会出现满月的道理一样。

无论什么形式的成熟，都是因为有了正确的理想。人通过自我控制和果断、正直、积极的思考，可以得到升华。而低俗无聊、懒散颓废的思考，会使人走向堕落。

一个在世上取得了巨大成就的人，或者在精神领域拥有极高地位的人，一旦放纵自己，允许傲慢、自私、无理性的思想再次出现在脑子里并任其发展，他必将回到失败的困境中。

所有的成就——不论是商场上的、精神领域的，还是智力上的，都是正确思考的结果，都具有同样的游戏规则和行动规律，它们之间唯一的区别是奋斗的目标各不相同。

做从来不敢想的大梦

这世上有许多人可能从来都未想到过改善自己的生活。

重量级拳王吉姆·柯伯特有一回在做跑步运动时，看见一个人在河边钓鱼，一条接着一条，收获颇丰。奇怪的是，柯伯特注意到那个人钓到大鱼就把它放回河里，小鱼才装进鱼篓里去。柯伯特很好奇，就走过去问他为什么要这么做。钓鱼翁答道："老兄，你以为我喜欢这么做吗？我也是没办法！我只有一个小煎锅，煎不下大鱼啊！"

很多时候，当你要树立雄心壮志时，就很可能像那个钓鱼翁一样，习惯性地告诉自己："算了吧，我想的未免太过了，我只有一个小锅，可煮不了大鱼。”你甚至会进一步找借口来劝退自己：“更何况，如果这真是个好主意，别人一定早就想过了。我的胃口没有那么大，还是挑容易一点的事情做最好，别把自己累坏了。

研究人员在一所著名大学中选了一些运动员做实验。他们要求这群运动员做一些别人无法做到的运动，还告诉他们，由于他们是国内最好的运动员，因此他们会做到的。

这群运动员被分成了两组，第一组到了体育馆后，虽然尽力去做，但还是做不到。第二组到体育馆后，研究人员告诉他们第一组失败了，“但你们这一组不同。把这个药丸吃下去，这是一种新药，会使你们达到超人的水准。”结果，第二组运动员很容易地完成了那些困难的练习。

“那是什么药丸？”第二组的运动员问道。

什么药丸也不是。第二组运动员之所以能够完成第一组运动员不可能完成的运动，是因为他们相信自己能够做到。

如果你相信自己能做到，你就真的能够做到。

年轻人的一个通病是梦想过于平淡，大多数人都喜欢选择低标准。但是，如果一个人缺乏敢于做大梦的勇气，想要取得高层次的成功便会很困难。

伯尼·马科斯是新泽西州一个贫穷的俄罗斯人的儿子。亚瑟·布兰克生长在纽约的中下层街区，在那儿，他曾与少年犯为伍。在他15岁时，父亲去世。布兰克说：“在我的成长过程中，我一直确信生活不是一帆风顺的。”

现在，马科斯和布兰克经营的家庭库房设备，在美国迅猛发展的家用设备行业中处于领先地位。马科斯说：“当你绝望时，你有人生目标吗？我问了55名成功的企业家，40名都肯定地回答‘有’。”

你周围的许多人都明白自己在人生中应该做些什么事，但就是迟迟不拿出行动来。根本原因就是他们缺少一些能吸引自己的梦想。若你就是其中之一，那么，从现在开始就应该去学会怎么挖掘从未想到的机会，进而付诸行动，以实现那些从来不敢想的大梦。

同样一则令人难忘的真实的故事，主人公是一个生长于旧金山贫民区的小男孩，从小因为营养不良而患有软骨症，在6岁时双腿变成“弓”字形，小腿更是严重萎缩。然而，在他幼小的心灵中，一直藏着一个除了他自己没人相信会实现的梦，那就是有一天他要成为美式橄榄球的全能球员。

他是橄榄球传奇人物吉姆·布朗的球迷，每当吉姆所在的克里夫兰布朗斯队和旧金山四九人队在旧金山比赛时，这个男孩便不顾双腿的不便，到球场去为心中的偶像加油。由于他穷得买不起票，所以只有等到全场比赛快结束时，从工作人员打开的大门溜进去，欣赏剩下的最后几分钟。

13岁时，有一次，他在布朗斯队和四九人队比赛之后，终于在一家冰淇淋店里有机会和心中的偶像面对面地接触，那是他多年来最期望的一刻。他大大方方地走到这位大明星的跟前，朗声说道："布朗先生，我是你最忠实的球迷！"

吉姆·布朗和气地向他说了声"谢谢"。这个小男孩接着又说道："布朗先生，你知道一件事吗？"

吉姆转过头来问道："小朋友，请问是什么事呢？"

男孩神态自若地说道："我记得你创下的每一项纪录，每一次的布阵。"

吉姆·布朗十分开心地笑了，然后说："真不简单。"

这时，小男孩挺了挺胸膛，眼睛里闪烁着光芒，充满自信地说："布朗先生，有一天我要打破你创下的每一项纪录！"

听完小男孩的话，这位美式橄榄球明星微笑着对他说："好大的口气！孩子，你叫什么名字？"

小男孩得意地笑了，说："我的名字叫奥伦索·辛普森，大家都管我叫奥伦。"

奥伦索·辛普森日后的确如他少年时说的那样，在美式橄榄球场上打破了吉姆·布朗创下的所有纪录，同时也创下一些新的纪录。

梦想何以激发出令人难以置信的能力，改变一个人命运？梦想又何以使一个行走不便的人成为传奇人物？要想把看不见的梦想变成看得见的事实，首先要做的事便是制定目标，这是人生中一切成功的基础。目标会引导你产生想法，而你的想法便决定了你的人生。

詹姆斯·艾伦说："我们会成为什么样的人，会有什么样的成就，就在于先做什么样的梦。"

心怀梦想，才能实现梦想

只有心怀梦想的人，才可能在现实生活中实现他的梦想。

“我不行”这3个字是否已经帮你推掉了无数的任务和挑战？但它同样也带走了机遇。今天，请你告诉自己“我能行”！只要相信自己能行，你就能够做好别人交给你的事，能够达到自己期望的高度。当然，生活中没有什么是可以随随便便得到的，如果你不努力，你无法也不会知道成功是什么滋味。

平淡的梦想很容易实现，但我们要把目光放得长远点。这个世界上最坚不可摧的就是自己的意志以及追寻梦想的信心。“我能行！”这是一句含有无限力量的话，人们相信自己能做到什么，就能做到什么。有时理想与现实的距离就是那么小，重要的是你一定要相信自己能行。在这一点上，或许安利公司总裁查德·德渥司先生的经历可以告诉我们一些什么。

德渥司小时候就有创业和闯出一番天地的理想。读高中时，他认识了一位朋友——杰·范·安德尔，他们经常在一起讨论对人生的看法。

第二次世界大战结束后，他和安德尔回到家乡。他们眼光敏锐，很快就发现航空业是未来的热门行业。于是，他们借了一架飞机，准备开一家航空学校，但那时他们都不会飞行。更麻烦的是，在学生招满的时候，小机场的跑道还没有完工。这些都没有使他们灰心，他们很快聘用了有经验的飞行员来当教员，又买了些浮筒，还架了一个浮动码头，让飞机在水上起飞，在浮动码头上降落。

这个小航空公司非常成功，收入也很不错，给他们带来了极大的信心。后来，他们又买了十几架飞机，逐渐拓展业务。最后，他们的公司成了一个大航空公司。正是那么一个小小的开始，成就了以后在全世界拥有50万家个体分销商的安利公司。

这些都说明了一个基本的问题：只要努力尝试，就会有所收获。要想让梦想成为现实，就得给梦想一个机会，你不去尝试怎么知道自己不行呢？战争的炮声还没有打响就当逃兵，实在是太悲哀了。只要战胜了自己的怯懦，就无须再害怕任何事情，力量和经验只有通过不断的实践才能得到增长。其实，在我们内心深处，我们也知道自己能够做到，因而行动的渴望也会时时催促着我们去开始。那么，还等什么呢？开始行动吧。记住，你若去在意别人说什么，你就会让别人的口水浇灭你梦想的火苗！

一个人有了一份新活时，他会觉得自己身上有一股力量正在激荡，好像年轻了许多，有了更多的精力，看到了更好的挣钱机会。于是，他拾起原本丢失的梦想，振奋精神，准备迎接更大的挑战，而这时，他的周围却响起了一片冷言冷语："这样是不行的！""不看看自己多大岁数了，还是安分点好！"

每个人都想把自己认为最安逸、最保险的方法告诉你，但是，那些都不是你想要的生活，别听他们的。只要你有梦想，你就还年轻。只要你勇敢地去尝试，你就给了自己一个梦想成真的机会。别让那个每天只躺在沙发里翻翻报纸的家伙打消你对自己的期望和信心，别让那个整天窝在家里、每月等着领救济金的人告诉你生活是怎么回事。如果你心中已经燃起了梦想的火苗，那就马上行动吧。试一试，你会发现生活将发生美妙的改变。

学会平静

"平静"对人有极大的益处，心灵的平静是世间的珍宝，它是自我控制的杰出体现。要想心境安宁，就需要灵魂纯洁，这就意味着历尽世事后的淡泊，以及对事物的看法向成熟转变。

一个人在碰到棘手的事情时，能保持多大程度的镇定，与其内涵息息相关。惊讶、生气、发怒，所有这一切都于事无补，只有永远保持安祥的态度，才能使你有一个正常的头脑来思考怎样解决问题。当一件大事发生时，懂得控制自己的人会在暗中传送精神力量，周围的人会依靠他的力量站立，这样的人将会成为人们眼中的英雄。处事不惊的人总给人以大气的感觉，总是受到人们的尊敬。他就像是海边的礁岩，对海水的冲刷毫不抱怨；他就像是伫立在风中的白杨，挺拔俊朗。

“平静”是人们体会人生修养的最重要的一课，它是春天里清朗的歌声，是成长后收获的果实。平静和其他道德一样珍贵，它的价值远远胜过财富。在名利场上钩心斗角，或为几枚金币、几亩田地和别人争白了头发，到头来也只不过是一日三餐和最后的七尺坟地。与平静的生活相比，这种生活是多么让人不屑。

有人曾这样说过：“我们会结识这么一些人，他们勤奋、努力地工作，但是脾气暴躁，生活也因此变得混乱不堪。他们无法欣赏美好的事物，通常只顾匆匆赶路，却忘了欣赏路边的风景，从而葬送了自己幸福平静的生活，破坏了他本该拥有的幸福。在我们身边，我们所能碰到的真正能享受平和宁静生活的人已经越来越少了。”

是的，在当今这个忙碌的社会，人们会因各种各样的鼓动而浮躁不安，会因自我控制能力的弱化而情绪波动，会因焦虑和多疑而饱受折磨。只有那些明智的人，才会掌控并引领自己朝着原本希望的方向走去。

无论你在哪里，在做什么，要往哪里去，都请你记住：在生活的沙漠中，总会有一片绿洲等着你去发现，总会有一些花朵在为你绽放，请你偶尔放慢脚步，好好欣赏吧。更多的时候，幸福是躲在平静背后的一道风景。

用平静化解危机

有一位飞行员接受了一项特殊的任务——空运一只老虎。这是一只成年老虎，脑门上的“王”字极有霸气。它很不服气被关在大铁笼子里，总是发出低沉的吼叫声。

飞行员觉得很有趣，他在前面开飞机，身后就是老虎。和百兽之王如此近距离相处，这种情况还真是不多见。

飞机在天上飞着，飞行员又回过头去瞧老虎。“天啊！”他不禁一哆嗦，老虎离他只有几步之遥，正在向他逼近，该死的铁笼子竟然没有锁死。

危急之中，他没有惊慌失措，因为他知道，越慌乱越坏事。相反，他睁大眼睛，狠狠地和老虎对视着，像一头发威的雄狮。

奇迹出现了，老虎和他对视了一会儿，竟然自己又走回到笼子里。飞行员化险为夷。

是他的平静心态救了他一命。遇事沉着冷静，是每个人都希望的。但是，对心理状态的把握，却需要自我控制。

如果你能控制自己，就先赢了一半。不能控制自己，不能赢得自己，又怎么能赢别人呢？强者总是试图永远保持自我控制能力，这种能力显示出真正的人格和心力。

平静的心态在关键时刻极为重要，所谓镇定自若，就是平静心态的最佳境界。

詹姆斯·艾伦曾经这样说：“我发现，凡是情绪比较浮躁的人，在关键时刻都不能作出正确的决定，而成功人士基本都比较理智。所以，我认为一个人要获得成功，首先就是要控制自己浮躁的情绪，使自己平静下来。”

第六篇
钻石宝地

——人类靠智慧来创造和掌握财富

《钻石宝地》是拉塞尔·康维尔演讲的文字稿。这些演讲稿由他亲自演说达6000多场次，也使他获得了400多万美元的报酬。这本书极具激励性，曾经影响过无数的美国人。

它给我们的启示是：

1.如果你愿意开启双眼和心灵，你会发现，你的财富就在自家后院或者近在眼前。

2.人依靠智慧来掌握财富的时代已经到来了。

发现你的钻石宝藏

1.一个只有对好朋友才讲的故事

许多年前，我和一群英国旅行者一起，沿着底格里斯河和幼发拉底河，去往尼尼微遗址。我们在巴格达雇了一位阿拉伯老人做向导。我常常感叹，那位向导在某些方面与理发师是何其相似啊！因为他觉得接受了我们的报酬之后，不仅应该为我们领路，还应该讲述各种故事（包括古怪的和神秘的，古代的和现代的，稀奇的和常见的）来逗我们开心。在这些故事中，有许多我已经忘记了，当然我也乐意如此。但有一个，却是我将铭记终生的。

那位老向导牵着我的骆驼，沿着那条古老的河流前进。同时，他不停地为我讲述着一个又一个故事，直到我厌倦了他的讲述方式，不愿意再听下去为止。在发现我无心聆听之后，老人很生气，这也使我非常不快。我还记得他摘下他的土耳其帽子，并挥舞着来引起我的注意。

我眼睛的余光扫到了他的动作，但我决定不正视他，免得他又讲一个新故事。但我最终还是看了他一眼，而且，我一看他，他又开始了一个新故事。

他说："现在，我将给你们讲一个只有对好朋友才讲的故事。"当他强调"好朋友"的时候，我忍不住侧耳聆听。真庆幸我是这么做的，时至今日，我内心仍旧充满了由衷的感激之情，因为有1674个学生由于得到我现在所做演讲的资助而完成了大学学业，他们自然也庆幸我当时能够听到这个故事。

那位老向导告诉我，在印度河附近，曾经住着一位名叫阿里·哈斐德的波斯老人。阿里·哈斐德拥有一个非常大的农场，里边有果园、庄稼和花园。他还放贷以获取利息。总之，他既富有，又感到满足。他满足是因为他富有，而他富有又是因为他满足。有一天，一位年老的僧侣来探访这位波斯人，那是一位东方的智者。僧侣坐在火炉旁，向这位农场主讲述我们的世界是如何形成的。

僧侣说，开始时，世界只是一片混沌，上帝将他的手指伸进了这片混沌，并慢慢地搅动。他越搅越快，直到最后，这片混沌变成了一个燃烧的大火球。这个火球便在宇宙中旋转穿行，它穿过其他混沌，外部的水汽凝结成了雨水。这时，火球的表面冷却下来，而它内部的火却往外爆发，最终形成了地球上奇妙的高山、峡谷、平原。这些在内部本来熔融的物质喷到外面，冷却得比较快的就变成了花岗岩；稍慢一些的变成了铜；再慢一些的变成了银；更慢的变成了金子；比金子还慢的，就变成了钻石。

那位僧侣说："一颗钻石就是一缕阳光。"现在看来，这是绝对科学的，钻石实际上最初来自太阳的碳元素的沉积物。僧侣告诉阿里·哈斐德，如果他能拥有拇指大的一颗钻石，他就能买下整座县城；如果他能拥有一座钻石矿，他甚至可以利用那笔财富，将他的子女推上君王的宝座。

阿里·哈斐德听完了关于钻石的故事，当然也领悟了钻石的价值。当天晚上，他准备睡觉的时候，突然觉得自己变成了一个穷人。其实，他并没有失去什么，他之所以贫穷，是因为他对自己的财富不再感到满足。而他不再满足，却是因为担心自己变得贫穷。他对自己说："我需要一座钻石矿。"那一夜，他失眠了。

第二天一大早，他摇醒了僧侣。以我的经验，如果一个僧侣在大清早被人弄醒，他一定很不高兴。

阿里·哈斐德对僧侣说："你能不能告诉我，在哪儿才能找到钻石？"

"钻石！你要钻石干什么？"

"哎呀，当然是想变得非常富有了啊！"

"哦，那你就去找吧。这就是你应该做的，去找到它，然后你就可以拥有它了。"

"但是，我不知道该到哪儿去找。"

"哦，当你找到一条夹在高山之中，流过白色沙滩的河流时，在那些白沙中，你就会发现钻石了。"

"我不相信有这样的一条河。"

"噢，不，这种河很多。你所要做的就是去寻找，找到之后，你就可以拥有钻石了。"

阿里·哈斐德说："我一定会去寻找的。"

随后，阿里·哈斐德卖掉了他的农庄，将自己的家托付给邻居，便外出寻找钻石去了。正如我所想的，他先去了月亮山脉；然后，到了巴勒斯坦；之后是欧洲；最后，当他来到西班牙的巴塞罗那海湾时，他已经花光了所有的钱，衣衫褴褛、困顿不堪。他站在直布罗陀海峡的悬崖上，当海浪涌起时，这个痛苦、绝望的可怜人再也不能拒绝死亡对他的诱惑。他跳了下去，泛沫的浪花很快就将他淹没了。

这个悲惨的故事讲到这里，老向导止住我骑的骆驼，去整理另一匹骆驼背上快要掉下来的行李。当他走开时，我才有机会回味一下他讲的故事。我记得当时自己心里想："为什么他只将这个故事讲给他的'好朋友'听？"这个故事好像没有开始、过程和结尾，甚至什么也没有。故事中的男主角在第一章中就死去了，我一生中还是第一次听说，可能也从来没读过这样的故事。

老向导刚一回来牵我的骆驼，就开始接着讲故事的第二章，就好像中间根本没有停顿一样。

一天，买下阿里·哈斐德农场的人，牵着骆驼去花园饮水。当骆驼将嘴伸到花园中那条浅浅的小溪里时，这名阿里·哈斐德的继任者，发现在溪流的白沙中有什么东西在闪着奇异的光。他捡起来看，原来是一块黑色的石头，它的一角闪烁着雨后彩虹般的光芒。他把这块石头拿到屋里，随手放在屋子中间的炉架上，不久就把这件事给忘了。

几天之后，那位僧侣来探访阿里·哈斐德的继任者。僧侣一进门，就发现炉架上闪着光，便冲过去，喊道："这里有一颗钻石！阿里·哈斐德回来了吗？"

"哦，没有，阿里·哈斐德没有回来。那也不是钻石，它只是我在花园里捡到的一块石头。"

"但是，"僧侣说，"我一眼就能看出，这是钻石。而且，我确信，这真的是一颗钻石。"

于是，他们一起冲到花园中，用手去翻动那些白色的沙子。看！那儿出现了比第一颗钻石更美丽、更值钱的钻石。

"就这样，"那位向导继续往下说，朋友们，请注意，他所说的故事在历史上确实发生过，"人们发现了戈尔康达钻石矿，那是人类历史上所发现的最精彩的钻石矿，甚至超过了金百利。英、俄两国国王王冠上的钻石——科依诺尔和奥尔洛夫，以及世界上最大的钻石，都是从那个矿中开采出来的。”

讲完故事的第二章之后，老向导又摘下他的帽子在空中挥舞，他是想让我注意思考这个故事的寓意。

2.一个了不起的故事

那个阿拉伯向导的故事，总是寓含着某些深意，尽管有时他们自己也不太明白。他边抛帽子边对我说：“假如阿里·哈斐德在自己的地窖、麦地或者花园中挖掘，而没有去异乡挨饿、受罪、寻死，他也会拥有自己的‘钻石宝地’。因为，后来在他农庄里的每一处地方，甚至每一铲土中，都发现了装饰王冠的钻石。”

当他讲完故事之后，我终于明白了他为什么只将这个故事讲给他的“好朋友”听，但我并没有告诉他我懂了。那是这位老年阿拉伯人处世的方式，就像律师一样，以一种间接的方式表达自己不敢直接说出的观点。他觉得，沿着底格里斯河行进的某个年轻人，如果待在美国的家中，可能会更好一些。我没跟他说我明白了这一点，但我告诉他，他的故事让我想起了另外一个故事。

接着，我给他讲了那个故事。我想，现在我也应该讲给你们听。

这个故事发生在1847年的加州。那里有一个大农场主，当他听说加州南部发现了金矿之后，便将自己的农场卖给了萨特上校，然后满怀激情地出去寻找金矿。可他去了之后，再也没有回来。萨特上校在那条穿过农场的小溪上，建了一座磨坊。一天，上校的小女儿从小溪中抓了一把沙子回到屋里，那些沙子从她的指缝中漏到地上。就在那些落下的沙子里，一位客人看到了黄金。那位农场主想要黄金，本来他只要肯去挖掘就可以得到。事实上，后来仅在一小片地上，就开采出了价值超过3800万美元的黄金。

几年前，我去那儿的一个城市做这篇演讲。当地人告诉我，有个人占有那片地的1/3，平均每15分钟就能获得价值120美元的黄金，并且不用交税。我相信，如果不用交税，我们每个人都会对这笔收入感到满意。

我还知道一件比刚才的故事更能说明问题的真事，它就发生在我们宾夕法尼亚州。如果说在这个演讲台上有什么能更让我高兴的，那就是从观众中找出一位，并以此激励他，那将是我今晚所乐意做的。

有一个人住在宾夕法尼亚州，就像你们见过的一些宾夕法尼亚人一样，他拥有一个农庄。如果我也在宾夕法尼亚州拥有一个农庄，我会和他做相同的事情——卖掉它。他打算卖掉农庄，去帮他在加拿大做生意的堂兄开采石油。加拿大是在这片大陆上首次发现石油的地方。那时候，人们从加拿大的河水中就能采集到石油。于是，这位农场主就给他的堂兄写信，并提出去那儿工作。朋友们，请注意，这位农场主并不是一个愚蠢的人，我认为最愚蠢的莫过于那些还没找到新工作，就放弃旧工作的人。这一点，是我的演讲要着重强调的，但大家千万不要把它用于离婚。他写信求职之后，他的堂兄回信说："我不赞成你这样做，因为你对石油业务一窍不通。"

于是，这位农场主决定去弄懂石油业务。之后，他便以一种值得赞扬的热情（这也是坦普尔大学学生的优秀品质）去研究关于石油的一切。他从上帝创造世界的第二天开始研究——那一天这个世界上便长满了厚厚的植被，正是那些植被后来形成了最初的煤层。他不断地研究，终于明白了原来石油就是由那些煤层演变而来，知道了石油是如何从油井中喷出来的，也弄清楚了石油的颜色、气味以及提炼的方法。他又给堂兄写信，表示他熟悉石油业务了。他的堂兄回信道："好的，你来吧。"

就这样，他卖掉了自己的农场，据当地的县志记载，价格是833美元（是整数，没有零头）。新农场主为了解决牛的饮水问题，来到了农场里的一条小溪边。以前的农场主可没关心过这条小溪。新农场主发现，前任农场主曾在小溪里横放了一块厚木板，目的是想将一些可恶的浮垢挡住。这样，牛就喝不到那些黑乎乎的水了。

但前主人哪里知道，那些黑色的浮垢就是石油。也就是说，那位卖掉农场前往加拿大经营石油的前农场主，留下的正是一口石油井，而他用这块木板挡住了不断涌出的石油整整23年。之后，地质学家们宣布，那些石油价值1亿美元；若干年前，我们的地质学家又宣布，那些石油价值10亿美元。在那片土地上，后来建起了泰特斯维尔这座城市和普莱森特维尔的一些山村，而那位曾经拥有这片土地的人，虽然研究了从上帝创造世界第二天开始的所有石油知识，却最终以833美元的价格，将那些石油卖掉了。我还是要说，他太没头脑了。

3.银矿就在自己家里

我还想讲另外一个故事。这个故事是我在马萨诸塞州听说过的——我很遗憾，因为那儿是我的故乡。

故事中的年轻人正好与我的一段思想历程相符。他曾经进入耶鲁大学攻读矿产和采矿专业，而且成为了一名非常优秀的采矿工程师，并因此被学校聘用，去辅导那些成绩不好的学生。当他还是高年级学生时，就拿到了每周15美元的薪水。他毕业后，学校将他的薪水提高到每周45美元，还给了他一个教授职位。但是，学校刚一这样做，他就辞职回家去了。

如果学校将他的薪水由15美元提高到15.6美元，他可能就会留在那儿，并以此为荣。但当薪水一下子提高到45美元之后，他对母亲说："母亲，我不想接受一份每周45美元的工作。像我这么优秀的人，居然只能得到45美元。我们去加州寻找金银矿吧，找到之后，我们就会变得非常富有。"

他的母亲说："查理，活得开心本身就是一笔财富。"

"是的，"查理答道，"但是，能够同时富有并且开心也很好啊！"他们的观点都是对的。但这位母亲是位寡妇，而他是她唯一的儿子，当然还是儿子说了算——他在家里一向如此。

他们将马萨诸塞州的家产卖掉，但没去加州，而是到了威斯康星州。在那儿，他加入了优质铜矿开采公司，工资还是每周15美元。不过，合同的附带条文中提到，他应该在他所发现的矿藏中拥有股份。我认为，他不会找到新矿，而那个公司的股东却希望他能发现些什么。

我有一些朋友，当时就持有这家公司的股票。可今天，他们因为买不起门票而不能到这儿来听我演讲。这个年轻人到了那儿，我再也没有听到过关于他的任何消息。我不知道他后来怎样，也不知道他最后是否找到了新矿，但我认为他没有。

不过，我却知道故事的另一部分。有一天，买下他房产的继任者出去挖土豆，那些土豆在他购买这片农庄之前就种上了。当这名继任者提着土豆返回时，装着土豆的篮子被紧紧地卡在石围墙的门缝里。我们知道，在马萨诸塞州，农场的围墙都是用石头垒成的。为了多砌几块石头，围墙大门总是被弄得比较窄。农庄的新主人终于把篮子拖过去后，突然发现，在围墙外部靠上方的一个角上——紧挨着门的地方，有一个8英寸见方的银块。

那位研究矿产、采矿和矿物学的先生，对相关知识是那么了解，以至于他不愿接受一份每周45美元的工作。而当他卖掉他在马萨诸塞州的家园时，他正是坐在那个银块上讨价还价的。

他在那儿出生，在那儿长大，甚至由于常从那个门过来过去，他的袖子已经将那块石头摩擦得能够照出他的面孔。那块石头也好像在对他说："这儿有成千上万美元在等着你来拿。"但他对此不屑一顾。为什么？因为他的家是在马萨诸塞州的纽伯里波特，这里有史以来从未发现过银矿。那么，哪儿会有银矿呢？我不知道哪儿会有，他也不知道。但他认为，如果有，也肯定不在纽伯里波特，这就是他作为一个矿物学教授的观点。

朋友们，那是一个人们经常会犯的错误，为什么我们仅仅对它一笑了之呢？我经常感到好奇。他后来到底怎样了，我确实不知道，但我可以用一种美国人的方式来作一个猜测。我想，他今晚可能正和一群朋友围坐在火炉旁，进行着如下交谈："你知道费城的那个康威尔吗？"

"噢，是的，我听说过他。"

"你知道费城的那个琼斯吗？"

"是的，我也听说过。"

于是他便开始大笑，笑得浑身乱颤，并对他的朋友说："他们做过和我一样的事情，完全一样。"这使得所有人都笑起来，因为我们确实做过和他一样的蠢事。当我们坐在这儿嘲笑他时，他当然更有权利在那儿嘲笑我们。我确实犯过同样的错误，但这没什么影响，因为你不能指望同一个人既说教又亲身实践。

今晚我来到这儿，看到这儿的听众，就好像又看到了这50年来我不断看到的那些和他一样犯了相同错误的人。我经常希望能遇到年轻人、中小学生，并和他们交谈。我更喜欢这样的听众，因为他们最容易受到影响，他们没有成熟到像我们一样，已经形成各种成见；他们没有接受什么不可打破的常规，也没有遇到过我们所遇到的挫折。对着这样的听众，我可能会比对着成年听众做得更好一些。当然，不管是对谁，我都会尽力而为。我告诉你们，就在费城，在你们现在所处的地方，你们每个人都拥有自己的"钻石宝地"。

"噢，你可能会说，如果你认为这里有什么'钻石宝地'的话，说明你对这座城市太不了解了。"

我想说的是，我对报纸上的一条消息很感兴趣，那是关于一个年轻人在卡罗来纳州北部发现钻石的报道。那颗钻石是迄今为止所发现的最纯的一颗钻石，其实就在那个地方附近，之前还发现了好几颗。我去拜访一位著名的矿物学教授，并向他请教那些钻石是从哪儿来的。那位教授收藏着一张我们这个大陆的地质构造图，他查看了一番之后告诉我，石炭纪的地层能形成这种钻石矿，这一地层往西穿过俄亥俄州和密西西比州，更大部分则是往东穿过弗吉尼亚州，延伸至大西洋海岸。但不管怎样，在卡罗来纳州有钻石是一个不争的事实，因为那儿的人们确实发现了，并将其卖掉；另一个事实是，那些钻石肯定是从北部某些地方漂移过去的。那么，谁还敢说，在费城不会挖出一个钻石矿呢？噢，朋友们，你不能下结论说："我没有从最大的钻石矿上走过，因为那么大的钻石，肯定只能产自世界上已经发现的最有价值的钻石矿。"

上面的话只是用来阐明我的想法，我想再强调一下，如果你不能拥有一座真实的钻石矿，那么，记得抓住身边一切能让你变得富有的东西。英格兰女王陛下在出席最近的一次宴会时，表现出了她对美利坚女性的赞扬。因为她没有佩戴任何珠宝首饰，所以使得钻石大大失去了用武之地。为此，即使你现在拥有一座钻石矿，为了让自己看起来谦逊端庄，你也会更倾向于尽可能地少佩戴钻石，而把大部分的钻石卖掉换取美元。

创造并尊重金钱

1.金钱就是力量

金钱就是力量，得到金钱应该是我们合理的愿望。你应该这么做，因为有钱之后会比你现在没有钱时，能做更多有益的事情。有了钱，你可以印《圣经》、建教堂、传教、支付给传教士薪水；相反，如果付不起钱，很多事情你都做不了。我一直希望我的教堂能提高传教士的薪水，因为通常薪水最高的教堂，也是最容易提高传教水平的教堂。你生活中的所有事情，无一例外地也全是如此。得到最高薪水的人，总是能做得最好，因为钱给他们提供了力量。当然，他必须将钱用在该用的地方。

所以我说，你们应该挣钱，应该在费城正直地致富，那是你们信仰基督教的神圣责任。那些虔诚的人们认为，为了虔诚，人们必须非常贫穷，其实这是一个很大的错误。

有人问："难道你不同情穷人吗？"我当然同情，否则，这么多年来，我也不用做这篇演讲了。但是，真正值得同情的穷人实在太少了。我真正想说的是，我为什么同情他们？去同情一个因为其罪恶而受到上帝惩罚的人，并且在上帝想继续惩罚他时去帮助他，毫无疑问，这是绝对错误的。

但我们却常常去帮助这样的人，而不是那些应该得到帮助的人。当我们去同情那些"上帝的穷人"时——是指那些不能自理的人——我们一定要记住：在美国，没有一个穷人不是因为他自己或别人的缺点而变得贫穷的。不管怎样，贫穷总是一件坏事。让我们放弃这个话题，还是回到原来的讨论之中。

一位先生在后面站起来，说道："难道你不认为这个世界上，还有比金钱更好的东西吗？"当然有，但我现在正讨论的是金钱。当然有比金钱更重要的东西。哦，是的，在我独自一人躺进坟墓之前，我都相信，这个世界上有些东西比金钱更重要、更美好、更纯洁。爱，就是这个上帝的世界中最重要的，但是有钱的爱会使人们更幸运。金钱是力量。它既可以行善，也能够作恶。在好人的手里，它就会做出——而且已经做出了——好的事情。

我不想掩饰下面这件事情。我听说在我们这座城市的一次祈祷会上，一个男人站出来，为了他是"上帝的穷人"而感谢上帝。我很想知道，他的妻子对此是作何感想的。这个家庭的所有钱都是她挣的，而他却只知道在阳台上吸烟。我不想对这种"上帝的穷人"作过多的关心，我想上帝也不会。但是，还有一部分人认为，要想虔诚，你就必须非常贫穷而且肮脏。其实不是这样的，在我们对穷人表示同情的时候，千万不要宣扬这种教条。然而，在这个年代，人们对鼓励一个基督徒（或者，像犹太教徒所说的——一个虔诚的人）致富总是持一种反对的偏见。这种偏见非常普遍，持续的时间也比较久。

我记得很多年前，有一个在坦普尔大学修习神学专业的年轻人，觉得自己是系里最虔诚的学生。一天晚上，他走进我的办公室，坐在我的旁边，对我说："校长先生，我觉得我有必要来这里麻烦你一下。""发生了什么事情？”他说：“我听过你在学院里和皮尔斯学校毕业典礼上的讲话。你说一个有挣钱野心的年轻人是值得尊敬的；你还说如果有了钱，他们会变得温文尔雅，会更在乎自己的名声，还会更加勤奋；你提到，人们挣钱的野心会使他们变得更好。先生，我来是想告诉你，神圣的《圣经》上写着‘钱是万恶之源’。”

我告诉他，我从来没有在《圣经》上看到过这句话，并希望他能到教堂拿一本《圣经》，指给我看那句话在什么地方。然后，他就出去了。不久，他拿着一本打开的《圣经》趾高气扬地走进来，浑身带着一种顽固的傲慢——那种傲慢正是狭隘的宗派主义者，或者曲解《圣经》的基督徒们所具有的。他把《圣经》扔到我的桌子上，对着我的耳朵尖声叫道：“就在这儿，校长先生，你自己就可以看到。”

我对他说：“哦，年轻人，当你长大一些之后就会知道，你不能用另一种宗派的解释来理解《圣经》。你现在就属于另一种宗派。你是在一所神学学校受的教育，然而重点却放在了注释上面。现在，你能拿起《圣经》，按照准确的重音亲自读一遍吗？”他拿起《圣经》，骄傲地读道：“对金钱之爱乃万恶之源。”

这样就对了。不管是谁，只要他准确地引用了同一本《圣经》上的话，那么他就是引用了一条真理。过去的50年间，我经历了关于《圣经》最激烈的争论，最终我还是看到它的旗帜自由飘扬。因为有史以来，人们普遍认为《圣经》是正确的——所有的都正确——今天也是这样。

所以我说，当他正确引用的时候，他就是引用了一条真理。“对金钱之爱乃万恶之源”，那些想通过不正当的手段快速致富的人，肯定会屡受挫折，这一点毫无疑问。“对金钱之爱”，那是什么意思？那是盲目的拜金主义。单纯盲目地崇拜金钱，是受到《圣经》谴责的。仅以人们的常识而论，那也是不正确的。那些盲目崇拜金钱而不考虑如何去用的人、那些把钱藏在屋里或袜子中或者拒绝用自己的钱使社会受益的人，还有那些抱着钱直到死去的人，才是真正的万恶之源。

2.机会就在你身边

还有一些过分虔诚的人，他们认为，那些通过买卖而得到利润的人是邪恶的；其实恰恰相反，如果你以低于成本的价格将商品卖出，那才是一种罪恶。你没有权利那样做。你不会将钱委托给一个不关心自己财产的人，也不会去相信一个对自己妻子不忠的人，更不会去信任一个不将自己的良心、品质和生命放在首位的人。

为第三个人，甚至是第二个人提供折叠刀，本来就是我的责任，我应该卖给他们并获得利润。我没有权利以一个不获利润的价格卖掉商品，同样也没有权利以超过它们价值很多的价格卖掉商品。我应该以这样的方式卖出每一件商品——使购买商品的人得到的价值，和我得到的一样多。

“我活着，也让别人活着”是《圣经》中的基本信条，也是我们常识中的基本原则。哦，年轻人，听我说——以自己的方式生活，别等到像我这样的年龄之后，才知道去享受生活。

这些年来通过演讲，不管我是挣到了几百万美元，还是只有50美分，对我来说都不是最重要的，都比不上今晚身处现在这样神圣的场合中。哦，是的，今晚我要与大家分享这些年来我所经历的，为此我也收到了很多钱作为报酬。我可能不应该以这种方式说话，这听起来有点自尊自大，但是我已经老到可以这么做了。我应该帮助我的朋友们，我也是尽力这样做的。

其实，每个人都应该尽力这样去做，并以此为乐。

那些偷了别人1美元，或者抢了别人应得之物回家的人，不可能安然入睡。他第二天醒来肯定会非常疲惫，而且一定是于心不安地去工作。就算他能挣得百万家产，他也不是一个成功的人。但是，那些总是愿意和朋友分享的人，他们努力争取自己的权利和利益，也为别人争取权利和利益，将会活得坦然。不仅如此，他们也必将踏上致富之路。数以千计的百万富翁的经历可以证明这一点。

那位认为在费城开商店不会有所成就的人，其实是在以一种错误的理念经营自己的商店。设想一下，如果我明天早晨去你的商店，并且问你：“你认识邻居A吗？他住在另一个区，房号是1240。”

“哦，是的，我曾见过他。他来这儿买过东西。”

“他是从哪儿来的？”

“不知道。”

“他家里有几口人？”

“不知道。”

“在选举中，他把票投给了谁？”

“不知道。”

“他平常去哪座教堂？”

“不知道，我也不想知道。你为什么要问这些问题？”

如果你在费城有一家商店，你会像上面那样回答那些问题吗？如果是，那么就像我在马萨诸塞州的沃辛顿经营父亲的商店一样，你在以同样的方式管理着自己的商店。你不关心你的邻居来自何处，也不想关心。如果你曾经关心过的话，你现在肯定已经是一个富人了。如果你对他足够关心，对他的情况感兴趣，并且弄清楚他需要什么，那么你早就可以致富了。但是，你却整天都在抱怨“没机会致富”，其实机会就在你身边。

3.你们需要的是常识

那儿又有一位年轻人站起来，说道：“我不能从事商业经营。”（虽然我只提到开商店，但我说的理念其实对各种职业都适用）

“为什么你不能从事商业经营？”

“因为我没有资金。”

哦，这个软弱的、毫无眼光的纨绔子弟！那些年轻的纨绔子弟，会使别人变得软弱，因为他们总是站在角落里说：“如果我有足够的资金，我将会变得多么富有啊！”

“年轻人，你真的觉得，如果有资金自己就能致富吗？”

“当然。”

“哦，”我说，“当然不能。”如果你的母亲非常有钱，并且愿意提供给你资金，那她就把你带入商业中了，但你却会把她送入麻烦中。

如果一个年轻人得到比自己应得的多的钱，那是一种罪恶。年轻人继承财产是没什么好处的，给你的孩子留下钱没什么用处。如果你能给他们留下良好的教育、高贵的品质、一个足够大的朋友圈、一个好的名声，这些都比给他们留钱好得多。如果留钱给他们，那对他们自己以及对整个国家来说，都是一件糟糕的事。哦，年轻人，如果你们继承了财产，不要认为它会有什么用处。它会成为你生命中的祸根，让你得不到人生中最美好的东西。那些富人的未经世事的子女，才是我们这一代中最值得同情的人。我同情那些富人的孩子，他们永远也无法体会到人生中最美好的东西。

一个年轻人能够独立生存，并且在他与一个可爱的女孩订婚之后，决定建立自己的家庭——这是人生中最美好的事情之一。然后，伴随着她的爱，他会对更美好的事物产生渴望。这样一来，他就会存下自己的钱。他会改掉自己的坏习惯，并在银行里存钱。当他有了几百美元后，他会去郊区寻找房子。之后，他去银行取钱，可能会是他存款的一半，然后去找自己的妻子。当他领着自己的新娘第一次踏进那道门时，他一定会以一种无法模仿的动人语气说："我挣到了自己的家。这一切都是我的，而且我还能与你分享它。"那将是人生中最美妙的时刻。

但是，富人的儿子却无法体会到。他可能会领着自己的新娘走进一所豪华的住宅，但是无论走到哪儿，他都不得不对她说："这是我母亲给我的，那是我母亲给我的，这也是我母亲给我的。"最终会使得他的妻子后悔自己没能嫁给他的母亲。我同情这个富人的孩子。

据马萨诸塞州的统计，在17个富人的孩子中，就有不止一个毁于这种不劳而获的财富。

我同情那些富人的孩子，除非他们像范德比尔特一样，当然这种情况也时有发生。他问他的父亲："你所有的钱都是自己挣的吗？"

"是的，我的孩子。我开始是在一艘渡船上工作，每天挣25美分。"

"那么，"他说，"你的钱我一点都不要。"然后，在一个星期六，他也试图去一艘渡船应聘。他没有成功，不过他找到了另一份工作，每周的薪水是3美元。

当然，如果一个富人的孩子能够像他那样做，他也会像穷孩子一样受到锻炼，而这种锻炼甚至比大学教育更具价值。之后，他就能够处理父亲的百万家产了。但是，通常一个富人不会让他的孩子去做那些当初让自己成功的事情，他甚至不会让他们去工作。母亲们更是如此。为什么呢？因为她们觉得，如果让自己可怜的、手指纤长的、柔弱的孩子，去做苦工来独立生存，那将是一件不光彩的事。我不同情这种富人的孩子。

在费城的一次宴会上，我旁边坐着一个好心的年轻人，他对我说："康威尔先生，你已经病了两三年了。走的时候，坐我的轿车吧，它会把你送到家里。"

我十分感激他。我和司机走上车，车子开动的时候，我问司机："这辆车值多少钱？"

"6800美元，而且还要交税。"

“哦，”我又问，“那位车主人自己曾驾驶过吗？”

听到这句话，司机一阵大笑，连车子都开不稳了。司机对这个问题感到吃惊，以致车子跑上人行道，绕过路灯之后才又回到街道上。回到原路后，司机还是不停地笑，直到车子颤动起来才不笑了。

“他开车？他能知道怎么出去就不错了。”

我还要跟你们谈一下，我在尼亚加拉瀑布城遇到过一个富人的儿子。我做完演讲之后回到旅馆，当我走近店员的桌子时，看到那儿站着一个从纽约来的百万富翁的儿子。他简直就是个无法描述的人类标本。他头上斜戴着一顶无檐小帽，上面插着金色的帽缨。他腋下夹着一根手杖，手杖的头是金质的。要描述他确实非常困难。他戴着一副无法看穿的眼镜，穿着一双不利于走动的黑漆皮鞋，他的裤子使他根本无法坐下——他穿戴得就像一只蝗虫。

我进门时，那个像是蝗虫的人正走到店员的桌旁，扶了一下他那不透明的眼镜，用下面的方式跟店员说话，你知道，是那种口齿不清的发音。“先生，你能给我一些信纸和信封吗？”店员的反应倒是挺快，从抽屉里拿出信纸和信封，放在柜台上递给年轻人，然后又转过头去看书。你们应该看看那位年轻人当时的样子。他像一只愤怒的雄火鸡，扶了一下不透明的眼镜，嚷道：“回来！先生，你能叫人把这些信封和信纸拿到那边的桌子上吗？”

哦，这个可怜的、卑劣的、不懂事的美国孩子，他甚至不能把信纸和信封拿到20英尺远的地方。我想，他是不能放下架子去做这件事。对这种人类可笑的本性，我不会感到同情。年轻人，如果你们没有资金，我会感到高兴。你们需要的是常识，而不是铜币。

4.成功的秘密很简单

我所能做的最有益的事，莫过于给你们讲一件广为人知的真实的事情。

斯蒂沃特，一个纽约的穷孩子，开始时只有1.5美元。他第一次进行投机就失去了87.5美分。但是对他来说，第一次投机就不成功是件多么幸运的事啊！他说：“我再也不会在商业中冒险投机了。”他也是这么做的。他是怎么失去87.5美分的呢？你们可能都知道——他买了一些人们不需要的针、线、纽扣拿去卖，结果没能卖出去，留在手里全成了废物。他说："我再也不能像这样损失自己的钱了。"然后，他就跑到人们的家里，去问他们到底需要什么，问清楚之后，他就用剩下的62.5美分买来卖给他们。

不管你是在干什么，工作也好，理家也好，你都要认真地研究。其实，成功的秘密很简单。

你必须首先弄清楚人们需要什么，然后去做最需要你做的事情。斯蒂沃特就是这么做的，后来他赚到了5000万美元，在纽约经营着一家商店。正是在那家商店里，斯蒂沃特后来完成了他的伟大工作。

其实，是他的损失给他带来了财富，他从中吸取了教训：他必须将他的钱和他自己，投入到人们最需要的地方。你们中间的售货员们，什么时候才能明白这一点呢？你们中间的制造者们，什么时候才能明白，要想成功，就必须去了解人们不断变化的需求呢？不管是制造者、贸易商，还是工人，请你们去满足人们的需要吧。这是做人的基本原则，也是《圣经》中的基本信条。

我想，最能说明问题的例子，应该是约翰·雅各·阿斯特。你们知道，他在纽约为阿斯特家族挣下了巨额财产。他不惜漂洋过海来到这里，身上的钱都是借来的。但是，就是那个一无所有的穷孩子，凭着一条原则，为阿斯特家族挣得了财产。今晚的一些年轻人可能会说："哦，在纽约，他们能挣到那么多钱，但在费城却不能。"

5.知道人们的需要比你拥有金钱更重要

我的朋友们，雅格布·里斯（他不久前去世了，但他留给我们的回忆是甜蜜的）曾写过一本精彩的书，其中详细记录了1889年纽约的107位百万富翁，你们读过那本书吗？如果读一下，你们就会发现，在这107位富翁中，只有7位是在纽约致富的。这107个人中，有些人的不动产价值超过了1000万美元。在这些千万富翁里，有67个人是在少于3500户居民的城镇里挣到他们的钱的。你是谁，或者你身处何地，并不是那么重要。但是，如果你不能在费城致富，同样，在纽约你也不能。

约翰·雅各·阿斯特向我们证明了，在哪儿都能实现你的梦想。曾经有人以一家女帽商店做抵押向他借钱，但由于他们卖出的女帽不够偿还利息，所以他取消了他们赎回抵押品的权利，从而拥有了那家商店。他还是用原来的那些人和店铺进行经营，也没有注入新的资金，他们必须卖掉商品才能得到钱。那家商店和以前完全一样，而他则走到公园里，在树阴下的长椅上坐了下来。

约翰·雅各·阿斯特出去干什么呢？他和那些自己不能成功的人合伙，又做了些什么呢？

我认为，在他们合伙的事业中，他起到了最重要的作用。约翰·雅各·阿斯特坐在长椅上，不断地观察着过往的女士们，而那些从事过同样的事业，却不成功的人在哪儿呢？他坐在那儿，有位女士趾高气扬、目不斜视地从他面前走过，就好像即使全世界的目光都盯着她，她也毫不在乎。

他细心地观察她的帽子，直到她走出视线。他看清楚了她的帽子的形状、装饰物的颜色，甚至帽羽上的褶皱。我有时候会去描述一下女式帽子，但并不总是这样。我更不愿描述一顶时髦的女士帽子，有谁能描述得了呢？那些没用的东西被固定在脑后或者脖子上，看起来就像是一只剩下尾羽的公鸡。但是，在约翰·雅各·阿斯特的那个时代，从事女帽业还是有些技巧可言的。他跑回帽店，对店员们说："赶紧按照我描述的样子缝制一顶女帽，并把它放到展示窗里，因为我已经看到有一位女士很喜欢这样的帽子。在我回来之前，不要缝制其他样式的帽子。"

然后，他又跑出去坐下，另一位女士从他身边走过，戴着一顶形状、外观、颜色都与之前那位完全不同的帽子。"现在，"他说，"再在展示窗里放一顶这样的帽子。"

他没有在自己的展示窗里放上太多的帽子，使人们望而却步，然后自己却坐在后楼梯的台阶上，为顾客都跑去了另一家帽店而怨天尤人。他在缝制每一顶放进展示窗的帽子之前，都要确定有人喜欢那种样式。接着，便有大量顾客光顾他的商店。他的商店后来成为纽约同行业中最成功的，直到现在还是最大的三家之一，基础就是在那时打下的。

约翰·雅各·阿斯特在别人失败之后，却带领他们挣得了大笔财富，并不是因为给他们注入了新的资金，而是在他们耗用材料缝制帽子之前，先弄清楚什么样式能赢得人们的喜爱。我告诉你们，如果一个人在帽业方面有先见之明，那么在别的所有事情上，他也能够做到。

设想一下，如果我挨个询问今晚在座的听众，在这座制造业发达的城市，有没有从事制造业致富的机会，某个年轻人会说："哦，是的，这儿确实有机会，但是你必须有良好的信誉，而且还要有两三百万美元作为初始投资。"

那些针对"大企业"信誉问题的攻击，现在正好为较小的企业提供了机会。在制造业中，像今天这样不用资金而能够快速致富的大好时机，历史上从来没有出现过。

但是，你会说："没有资金，你做不了任何事情。"年轻人，让我花一点时间来证明一下，我必须这么做。这是我对每个年轻人应负的责任，因为很快我们就会以相同的策略，从事商业活动。年轻人，请记住，如果你知道人们的需要，你就知道了通往财富的途径，那比多少资金都强。

伟大的成功定律

1.伟大的人是因为做了伟大的事

我还记得另外一个例子，但我想把它略去，因为如果你去图书馆查这篇演讲，就会发现，早在25年前它就已经被印在里面了。我闭上眼睛——两只都闭上。啊！我看到了自己年轻时的面孔。是的，有时人们会对我说："你的头发还没白，你好像在日夜不停地工作。你不会变老的。"但是和我的同龄人一样，当我闭上眼睛时，噢，我就会看到那些久违的可爱面孔又都回来了。而且我也知道，不管人们说什么，我已经垂垂老矣。

现在，我闭上眼睛，回想在马萨诸塞州的故乡，我会看到山顶的放牛场，会看到那儿的马棚，会看到公理会的教堂，会看到镇上的礼堂和山里的村舍，会看到集会的人们穿着华丽的衣服，我还会看到飘扬的旗子和舞动的手帕，听到乐队的演奏，我会看到一队延长服役期的士兵在放牛场上行军。当时，虽然我还只是个孩子，却已经成为那队士兵的头领。我的自豪膨胀得像一个气球，仿佛轻轻扎一针就会破掉。在我看来，将要发生的仿佛是世界上最重大的事情——如果你曾设想要做国王，那就自豪地去接受市长对你的接待吧！

乐队在演奏，所有人都出来欢迎我们。我自豪地带着队伍走进欢迎的人群，接着进了镇上的礼堂。他们让我的士兵们沿着中间的过道坐下，而我则坐在最前面的座位上。很多人——有一二百个——挤进来，站满了整个礼堂。然后，镇上的官员们进来，形成一个半圆的形状。

镇长坐在讲台的中间，他以前从未当过官。他是个好人，但他认为官职能使他高人一等。他就座后，扶了扶大眼镜，然后四下看了一圈。这时，他突然看到我坐在一个前排的座位上，就过来邀请我上台坐到官员们的旁边。在我参加战争之前，除了让老师教训我之外，没有官员会注意到我。而现在，他们却邀请我上台坐在他们旁边。哎呀！那时候，镇长可就是我们的帝王，我们的君主啊！我走上讲台之后，他们把我的椅子放在离镇长不远的前面。

我坐下之后，市镇管理委员会主席站起来，走向讲桌。我们都以为他会向大家引见公理会牧师，由那位牧师向我们这些归来的士兵做演说，因为他是镇上唯一擅长演说的人。但是，朋友们，你们真应该看看当时的观众是多么惊讶，因为他们发现那个老家伙竟然自己发表起演讲来。在那之前，他从来没做过演讲，但是他犯了一个很多人都犯过的相同错误。真奇怪，为什么人们总是不明白，如果他们想成为演讲家，必须从小时候就开始练习。而他却以为，只要能获得官职，就一定能成为出色的演讲家。

所以，他来到前面，手里拿着一份演讲稿。他曾经在牧场里走来走去背诵那篇演讲稿，在那儿他甚至把牛都吓跑了。他把演讲稿在桌子上展开，以便自己能够看到。他扶了扶眼镜，低头看了会儿稿子，然后退到讲台后方，以重重的步伐走向讲台，就像这样，1步，2步，3步。只要你稍微想一下，就会知道他肯定已经研究过稿子很久了，因为他的姿势显得“很雄辩”。他身体的重心倾向左脚，挺着胸，右脚以45度角向前伸出，然后打开发音器官。

朋友们，他的整个演讲，就是在那样的雄辩姿势下完成的。有人问过我：“你是不是有些夸张？”有可能，但我来这儿是为了开导你们，而不是为了讲故事。

他的演讲是这样进行的：

“市民们——”一听到自己的声音，他的手指就这样动起来，膝盖在颤抖，后来浑身都摇晃起来。他忘了下面该说什么，于是走到桌前去看演讲稿，然后攥紧双拳，鼓起勇气，继续说道：“市民们，我们——市民们，我们——我们——我们——我们——我们——我们非常高兴——我们非常高兴——我们非常高兴，我们非常高兴地欢迎这些在战场上流血战斗的士兵们，回到自己的故乡——再一次回到自己的故乡。我们非常——我们非常——我们非常……我们非常高兴，今天能和这位少年英雄（这是指我）在一起——这位少年英雄，在我们想象中（朋友们，请记住这一点，如果他没说过‘想象中’，今天我也不会自大到提起这件事）——这位少年英雄，在我们想象中曾带领——想象中曾带领——带领，曾带领他的军队给敌人以致命的打击。我们想象他闪光的——他闪光的——他闪光的剑——闪光，在太阳下闪光。那时，他对着队伍喊道：‘冲啊！’”

噢，天哪，天哪，天哪！那个人对战争知道得太少了！如果他懂一点战争常识的话，就应该知道，如果一个步兵军官在危险的时候走到队伍的前面，那几乎就是犯罪——这一点，所有今晚在这儿的国民军都知道。我挥舞着在阳光下闪亮的剑，对我的队伍喊：“冲啊！”——我从来都没有这么做过。你们认为我会走到队伍的前头，去挨敌人或者自己士兵的枪子吗？那不是一个军官的位置，军官的位置其实是在战线后方。作为参谋官员，当士兵被调到前线时，我们也经常会跟去。这时，从喇叭里就会传出反对的喊声：“军官回后方！军官回后方！”然后，我们就都退下来，而且军衔越高的人，退得越远。那不是因为他们不够勇敢，而是出于战斗规则的需要。然而，他却在那儿喊：“挥舞着闪光的剑——”在那个大厅里，坐着我的部队，他们曾经把我扛过卡罗来纳的河流，而我的脚都没湿过。他们当中有人曾到很远的地方去弄一只猪或者鸡回来，有人就掩埋在田纳西州山上光秃秃的松树下。但在那位好人的演讲里，却几乎没有提到。他确实曾经提到过一点，但实在太少了。那时的英雄只有那个少年军官。国家给他什么了吗？没有，不管那时还是现在什么都没有。为什么我们叫他英雄？仅仅是因为那位演讲者犯了一个人类共有的错误——那位少年之所以了不起，是因为他是一个军官，而其他人只不过是普通士兵而已。

哦，那时我就得出了一个经验，一个只要我还活着就不会忘记的经验。伟大不在于将来所获得的官职，而在于不用借助太多外在因素就能做出伟大的事情，在于从普通生活中获取成功的坚定决心。

要想成为伟大的人，我们必须在现在，在费城，就变得伟大。谁能给这座城市带来更好的街道和人行道，更多的中学和更好的大学，更多的幸福和文明，更多的上帝之爱，谁就会变得伟大。如果你再也不能听到我的声音，那么请我们在这儿的人都谨记，如果你想成为伟大的人，就必须从现在开始做起。请记住，是从费城，现在开始。那些能给这座城市带来好运的人，那些能成为良好市民的人，那些能使家庭更幸福的人，那些幸运的人，不管他们是在商店工作还是管理家务，不管他们是什么样的人，只要想成为了不起的人，就必须从他的费城开始，变得伟大！

2.珍惜你的伟大禀赋

珍惜自己，这是人生首先要做到的一件大事。一个不珍惜自己的人，不可能发挥自己身上蕴藏的巨大能量；而一旦珍惜了自己，珍惜了自己身上蕴藏的能量，你必将取得成功。

人活着不是一种单纯的存在，而应当充分利用自己生命中的每一个时刻。你身上蕴藏着无穷无尽的能量，可以帮助你创造友爱、和谐、欢乐和宁静的景象。

在现实生活中，许多人的悲哀之处正是他们对自己能力的怀疑。他们看起来每天都在忙，但不知道在忙些什么，只是日复一日地重复着同样的工作，没有任何目的、方向。这一切，正是源于一种自我否定的心理。这种心理一旦形成，他们的生活就无疑是在打发时间，浪费自己的生命。

我们每个人都应该试着去改变自己的生活方式，去支配自己的生活，去学会应对各种变化，享受成功的人生。自己的人生应该怎样度过、怎样感受，这都是你自己应该决定的事情。一个相信自己的人，就可以实现这样一种生活。你需要做的，是对自己的未来有更好的预期，不要自怨自艾、顾影自怜，要树立对自己的信心；要学会适应生活中的变化，而不是害怕变化；要大胆地去追求自己渴望拥有的东西，而不是固步自封，在原来的圈子里打转。

你拥有足够的能力，所需要的只是去珍惜自己，成为自己生活的主人，而不是让他人代替你做决定。要相信自己的人生态度可以更积极，身体可以更健康，生活可以拥有更多的友爱，前景可以更加光明，相信一切都可以借助自己的力量实现。生活中出现的每一种经历，要当作学习、进步的好机会，而不是让自己恐惧。

一沙一世界，一花一天堂。在世界的每一个角落，我们都可以发现美的踪迹。在生命最轻微的呼吸中，我们都能够感受到奇迹。无论身在何处，多一点同情的眼光，少一些评判的态度，不要苛求，不要因为别人的意见和你的不合就不快。要接受别人原原本本的样子，做到了这一点，你就能赢得心灵的和平和宁静。

同时，要坚持自己的价值尺度，要相信内心真实的自我，不要在意他人的评判，不要拒绝生命中的新体验。没有变化的人生将会平淡无奇，毫无活力。只管走自己的路，不要把时间浪费在毫无意义的自责和检讨上。

要为自己找到生命的目的和意义，然后去实现它。去从事你真正热爱的职业，去帮助周围的人，为他们服务，这是唯一正确的道路。要明白，你不可能得到所有人的支持。这时，保持自己思想、行动上的独立是至关重要的。我们应该按照自己的梦想去生活。

严肃、拘谨不是生活的本来面目，要保持一份幽默感，多和幽默风趣的人交往。要学会自嘲，不要把自己的错误看得太严重，对自己、对生活，可以抱轻松一些的态度。生活本来就没有固定的模式，完全可以由我们自己去描绘。

3.改变你平庸的生活

一位农民每天肩挑柴火翻山越岭，去集市换取一天的口粮钱，此外，还要供儿子上学。

儿子放暑假回来，父亲为了培养儿子的吃苦精神，便叫儿子替他挑柴火上集市去卖。儿子很不情愿地答应了，翻山越岭肩挑柴火着实把他给累坏了。挑了两天，儿子再也挑不动了。

父亲没办法，只好让儿子歇着，自己天天挑柴去卖。可天有不测风云，父亲不幸病倒了，这一躺就是半月起不了床。家里失去了生活来源，眼看就要断炊了。儿子没办法，终于主动地挑起了生活的重担。每天天不亮，他就学着父亲的样子，上山砍柴，然后挑着去集市卖，一点也不觉得累。

“儿子，别累坏了身子！”父亲欢喜地看着儿子忙碌的身影说。

这时，儿子停下手中的活，对父亲说：“父亲，真是奇怪，刚开始你叫我挑柴火那两天，我挑那么轻的担子都觉得特别累，怎么现在我挑得越来越重，反倒觉得担子越来越轻了呢？”

父亲赞许地点点头，说：“这一方面是你的身体承受能力练出来了，更多的是因为你主动去挑重担的缘故啊！主动需要勇气，而这勇气便是你最大的力量。你的体力加上你勇挑重担的勇气，当然会使你觉得担子轻了。”

我们每个人都需要这种挑重担的勇气。

一个痛苦的人因为没有快乐，即将死去。好心的上帝派能干的使者去人间找些快乐来，好拯救那个要死的人。

使者来到人间，问：“哪里有快乐？”

“有笑声的地方肯定有快乐。”有人答。

使者找到一位哈哈大笑的人，说：“借给我一些快乐吧！”

那人停住笑：“尊敬的使者，你以为我笑就快乐吗？其实，我是在嘲笑我自己刚才做的一件蠢事。我并不快乐。你应该去找皇帝，他什么都有，应该是快乐的。”

使者找到了皇帝，请求道：“陛下，您发发慈悲，借给我一些快乐吧！”

皇帝却说道：“要说这话的人应该是我。不错，人间的东西我似乎什么也不缺——荣耀、权力、财富等等，我什么都有，可我就是没有快乐。告诉你，我这一生，还从来没有过一天快乐的日子。你若找到快乐，我情愿用皇位来换……”

使者无心再听皇帝说下去。他失望地徘徊在人间的大地上，看见一位残疾人，忍不住叹息道：“又是一个没有快乐的人！”

谁知残疾人抬起头来，充满快乐地用手比画着说：“我有快乐。”

使者喜出望外，想不到快乐就这样轻易地给找着了。

“快借给我一些快乐，好去救那要死的人。”使者急促地催道。

残疾人用手指着心间，说道：“快乐在我心里，你拿不走！”

使者空手而归，对上帝禀告：“上帝啊，快乐真是人间奇妙的东西——它既是奢侈品，又是廉价物，并且只在人的心里。”

于是上帝让要死的人自己在内心找快乐，从而救活了那个人。

从上面的故事中，你该悟出怎么改变自己平庸的生活了吧？

4.用选择改变生活

一个名叫热佛尔的黑人青年，他在很差的环境——底特律的贫民区中长大。他的童年缺乏关爱和指导，跟别的坏孩子学会了逃学、破坏财物和吸毒。他刚满12岁，就因为抢劫一家商店被逮捕了；15岁时，因为企图撬开别人办公室里的保险箱再次被捕；后来，又因为参与对一家酒吧的武装打劫，被第三次送入监狱。

一天，监狱里一个年老的无期徒刑犯人看到他在打垒球，便对他说："你是有能力的，你有机会做些你自己的事，不要自暴自弃！"

热佛尔反复思索老囚犯的话，突然意识到自己具有一个囚犯能拥有的最大自由：可以选择出狱之后干什么，可以选择不再成为恶棍，选择重新做人，当一个垒球手。

5年后，热佛尔成了全国明星赛中底特律老虎队的队员。底特律垒球队当时的领队马丁在友谊比赛时访问过监狱，发现了热佛尔的天分。后来，在马丁的努力之下，热佛尔假释出狱。不到一年，热佛尔就成了垒球队的主力队员。

尽管这个青年人曾陷于生活的最底层，尽管他曾是被关进监狱的囚犯，然而，他认识到了真正的自由。这种自由是我们人人都有的，它存在于自由选择的绝对权利之中。我们所有的人都有这种权利。

这种自由选择的权利是你作为自己生活的总统所拥有的最有力的工具。这种权利是人区别于动物以及其他存在物的一个主要特征。

世界上许多人都认为，决定人的行为的是机遇，我们是无法选择的。这种说法有失偏颇。对于生活，我们有选择的权利，我们能够选择，我们能够改变平庸的生活。

大多数人的问题是不想选择，他们担心一旦作出选择，便要承担责任。然而，为了谋取生活的成功，我们必须作出自己的选择，用好自由选择的权利。作为自己生活的主宰，你每天、每个小时都可作出自由的选择。

5.保管你的生命储能

每个人在初入社会时，都充满了活力，都会觉得在自己的生活中蕴藏着无限的生命储能。我们相信，可以用这生命储能做出神奇伟大的事业来。我们相信，我们可以将这些生命储能全部化作光明——事业。

我们如此自傲于自己的青春与活力，似乎自己的储能与活力是取之不尽、用之不竭的。我们就在各种地方浪费着自己的生命储能。不良的生活、贪婪与奢侈的习惯、工作的不认真，都在损耗我们的生命储能。直至最后，我们会大吃一惊地质问：

“我的储能发出的光在哪里呢？难道它发出的只是这种昏暗的烛光吗？”

我们会很惊异地发现，虽然自己原来有着丰富的储能、活力，但发出的光辉，还不足以照亮自己的道路，遑论照亮世界。我们以前是自负于自己的能力，自信能大放光明照亮世界；现在连自己的周围也缺乏光明，因而不免跌跤了。

为了不让自己的生命储能白白地浪费，请你每日检查一下，自己的储能、活力都到哪里去了？检查一下，有多少储能、活力是在无谓的地方浪费的？恐怕你常在愤怒、怨恨及不快中，耗去不少的活力吧？那对你没有丝毫的益处。常常发脾气，无异于开放生命之闸门，而让储能、活力无限流走。我们要学会保管自己的生命储能，改掉损耗储能的一些坏习惯。

做老板的人，请检查一下，每日对员工发脾气、斥责、吹毛求疵，对于自己的事业可有益处？当然不会有！这足以让员工失去对你的好感和尊敬。

凡是足以摧残你的储能、活力的，都应当排除。假使你遭遇了一件不幸的事，或做了一件大错事，你当然应该尽力设法挽回与补救。但在你已经尽了自己的全部心力以后，应当将那事永远地抛在脑后。不要让它的尸骸，仍来拖住你的脚。永远不要容许一切已经死掉而应该埋葬的东西再扰乱你的心境，而在无谓的追悔与悲哀上浪费你的“生命资本”。

实现你的人生价值

1.梦想源于奋斗

哲学家们认为，人们未能达到梦想的主要因素，是由于他们太早放弃尝试将梦想的图片组合起来。在追寻梦想时，他们往往草草地决定前进的方向，因此过程中不免会遗漏其中的一张图片，或者根本无法理解如何组合这些图片使梦想得以实现。你必须坚持寻找你所需要的，直到找到为止。

总而言之，必须相信你的梦想是可能实现的，而且相信构成梦想的所有图片终究可以组合在一起。

把你的人生理想具体化，一小块一小块地去完成它，你将很自然地到达成功的彼岸。

即使是一个具体的目标，你也可以通过拼凑的方式来达成。比如，你想成为最有价值的员工，你就可以向阿吉学习。

阿吉是一家超市聘用的最基层员工。如果超市准备裁员，他大概是第一个被考虑的对象。他只是一个不起眼的包装工，好像也不适合做什么更重要的工作。那么，他是如何成为老板眼中最有价值的员工的呢?

首先，他告诉货运部门的头儿："我没事的时候可以来这里帮忙，多了解一下你部门工作的情形。"当然，他得花些时间在那里，甚至人家吃工作餐时他也在那儿帮忙。

之后，他对畜产部门的经理说："我希望有空时向你学习，了解你们包肉和保存的过程。"

之后，他又分别到烘烤、安全管理、清洁，甚至信用部门帮忙。

3个月后，阿吉几乎在公司许多部门都实习过了。所以，当某部门有人请假时，他们自然想到了阿吉。

几个月又过去了。假设经济不景气，店里必须裁掉一些人，会考虑请哪些人走呢？当然不是阿吉。假设生意复苏扩充人员，正好有个经理的职缺，老板又会考虑谁呢？当然可能是阿吉。

梦想是一块一块拼凑起来的，请你永远记住这一点。

2.用心去生活

用心生活，就要专心做事，就像狮子扑兔子，要全力以赴，更要像小鸟筑巢，埋头工作。专心做事的人，像是在从事一门艺术，他能看到生活中最美好的风景。

一名农夫在偏远的农村待了一辈子，从来没有离开过那片土地，从来没有去过大城市。当一位前去采访的记者问他一辈子都住在这种恶劣的环境中，没有离开过大山，是否感到遗憾时，他回答说："没有遗憾，我每天都感到很快乐！"

生活要用心去感受。用包容、豁达的心看待生活，即使处于生命的低谷，也会感受到人生的美好与幸福。

用心感受生活，就是要规划自己的人生，并努力追求，努力实现自己的人生目标；就是勇往直前，义无反顾，向看似不可能的事情挑战；就是充满爱心，怀着一颗真诚的爱心去生活。

用心感受生活，就要品尝生活的原汁原味，就要接受生活的所有赏赐，不能挑肥拣瘦，有所偏袒。有的人一生追求名利，终生为之奋斗。即使他"成功"了，他体味到的也只是名利的滋味，但这绝不是生活的全部，绝不是生活的原汁原味。事业的成功，剥夺了他与亲人相处的时间，剥夺了他真正感受生活的时间，也剥夺了他人生的权利。有的人一生追求金钱，但最后穷得只剩下钱，因为钱，连亲情、友情、爱情都失掉了，这样的人生又有什么意义呢?

哲学家说过："凡是存在的，都是合理的。"姑且不论这句话所包含的哲学思想正确与否，但它对于生活是完全适用的。生活中的一切，不论是苦难还是幸福，不论是烦恼还是快乐，都有其存在的理由，我们都无法回避、无法挑选，只能用心对待。只有这样，才能真正体味到生活的美好滋味。正如有的人喜欢吃酸的，但如果整天让他吃酸的，恐怕几天下来他也会吃腻。生活也一样，我们祈求天天交好运，但如果整天让自己泡在蜜罐里，也就感觉不到快乐了。苦难是生活的调味剂，是幸福的衬托，用心生活，就不能回避苦难。

拿破仑曾经说过："每个人都要学习专心致力于自己的生活，以期待在自己的人生小沙滩上留下足迹。"要想不虚此行，要想今生无悔，就得用心去感受生活，以豁达的态度去面对人生。

3.成功只需要一个条件

你为什么不成功？你应该仔细思考这个问题。许多人都曾经想过它，得到的结论几乎相同：条件有限。

因为条件限制，许多人认定自己难以改变命运，内心的消极情绪占了上风，自己选择了失败的宿命。他们总认为自己只要有足够的资金，就可以干得和别人一样好。这可能是事实，但是，他们本应该积极地去争取这些足够的资金。

审视一下你的家庭也许是有益的。家庭中有没有成功者呢？如果有，他就是榜样，他不会比你的条件更好。如果没有，其根本原因往往在于，这个家庭从来没有人产生过追求成功的热情，从来没有真正努力过。

纵观历史上众多的成功者，你也会发现，许多人比你起步的条件更糟，但他们成功了，原因是他们有成功的愿望。林肯认为，一个人决定实现某种幸福，他就一定会得到这种幸福。也就是说，成功的条件只需要一个，那就是——你希望成功，并始终相信自己会成功，永远都不停止努力。

只要你具备这个条件，你就会获得成功。而这个条件是任何一个人都能够拥有的。

羊皮卷智慧全集

第七篇 思考致富

——只有会思考才能致富

拿破仑·希尔在《思考致富》中拒绝把成功归于运气、背景或是上天赐福，他希望提供一份完全取决于自己的具体的成功计划。他认为，如果增强思考能力，并且形成获取宇宙智慧的能力，就能致富。

思想决定一切

你的意志力量，是决定你成败的力量。要想成功，首先要有正确的思想方法。

1.“思想”使一个人走上与爱迪生的合作之路

“思想决定一切”，这话一点不假。当思想与目标、毅力以及获取物质财富的炽烈欲望结合在一起时，思想便具有强大的力量。

艾德温·巴尼斯发现，人们只要去思考就可致富，这是千真万确的事。他的这种认识并非毫无根据，而是基于自己的切身体会。

巴尼斯有一个愿望，他希望与爱迪生“共同”工作，而不是“为他”工作。当这个愿望，或者说是冲动，首次在巴尼斯的心头闪过时，似乎毫无可能实现。因为有两大困难挡在他面前：首先，他不认识爱迪生；其次，他没有足够的钱买火车票到新泽西州的奥伦芝去。这些困难足可使大多数人退缩，放弃实现愿望的尝试。但是，巴尼斯却不同寻常。

他偷偷爬上货运列车，来到奥伦芝，出现在爱迪生的实验室中，宣称他是来和爱迪生合作的。后来，爱迪生谈起他和巴尼斯初次会晤的情形时说：“他站在我的面前，外表就像一个无业游民。但是，他脸上的表情给人的感觉是，他决心要得到什么。根据我多年和人交往的经验，我深知，当一个人真正渴望获得某样东西时，为了得到它，他甚至不惜付出一切代价，这种人必然会成功。我给了他所渴望得到的机会，因为我看出他已下定决心，不成功誓不罢休。以后的事实证明了我的判断非常正确。”

这位年轻人之所以能在爱迪生的办公室里开始他的事业，是由他的“思想”决定的。

在第一次见面时，巴尼斯并未建立起他与爱迪生的合作伙伴关系。他只是在爱迪生的办公室里得到了一个工作机会，而且薪水很低。

几个月过去了，巴尼斯一心想接近自己暗自确定的那个目标。虽然没有丝毫进展，但是，巴尼斯不断地强化他想做爱迪生的商业伙伴这一愿望。

心理学家说得非常正确："当一个人真的渴望去做一件事情时，这件事情自会出现。"巴尼斯渴望与爱迪生在商业上进行合作，并且不断努力。他对自己这样说："我到这儿来是为了与爱迪生合作的，我一定要达到这个目标，即使耗尽我的一生也在所不惜。"他说话算话，他做到了。

倘若人们确定了一个明确的目标，并且为了这个目标甘愿付出所有，那么，他必然会获得预想不到的结果。

也许，当时年轻的巴尼斯还不懂这个道理，但他不屈不挠的决心、坚持到底的毅力，注定会使他清除所有的障碍，实现自己的愿望。

2.机会的狡猾伪装

机会出现的方式并非巴尼斯所能料到的，这是机会的"恶作剧"。它有从后门溜进来的狡猾习惯，往往伪装成不幸或者失败的样子，也许这就是许许多多的人不能认识机会的原因。

爱迪生发明了一种新的办公用具，当时称之为"爱迪生口授机"。他的销售人员并不看好这种新产品，他们不相信这种机器能卖出去。巴尼斯意识到自己的机会来临了！机会悄然来到，而且藏在一个没人感兴趣的怪模怪样的机器中。

巴尼斯知道自己能推销爱迪生的口授机。他向爱迪生提出请求，并立即得到了允许。他不但卖出去了，而且卖得十分成功。于是，爱迪生和他签了约，让他负责在全国推销。在这个商业合作的过程中，巴尼斯除了使自己成为富翁外，还做了一件更重要的事情，他证明了一个人真的可以"思考致富"。

巴尼斯最初的愿望值多少钱，我无法知道，也许会带给他200万或300万美元。但是，无论值多少钱，若与他得到的智慧之财富相比，都是微不足道的。他的智慧财富是：积极思考，配以绝对的原则，并付诸行动，即可转变为物质财富。

3.距黄金三尺

被暂时的困难吓倒而放弃，是最常见的失败原因之一，人常常犯这种错误。

在淘金热的日子里，达比也染上了“黄金热”，到西部去淘金。他从未听说过这种观点——从人的思想中挖出的黄金，远远多于从地下挖出的黄金。

经过艰苦的劳动，他得到了回报——发现了一个金矿。他需要用机器将矿石挖掘出来。于是，他回到在马里兰州威廉斯堡的家乡，将“发财”的消息告诉了他的亲戚与邻居。他们凑钱购买了机器，并用它开采出了第一车矿石。

达比和朋友们兴奋极了，心想，发财的梦想很快就要实现了。可是，怪事发生了，金矿脉突然消失了，他们的美梦到了尽头，聚金盆不再存在了。他们继续挖掘，绝望地试图找回矿脉，但均徒劳无功。终于，他们决定放弃。

他们将机器转卖给别人，便搭火车回家去了。收购机器的这个人找来一位工程师，重新对矿藏进行了勘探。这位工程师说，这个开矿计划之所以失败，是因为矿场主人不懂什么叫“假脉”。根据工程师的计算，在距离达比停止挖掘之处3英尺的地方，就可以找到矿脉。果然，在那儿真的找到了矿脉。

这位收购机器的人成功了，因为他知道在放弃之前，去请教一位专家。

达比在距黄金3英尺处停止，与巨大的财富失之交臂，这一教训使他后来在从事人寿保险销售的工作中获得了巨大收益。他说：“我曾在距黄金3英尺处停止，但我在劝说人们购买保险时，决不因为他们说‘不’而停止。”每年销售人寿保险在百万美元以上者，仅有少数几个人，而达比就是其中之一。他从放弃金矿所得到的教训中，学会了坚持。

人在一生中，必然会遭遇许多挫折，也许还有失败。当一个人被失败压倒时，最容易做的而且最合逻辑的事，莫过于放弃。大多数人都是这种做法。

许多成功人士说，在他们被失败压倒的地方，只要再跨出一步，便是他们的成功之处。失败是狡猾的，当成功近在眼前之际，它以剥夺一个人的成功为它最大的快乐。

4.坚持五角钱的教训

一天下午，达比帮助他的伯伯在磨坊里磨麦子。他的伯伯经营着一个大农场，雇用了一些黑人佃农。门轻轻地打开了，一个黑人小孩走进来，她是一个佃农的女儿。

伯伯抬起头看了看这个小女孩，粗鲁地呵斥道："你来做什么！"

女孩以微弱的声音回答："我妈说请你给她5角钱。"

"我不给，"伯伯大声说，"你走吧。"

"是的，大爷。"孩子应道，但她却站着不动。

伯伯继续做着自己的工作，没有注意到孩子还没有离去。当伯伯抬起头看见孩子仍然站在原地时，又对她大声吼道："我叫你回家去！马上走，要不然我就请你吃棍子。"

小女孩说："是的，大爷。"但她还是站在那儿没有动。

伯伯放下准备倒进磨子漏斗的一袋麦子，拿起一块木板，朝小女孩走去，一脸怒气冲冲的样子。

达比吃了一惊，心想这孩子要挨一顿毒打了。因为伯伯的火爆性子他是知道的。

当他伯伯走近孩子时，孩子向前跨了一步，正视着他，并且用尖锐的声音喊道："我妈一定要5角钱！"

伯伯这时停下来，注视了她好一会儿，然后慢慢地将木板放到地上，手伸进口袋，掏出5角钱给了她。

孩子接过钱，慢慢退到门口，她的眼睛一直注视着刚刚被她征服的人。她走后，伯伯坐在一只木箱上，眼睛望着窗外的天空足有10分钟之久。也许伯伯正以一种敬畏的心情回想自己刚才遭受的失败。

达比也在思考。在他的全部经验中，他还是第一次看见一个黑人孩子毫无畏惧地面对凶恶的主人。她是如何做到的？伯伯收起凶巴巴的神色，变成了一只温驯的羔羊，这又是什么原因？这小女孩用什么神奇的力量改变了主人的态度？这些问题在达比的心里涌动，直到若干年后他才找到答案，之后他便对我讲述了这个故事。

令人不可思议的是，他在讲述这个故事时，就是在那个古老的磨坊内——在他的伯伯打了败仗的地方。

5.你只需要一个正确的观念

一个人要获得成功，所需要的只是一个正确的观念。

当你的财富逐渐增加时，你会观察到财富的积累在于一种心态，一种明确的目的，再加上不懈的努力。想必任何人对于如何获得这种吸引财富的心态都会感兴趣。我花费了25年的时间对此进行了研究，因为我也想知道“人怎样才能拥有这种心态”。

你可留心一下，一旦你掌握了这一哲学的各项原则，并能遵循这些原则，你的经济状况就会改善，你所接触的每件事物都将变为对你有利的资产。不可能吗？不，绝对可能！

人类主要的弱点之一，就是一般人太熟悉“不可能”这个说法。这是可悲的。这本书是为那些寻求成功法则，并且愿意以这些法则孤注一掷的人写的。

有成功意识的人一定会成功。

轻易让自己产生失败意识者，就会失败。

我们的目标，在于帮助所有寻求将失败意识变为成功意识的人，使他们掌握所需要的技巧。

对大多数人而言，还有另一个共同的特点，即依照他们自己的印象和信念去衡量每件事和每个人。不少人相信他们不可能获得财富，因为他们的思想习惯于贫穷、匮乏、悲惨、失败和挫折。

这是愚蠢的，简直是自毁前程。

诗人亨雷写过一名含有哲学意味的诗：“我是我的命运的主宰，我是我的灵魂的船长。”他是在告诉我们：我们是自己命运的主人，因为我们有能力控制我们的思想。

在我们能够积累大量财富之前，我们必须以致富的欲望来磁化自己的头脑，我们必须形成致富意识，直到这种欲望驱使我们创造出财富为止。

亨雷是一位诗人，所以他用诗的方式表达出一个伟大的真理，便已感到满足，但是我们没有满足！

思考致富第一步：欲望

欲望是所有成就的出发点，是走向财富的第一步。

巴尼斯在新泽西州的奥伦芝从货运列车上爬下来的时候，他的外表也许像一个无业游民，但他却具有国王一样的思想。在走向爱迪生办公室的途中，他想象自己站在爱迪生的面前，要求爱迪生给他一个机会，以实现他一生着了迷似的炽烈欲望——要做这位伟大发明家的商业伙伴。

巴尼斯的欲望并不只是一个希望。它不是一种祈求，而是一种强烈的、跳跃的欲望。它凌驾于一切之上，它是明确的。

数年之后，巴尼斯再度站在爱迪生的面前，站在与爱迪生初次会面时的那间办公室里，这一次他的欲望已经变为现实，他和爱迪生成为合作伙伴了，支配他一生的理想终于实现了。

巴尼斯的成功，是因为他选定了一个明确的目标，强烈的欲望促使他以全部精力、全部的意志以及他的一切，奔向这个目标。

1.破釜沉舟的人

经过多年之后，巴尼斯一直在寻求的机会才开始出现。除了巴尼斯自己，似乎所有人都认为他只不过是爱迪生的一个小伙计而已。但在他自己的心中，从开始工作的第一天起，他就无时无刻不认为自己是爱迪生的合作伙伴。

这是一个由明确欲望而产生力量的明证。巴尼斯达到了目标，是因为他什么都不要，只要做爱迪生的合作伙伴。他构想出一套计划，借此计划达到了目的。他破釜沉舟地坚持着自己的欲望，直到这个欲望变成了现实。

前往奥伦芝时，他没有对自己说：“只要爱迪生随便给我一个工作就行。”他对自己说的是：“我要见爱迪生，并且告诉他，我来是要做他事业上的伙伴的。”他没有给自己留后手，防止爱迪生拒绝他后，可以另谋出路。他只告诉自己：“在这个世界上，只有一样东西是我决心要得到的，那便是和爱迪生在事业上合作。我要全力以赴去追求我想要的东西。”

他不给自己留一点后路。他必须成功，否则便是毁灭。这就是巴尼斯成功的全部秘密！

还有一个故事，更能说明这一点。

很久以前，有一位伟大的统帅面临着生死抉择：他要指挥军队对付一个兵力比他雄厚的强大敌人。他带领他的部队上了船，航行到目的地后，他下令将船全部烧掉。在开始战斗前，他对士兵说：“船已经烧掉了，我们除非胜利，否则不可能活着离开这里。我们已别无选择，要么胜利，要么灭亡。”

他们胜利了。

无论从事什么事业，要想胜利都必须烧掉返回的船只，切断所有退路。只有这样，你才会保持那种强烈求胜的欲望，而这种欲望正是成功的根本要素。

2.使欲望变成财富的六个步骤

把欲望转变为财富，有6个明确而切实的步骤。

（1）要确定你所企求的财富的数量目标，仅说“我要很多钱”是不够的，数量一定要明确。

（2）为了达到你的目标，你确定自己决心付出些什么代价（不劳而获的事情是没有的）。

（3）确定一个具体的日期，你决心何时达到目标。

（4）拟定一个实现你欲望的明确计划，并且立即付诸行动。

（5）将你要得到的财富的数量目标、达到目标的期限、为达到目标所愿意付出的代价，以及如何取得这些财富的行动计划等，都简明扼要地写下来，并写一份督促自己的誓词类的声明。

（6）每天把这份声明大声地读两遍，一遍在晚上入睡前，一遍在早晨起床后。在你读这份声明时，你要想象到、感觉到自己已经拥有了这笔财富。

你必须遵照这6个步骤去做，特别重要的是，你要遵守和奉行第6个步骤。你也许会抱怨说，在未实际达到目标之前，不可能看见自己的成就和财富，但这正是“炽烈的欲望”能帮助你的地方。如果你真的十分强烈地希望拥有财富，进而使你的欲望变成了充满你大脑的意念，你将会毫无困难地使自己相信能得到它。这样做的目的是要使你渴望财富，并且确实下定决心要得到它，最后你将可以使自己相信必会拥有它。

3.伟大理想的力量

期望积累财富的人们应当记住，世界上真正的领袖人物，是那些在机会尚未诞生之前，就能够掌握那些不具体的、不可见的意念并能有效地加以利用的人。他们将这些意念（或思想的冲动）转变为摩天大楼、城市、工厂以及能够使生活过得更为愉快的各种事物。

在你计划获得那些财富时，不要受别人影响而轻视梦想者。在这个瞬息万变的世界中，你要赢得大的赌注，就必须把握昔日伟大拓荒者的精神，他们的梦想曾给我们的文化留下很多有价值的东西。

如果你渴望做的事是正当的，而且你对这件事深信不疑，就勇往直前地去做吧！去实现你的梦想！如果你遭遇到一时的失败，也不要管别人说什么，因为别人或许并不知道每次失败都会带来成功的种子。

爱迪生梦想着能用电点亮灯，他就在他站立的地方开始将梦想付诸行动。虽然失败了一万次以上，他还是坚持他的梦想，直到使梦想变成现实。注重实践的梦想家不会轻言放弃！

维伦梦想能有一个联合雪茄香烟店，他便将梦想转变为行动。现在美国城市中一些位置最好的街角处，都有一个联合雪茄香烟店。

莱特兄弟梦想着制造一种会在空中飞行的机器。现在人们抬头就可以在天上看见它，证明他们的梦想是真实的。

马可尼梦想创造一种利用电波传递信息的方法，现在世界上的每个电台与电视台都能见证他的梦想。或许使你觉得有趣的是，当马可尼宣布他发现了一个原理，根据这个原理，他能在空中传播信息，而不必借助于电线或其他看得见的物质时，他的友人竟将他看管起来，并送他到精神病院去检查。今天的梦想家们的境遇，远比前人好多了。

当代世界充满了机会，这是以往的梦想家们所没有的。

思考致富第二步：信心

信心——想象和相信欲望的实现，这是走向财富的第二步。

信心可以使你充满力量。你可以在强有力的自信心的驱策下，把自己提升到巅峰。

信心是心智的催化剂。在所有重要的积极情绪中，信心、爱和性的情绪最为强烈。当这3种情绪结合时，它们便具有将思想“染色”的作用，使之立即影响潜意识中的意志，并将其变成精神。

1.如何培养信心

下面有一句话，将使你更清楚地了解，在将欲望转化为物质之际，自我暗示的原则是多么重要。这句话是：信心是一种心态。这种心态通过自我暗示，对潜意识的心智给予肯定与反复的提示即可产生。

在你熟悉了本书的13个原则之后，你便可以培养出这种心态，因为它是在应用这些原则后，可以自动产生的一种心态。

对你潜意识的心智，反复而肯定地下达命令，这是促使信心自动发展的唯一途径。以下所述也许有助于你对其意义的了解。一位著名的犯罪学家曾这样说：“当人们初次与罪行接触时，他们是恐惧的。如果他们继续和罪行接触一段时期，他们便对罪行习惯了，并开始容忍罪行。如果他们与罪行接触的时间更长，他们最后就会去拥抱罪行，并为罪行所左右。”这等于是说，无论何种思想冲动，如果反复地传达给潜意识心智，最后就会被它接受，并受这种思想的影响。连同这点在内，我们再思考一下这样的说法所有已经情绪化的思想（即感情）与信心结合之后，便立即开始将它们转化为有形的物质对等物。

各种各样的情绪中，思想的“感情”部分，是给予思想以活力、生命和行动的因素。当信心、爱和性的情绪与思想的冲动结合起来时，它所产生的行动之强烈，是任何一种单独的情绪所不能比拟的。

2.信心是可以由自我暗示产生的心态

在过去的年代里，宗教家们一直劝告在痛苦中挣扎的人们，对这要有信心，对那要有信心，但是上帝没有告诉人们如何产生信心，也没有说明信心是可以由自我暗示获得的一种心态。

我们可以用任何正常人都了解的语言，来说明我们所共知的这种自我暗示原则。力行这些原则，可以在没有信心的情形下培养出信心来。

对自己有信心，对未来有信心。

在我们开始前，应当再提醒你：信心是“永恒的特效药”，它赋予思想生命、力量和行动。

前述这句话，值得读2遍、3遍、4遍，更值得大声读出来。

信心是我们获得财富的出发点。

信心是所有奇迹的基础，是所有不能用科学法则加以分析的神秘事物的基础。

信心是唯一已知的失败的解药。

信心能把人们有限的心智所产生的普通思想转变为精神力量。

信心是唯一的媒介，依据这个媒介，人们能够控制和利用无穷的智慧所产生的巨大力量。

3.自我暗示的魔力

要证明自我暗示的魔力是很简单的，而且也是易于解释的，它就包含在自我暗示的原则中。所以，让我们把注意力放在自我暗示这个题目上，看它究竟是什么，能够完成什么。

一个众所周知的事实是，一个人对自己反复诉说一件事时，他最后会相信这件事，无论诉说的是真是假。如果一个人反复地述说谎言，他最后会把自己的谎言当真，甚至他会相信他的谎言本来就是事实。每个人都不一样，这是因为人们允许占有他心智的思想各异的缘故。

人会有意识地把某种思想置于心头，并以同情的心态来鼓励这些思想。当这种思想与任何一种或多种情绪结合时，这种思想就会变成推动力，可以直接控制他的每一个行动。

现在，把一个极重要的事实原则说明如下。

思想与任何一种情绪的结合，都会形成一种磁性力量。这种力量能吸引其他类似的或相关的思想。

这种经过情绪“磁化”的思想，好比一颗种子，当它被培植在肥沃的土壤中时，会发芽、生长并且不断地繁衍，直到原先那颗小小的种子变成数不尽的同样的种子。

人类的心智能主宰思想，也能与思想调和。一个人原有的思想、观念、计划或目标，能够吸引许多与它有关系的东西，并将这些东西加到自己身上，不断成长，直到变成助它成功的力量。

人最大的弱点是缺乏自信。这个弱点是能够克服的，你可以依靠自我暗示的原则，将畏缩转化为勇气。这个原则的应用，可以用十分简单的方式来完成：把你积极的思想冲动写下来，并加以朗读记忆，反复背诵，直到它成为你潜意识的一部分。

4.获得自信的五个步骤

（1）我知道我有能力达到我确定的主要目标，所以我要求自己坚持下去，继续努力，向目标前进。我现在就保证一定采取这样的行动。

（2）我确知我心里的支配性思想，终究会自行表现出来，变成实际的行动，并逐渐化成有形物质。因此，我决定每天集中思想30分钟，思考我决意要做什么样的人，从而在我的心目中创造一个清晰的精神形象。

（3）我知道依靠自我暗示的原则，我心目中一再坚持的任何欲望，最终必定会有办法实现。因此，我决意每天用10分钟的时间来培养自信心。

（4）我已清楚地写下一篇声明，记录了我确定的主要目标。我决不停止努力，直到成功。

（5）我充分认识到财富与地位都不可能持久，除非它们建立在真理与正义之上。因此，我决不从事对别人不利的任何行为。我要用自己的吸引力，来争取别人的合作；我要以自己乐于为别人服务的精神，来吸引他人为我服务；我要以对人类的爱来消除憎恨、忌妒、自私和怀疑，因为我知道对别人持排斥的态度决不能给自己带来成功；我要促使别人相信我，因为我相信他们，也相信我自己。我会在这份声明上签上我的名字，将它记在我的脑海里，我每天都大声地念一遍。我有充分的信心，让这份声明逐渐影响自己的思想和行动，我会变成一个自信而成功的人。

思考致富第三步：自我暗示

自我暗示是影响潜意识的媒介，是走向财富的第三步。

要想获得惊人的成就，就必须动员你的潜能。所有自我提供的刺激，一旦进入了人的内心世界，都可称为自我暗示。自我暗示是思想意识与外部行动沟通的媒介。

根据大自然的法则，人能够绝对控制通过五官而到达潜意识心智中的物质。但是，这并不可解释为人始终能运用这种控制；而且在绝大多数情况下，人并不运用这种控制，这是许多人贫困的原因。

有人曾经说过：“潜意识心智就像一块肥沃的土地，如果不在上面播下所希望成长的种子，就会杂草丛生。”自我暗示便是一种控制的媒介，通过这一媒介，一个人可以自动地用创造性的思想去滋养潜意识。

1.看见和感觉你手中拥有财富

在你开始实行前文所描述的6个步骤的时候，利用专注的原则将是必要的。

我们在这里提出几项建议，以期指导你能有效地利用专注这一原则。当你开始实施6个步骤中的第一步时，请将你的注意力固定在这个目标上，直到闭上眼睛，你能够看到那些金钱出现为止。每天至少这样做一次。在做练习时，必须按照“信心”一节的原则，让你自己确实看到你拥有那些金钱。

在这里，最重要的事实是，潜意识接受在坚定的信心下所给它的任何命令，然后根据这些命令行动，虽然这些命令往往必须再三反复地下达。依照前面的陈述，你可以对你的潜意识使用“诡计”，“因为你相信”，所以让你的潜意识相信你必定会得到你所想象的财富，这笔财富已在等你去取。这样一来，你的潜意识一定会向你提出获得这笔财富的实际计划。

这些计划一旦出现，便要立即将它们付诸行动。这些计划很可能凭借“第六感”，像灵感似的在你的心头闪过。要尊重这种灵感，并在接到这种灵感后立即采取行动。

还需注意的是，当你在创造将欲望转变成财富的计划时，切不可相信你的“理性”。因为你的推理能力也许是疏懒的，如果完全依赖它，它也许会让你失望。

当你闭着眼睛想象你决意要积累的财富时，一定要知道你自己所提供的服务，或者你决意换取这笔财富所需付出的代价，这是极为重要的。

2.刺激你的潜意识的六个步骤

对于前述关于6个步骤的指示，现在加以精炼，并与本小节所包含的各项原则结合如下。

（1）找一个僻静的地点，夜间则不妨在床上，闭上你的眼睛，反复地高声说出——你自己能够听见——你决意积累的财富数目、积累的期限以及为积累这笔财富而决意付出代价的书面声明。当你这样做的时候，你仿佛已经看见自己拥有了这些财富。

假如你决定在5年后的某日积累起5万美元，并且为了得到这笔钱，你决心以推销员的方式来提供个人服务，则你的书面声明，应当大致如下：

> 到某年某月某日，我将拥有5万美元。
>
> 为获得这笔钱，我决心提供我力所能及的最佳服务。
>
> 我相信我一定会拥有这笔钱。我的信心是如此强烈，我现在就已经能看见这笔财富了。这笔钱现在正等待着，在我提供我决意换取这笔财富的服务之时，依照比例移交给我。我在等待着一项计划，凭此计划积累这笔财富。当这项计划来到时，我将立即根据它来采取行动。

（2）每天早晨和晚上，反复地背诵这一声明，直到在你的想象中看见这笔钱为止。

（3）将你的书面声明，放一份在你晚上与早晨都能够看见的地方。

记住，在执行这些指示时，你是在应用自我暗示的原则，目的在于给你的潜意识下达命令。同时，还要牢记的是，你的潜意识只有在接受情感化的指示，并在充满“激情”之时，它才能依照指示行动。在所有的情感中，信心是最强烈的一种，而且所获得的成果也最大。

开始时，这些指示也许是抽象的，但不要为此烦恼。无论它们开始时是多么抽象或不切实际，还是要依照这些指示去做。如果你能这样去做，用不了多久，一个全新的充满活力的世界，将在你的精神上和行动上体现出来。

每个逆境，每次失败，每种烦恼，都带有相等或更大利益的种子。

思考致富第四步：专业知识

专业知识——个人的经验与观察，这是走向财富的第四步。

知识有两种，一种是一般的知识，另一种是专业知识。一般的知识虽然广泛而且种类繁多，但对于积累财富并没有多少用处。著名大学里的教授们拥有各种知识，但大多数教授都没有多少钱，因为他们专精于传授知识，而不擅长组织或利用知识。

知识本身并不能吸收财富，除非将知识加以组织和运用，并通过实际的行动计划，去达到积累财富的明确目的。数以百万计的人因误解“知识就是力量”而陷于困惑，这便是对此事实缺乏了解的缘故。知识就是力量，这只是说，知识是潜在的力量，只有将知识组织成明确的行动计划，并导向一个明确的目标，知识才会成为真正的力量。

教育制度的失败之处，也许在于学生得到知识以后，不知道如何去组织知识和利用知识。这是所有的教育制度中的一个严重缺陷。

许多人错误地认为，由于亨利·福特没有受过多少学校教育，所以他不算是个受过“教育”的人。犯这种错误的人，太不了解“教育”一词的真正意义。这个词起源于拉丁文的“Educo”，意思是引出自内向外的发展，也即内心培养的意思。

一个受过教育的人，不一定是具有丰富的一般知识或专门知识的人。而一个受过教育的人，却肯定是思想意识得到相当程度的发展的人，他可以得到他所希望的任何东西或同等价值的东西，而不侵犯别人的权利。

1.“无知的人”成巨富

在第一次世界大战期间，芝加哥的一家报纸连续发表了几篇社论。在这些社论中，他们称福特为“无知的和平主义者”。福特反对这种指责，于是控告该报诽谤他的名誉。

这件诉讼案在法庭开庭审理时，报社请的律师为了向陪审团证明福特的无知，问了福特许多问题。

“谁是班尼迪克·亚诺德？”

“英国为了镇压1776年的叛乱，派出多少军队到美国？”

福特在回答后面一个问题时说：“我不知道英国派兵的确切数字，但是我听说，派出的士兵远比活着回去的多。”到后来，福特在回答一个特别无礼的问题时，倾身向前，手指着发问的律师说：“如果我真的想回答你刚才问的这个问题，或者回答你问的其他所有问题，那么让我提醒你，在我的办公桌上有一排电钮，只要按下某个电钮，我便可将我的助理人员召来。只要我想知道，他们对于我花费巨大心血建立的企业中的任何问题，都能回答。现在能否请你告诉我，既然我周围的人能提供我所需要的任何知识，那么仅仅为了能够答复这些问题，我就应当在心里塞满这些东西吗？”

这的确是一个很合乎逻辑的答复。律师被问得哑口无言。受过教育的人知道他需要知识时从何处取得，并知道如何组织这种知识，使之成为明确的行动计划。亨利·福特在他的智囊团的协助下，成为美国最富有的人士之一，他掌握了他所需的大量专门知识，而且可以运用自如，至于他脑子里有没有这些知识，相对来说并不重要。

2.知道如何利用知识才可赚钱

首先，要确定你所需要的专门知识以及需要这种知识的目的。一般来说，你人生的主要目的，将帮助你确定你所需要的知识。这个问题解决以后，第二步要求是，你要确定如何获取你所需要的知识。其中比较重要的途径是：

（1）本人的经验；

（2）与别人（智囊团）合作可能得到的经验；

（3）学校教育；

（4）公共图书馆；

（5）专业训练课程。

知识一经获得，必须将其加以组织，并通过切实可行的计划用以实现既定目标。除非将知识用于有价值的目的，否则，知识并无实际价值。

如果你想多受一些学校教育，则首先要明确，你寻求知识是为了什么目的。各行各业的成功人士从不停止获取与他们的主要目标、事业或职业有关的专门知识。凡是误认为学校教育一完成，寻求知识的时期就已经结束的人，通常是不会成功的。事实上，学校教育只是使一个人知道如何去获取有用的知识而已。

3.抵达专门知识之路

“今日流行的是专业化！”哥伦比亚大学就业辅导组前主任罗伯特·摩尔反复强调这一事实。

许多人离开学校就业后，发现需要接受额外的训练。雇主对受过函授教育的雇员较为重视，他们从经验中获知，凡是决心牺牲一部分闲暇时间在家里自修的人，都有担任领导工作的气质。

某些人有一个无可救药的弱点，那就是缺乏野心。人，尤其是拿固定薪水的人，如果能有计划地利用闲暇时间自修一些课程，就不会长期干些小差事。他的这一行动不仅为其日后的发展扫清了许多障碍，而且能赢得有能力让他踏上成功之路的人们的好感。

函授学校的训练方式，尤其适合在职人员的需要。因为在离开学校后，他们发现自己必须获得额外的专业知识，但又没有时间再回到学校去学习。

史德华·维尔原本准备做一位建筑工程师，并且已在朝这个方向努力。但是，经济危机限制了市场机会，他决定改行去学法律，重新回到学校去选修课目，然后做一名商业律师。他完成了相关课程的学习，通过了律师考试，并很快建立起一个获利颇丰的律师事务所。

为了保持这个记载的完整性，又因为预料到有人会找借口说，“我不能进学校学习，因为我要养家”，或者“我已经太老了”，我要补充一点资料：维尔重新回到学校时，年龄已超过40岁，并且有了家眷。此外，他在选修高度专业化的课程时，慎重地选择了一所对这些课程具有最佳教学水平的大学。大多数学和法律专业的学生需要4年完成的课程，维尔2年就读完了。知道如何“购买”知识的人，是一定会获得报酬的。

4.靠专门知识可使创意有收获

为她的儿子拟定“出售个人服务计划”的一位女性，接到了来自全国各地的人们的请求，他们要与她合作，为希望出售个人服务以换取金钱的人们，拟定类似的自我推销计划。

切不可以为她的计划只是包含了聪明的推销术。她能帮助许多人以较高的价格出售他们原来以较低价格出售的服务，她能做到兼顾购买服务者与出售服务者双方的利益。所以她拟定的计划，使雇主们虽然付出了较高的薪水，却仍然能得到丰厚的报酬。

如果你有想象力，并为你的个人服务寻找一条更有利的出路，那么，这一建议也许正是你一直都在寻求的。这个想法所能产生的收益，远比在大学里接受多年教育的普通医生、律师或工程师的收入要多。

一个好的主意是无价的。

在主意的背后是专门知识。不幸的是，那些未曾发现大量财富的人，都是因为只有丰富的专门知识，而欠缺创业的好构思。好的构思由想象得之，想象力能把专门知识与现实需求合构为一种有组织的计划，这是产生财富所需的一项条件。

你如果有想象力，这里向你提供的主意，足够作为你所希望的财富的开始。

记住，创意是主要的东西，专门知识则俯拾皆是！遵照计划去做，你就不必从基层开始奋斗。

思考致富第五步：想象力

想象力是心灵与智慧的工厂，是走向财富的第五步。

你所需要的机会，随时都在你的想象中等着你。想象力是一个工厂，人类所有的计划都是在这个工厂中制造而成的。凭着想象力，人类使自己的灵感、冲动与欲望具有了形象和行动。

因此，我们可以说，人能够创造他所能想象的任何东西。

凭着想象力，在过去的50年里，人类所发现并加以利用的自然力量，超过了在此之前人类全部历史中所发现与利用的自然力量。人完全征服了天空，与人类发明的飞行物比较起来，鸟儿已经落后了。在以光年计的距离外，人类开始分析、测量太阳，依靠想象力的协助而确定了太阳的物理、化学成分。在交通上，现在人们已经可以以超过音速的速度旅行。

在对想象力的利用上，人类远未达到顶峰。人类只是刚刚发现了自己有想象力，并开始做最基本的利用而已。

1.想象力的两种形态

想象力的功用有两种表现形态，一是综合想象力，二是创造想象力。

综合想象力可使一个人把旧有的各种观念、构思或计划，组合成一种新的混合物。这种想象力并没有创造出新东西，它只是将经验作为材料来利用。大多数的发明家都是利用这种想象力来做创新的基础。

依靠创造想象力，人类有限的知识与无穷的智慧得到了直接的沟通；依靠创造想象力，人类得到预感和灵感，它把一种新的意念传递到人的身上，并沟通了人的潜在智慧与能力。

创造想象力是自动产生的。当思维在紧张工作并受到欲望的强烈刺激时，它便会自然而然地产生。

创造想象力使用得越多，人就越具有创造性。

企业界的领袖和音乐家、诗人、作家，他们之所以伟大，是因为他们在综合思维的基础上发挥了创造想象力。

欲望只是一种思想、一种冲动，它是模糊的、转瞬即逝的。除非你能把它转变为有形的物质，否则它便是抽象的、无价值的。所以，你必须把你的欲望再加工，使之更完善，更富有创造性。

2.如何实际利用想象力

创意是所有财富的出发点，它是想象力的产物。我们来看看下面这几个曾产生出巨大财富的著名创意，它们可以证明想象力在积累财富中的作用。

很多年前，一位乡下医生赶着马车进城。他把马拴好后，悄悄地从后门溜进了一家药店，找到药店的一位年轻伙计。

这位医生和伙计在柜台后面小声地谈了一个多小时，然后医生出去了。他到马车上取下一口大锅，把它交给了伙计，同时还给了伙计一张秘方。

这张秘方价值之大，足可以赎回被扣做人质的国王！当时，医生和这位年轻伙计都没有预计到神话似的财富就要从这口锅里流出来。

药店伙计以他的全部积蓄——500美元买下了这张秘方和这口旧锅，只是想碰碰运气。他做梦也没想到，他的投资会使这口锅里流出黄金来，超过了阿拉丁神灯所产生的奇迹！

药店伙计购买的其实是一个创意。在这个创意的基础上，他又凭着自己的想象力，加进了一些外人至今也不知道的东西。

这是一个真实的故事，但情节却比虚构的小说还要离奇。这个真实的故事开始于一个创意。

这个创意不但使锅里生产出了让数以千万计的人赞不绝口的琼浆，而且还使美国南方的一个小镇变成了商业大城市，全城的人都能从中受益。

从这口锅里流出来的黄金，创造了美国南方一所最著名的大学，成千上万的学子为求取功名，都在这所大学里接受教育。

如果这口锅里的产品能说话，它一定会用生动的语言讲述一个个令人兴奋的故事，诸如爱的故事、事业的故事和每天正受这种产品激发的职业男女的故事。

当然，作者也有这样的故事，因为作者是故事的一部分。这个故事开始的地点，离药店伙计购买这口锅的地点不远。在故事发生的地方，作者与一个后来成为自己妻子的女孩相逢，而她就是第一个把这个神锅的故事告诉作者的人。当作者请求她嫁给自己时，两个人都在饮着那个锅里的产品——一种黑乎乎的饮料。

无论你是谁、无论你生活在哪里、无论你从事什么职业，只要你每次看见“可口可乐”这几个字时，你就应该想起从一个简单的创意中诞生的巨大财富王国，以及那位药店伙计阿沙·甘德勒。

要记住，本书描述的走向财富的各个步骤，都是一种媒介。可口可乐通过媒介，将它的影响力扩张到了世界上的每个城市和村镇。你可以创造任何意念，如果它像可口可乐这样有价值，你就有可能再创造一个世界性的辉煌纪录。

3.如何将创意转变为财富

有些人认为，只有勤劳与诚实才能带来财富。如果你也是这样想的话，请你赶快打消这个念头。财富是对确定目标和计划的反应，而不仅仅是由于勤劳、机遇或幸运。

一般来说，激发想象力并开始行动的思想冲动便是意念。所有善于推销的人都知道，在商品无法推销的地方，意念却能出售。普通的推销员不明白这个道理，因而他们只能是平庸者。

一个廉价书的出版商发现了一个事实，这个发现对所有的出版商都具有价值：一本滞销的书只要改一下书名，销售量就能大大增加。因此，他常将滞销书的封面撕下来，将新封面贴上去。

这件事看上去非常简单，但却是一个创意和想象力的产物。创意是没有标准价格的，它由创意者自定价格。如果他聪明的话，他就会得到他想要的价格。

几乎所有关于巨大财富的故事，都是从一位创意者和一位创意推销者的紧密合作开始的。卡内基周围的人就是这样，他们互相合作，有的出主意，有的去行动，从而使自己与合作者取得传奇似的财富。

许多人都希望自己的一生中能有暴发的机会。也许好运能给人一个机会，但最可靠的机会并不依赖幸运。我在自己的一生中曾有过一次好运，但在这个好运成为财产之前，我为之付出了25年坚定不移的努力。

这次好运是我有幸与安德鲁·卡内基合作。在这次机遇中，卡内基启发了我将成功的原则加以组织，使之成为一种成功的哲学的念头。从此以后，千百万人由于我25年来所从事的研究而获得了巨大的财富。而这一切的开始，只不过是任何一个人都能创造的意念。

卡内基给我带来了好运，但是，这明确的目标和25年来坚持不懈的努力，又是来自何方呢？一个普通的愿望是无法战胜失望、沮丧、失败、批评和各种困难的，只有当它是一种炽烈的欲望、痴迷、执著时，这一切才有可能。

卡内基当初在我心中植下这个创意时，它只不过是一个需要百般劝导、培养才能生存下去的创意。当这个创意在它自己的力量下茁壮成长时，它就反过来劝导、培养和驱使我了。创意都是这样的：先是你赋予“意念”生命并使之行动，然后它们才有自己的力量，去扫清所有的障碍。

创意是无形的力量，这个力量大于产生它的头脑。当头脑归于尘土之后，创意却仍然存在。

想象是你意识的加工厂，它可以把你的意识能量转变成财富与成就。训练你的创造想象力，这是你创造巨大财富的奥秘。

思考致富第六步：计划

计划让欲望结晶成为行动，这是走向财富的第六步。

我们不妨来回顾一下。你现在已经知道，人创造的每样东西，都是以欲望为起点的。欲望是这个旅途中的第一站，然后由抽象到具体，进入想象力的工厂，在这个工厂里创造并组织实现欲望的计划。

下面是指导你如何制订切实可行的计划的方法。

（1）你必须把自己与你所需要的人结合在一起，以创造和实现你积累财富的计划。在这里面，你要利用后面“智囊”一节中所讲述的原则（这项指示务必要遵守，不要忽视）。

（2）在形成你的“智囊团”之前，你要明确为这个组织中的每个人付出一些什么代价，才能换取他们的合作。没有人会永远为你工作而不要报酬。聪明的人也必定不会要求或期待别人为他工作而不必给予足够的报酬，虽然这报酬未必都要用金钱来支付。

（3）在做出的安排中，每周至少要与你“智囊团”的成员会面两次。可能的话，会面的次数可以增多，直到你完成了积累财富的计划。

（4）你和“智囊团”中的每个人都应保持完全和谐的关系。如果不是这样做，你就会面临失败。没有完全的和谐关系，便不可能实现“智囊”这一作用。

同时，你还要牢记：

（1）你所进行的事对你而言极为重大，为了取得成功，你必须制订完美的计划。

（2）你必须利用别人的经验、知识、能力和想象力，几乎每个积累了巨大财富的人都应用了这个方法。

没有人能拥有足够的经验、知识、天赋才能与想象力，因而也就无法在没有别人合作的情况下积累起巨大的财富。当你致力于财富积累时，你所采用的每个计划，都应当是你和你的“智囊团”的成员联合创造的。你也许想采用你的计划的全部或一部分，但务必让“智囊团”中的人审查并同意采用你的计划。

1.如果你的计划失败了，就用新的计划

如果你采用的第一个计划失败了，那就用一个新的计划来取代它；如果新的计划仍然不成功，就再用一个新的计划来取代它，直到你发现了一个成功的计划为止。多数人遭到失败的原因就在于，他们缺乏创造新计划以取代失败的旧计划的刚毅精神和勇气。

如果没有可行的实用计划，即使是最聪明的人也不可能积累财富或完成其他任何事业。当你遭遇失败时，要认识到一时的失败并不是永远的失败。这也许只是意味着你的计划并不正确。你可以构想其他的计划，重新开始。

千百万人终生过着贫困的日子，原因就在于他们缺乏积累财富的正确计划。

你的成就不可能大于你的计划的正确性。

詹姆斯·希尔在开始筹措资本，打算建造一条从美国东岸至西岸的铁路时，曾遭遇到挫折。但他采取了新的计划，变失败为胜利。

亨利·福特不仅在开创汽车事业的初期遭遇失败，即使在顶峰时期也遭受过失败。但他创造了新的计划，走向了胜利。我们在认识这些人物时，往往只看到他们的成功，而忽视了他们在成功之前遭遇的许多挫折。

当失败到来时，你应该把它看成是一个信号，然后重新制订你的计划，再度出航，驶向你的目的地。如果你一遭遇失败就放弃，那么你便是一个半途而废的人——废人！一个废人决不会胜利，胜利者决不会放弃目标。你应该把这句话写成大字贴在墙上，或挂在你时时看得见的地方。

当你选择“智囊团”的成员时，要尽量选择不轻言失败的人。

2.如何获得你所希望的职业

当一个人的工作最适合他时，他会工作得很愉快。如果说美国还有可取之处的话，那就是它能给人们提供各种各样的工作机会与职业。

如何才能找到自己所希望的工作，我认为必须做到以下几点。

（1）确定你所希望的是哪一种工作。如果目前还没有这项工作，那么，也许你能够创造这项工作。

（2）确定你希望为其工作的公司与个人。

（3）研究你的未来雇主的政策，及在该公司晋升的机会等。

（4）分析你自己的天赋和能力，以及你能为别人提供些什么服务。

（5）不要总是考虑哪里有一个空缺的职位可以提供给你，而要把注意力集中在你可以干什么工作上。

（6）一旦你心中形成了计划，便要找一位有经验的人执笔，将计划整洁而详细地书写成文。

（7）将这份书面计划在适当的时间地点向有关人士提出，让他去考虑。须知每个公司都在寻找能提供有价值的意见的人，每个公司都留有职位安排给对公司有利的人。

实施这些方法，也许要多花费你几天甚至几周的时间，但它却会使你在收入、晋级和获得上级赏识等方面得到很快的进展。它可以使你提前5年达到预定的目标。

每个人都可以用自己精心设计的周密计划，从阶梯的底层向上发展。

3.自我分析的方法

（1）今年我达到为自己选定的目标了吗（你应当每年设定一个具体的目标，作为人生目标的一部分）？

（2）我提供的服务是我力所能及的最好的服务吗？我还能改进这其中的任何一部分吗？

（3）我提供的服务工作量是不是足够？

（4）我在工作中是否表现出了和谐与合作？

（5）我是否因为拖沓的习惯降低了自己的工作效率？如果是的，那么降低了多少？

（6）我是否改善了自己的个性？如果是的，那么在哪些方面改善了？

（7）我是否坚持自己的计划直至完成？

（8）我是否在所有场合都能迅速而明确地作出决定？

（9）我是否受六种基本恐惧中的一种或多种影响而降低了工作效率？

（10）我是否太小心谨慎或不够小心谨慎？

（11）我和同事的关系是愉快的还是不愉快的？如果不愉快，那么有多少责任是属于我的？

（12）我是否由于缺乏意志而分散了自己的精力？

（13）在所有的问题上，我都是虚心和宽容的吗？

（14）我在哪一方面的工作能力有了改善？

（15）我有放纵的习惯吗？

（16）我是否有自大的表现？

（17）我对同事的态度能否使他们对我尊敬？

（18）我的意见和决定是出于猜测，还是基于正确的分析与思考？

（19）我是怎样支配时间与收入的？我做得谨慎吗？

（20）我有多少时间花在无益的事情上？用这些时间，我原本可以做哪些更好的事？

（21）为了提高我明年的工作效率，我应该怎样分配时间并改变自己的习惯?

（22）我是否有我的良心所不允许的犯罪行为?

（23）在哪些地方，我的工作做得比我的职务所要求的更多更好?

（24）我曾表现得不公正吗? 如果是的，那么哪方面不公正?

（25）如果雇主是我自己，我会对自己的工作满意吗?

（26）我的职业适合我吗? 如果不适合，原因何在?

（27）我的雇主对我的工作满意吗? 如果不满意，原因又在哪里?

（28）在成功的基本原则上，我现在应该得到什么样的评价（这个评价要公平和正确，要请一个认真的人为你检查这一评价）?

看完上述问题后，你已经有了为谋求职业拟订一份实用计划的知识。

每一个从谋求职业开始积累的人，都应该充分了解这些阐述。凡是已经丧失了财产或刚开始赚钱的人，为了取得财富，除了向别人提供服务之外，别无他法。所以，他们必须知道这些实用的思想，才能得到最大的收效。

成功不需要解释。

失败不容许借口。

思考致富第七步：决心

决心可以克服拖沓和犹豫不决，是走向财富的第七步。

有人对经历过失败的25000人进行统计分析之后，发现了一个事实，那就是在31个失败的主要原因中，缺乏决心的因素占首位。犹豫迟缓、当断不断，几乎是每个人都必须警惕的危险敌人。

实际上，你完全可以测验自己形成“迅速而明确的决心”的能力如何，并充分思考这里提出的各项原则。

在分析了几百位财产超过100万美元的人物之后，事实又一次证明了，他们中的每个人都具有迅速决断的能力，并能将这种决断持之以恒。相反，那些不能积累财富的人，往往不能决断，而是频繁地改变着自己的决定。

亨利·福特的卓越气质之一，就是他能迅速决断并持之以恒。由于福特性格中的这一特点过于突出，因而使他以顽固而闻名于世。当时，虽然他所有的顾问和许多汽车买主都劝他改变T型车（这种汽车被人讥笑为世界上最丑的车），但他不顾众人反对，坚持不改。也许福特在改变车型一事上是太顽固了，但从另外一方面看，正是他的决心与毅力为他带来了巨大的财富。因此，虽然他很顽固，但他的这种气质比那些难下决断、反复无常的人无疑要好千倍。

1.对你作出决定的几点忠告

大多数人之所以难以积累他们所需要的财富，通常是由于容易受别人意见的影响。他们把报纸上的看法和邻居间的闲谈当成了自己的思想。事实上，舆论是世界上最廉价的商品，每个人都有许多现成的看法可以提供给任何愿意接受的人。如果你在下决心时，被这些意见所左右，那么，你干任何一行都不会成功，更不用说将自己的欲望转变为财富了。

当然，如果你被别人的意见所左右，那么，你也不会再有自己的欲望。

在你开始把本书的原则付诸实施时，你一定要拿定自己的主意并贯彻到底。除了“智囊团”的成员之外，你不要太过于相信别人。而“智囊团”的人，必须是对你完全了解，并与你有着共同目标的人。

你的朋友和亲戚可能并不是想阻拦你，但他们的意见和一些开玩笑似的嘲弄却会妨碍你。成千上万的人终生都有自卑感，其原因就是由于某位好心而无知的亲友，用其“意见”毁掉了这些人的信心。

你有自己的头脑和意志，完全可以利用它们来完成你的决心。如果你需要从别处获得帮助，也不必大事张扬。你要悄悄地去获取你所需要的东西，不要暴露了目的。

一知半解或略知皮毛却装出一副大有学问的样子，乃是人的弱点。这种人通常高谈阔论而听不进别人的意见，你对此要保持警觉，不能多言，从而养成迅速决断的习惯。凡是喜欢说的人，往往行动就少。如果你讲的比听的多，你就会失去许多积累知识的机会，并且暴露自己的计划与目的。

你还要记住，如果你在一位极有学问的人面前开口说话，你就是在暴露自己的底牌，显示自己的学问深浅。真正的智慧通常是在谦虚与沉默中表现出来的。

还要记住这个事实：和你结交的人往往和你一样，也在寻求积累财富的机会。如果你随便将自己的计划说出来而不知保密，你也许会惊讶地发现，别人已经先你一步采取了行动。等下次再见，他已经实现了你无意中讲出来的计划，从而使你的目标归于失败。

做一个沉默的行动者吧！

如果你采纳这一忠言，为了提醒自己，可以把下面这句格言写成大字，张贴在你每天都能看见的地方："我可以向世界宣告我做什么，但是先要用行动表现出来。重要的是干，而不是说。"

2.冒着绞刑危险的56人

就美国公民而言，前所未有的决心表现在1776年7月4日，在费城由56人签署的一份文件上。这些人知道，这一文件如果不能给每个美国人都带来自由，就会把56人都吊死在绞架上！

你可能听说过这份著名的文件，但你可能没有充分考虑过其中包含的伟大启示。

我们都记得这个重大决定的日期，但我们不知道下这个决心所需要的勇气。我们知道的仅是在学校学过的历史，知道他们的姓名和以后的战斗日期，知道华盛顿和康瓦利斯。但是，我们可能还不知道这些人名、地名和日期背后真正的力量。

对此，历史学家们有的完全忘却，有的只是稍稍提及了那股不可抗拒的力量。这真是一大不幸。这种力量使一个国家诞生，使人民获得了自由，并为全人类树立了榜样。

我们简单地看一看产生这股力量的许多事件。

故事开始于波士顿，时间是1770年3月5日。在街道上巡逻的英国士兵欺压当地市民，引起了市民的愤怒。市民呼喊口号，对巡逻的士兵投掷石块。结果，英军指挥官命令："给我上刺刀，冲！"

许多人死亡和受伤，市民的愤怒情绪达到顶点。于是，地方议会（由有地位的殖民者组成）召开会议，商讨具体办法。这时，两位议员约翰·汉考克和萨莫尔·亚当斯站起来发言，宣称必须采取行动，驱逐波士顿的英军。

请记住，这两个人的发言可以正式称为美国自由的开端。在当时，他们的这一决定需要很大的勇气，因为这是一个非常危险的决定。

在议会休会前，萨莫尔·亚当斯被指派前去拜访当地总督赫钦森，要求英国军队撤退。

请求被批准了，英国军队撤出了波士顿。但是，这一事件并未了结，反而导致了一个改变整个人类文明倾向的趋势。

3.改变历史的一次决定

英王任命加琪接替赫钦森为马萨诸塞州的新总督。新总督的第一个行动，就是派人去见萨莫尔·亚当斯，企图用恐吓的方法来阻止他的反对。

我们最好引用芬登上校（加琪所派的代表）与亚当斯的对话，来了解当时发生的事情。

芬登上校说："亚当斯先生，加琪总督授权于我，让我向你保证可以给你满意的利益和权力（想用贿赂来拉拢亚当斯），只要你能发誓停止反政府的行动。总督要我向你忠告，不要引起英王更大的不快。你的行为可以使自己受到亨利八世法案的刑事处分。依照这个法案，我们可以把你押送到英国，以叛逆或政治犯的罪名进行审判。当然，这要由总督来决定。所以，你只要改变自己的政治路线，就可以得到极大的个人利益，还可能与英王修好。"

萨莫尔·亚当斯这时有两种选择：停止反对行为，接受贿赂；冒着被判处绞刑的危险继续反对。

显然，亚当斯必须立刻作出决定，这个决定可能会以他的生命为代价。亚当斯当时要求芬登上校保证将他的答复一字不漏地转告给总督。

亚当斯的回答是："你可以告诉加琪总督，个人的利害得失绝不能引诱我放弃对国家的责任。再请你告诉加琪总督，这是萨莫尔·亚当斯给他的忠告，希望他不要再侮辱被激怒了的人民的感情！"

加琪总督接到亚当斯的答复，大为愤怒。他发表了一份公告，这份公告说："以陛下之名在此昭示天下，陛下将给予他的臣民最宽厚的赦免。不予赦免的只有两个人，即萨莫尔·亚当斯与约翰·汉考克。他们两个人罪恶深重，理当重罚，决不宽恕。”

用现在的话来说，当时的亚当斯和汉考克处于四面危机的境况之中。这位愤怒的总督的威胁，促使他们下了同样的决心。他们匆匆召集忠实的跟随者，举行了一次秘密会议。人到齐后，亚当斯把门反锁，将钥匙放进口袋，然后对在场的人说，组织殖民地议会之事已刻不容缓，在没有对此事达成协议之前，谁也不能离开这个房间。

这引起了一阵骚动。有人在衡量这种激进行动可能产生的后果，有人对反抗英王这一“明确决心”是否明智表示怀疑。被锁在房间里的人中，只有两个人没有恐惧，他们对于失败的可能性毫不畏惧，他们便是亚当斯和汉考克。凭着他们的智慧和影响力，这一决定终于获得了其他人的同意。1774年9月5日在费城举行了第一次大陆会议。

请牢记这个日子。这个日子比1776年7月4日更为重要，因为如果没有大陆会议的决定，就不会有《独立宣言》的签字。

在举行首次大陆会议之前，另一地区的一位领袖托马斯·杰斐逊正在为出版他的《英属美洲权利之浅见》一书而苦恼。杰斐逊与当地英王代表邓莫尔爵士的关系，就像亚当斯、汉考克与他们的总督的关系一样糟糕。在他那本著名的书发表之后，杰斐逊被告知，他将以叛逆罪被控告。

杰斐逊的一位同僚本杰克·亨利在这一威胁面前，激动地吐露了他的心声。他只用一句话来表达他当时的愤怒心情，这句话以后一直流传了下来：“如果这就是叛逆，那就让我们充分地利用吧！”

当时，严肃地坐着讨论各殖民地命运的，便是这些无权无势、没有军队也没有金钱的人。从第一次大陆会议开始，以后每隔两年举行一次。1776年6月7日，理查·亨利·李站起来，他的提议震惊了全场。他说：“各位，我提议这些联合的殖民地，应该有权利成为自由种族独立的州，并与英国解除一切臣属关系，包括解除这些州与英国的所有政治关系。”

4.只要你知道自己所要的是什么，通常都可以得到

在这些事例中，你自始至终都可以找到的启示是：在强烈的欲望支配下的思想，常常会通过行为转变为等价物。不要期待奇迹的出现，因为你

不会发现奇迹。你能发现的只是永恒的自然法则。对这些法则有信心也有勇气去利用的人，法则便会为之所用。这些法则可以给一个国家带来自由，自然也可以给一个人带来财富。

凡能迅速决断的人，只要知道自己所要的是什么，通常都可以得到。犹豫不决的习惯通常产生于童年时代，这种习惯会从童年、少年一直延续到成年，结果变得难于改变。这种习惯会伴随着人们去选择职业。在通常情况下，刚出校门的青年，都抱着先找一个工作再说的念头。

找到什么工作就做什么工作，就是因为他已经养成了犹豫不决的习惯。在今天为工资而工作的100个人中，之所以有98个人安于现状，就是由于他们优柔寡断，缺乏自己去选择工作的决心。

下决心要有勇气，甚至是很大的勇气。在《独立宣言》上签字的56个人，便是用生命为决心下了赌注。而为了谋取职业，向人生索取自己的价值所下的决心，并不需要以生命为赌注。你的赌注只是你的经济状况。如果你能以当年萨莫尔·亚当斯为殖民地争取自由的精神来谋求财富，你就一定能够积累财富。

说上千言万语，也不如一次实际行动。能果断下定决心并知道自己要什么的人，通常能得到常人所要的东西和常人得不到的东西。

思考致富第八步：毅力

毅力——坚定信心、不断努力，这是走向财富的第八步。

在将欲望转变为财富的过程中，毅力是一个不可缺少的因素。这种顽强的毅力是百折不挠的。

当意志和欲望结合的时候，它们会形成一股不可抗拒的力量。具有坚强意志的人，他们能在自己欲望的激励下，实现自己的目标。

大多数人只要遇到一点挫折就会轻易地放弃自己的目标，只有少数人能够不断克服阻力继续前进，直到实现他们的目标为止。

“毅力”这个词也许不包括英雄式的涵义，但是人类需要这种气质，就像钢铁需要碳素一样。

1.考验你的毅力

如果你阅读本书的目的是应用本书讲授的知识，那么，对你毅力的首次考验，便是看你是否按照上文陈述的6个步骤去认真做了。一般来说，100个人中只有2个人会在看完本书之后，形成自己的明确目标和计划；而大多数人在看完本书后照旧过着原来的生活，并不按照书中的讲授去行动。

缺乏顽强的毅力是失败的主要原因之一。对数千人的调查证明，缺乏毅力是失败者的共同弱点。克服这个弱点，需要做许多努力，其中最主要的，是要看你欲望的强烈程度。

所有成就都是以欲望为出发点的。微弱的欲望产生微弱的成果，正如微火只能烘暖你的手一样。如果你发现自己缺乏坚毅的精神，那么补救的方法，就是在你欲望的下面燃烧起熊熊大火。

如果你已经按照6个步骤去做了，从你行动的热情中可以明确地显示出你积累财富的欲望究竟有多大。如果你发现自己对金钱无动于衷，就可以确定自己还缺乏“财富意识”。

只有具有“财富意识”，才能积累财富。

如果你发现自己缺乏坚毅的精神，还可以把注意力集中在“力量”的指示上，并让“智囊团”来协助你，凭借着团体成员的合作与努力，培养自己的坚毅精神。根据“自我暗示”和“潜意识心智”中的陈述，你应当使自己的欲望成为一种长久的习惯，直到你的潜意识完全接受为止。从那时起，你就不会再存在缺乏毅力的问题了。

因为在你醒着或睡着的所有时间里，潜意识是始终工作着的。

2.你具有的是“财富意识”还是“贫穷意识”

断断续续、偶尔地应用本书中的这些原则，对你是无用的。要真正产生效果，你就必须运用所有这些原则，直到这些原则成为你内心固定的习惯为止。除此之外，没有其他方法能让你培养出“财富意识”。

凡是习惯于贫穷的人，贫穷就会挥之不去；而在心中渴望财富的人，金钱也会找上他，两者的道理是一样的。“财富意识”不占据心灵，“贫穷意识”就会来占领。你有了贫穷者的行为，便会培养出“贫穷意识”。除非一个人天生具有“财富意识”，不然，他就应该努力培养出这种意识，并使其处于主导地位。

如果你充分理解了这些话，你就可以明白百折不挠的精神在积累财富中的重要性。没有坚毅的精神，你还没有开始就已经失败了；而有了这种精神，你便会胜利。

如果你曾经历过噩梦，你就能认识到坚毅精神的价值。那时你如同躺在床上，感到自己将要窒息，无法翻身，肌肉也麻木了。你知道你必须开始恢复对自己肌肉的控制。凭着坚强的意志，你终于使自己的一个手指活动了，然后扩大到一条手臂、另一条手臂、一条腿、另一条腿。最终，你恢复了对全身肌肉的控制，从噩梦中惊醒过来。这些都是逐步完成的。

3.超越失败

只有少数人是坚韧不拔的。这些人承认失败只是一时的，他们依靠强烈的欲望而使失败转化为胜利。我们站在人生的轨道上，目睹绝大多数人在失败中倒下去，永远不能再爬起来。对此，我们只能总结说，一个没有毅力的人，在任何一行中都不会取得成就，在任何一个地方都可能倒下。

百老汇这个音乐剧的代名词，它是“死去的希望坟场”，也是“机会的长廊”。世界各地的人来到百老汇，寻求声誉、财产、权力和爱情。每隔一段时间，在寻求者的队伍中就会有人脱颖而出，于是世界上就传说又有一人征服了百老汇。百老汇不是轻易能够征服的。一个人只有在拒绝放弃之后，它才会承认他的才智与天分，并给予其财富报酬。

这就是征服百老汇的秘诀——毅力。

芬妮·赫斯特奋斗的故事验证了这个秘诀，她用毅力征服了百老汇。赫斯特小姐于1915年来到纽约，想依靠写作来积累财富。但这个过程很漫长，整整耗费了她4年时间。在这4年里，赫斯特白天打短工，晚上耕耘希望。在希望黯淡时，她没有说：“好啊，百老汇，你胜了。”而是说：“好的，百老汇，你可以击败某些人，但不能击败我，我会让你认输的。”

她在第一篇稿子发表前，曾收到过36张退稿单。普通的人在接到第一张退稿单时，便会放弃写作了。而她却坚持了四年之久，决心一定要获得成功。

终于，赫斯特小姐成功了，她战胜了困难与时间的考验。从此以后，出版商纷纷登门求稿。钱来得太快，她几乎都来不及数。接着，电影界也发现了她。从此，辉煌的成就就如洪水似的滚滚而来。

凡是想积累财富的人，都必须具有百折不挠的精神。百老汇对任何一名乞丐都给予一杯咖啡和一块三明治，而对寻求大赌注的人，它却要求他们有毅力。

凯蒂·史密斯读到这里时，一定会说“阿门”。她曾在许多年中，没有钱和地位，只能在麦克风前演唱。后来，她不怕失败，抓住了机会，终于向百老汇要了一个大价钱。

4.机遇是能预订的

许多人相信物质上的成功是机遇的结果，这有一定的道理。但是，完全依赖运气的人，则最终要失望。因为他们忽视了一个重要条件，一个人要成功必须具备一种因素，那就是：机遇是要预订的。

在经济危机时期，喜剧演员W.C.菲伍德花光了他的全部储蓄，没有工作也没有收入，他以前赖以生存的赚钱方式——轻松喜剧，已不再管用。而且他的年龄已经超过了60岁，许多人在这个年龄都已经自认为老了。但他渴望东山再起，想在一个新的事业领域找一份工作。然而，祸不单行，他又跌了一跤，伤了脖子。多数人到了这种地步已经是万念俱灰了，菲伍德却不屈服。他知道，只要坚持下去，机遇迟早会到来。结果，他真的得到了运气。

玛丽·屈丝勒在将近60岁的时候，发现自己垮了，身无分文又没有工作。于是，她寻找机遇，终于凭借毅力在晚年取得了惊人的成功，尽管她的年龄要比别人大得多。

艾迪·康泰在1929年的股票危机中倾家荡产，但他依靠自己的毅力和勇气得到了每周1万美元的工作。

真的，一个人如果有不屈不挠的精神，即使有其他方面的不足，也能过上好日子。

因此，世界上所有的机遇，都是靠自己的努力得到的。这种机遇需要有明确的目标和顽强的毅力。机遇就像机票，它是可以预订的。

5.培养毅力的四个步骤

培养毅力有4个简单的步骤。实施这些步骤并不需要高超的智力，也不需要太多的条件，亦无需花费大量的时间与精力。这4个步骤是：

（1）在欲望的支配下建立明确的目标。

（2）制订完整的计划并付诸行动。

（3）摒弃一切否定的、沮丧的、影响心理的因素——如亲朋好友的消极反应。

（4）与鼓励你实现计划的人结成同盟。

要在各种职业中成功，这4个步骤是必要的。本书的总目的，就是使你能把这4个步骤培养成自己的习惯。

你可以用这些习惯来掌握自己的经济命运。

它们会使你产生自由与独立的思想。

它们会使你积累财富。

它们会带来权力、名誉与社会的赞扬。

它们会给你带来好的机遇。

它们会把理想变为现实。

它们能使你克服恐惧、沮丧和冷漠。

凡是能用这4个步骤去克服困难的人，都会获得报酬。一个人努力向世界索取自己所要求的价值，乃是他作为人类的特权。

思考致富第九步：智囊

智囊——集体的知识与智慧，这是走向财富的第九步。

力量是积累财富的基本条件，智囊团正好可以提供这种力量。

没有足够的力量将计划转变为行动，计划就是空中楼阁。这里所要陈述的是个人怎样去获得力量，以及使用力量的方法。

我们不妨对力量下一个定义：有组织地经过智囊指导的共同努力。这足以使一个人把他的欲望转化为财富。两个或两个以上的人，为了同一个目标，在合作的状态下共同产生了组织，即成为智囊团。积累财富需要这种力量。财富积累后，要保存这些财富，也需要这种力量。我们来看看这种力量应该怎样得到。首先，我们要认识一下知识的来源。

（1）智慧。如创造性的想象力等。

（2）积累的经验。可以从图书馆和课堂上得到人类积累下来的经验。

（3）实验与研究。这是科学每天都在向人类提供着的事实与经验。

这就是知识的来源。凭借知识制订计划，并将计划付诸行动，就可以把知识化为力量。

从这里也可以看出，只依靠一个人的力量来汇集知识用以制订计划，会遇到很大的困难。如果他的目标很大，他在制订计划时就必须与人合作，用集体的智慧来形成力量。

1.如何使你的脑力倍增

人的头脑可以比作一个蓄电池，而一组蓄电池产生的电流，毫无疑问要远远大于一个蓄电池产生的电流。

头脑的功能也与此一样。一些人的头脑之所以比另一些人强，就是由于他们集中了大家的智慧。一组以和谐精神结合在一起的头脑，要比单个头脑产生更多的思想能量。它既可以产生集体的力量，也可以启发他们中的每一个人，让集体的智慧供他所用。

人人都知道亨利·福特在开始他的事业时，曾遭遇了贫穷与缺乏教育等困难。人们也都知道，他在10年之内克服了这些困难，使自己在25年后成为美国最富有的人。福特就是在成为爱迪生的朋友之后，才使自己的事业有了大的进步。由此可见，一个人的智力对另一个人智力的影响有多么重要。而福特在与哈维·法尔斯通、约翰·乔伊斯及路德·波明克（3人均有高度的智力）结交为朋友之后，事业便取得了辉煌的成就。

在友善与和谐的精神状态下，人们会学到他们所结交的人的天性、习惯与思考力。福特与爱迪生等人的交往就是如此，他集4人的智慧、经验、知识于一身，开创了宏伟的事业。

你也可以利用这个原则。

我们已经提到过甘地。他就是在和谐的精神状态下，促使两亿人民同心协力，为了一个共同的目标而努力奋斗。在这种意义上，甘地创造了一个奇迹，他使两亿人民团结了起来。如果你不相信这是个奇迹，你可以试着让两个人团结起来，看看这有多么困难。

搞企业管理的人都知道，让所有的工人和谐地工作，是一件多么不容易的事。团结起来，集合全体的智慧，朝一个共同的目标努力，乃是力量的最大来源。天才和领袖们都需要这种来源。

在以后的行文中，对于如何获得集体智慧的方法，会有适当的阐述。

你在读到这些时，要想、要深思，这样才会有所收获。

2.积极情绪的力量

财富是害羞的、容易溜走的，它必须靠追求才能得来，就像小伙子追求姑娘一样。它要求追求者有欲望、有信心、有毅力，还要有计划、有行动。

对整个人类来说，好像有一股看不见的巨流。这股巨流有两个方向：一个把人们载向进取、向上和财富的一方；另一个则把人载向堕落、悲惨与贫穷的一方。

凡是积累了巨大财富的人都知道这股巨流。它包含了一个人的思想过程。积极的思想使人走向幸福的一端，消极的思想则使人漂向贫穷的一端。

以积累财富为目的的人，对这个关系重大的问题不能掉以轻心。如果你是在向贫穷的一端漂去，那么，“思考致富”这种思想就可以成为一把桨，使你划向另一端。但要注意这种努力不能间断，否则毫无用处。

快乐从行动中得到，并保存在继续之中。

有组织、受智慧引导的知识便是力量，它能推动计划取得成功。智囊团正好可以提供这种力量。

思考致富第十步：神秘的性

神秘的性——性欲的转移和升华，这是走向财富的第十步。

这里提到的性，是一种心理状态。

由于一般人对这个题目普遍无知，所以，它通常被扯到肉体方面去。更因为大多数人在获得性知识时受到不正确的影响，造成人们对性的认识有重大偏差。

性的感情背后有3项建设性潜力作为后盾，这3项潜力是：

（1）人类的永恒。

（2）健康的维护（如果把性当作治疗剂，没有任何药品比得上它）。

（3）把凡人经由性变成天才。

性转化是简单而容易解释的。它的意思是指，把一个人的思想转移到其他某些性质上。

性欲望是人类欲望中最有力量的一项。当人们受到这项欲望的驱策时，常会发展出他们以前未曾拥有过的深刻想象力、勇气、意志力、毅力，以及创造力。渴求性接触的欲望是如此强烈而迫切，因此，人们不惜冒着失去生命与名誉的危险沉溺其中。这股推动力若加以正确利用与引导，就可以使人在文学、艺术、商业等方面获得成功，要创造财富也就不难了。

1.人类的浪费

根据有关研究发现，成功人士很少是在40岁之前就功成名就的。通常，他们都是在50岁之后才开始获得财富的。这一结论令人震惊。

这项研究透露出一个事实：为什么大多数人不会在50岁之前有所成就？主要原因在于，他们过分沉溺于性欲的肉体表达方式，因而稀释了他们的能量。绝大多数人从来就不知道，性欲也有其他的表达方式，而且比纯粹的肉体表达方式更为重要。获得这项发现的人，大多数是在他们的性能力最高潮的时期——45岁之前，而且是在浪费了好几年的光阴之后才发现的。在这一时期过后，他们通常会获得杰出的成就。

很多人在40岁以后，其性欲能量会继续不断地受到分散，如果把这些能量引导到更好的途径上，将会获得更多的利益。

性宣泄的欲望，到目前为止，是最强烈及最具强迫性的人类情感。因此，这种欲望在被加以利用及被转变成为肉体表现以外的行动后，可以提升一个人到伟大成就的阶段。

2.性感与推销能力

有位教师负责训练及指导过万多名推销人员，他获得了一项惊人的发现：高度性感的男子是最有成效的推销员。原因是所谓的个人“吸引力”，其实就是性能量。高度性感的人通常拥有充分的吸引力。经过培养与了解之后，这种力量可以被运用在人际关系上，即可得到较大的利益。这种能量可以经由下述方式与其他人沟通。

（1）握手：这种以手接触的方式，可以立即显示出对方是否有吸引力。

（2）音调：一个人的声音是否如音乐般悦耳，可以决定一个人是否有吸引力。

（3）身体姿态与举止：性感的人行动敏捷，姿态优雅、自在。

（4）思想交流：高度性感的人能够把性的情感与他的思想混合在一起，并能随意这样做，并且因此影响到周围的人。

（5）服饰仪容：高度性感的人通常对外表十分注意。他会很小心地选择衣服的风格，并使这种风格成为他的个性、外表、仪容等的特色。

能干的销售经理在雇用推销人员时，都是把个人的吸引力作为录取的第一项条件。缺乏性感力量的人永远热情不够，也不会激发别人的热烈情绪，而热情是一个推销员最重要的素质之一，不管他推销的是什么。

演说家、传道士、律师和推销员都必须设法去影响别人，所以，如果他们缺乏性感吸引力，将会在他们那一行中默默无闻。同时，大多数人只有在他们的情绪受到吸引时，才能接受别人对他们的影响。因此，在接受这一事实之后，你将可以了解，性感吸引力是推销人员天赋能力的一部分，而且相当重要。杰出的推销人员之所以能够在他那一行中出人头地，主要是因为他们在显意识中或潜意识中，把他们的性感能力转变成为他们的推销热情。

3.解放性本能

性是大多数人最无知的一个题目。性冲动被无知、邪恶的人加以误解、歪曲及破坏。

幸运地拥有高度性本能——不错，是很幸运的男女人士，通常会被看作是必须加以注意的怪人。他们不但未被当作是幸福的人，相反，他们通常被指责为不健康的人。

即使是在当今高度文明的时代里，仍有数以百万计的人，因此而形成了自卑感。这是因为他们相信这种错误的观念——性欲强烈是灾祸之源。这种说法是错误的，不应该被用来解释一个人是否淫荡。

性欲只有在配合智慧与辨别能力使用时，才能算是美德。但这种美德却经常遭到误用与误会，以至于它不但不能丰富我们的身体与意识，反而破坏了我们的身体与意识。

有人曾经获得这样一个极有意义的发现：几乎他分析过的每一位伟大的人，他们的成就大部分是在女性的鼓励下完成的。同时，在很多例子中，这种女性通常是一位娴静、能自我牺牲的妻子，一般人很少或甚至不曾知道她的存在。在少数几个例子中，这种激励的来源可以追溯到妻子以外的女人。

每一位智慧人士都知道，经由酒类和药物获得的刺激，是一种破坏性的纵欲方式。不过，并不是每个人都知道，纵欲过度也是一种对创造力的破坏性习惯，其破坏程度与酒精或药物同样强烈。

一个过分沉迷于性欲的人，和一个借助药物提神的人，基本上没什么两样。这两种人都对自己的理智与意志力失去了控制。很多人的“臆想症”正是由对性的真正作用缺乏认识引起的。

4.转化性能力

很少有人能在40岁以前进入发挥高度创造能力的阶段。人们通常是在40~60岁才达到他们创造的最佳时期。这个根据对几千名成功人士的密切观察与分析获得的结论，应该能鼓励那些未能在40岁以前获得成功的人，也能够鼓励那些在40岁左右就害怕“老了”的人。

事实上，40~60岁这段时期，是一个人最丰富的时期。人们在接近这个年龄时，不应该心存恐惧，而应该带着希望与渴望的心情去迎接它。

如果你想要得到大多数人在40岁之后才会达到他们最佳时期的证据，那么，请你去研究一些大家公认的最成功人士的生平事迹。

亨利·福特直到过了40岁，才踏上他成功的台阶。

钢铁大王卡内基在40岁以后，才开始收到他的努力的报酬。

詹姆斯·希尔在40岁时，仍然是一个电报发报员。在40岁以后，他才开始有了重大的成就。

从无数著名的企业家与思想家的传记中，我们都可以找到很充分的证明：40~60岁是最有收获的时期。

在30~40岁这段期间，人们开始学习（如果他愿意学习的话）转化性能力的艺术。这种学习与发现通常是无意间发生的，更重要的是，人们通常完全不知道自己已经在无意中学会了这项艺术。他可能会注意到，他的工作能力在35~40岁突然大为增加。但是，在大部分情况下，他并不知道这个变化的过程。大自然在30~40岁的人身上，开始调和爱情与性欲的关系，使他得以运用这些伟大的力量去采取正确的行动。

性本身就是促使人们采取行动的一股强大的推动力量，但这股力量就像一阵飓风，通常是无法控制的。当爱情与性欲强烈地到来时，会破坏人们心情的宁静、正确的判断力与平衡的心态。一个人到达40岁的年龄时，如果还不能纠正它，并把它与自己的经验加以配合，还有什么比这更为不幸的呢?

爱情、性欲这些情感都能驱使一个人获得重大的成就。爱情的作用就像一个安全阀，保证我们能够获得心情的宁静、平衡，以及获得创造性的努力。这些情感如果联合起来，就会将一个人提升到天才的地位。

思考致富第十一步：潜意识

潜意识——潜意识的苏醒与迸发，是走向财富的第十一步。

潜意识中包含一个意识领域。在这个领域中，经由任何一种身体器官转达至意识的每一种思想行动，都被加以分类和记录。从这个领域可以将思想找出，或者放回，如同从档案柜中取放文件一般。

潜意识是日夜工作的。通过人所不知的一种程序方法，潜意识向无穷的智慧吸取力量，自动地将一个人的欲望转变为等价的物质。

你不可能完全控制你的潜意识，但你可以将自己希望实现的计划、欲望或目的，自动地交给潜意识。请再读一遍“自我暗示”中利用潜意识一节的指示。

有充分的证据支持一种观念，那就是：潜意识是人的有限心智与无穷智慧之间联系的环节。它是中间的媒介，人通过它可随时汲取无穷智慧的力量。只有它具有修正心智的行动功能，具有将其转变为等价物质的秘密程序。

1.如何强化潜意识以进行创造性努力

与潜意识有关的创造性是惊人的，而且是不可思议的，其可能性令人肃然起敬。

我在讨论潜意识时，总是因自己的渺小而自怜，也许是因为人类对这个题目所知太少。

在你承认潜意识的存在是一个事实，并了解它可能是使你的欲望变成等价的财富的媒介之后，你便会了解“欲望”所揭示的全部意义。你会理解，作者为何一再地劝你的欲望要明确，并且要将你的欲望写下来。你也会理解，在执行这些指示时，发扬百折不挠精神的必要性。

本书中的13个原则是刺激物，利用它们可得到影响潜意识的能力。如果你第一次尝试未能成功，不必气馁。要懂得，潜意识也许仅愿接受习惯的指导，如“信心”中的指示。而你尚无时间养成信心，所以要有耐性、要坚持。

潜意识是不会懒惰的。如果你不能在自己的潜意识中种植你的欲望，那么，由于你的疏懒，你的潜意识会接受、容纳任何思想。

此刻，你只要记住你每天是在“活着”，活在进入你潜意识的各种思想冲动中。它们有些冲动是消极的，有些冲动是积极的。你现在要做的工作，是去帮助自己消除消极的冲动，并借积极的欲望来帮助你主动地影响潜意识。

在你能够做到这点之后，你已握有打开潜意识之门的钥匙。

人所要创造的每样东西，都是以一种思想冲动为开端。不先在思想中孕育的东西，人是创造不出来的。凭借想象力，可将思想的冲动组合成计划。所以，如能运用在计划之下的想象力，则人们在自己的职业中，当可创造出成功的事业。

2.如何利用积极情绪

大多数人的生活受感情或情绪支配，这是众所周知的事实。对于结合着情绪的思想冲动，潜意识会有更快的反应，并且更容易受其影响。

人主要的积极情绪有7种，消极情绪也有7种。这些情绪或感情的冲动，也许可以比作面包中的酵母，它们将思想的冲动从被动的状态转变为主动的状态。因此，我们可以理解，为何结合着情绪的思想冲动比“冷静的理性”产生的思想冲动更容易转化为行动。

7种主要的积极情绪是：

欲望的情绪；

信心的情绪；

爱的情绪；

性的情绪；

热情的情绪；

依恋的情绪；

希望的情绪。

当然还有其他积极的情绪，但这7种是最强烈的，也是在创造性的努力中最常用的。熟悉这7种情绪，则在你需要时，可以使其他积极情绪完全听命于你。记住，关于这一点，本书的宗旨在于帮助你，使你的心灵充满积极情绪，以培养你的财富意识。

必须避免的7种主要的消极情绪是：

恐惧的情绪；

嫉妒的情绪；

怨恨的情绪；

报复的情绪；

贪婪的情绪；

迷信的情绪；

愤怒的情绪。

积极的情绪与消极的情绪不能同时占有你的意识，其中必定有一种处于支配性的地位。你务必使你的积极情绪支配你的心灵，这是你自己的责任。这方面，习惯的法则是重要的，它会来协助你。

希望你参照这些指示去做，而且持续不断地努力，这样才能控制你的潜意识。在人的心灵中，只要存在一种消极思想，便足以破坏来自潜意识的所有建设性的、有益的帮助。

思考致富第十二步：头脑

头脑——思想的发射站与接收站。应用头脑是走向财富的第十二步。

人的头脑既是思想震波的发射站，又是接收站。与无线电播送的原理相似，每个人的头脑有能力接收从别人的头脑中发射出来的思想震波。

创造性想象力就是头脑的“接收机”。它接收从别人的头脑中发射出来的思想。它是一个人的意识或理性，其可能接收到的思维刺激的来源是极广泛的。在受到刺激时，也就是加快震动频率时，人的心灵便变得更容易接受外部的思想。这种加快的过程是靠积极或消极的情绪发生的。依靠这些情绪，便可使思想震波的频率加快。

就强烈的程度和驱策力而言，人的情绪中性的情绪处于首位。头脑在受到性情绪的刺激后，其活动速度远比情绪平静或无情绪时快得多。

潜意识是头脑的“发射站”，通过它，思想的震波被发送出去。创造性想象力是“接收机”，通过它你可以收到思想的能量。使你的精神的“发射站”进入作业的状态，是一个比较简单的程序，只要记住3个原则，并在你希望使用你的发射站时应用它：潜意识、创造性想象力、自我暗示。这个程序是以欲望为开端的。

1.最伟大的力量是无形的

在过去的许多年代里，人们向来依赖自己的身体，使自己的知识局限于有形的物质——自己所能看见、触摸和测量得到的东西。

现在，我们正在进入所有时代中最奇异的时代。这个时代将使我们知道，在我们四周的世界中存在着无形的力量。也许我们将会知道，另一个“我”比照镜子时所见的有形的“我”更具有力量。

有时，人们谈到无形的东西，不免心生轻蔑，因为他们凭借五官不可能察觉这些。在我们讨论无形的东西时，应当提醒自己，我们全体都被看不见的无形的力量所控制。

人类迄今仍然没有力量去对付与控制海洋中滚滚巨浪所蕴含的力量，人类也没有能力去反握无形的引力。这种引力使小小的地球悬在太空中，并使地球上的人不致坠落下去。对于控制引力的力量，那就更不了解了。人几乎完全屈服于大自然，在自然界与人类社会的变异和灾难面前是同样的无可奈何。

就不可见的无形的东西而言，人的无知绝不止于这些。人并不了解泥土中所包含的那种无形的力量（和智慧）——这股力量供应着人类所吃的每一样食物、所穿的每一件衣服和他口袋中所带的每一块钱。

2.头脑的故事

更为重要的是，人虽然自夸他的文化和教育，但对于思想（无形力量中最伟大的一项）这一无形力量却了解甚少，或者根本不了解。所幸的是，关于有形的头脑能将思想的力量转变为等价物质的极复杂的作用，我们虽然所知有限，但还是进入了对此问题开始启蒙的时代。科学家们已开始将注意力集中在研究头脑的这种了不起的功能上。虽然研究还处在幼稚园阶段，但是他们已经发现了相当多的知识。应该知道，人的头脑中枢使脑细胞互相联系的线路数目，相当于“1”字后面加上1500万个“0”。

芝加哥大学的赫利克博士说：“这个数字太惊人了，几亿光年的天文数字和它相比，也变得微不足道。已经判定的是，人脑的外皮肤层中，有神经细胞100亿至140亿个，并且我们知道它们的排列有一定的形态。这些排列并不是乱糟糟的，而是有一定秩序的。最近发明的电子生理测试方法，从位置极精确的细胞或纤维中，用微电极吸引行动电流，用无线电管将这些电流放大，可测得百万分之一伏特的电位差……”

这样复杂的机能组织的存在，如果只是为了维持身体成长的生理功能这一目的，实在是令人难以置信的。那么极有可能，这个能使上百亿的脑细胞有相互沟通媒介的系统，也能提供与无形力量沟通的工具了。

《纽约时报》刊出一篇文章，称至少有一所大学和一位精神现象的研究员，正在进行一项有组织的研究。这项研究所得的结论，与本文所阐述的在许多地方都相同。这篇文章简单地分析了莱因博士与他的助手在杜克大学所做的工作，以下就是这篇文章。

3.何谓心灵感应

一个月前，杜克大学的莱因教授和他的同事，从数10万次实验中判定了“心灵感应”或“千里眼”是否存在的问题。他们在哈佛杂志上发表了两篇文章。在第一篇中概述了这些成果。在现在刊出的第二篇中，作者赖特对于这些“超感觉”，试图就已经知道的或合于理性的问题作一综合推论。

由于莱因教授的这些实验，现在有些科学家似乎认为，“心灵感应”和“千里眼”存在的可能性极大。各类接受试验的人，都被要求在一副牌里说出有什么牌。不许他们看着牌，也不许用其他的感官接触这些牌。这样可以发现约有男女60人，能够正确地说出许多张牌。他们若是碰运气瞎猜，绝没有千亿分之一猜中的机会。

但是，他们是如何做到的？假定有某种力量存在的话，它们似乎并非是感官的，因为这些力量并没有透过既知的器官。这些实验在相距数百里外的地方进行，和在室内进行一样有效。

心理学家C.赖特认为，这些事实也使人倾向于从物质的放射理论去解决“心灵感应”和“千里眼”现象。

既知的各种放射能，放射的面积越大，其能变得越弱。“心灵感应”和“千里眼”却不会变弱。但是，由于身体的原因（正如同身体状况会影响其他精神力量一样），“心灵感应”和“千里眼”也有程度上的不同。与普通的说法正好相反，接受试验者在熟睡或半睡的状态时，并不能增进他们的这种能力；相反，在他们清醒时，却可以改善。莱因教授发现，使用麻醉品会完全相同地使接受试验者的成绩降低，而使用刺激剂却能普遍使其成绩提高。

赖特富有信心的另一个结论，是认为“心灵感应”和“千里眼”事实上是同一种力量使然。也就是说，能够“看得见”扣在桌子上的某张牌的能力和能够“知道”别人心思的能力，似乎是完全一样的。有几点理由可以证明这个事实。例如，到目前为止，发现凡是有其中一种能力者，必有另一种能力，而这两种能力的强度几乎完全相等。帘子、墙壁、距离等均不能阻碍这些能力。赖特由此得出结论说，其他的超感觉经验、先知的梦、灾祸的预感等“预感”，也许可以证明为同一种能力的组成部分。

本文并不要求读者接受这些结论中的任何一种，除非读者觉得有承认的必要。但是，莱因教授所累积的证据，仍然使人印象深刻。

思考致富第十三步：第六感

第六感——打开了智慧庙堂之门，这是走向财富的第十三步。

我们追求财富的第十三个步骤是第六感。通过第六感，人可以自动地与无穷的智慧沟通，而无需作其他无用且费力的追求。

这一步骤是我们这个哲学的一个特点。唯有在熟练其他12个步骤之后，方能吸收、了解和运用它。

第六感是以前提到过的潜意识中创造性想象力的一部分。它也曾被称为“接收机”，通过意念、计划和思想闪入人的心头。这种闪耀有时被称为预感或灵感。

第六感是无法说明的。对于未熟悉我们这个哲学其他原则的人，是无法向他阐述第六感的，因为他尚无可以用来与第六感相参照的知识和经验。只有通过心智发展，以沉思的方法，才会产生第六感。

只有在你熟悉了本书所述的原则后，你方能承认下述的话是真实的，否则你是不会相信的。这些话是：通过第六感，你会得到即将来临的危险警告，这可以使你避免危险，并能告诉你机会的来临，使你随时把握住它。

在第六感养成之后，便有一位“引导的天使”来协助你，做你所吩咐的工作，这位天使会随时为你开启智慧殿堂的门户。

1.第六感的奇迹

作者既不相信奇迹，也不是奇迹的鼓吹者，因为作者对自然有足够的知识，了解自然决不会背离它既有的常规。有些自然的法则太难理解，于是产生了类似奇迹的事。记住，“奇迹是最真实的东西”。而在我经历的事情中，要数第六感最接近奇迹。

就作者所知，人能感受到的是，在物质的每粒原子中充满一种力量，或可称之为第一因，或可称之为智慧。这种无穷的智慧使橡子变成了橡树；使水因引力的法则流向低处；夜以继日，夏以继冬，使每一种事物都保持着它适当的定位及与其他事物的关系。借助我们这个哲学的原则，这个智慧可以用来将欲望转变为具体的物质。作者因为曾经实验过，所以有此知识。

通过以前所述，你已被逐步引导到了这个最后的原则。如果你已熟悉了以前的每个原则，则现在你一定能毫不怀疑地准备接受此处所说的忠告。如果你尚未熟悉这些原则，则你必须熟悉，然后你方能确实地判定这一忠告究竟是事实还是虚构的。

当我在崇拜英雄的年龄时，我曾经试图模仿我最钦佩的人。以后我曾发现，在我致力于模仿我的偶像之际，信心的因素给了我极大的能力，使我得以成功。

2.让伟大的人塑造你的人生

我从未完全放弃过对英雄崇拜的习惯。我的经验告诉我，仅次于最伟大的人物不一定效法伟人，但他会尽可能地承担伟人的责任。

早在出书或公开发表演说之前，为了重新塑造自我，我养成了模仿9

位伟人的习惯，他们的生平与著作都给了我很深的影响。这9个人是爱默生、潘恩、爱迪生、达尔文、林肯、波明克、拿破仑、福特与卡内基。在很长的一段岁月里，每天晚上我和这群伟人举行想象式的会议，我称他们为我的看不见的顾问。

会议常常是这样的：每天晚上睡觉之前，我会闭上眼睛，在想象中看见这些人在会议桌旁和我坐在一起。这时，我不仅和这些伟人同坐，事实上我还指挥他们，因为我是会议主席。这样做的目的在于再造我的品格，使这品格成为我想象中的伟人顾问们的性格的合成物。我在青年时代便已懂得，我必须克服我出生的那个无知与迷信的环境的障碍，我故意为我自己规定上述的方法，以求自信的再生。

3.用自我暗示建立个性

当然，我知道，人们的支配性的思想与欲望养成了他们的性格；我也知道，根深蒂固的欲望有促使一个人向外表现的作用，并借此使欲望变成现实。我知道，在建立性格时，自我暗示是一个强有力的因素。事实上，借助自我暗示建立个性是唯一的原则。

因为有了对心智活动原则的认识，我逐步配备了重新塑造个性所需的条件。在这些想象的会议上，我要求每位成员提供我所希望的知识。我用听得见的声音对每位成员说：

“爱默生先生，你是以了解自然闻名的，我希望能从你这里得到这种神奇的知识。我请你把使你能够了解并且适应自然规律的气质，烙在我的潜意识心灵中。

波明克先生，我请求你将你能够调和自然规律的知识传授给我，你曾使仙人掌脱落它的刺变成食品。请你给我这样的知识，这知识使原先只长一片草叶的地方长出了两片草叶。

拿破仑先生，我希望用模仿的方法，从你那里获得鼓舞人们，并唤起人们更大和更果断行动精神的那种神奇的能力，还要从你那里获得持久的信心，这种信心使你反败为胜，并克服了重重障碍。

潘恩先生，我希望从你那里获得使你异于常人的自由的思想，以及表达你的信念的勇气和智慧。

达尔文先生，我希望获得你在自然科学界成为楷模的那种耐性，以及在没有丝毫偏见的精神状态下，研究因果关系的那种能力。

林肯先生，我希望能在我自己的性格中，建立起敏锐的正义感、不倦的耐性、幽默感、对人性的了解和顽强的毅力，这些是你最突出的性格。

卡内基先生，我希望能对建立合作努力的各项原则获得彻底的了解。你曾十分有效地利用这些原则，建立一个伟大的企业组织。

福特先生，我希望得到你的坚毅、果断、镇定和自信的精神。这些精神使你克服了贫困，使你组织了统一的人类的力量。我要效法你，使我可以有助于别人。

爱迪生先生，我希望从你那儿获得你发现众多自然奥秘所具有的神奇的信心，以及扭转失败为成功的不屈不挠的精神。"

4.开发灵感之源

在脑细胞组织的某处，存在着一种官能，它接收预感的思想震波。到目前为止，科学尚未发现这个第六感的官能位于何处，但这无关紧要。事实是，人类确实通过五官以外的器官在接收正确的信息。在通常情况下，这种信息的接收，都是由心灵受到非常刺激的影响产生的。任何激发情绪的紧急事件，不但引起了心脏加速跳动，通常也促使第六感发生作用。凡是在开车中有险些出车祸经验的人，都知道在这种场合，第六感往往会伸出援手来帮助自己，在刻不容缓的一刹那避免车祸。

我现在要做一个事实声明，在我与看不见的顾问们举行会议期间，我发现我的心灵最易接受通过第六感传来的意念、思想和知识。

在许多次场合，我面临着紧急情况，其中有几次严重到了危害我生命的程度，但我都是凭借着我看不见的顾问们的影响力，奇迹般地渡过了这些难关。

我与想象中的人物举行会议的最初目的，在于借助自我暗示的原则，将某些我渴望获得的人物个性，深印于我的潜意识中。近年来，我的实验采用了一种全然不同的方式。我现在带着我与我的委托人所面对的每个难题，去请教我的想象中的顾问们，结果往往会使人大为惊讶，虽然我并不全依赖这一类的咨询。

羊皮卷
智慧全集

第八篇
从失败到成功的销售经验

——推销的经验、技巧和哲学

弗兰克·贝特格以他在25年的推销生涯中，销售了40000份人寿险，平均每天5份的业绩，赢得了讲演和著述的资格。

无论你推销的是保险、鞋子、船，还是新开发的产品，只要你做推销，这本书就对你绝对有意义。卡耐基说："我极力向你们推荐此书。如果我从事推销，我情愿从芝加哥步行到纽约去得到这样一本书，因为你可从中汲取营养。"

使收益和快乐倍增的激情

我开始职业棒球生涯不久，就受到了一次沉重的打击。那是在1907年，我在宾州的约翰斯顿打球，参加三州联赛。当时，我正年轻并渴望出人头地，但却被无端解雇了。如果当时不去找解雇我的球队老板问个究竟，我的整个生活可能就完全不一样了，而且我也不会写这本书了。

我问老板为什么解雇我，他说，因为我懒惰，打球时无精打采，像是一个打腻了的老球员，还说如果不是懒怎么会那个样子。我争辩说，打球时我太紧张，真想在人群中躲起来，并保证我会努力消除这种紧张感。可老板说，那没有用，那只能拖我的后腿。

“弗兰克，离开这儿后，无论你去哪儿，都要振作起来，工作中要有生气和热情。”

离开了每月挣175美元的约翰斯顿队，我来到宾州的切斯特队参加大西洋联赛，每月只挣25美元。这么点薪水实在无法让我有热情，但我还是努力地去做事。到切斯特队3天后，队里的老球员丹尼对我说：“弗兰克，你干吗参加这么低级别的联赛呢？”我说：“如果我知道怎么能找到更好的活，我哪儿都愿意去。”

一周后，丹尼劝说康州的纽黑文队吸收了我。到该队的第一天，我永远不会忘记。球队中没人熟悉我，也没有人责怪我懒惰。我下定决心在这次联赛中一定要成为最有激情的球员，我决不食言。

从那一刻起，我在球场上就像一个充足了电的人。我掷球是如此之快和有力，以至于几乎要震落内场接球同伴的手套。在一次比赛中，烈日当空，温度足有100华氏度。我与对手斗智，抓住对手接球失误的机会奋力跑向主垒，赢得至关重要的一分。如果因怕中暑而不去努力的话，恐怕就会失去这一分。

激情奇迹般地在我身上产生了3种作用：

（1）我几乎完全克服了恐惧心理与紧张情绪，打得比想象中还要好。

（2）我的激情感染了其他队员，他们也变得富有激情了。

（3）在烈日当空的酷热中比赛，我的感觉比以往任何时候都好。

更使我感到震惊的是，第二天早晨的报纸上赫然登着有关我的消息，上面是这样写的："这个新手充满了激情并感染了我们的小伙子们。他们不但赢得了比赛，而且看来比任何时候都要好。"

这家报纸还给我起了个绰号叫"锐气"，称我是队里的"灵魂"。我剪了一份报纸给开除我的约翰斯顿的老板寄去。你能否想象得到他看报纸时的表情？3周前他开除了一个懒惰的球员，可现在他的绰号竟然是"锐气"。

于是，我的月薪从25美元涨到185美元，除了"激情"还有什么能使我的月薪在10天内涨了6倍多呢？实际上，使我的月薪猛增的，并不只是我球技出众或是有很强的能力。在投入激情打球以前，我对棒球所知甚少。除了"激情"，没有什么能使我获得如此大的成功了。

又过了2年。一次，在芝加哥队与当地的"出租车"队比赛时，我受了重伤。当时疾跑中的我接住了对方的一个短打球，我使劲将球掷出，胳膊突然产生了一阵钻心的疼痛，我的胳膊骨折了。这次事故使我放弃了棒球职业，当时，这对我来说简直是一场悲剧。可现在回过头来看，这件事又成了我人生旅途中的一件幸事。

退出职业棒球生涯之后，我回到费城老家，当了一名家具店的收款员，成天骑着自行车去催收分期账款，每天挣1美元的辛苦钱。就这样度过了沉闷的2年后，我决定受聘于一家人寿保险公司推销人寿保险。以后的10个月，是我生活中最漫长和令人沮丧的10个月。经过10个月的沉闷的推销，我认为自己根本就不适合当人寿险推销员，于是又开始翻找招聘广告。此时，我已意识到自己无论干什么都被一种莫名其妙的、复杂的恐惧感控制着。于是，我听了戴尔·卡耐基先生主持的演讲。有一次我发言时，卡耐基先生打断了我，说道："等一等，等一等，贝特格先生，你的发言怎么毫无激情呢？你毫无生气的发言怎么能使大家感兴趣呢？"卡耐基先生以鼓励的语气给我讲解了"激情"一词，讲到激动处，他抄起一把椅子狠狠地摔在地上，摔折了一条椅子腿。

这天晚上，我睡觉前坐在床上想了一个小时，思绪又回到在约翰斯顿队和纽黑文队打棒球的日子。我意识到毁了我棒球生涯的东西，也还在毁掉我的推销员生涯。我决定以我在纽黑文队打球的激情，投入到做推销员的工作中来。这一决定成了我人生的转折点。

我始终记得第二天我打的第一个电话。我下定决心要在工作中充满激情，那真是一次速战速决的谈话。接电话的人大概从未遇到过如此热情的推销员。当我集聚起我的全部热情来说服他时，我倒真希望他能问我到底发生了什么，并打断我，然而他并没有这样做。

在后来的面谈中，我注意到他挺直了身子，睁大眼睛，向我询问有关人寿险的事，但并没有打断我。最终，他没有拒绝我的推销，买了一份保险。此人就是爱尔·安蒙斯——费城的谷物商。爱尔先生在购买人寿险之后，很快就成了我的好朋友和最有力的支持者。从那天之后，我开始真正地推销了。激情奇迹般地在我的工作中发生了作用，就像在我的棒球生涯中一样。

我并不想给任何人这样一种感觉，即激情可以油然而生。但是，你如果想激发起自己内心的激情，激情似乎又是可以油然而生的。因为我有这样一种经历，即当我强迫自己具有激情时，很快我就可以感到激情已至。在多年的推销生涯中，我目睹许多的推销员靠激情成倍地增加了收入，同样也目睹更多人由于缺少激情而一事无成。

不管怎样，我还是坚信激情是使推销成功的最重要因素。我知道一个保险方面的权威，他甚至能以推销保险为题著书立说，但却无法靠把书卖出而体面地生活。原因何在？最主要的原因是他缺乏激情。而我认识的另一个人对保险所知甚少，却把推销干得很成功。干了20年，这个人退休了，现在优哉游哉地住在佛罗里达迈阿密海滨。这位成功者成功的原因，并不是他有多么丰富的保险方面的知识，而是他在推销时充满激情。

激情是后天获得的还是与生俱来的？当然是后天获得的。那位成功人士就是典型例子，他每天都要求自己充满激情地投入工作。在20年的推销生涯中，他几乎每天早晨都默诵一首诗，这已成了他每日计划的一部分。我也发觉这首诗总是如此令人振奋，我几百次地把它抄录在卡片上。此诗的作者是赫伯特·卡夫曼，诗名叫作《胜利》：

胜利

你曾是一个自豪的人

一天你获得了极大的成功

你只想表现

你的所知
证明自己的能力
又过了很多年，你又有了什么新思想
你又成就了什么伟业
又是十二个月的好时光
你将如何享用机会、胆量
你是否又将错过
为什么没有机会
你缺乏的是冲动

请记住这首诗吧！每天默诵，这首诗可能会使你成功。

一次，读了沃尔特·克莱斯勒的一本自传，真是吸引人，我随身携带了几个星期。我敢打赌，在熟记之前，我至少阅读了有40遍。希望推销员都熟记该书的内容。书中沃尔特·克莱斯勒在被问到成功的秘密时，他列出了能力、职位、权力等一系列要素，但他认为真正的秘密还是激情。他说：“是的，我宁愿把热情说成激情，我愿意看到人们激动，当他们自己变得激动了，就会使客户受到感染，也变得富有激情。双方一致也就成交了。”

激情是世界上最有价值的一种感情，也是最具感染力的。自己充满了激情，你谈话的对象才容易变得充满激情，即使你表达得不太顺利，他也可以理解。如果没有激情，你推销时所说的话，简直就像放了一年的晚餐上的死火鸡，毫无生气和新鲜感。

激情不仅仅是外在的表现，当你获得了激情，它会占据你的内心。激情有助于你克服恐惧，有助于你事业的成功，赚更多的钱，享受更健康、更富裕、更快乐的生活。

充满激情地投入工作吧，现在就开始。对自己说：“这一切我都能做。”要让自己充满激情、表现激情。

以充满激情的状态生活30天，结果会让你意想不到。我相信，那将使你沉闷的生活变得活跃起来。

自我组织的方法

在做推销记录后不久，我发现自己是一个自我组织能力极差的人。那一年中我打了2000多个电话，平均每周40多个。随着记录的增加，我变得杂乱无章，虽然做记录的想法是不错。我总想找个好办法使自己变得有序，但没有一个方法能坚持下去。

后来，我认识到，必须花更多的时间来做计划。我把每周所打的电话记录在四五十张卡片上，这花不了多少时间。做完卡片之后，再从头琢磨一遍，根据每张卡片的不同内容，安排出下次要谈的话题、要写的信等事项。最后，再根据需要排出日程表，星期一至星期五的工作顺序，每天要集中干的事，这差不多有四五个小时。

我这样做了以后相当见效。每星期一早晨上班，我并不是急着打电话，而是充满激情与自信地去与客户面谈。我急切地希望见到他们，因为我一直都在为见到他们说些什么进行思考。我会根据他们的情况来决定说些什么，为他们提供一些有益的建议。这样做使我不会感到疲惫不堪和沮丧，而总是充满了信心，相信下周会做得更好。

几年以后，我将星期五早晨改成“自我组织日”，星期六和星期日完全休息，不再想生意上的事。花足够的时间来安排工作计划，其收效简直太让人吃惊了。这样，我就可以每周安排紧凑的4天半的工作，这比5天安排得满满的，但无一定明确目标的工作好得多。

记得大实业家亨利·杜哈蒂曾说过：“除了思考和安排工作的轻重缓急，我可以雇别人来干任何事。”不会思考和安排工作的轻重缓急，是我以前的症结所在。这么多年来，我致力于解决这一问题，也得到了简单明确的答案，即用充分的时间去思考和筹划。我做了一个典型的每周工作时间表。这个表格并不是我随便画的，而是用了几份表格重新综合整理的。还有，我曾经做过的“月推销记录卡”，这可能也有助于你安排自己的时间。是的，你可能会说：“这不适用于我，我没法把自己安排在时间表内生活。那样的话，就失去了快乐。”实际上，不是那么回事。我可以举个例子。

几年前，一个从一所声名卓著的学校毕业的名叫爱德华的青年来求助于我。他曾雄心勃勃干了2年推销，但业绩甚微，于是非常失望。他说：“贝特格先生，我适合干推销工作吗？”我说：“爱德华，你完全适合干推销工作。”他听了之后，脸色阴沉下来。我接着说：“谁都可以干推销员，可我们总是限制了自己干自己想干的事。”爱德华听后说：“我不明白。我总是忙碌地工作，忙得连给自己买一条领带的时间都没有。”

这时，我突然明白爱德华是一个行动很慢的人。我劝他参加一个6点钟俱乐部。他问道：“什么是6点钟俱乐部？”我说：“记得富兰克林说过，一些人还生活在古老的年代，还有一些人从没有成功过，因为他们迟于行动。所以，我把闹钟拨快一个半小时，这样我就可以用这一个半小时来读书。当然了，我也会早睡一会儿。”

那天，爱德华就买了个闹钟，参加了6点钟俱乐部。按照我的办法，他也把星期六列为“自我组织日”。没过多久，他就不怀疑自己是否能干好推销员的工作了，而且他干得很成功！几年后，爱德华出任东部一家大公司的经理。

不久前，我会晤了IBM公司的一名负责人。我问他：“你认为每周工作单有多重要？”他说：“我们为每个推销员都配备了最重要的工具，以获得成功，这个工具就是‘每周工作单’，单子的内容是他们下周要做的工作和要见的人。单子的副本还要交给我们一份，以便指导他们工作。”我问：“这种做法是否在你开设在29个国家的办事处中都执行？”他说：“当然了。”我又问：“如果有的推销员拒绝执行呢？”他答道：“这是不可能发生的，如果谁拒绝，就别想再为我们工作。”他说得那么坚定。

我见过的绝大多数成功人士对时间都是严格掌握的。费城联邦人寿保险公司领导人芬伦斯·杜林先生曾给我讲过他的一次经历。

一次，芬伦斯·杜林要去西部约见几个分公司的经理打算下周二与迪克会面。可迪克却说，虽然他也急切希望两个人尽快会面，但在下周五前没有时间。按两人商定好的时间，周五芬伦斯与迪克共进了午餐。就餐时，芬伦斯问：“迪克，这一周你都在公司吗？”迪克说：“对，我都在公司。”芬伦斯说：“这么说，周二你也在公司。”迪克笑着说他在。芬伦斯觉得简直不可思议，说道：“迪克，你这样做使得我又一次从康涅狄格赶来，今天晚上还得再赶回去，从那儿我还得再去底特律。”迪克解释道：“芬伦斯先生，你上周五来电话前，我花了5个小时来筹划这周的工作安排。按照排好的计划，这周二我的活动安排得很满，有许多事要做，如果按你电话中所说的，就不得不打断已做好的计划。请不要误解我的意思，既然已做了安排，就是公司的总裁来了，我也是一样。我干这一行也算是成功的，这要归功于我每周五的计划，还有我决不让任何人、任何事打断我的计划。”

说完这些，芬伦斯·杜林先生对我说：“一开始我也感到震惊，但并不生气，并很快意识到这的确是迪克成功的秘密。”

再以后，芬伦斯先生告诉我，在回去的火车上，他被一种全新的激情感染了。从那以后，他把迪克的事告诉了全公司所有的推销员。

1926年的夏天，我住的地方离玛丽·罗伯茨女士住的地方不远。罗伯茨女士是位作家，她写了50多部小说，是美国稿酬最高的作家之一。我曾问过她是如何成为作家的，她回答说：“我一直都认为我可以学会写作，但我没有充足的时间。因为我有3个年龄不大的儿子，还有丈夫需要照顾，我母亲也挺孤单的，需要我时常去看望。金融动荡使我们差不多丧失了一切，不得不举债度日，但我还是下定决心学习写作。我制订了一个时间表来计划下周的每一个小时，这样我就可以利用诸如孩子们起床后和丈夫打电话这样的时间来写作了。”我问罗伯茨女士，时间安排得如此紧张会不会累垮了。她回答：“恰恰相反，我的生活走向了一个新境界。”

罗伯茨的这番话使我备受鼓舞，回家后我就制订了一个比以前更完备的日程表。以下是我的工作总结。

（1）迫使自己充满激情，我完全可以充满激情，以百倍的热情投入到工作和生活中去。加倍的热情带来的是加倍的回报和快乐。

（2）推销保险的工作可归结为一点，那就是每天见上四五个人并说服他们。只要他们同意了你的观点或感染了你的激情，你就可以取得意想不到的结果。

（3）如果想克服恐惧，增强信心和勇气，就参加演讲训练班，并进行演讲。当你在公众面前演讲不再恐惧，私下里谈话自然也就毫无问题了。这一点至关重要。

（4）生活中最大的乐趣，来自干一番事业并尽量使自己干得最好。如果在自我调整上出了麻烦，想要提高思考的能力并有序地工作，解决的方法只有一个——多花一点时间来安排诸事的轻重与主次，抽出一周中的一天作为自我调整日。成功的全部秘诀是：一定要有充足的时间来筹划，而不是总忙得不可开交。

怎样学到推销最重要的秘诀

一个暖暖的秋日的早晨，我走进费城一家大食品店经理约翰·斯科特先生的办公室。斯科特先生的儿子哈里对我说："爸爸非常忙，你预约了吗？"我答道："没有，但你父亲曾经向我们公司索要过一些材料，我是应他的电话来送材料的。"哈里说："那你可能来的不是时候，此时父亲的办公室已有3个人正在谈事……"正说着，斯科特先生走了出来，哈里说："爸爸，还有个人想见您。"斯科特先生说："年轻人，是你想见我吗？"转身就把我带进了他的办公室。以下就是我们的谈话。

"斯科特先生，我叫贝特格。您曾向我们公司索要一些材料，这是您要的材料，里面有您签名的名片。"

"年轻人，这不是我要的材料，你们公司曾答应给我准备一些商业文件。"

"斯科特先生，您所要的那些商业文件从没有让我们公司多卖出几份人寿保险。可是，这些商业文件却造成了让我接近您的机会。您是否可以给我一个机会，让我给您讲讲人寿保险？"

"我的办公室里有3个人正等着我，我必须节约谈话时间，跟我谈人寿保险简直是浪费时间。我已经63岁，几年前我已停止买保险了，以前买的保险已经开始偿付了。我的孩子们已经成人，他们可以更好地照顾自己了。现在只有我妻子和一个女儿跟我住在一起，如果我有什么不测，她们也有足够的钱舒服地生活。"

"斯科特先生，像您这样在事业上成功的人，肯定会在家庭或事业之外有一些兴趣，比如对医院、宗教、慈善事业等进行有意义的资助。您是否想过，当您过世之后，这些由您资助的事业就会无法正常维持下去？"话说到这里，斯科特先生没有回答我的问题，但我看得出来，我的话起了作用，他等着我把话说下去。

“通过我们的计划，斯科特先生，无论您是否在世，您资助的事业都会维持下去。如果您在世，从现在起7年后，您将按月收到5000美元的支票，直到您过世。如果您不需要这笔钱，自然您随便怎样都可以。如果您需要，那就是雪中送炭了。”

斯科特先生看了看手表说：“如果你能等一会儿，我倒愿意问几个问题。”大约20分钟后，斯科特先生让我到他的办公室去。

“贝特格先生，既然你刚才谈到慈善事业，我可以告诉你，我资助了3名尼加拉瓜传教士，每年都花去大笔钱，这件事对我来说很重要。你刚才说到的如果买了保险，我过世后那3名传教士依然可以得到资助，这是怎么回事？还有你说到的如果我买了保险，从现在起7年后，我可以按月收到5000美元的支票，这大概要花多少钱？”

当我把具体的钱数告诉他后，他吃了一惊：“不，我花不起那么多钱。”

接着，我问了那3个传教士的事，他的兴趣又来了，他很乐意谈论他们。我问他是否去看望过他们。他说他本人没有去过，儿子和小姨子在尼加拉瓜照应着那些事。今年秋天，他打算去那儿一趟。斯科特先生还给我讲了有关那些传教士的其他一些事。

我抱着极大的兴趣听完了他的叙述，说道：“斯科特先生，现在，这已经做出了妥善的安排，即使您发生了不测，您的儿子仍可以按月收到支票，而不致发生青黄不接的情况。您是否可以写信告诉那些外国传教士同样的信息？”

当斯科特先生谈到支出太多时，我与他的对话也多了起来。我问了更多的问题，问他那些传教士干些什么有趣的事。

最后，斯科特先生买了6672美元的保险。

我走出他的办公室，不，那简直是在飞，那张6672美元的支票我不是放在衣服口袋里，而是紧紧地抓在手中。回办公室的路太长了，等回到办公室，简直像是噩梦的结束。就在2年前，我还打算放弃这份工作，可现在我却做成了公司有史以来最大的一笔人寿险生意。

当晚我根本吃不下，直到次日凌晨才睡着。1920年3月3日，永远不会忘记的一天，我是整个费城最激动的人。

几周后，我应邀前往波士顿在全州销售会议上演讲。演讲之后，全州著名的推销员克雷拉·M.霍思西克——他的年龄几乎是我的两倍，走上前来向我表示祝贺。随后，他告诉了我一些事，所述之事在以后的日子里让我体会到那是与人相处的秘诀。

他说："我现在还在疑惑，你是如何肯定你可以卖出那份保险的。"

我问他，这话是什么意思。

他向我解释道："推销的秘诀是如何知道人们到底需要什么，并且帮助他找到最佳的方法去得到。当你刚刚见到斯科特先生时，你可能不知道他需要什么，你只是偶然地发现了他的需要，接着你帮助他得到了他所需要的。你不断地谈论、不断地提问题，使他一直没有离开他所需要的。如果你永远记住这些原则，推销就变得容易了。"

我在波士顿的3天里，除了霍思西克先生所说的之外，我几乎什么也不想。他说的是对的，而我却不知道为什么能推销出那笔保险。如果霍思西克先生没有给我指出我的那笔生意为什么能够成交，接下来的几年里，我很有可能还是稀里糊涂的。想着霍思西克先生的话，我意识到了以往的推销为什么会那么艰难，因为我只是讨价还价，只是想多卖出几份保险，从没有站在对方的立场上去替他们着想。"为客户着想"的新想法已出现在我的头脑中，我等不到回到费城就去尝试了。

"为客户着想"的理念，使我更多地考虑到约翰·斯科特先生的情况。他17岁时从爱尔兰来到美国，在一家小杂货店干活，后来经过自己的努力，在美国东部开了一家最好的副食品商场。毫无疑问，他对自己的事业情有独钟，那是他的全部生活，肯定会希望在百年之后让他的事业继续下去。

回到费城后，我用了差不多一个月的时间，协助约翰·斯科特先生搞出了一份计划，该计划是把斯科特先生的儿女和8名雇员与斯科特先生的企业紧紧地联系在一起。在一次费城创建商俱乐部的午餐会上，望着那些重要人物，约翰·斯科特先生情绪高昂，即席发表了简短热情的讲话并谈到我帮他弄出的那份计划，他说："我最关心的两件事——我的企业和我建立的国外传教使团——已无后顾之忧了。"

后来，我为那些重要人物都办理了人寿险和相应的财产险。每人的数额都与斯科特先生的大致相当。那一天里我赚的钱，比我前8年的总额还多。

那一夜，我彻底明白了霍思西克先生的那番话的力量有多大。在那之前，我想的只是多卖保险来糊口，现在我真正地领悟到了推销保险的真谛——

弄清人们需要什么，帮助他们得到它。

我无法用语言来表达霍思西克先生给我的勇气和激情，那是比推销技巧更重要的东西，那是生活的哲理。

抓住要领

在波士顿大会期间，还有一件事让我吃惊，那就是众多推销领导层的人都来了，有的甚至来自遥远的加州、得州和佛罗里达州。

我曾问过霍思西克先生这是为什么，他私下里告诉了我："这些头面人物都希望在这次会上得到推销的新理念，以使他们的销售更成功，这一点恐怕与你的目的一样。如果得到了什么新主意，那么，这种'投资'就比以往的更有价值。这次大会给你提供了一个与大人物相处的机会，私下里见见他们，听听他们说的，将使你获得灵感。回去时，你会感到充满信心和激情。"

霍思西克先生的建议，使我在来时的疑惑全消。霍思西克先生自己就是那些大人物中的一员，他告诉我的简直是无价之宝。毫无疑问，我曾错过很多机会，很多情况下我甚至不知道什么是机会。棒球里有句行话："看不见就击不中。"在霍思西克先生告诉我推销的秘诀后，我就开始准确出击了。

几年后，同样的大会在克利夫里召开。一位与会者说到推销的规律，他的名字我忘了，但他的话却深深地印在我的脑海里。他讲了一段故事：

一天夜里，伍思特大学的一座主楼烧毁了。两天后，年轻的大学校长路易斯·霍尔登去找安德鲁·卡内基先生。

直截了当地，霍尔登校长说道："卡内基先生您很忙，我也忙，我不想多占用您的宝贵时间。前天，学校的主楼烧毁了，我想从您这里募集10万美元再建一座新的。"卡内基先生说："我并不想给学校捐钱。"霍尔登校长说："可您愿意帮助年轻人，对不对？我也是年轻人，现在处于困境。

两天来，我到处去找建筑商，看来我的重建计划最重要的部分泡汤了。卡内基先生，如果正是做生意的好时候，可您的一座厂房毁了，您的感觉会是怎样？”卡内基先生说：“年轻人，如果在30天里你筹到10万，我就给你10万的100倍。”霍尔登校长说：“如果能把时间延长到60天，到时我肯定来找您。”卡内基先生说：“成交了！”霍尔登校长拿起帽子向门口走去，卡内基先生在身后喊道：“记住了，只有60天！”霍尔登扭过头来，坚定地说：“知道了，全记住了。”

见面过程只有4分钟，50天里霍尔登筹集到了10万美元。他拿着支票来找卡内基先生，卡内基先生给了另外10万，笑着说：“年轻人，下次再来别待太久。要知道，和你谈一分钟话，我要花250万美元。”

路易斯·霍尔登做到了“准确出击”，因为他准确地知道卡内基先生对年轻人最具怜悯之心。

霍尔登与卡内基先生谈话的价值要远远地超过1000万美元，卡内基先生的10万美元的确物有所值——资助了教育。

这件事也和霍思西克先生的销售秘诀一样，找到了人们所需要的。看来这一秘诀对销售什么都极为重要，无论是物品还是思想。

最近，我亲自经历了这条定律下正反两方面的例子。

一次，我在西部的一个大城市办事，一个名叫布朗的年轻人给我打了个电话。电话中，他说：“贝特格先生，我是布朗，现在我正准备开办一所培训年轻推销员的学校，我们准备下个月开课。今晚，在你住的饭店里，我正准备主持一个有数百人参加的会议。为了这个会，我们着实花了不少钱，真心地希望您能讲几句。除了邀请您之外，还有其他几位，所以您的讲话最好不要超过10分钟。其实，关于推销、销售我也积累了不少经验，否则我怎么能组织一个培训学校呢？真希望您能来……”他喋喋不休地说了一遍。

我并不认识这个叫布朗的年轻人，我干吗要帮助他？我够忙的了，有一大堆事要做，那可是我自己的事，况且我已准备好了明天要走。所以，我客气地祝他成功，请他允许我明天上路。他喋喋不休的一堆话真让我感到不舒服。

不一会儿，又有一个叫怀特的青年给我打电话，内容也是关于培训班的事。他是这样说的：“贝特格先生，我是乔·怀特，我知道布朗先生已在电话中跟您说了我们要开办培训班的事，也知道您很忙，明天还要赶路。不过，您要是能抽点时间和我们在一起待几分钟，我们将感激不尽。我知道，您对青年一代一直关心备至，您的讲话将使他们鼓足勇气，一往无前。有了您的讲话，我们的培训班就有了一个好的开端。其他的演讲人我也不认识，但我想您比他们更好。”

第一个人犯了我曾犯过的错误，那就是只说自己知道的和自己想要得到的。第二个人根本不提自己想要得到什么，他懂得什么叫“准确出击”。他的话感动了我，使我无法说不。

戴尔·卡耐基说：“天下只有一条路可以让他人接受你的推销，那就是你要仔细想想别人需要什么。除此之外，没有其他的路。”

二次大战前，我在西部几个城市做了一系列的演说。当我讲到上述一些问题时，几个人提了些问题。一次在依阿华州，一个中年人说：“您所说的原则，在销售人寿险方面确实有效。可我现在给一家全国著名的杂志拉订户，我该如何使用您说的原则呢？”

这位先生在拉订户这份工作中已经干了些年头了，但业绩总是徘徊不前。我给他提了些建议，但看得出来，他的热情并不高。

星期六早晨，我在饭店的美容室理发，他闯了进来解释着，他听说我下午就要乘火车走了，急着要告诉我点事。他说：“贝特格先生，星期二晚上的谈话，当时我的确不太感兴趣。可后来一想，原来我只是向商人们征订杂志，大多数人都说他们太忙了没时间看，虽然他们也订了。星期三，我从一位订户那里搞来一封信，信中称我们杂志的内容既重要又有意思，很适合一个晚上就看完。要知道，这个订户是该城市中最杰出的法官。随后，我又把订户中的杰出人物列了一个名单。现在，再拉订户时，我就把法官的信和那份名单拿出来，效果当然好了。您看，我现在不是在简单地卖杂志，而是出售更有意义的东西了。”

短短的几天时间，一个虽有好的东西却又苦于销售无方的人，变成了一个让人刮目相看的人。他对自己的工作有了全新的感受。

同一个人在同一个城市里，销售同样的东西，现在成功了。以前，他可是一败涂地。

前面说过，几年前我被选为一所教会学校的监管人。当时，我认为这所学校的当务之急是要好好地组织起来。所以，我向牧师提出要求，在开课前给我5分钟的时间做个开场白。我心里明白，这也是一次“推销”。我知道，当好这个监管人对我来说也是一次机会，我需要这次机会，我也能做得更好。我需要学校教员的合作，所以，我应当找到教员们的需要。在教员大会上，我的开场白是这样的：

“我需要花几分钟时间和你们讨论一下你们的需求。你们中的许多人都有孩子，也希望自己的孩子去星期日学校和其他可爱的孩子一起玩耍，在学校还可以学到更多的知识。我和你们一样，也希望自己的孩子避免犯我们曾经犯过的错误。那我们该如何做呢？

“我想办法只有一个，那就是建立一个完善的组织。正如你们所知，我们现在只有9名教师，这还包括牧师本人，可我们至少需要25名教师。9名教师中可能还会有人打退堂鼓，原因可能和我一年前一样，当时我执教一个男生班，可我对《圣经》却知之甚少。同样的，虽然现在大家每星期日只教25分钟的课，但在6个月的讲授里，你们就可以让孩子们拥有丰富的关于《圣经》的知识了。可是，如果没有这个讲授的过程，你们花多年的时间也未必能掌握多少。

夫妇二人还可以一起备课，这也增加了交流的机会，关系会更亲密。要是你们的孩子能看到这些，那不是更好了吗？你们都是很有天赋的人，我想没有什么事能比授课过程更能发挥你们的天赋了。”

我说这些之后不久便开课了，虽然来的孩子不多，可我还是把他们分成班。有的班只有两三个人。由于没有足够的教室，我们把孩子们安排在一座挨一座的帆布帐篷里上课。经过一段时间的努力，来入学的孩子越来越多，后来帆布帐篷容纳不下了。于是，我们开始募捐。又过了3个月，我们从当地372名居民手中共筹得18万美元，盖了一座新教堂。

让人们知道了什么是他们真正需要的，他们会竭尽全力去得到它。

本杰明·富兰克林是了解这一点的。他甚至祈求上苍，能把这一原则铭刻在他的脑海里。第一次阅读他的自传时，我就了解到他向上帝祈祷了50年。

我曾对自己说：“如果本杰明·富兰克林的祈祷有效，那我的祈祷也该有助于我的事业发展。”我也祈祷了25年。本杰明·富兰克林在他的自传中写道：“仁慈的上帝赐予我们智慧，我需要得到他的帮助去获得智慧，我写下如下的祈祷语置于案头，永志不忘——‘啊，万能的上帝，如慈父般给我导航，给我智慧。’”

在销售中如何以提问来提高效率

我的思路有时可以使人们的思考产生革命性的变化。例如，在和博思先生做成那笔生意之前，我曾给自己定下了年销售25万美元保险的目标。当时我想，只要经过艰苦、细致的工作，我是可以完成的。现在，只用了一天就完成了，真是太棒了！只是一个星期之前，25万美元的目标在一年内完成还是那么困难，可现在我的目标已经是一年100万美元了。

那些都是我在回费城的火车上的想法。当时的想法令我很激动，让我坐立不安。当时车厢里挤满了人，没有空余的座位。我一直在想销售方面的事，我和博思先生的对话一遍遍地重现在脑海里。后来，我找到了一个座位，动笔把感想写下来：

“如果我没有采取爱略特·霍尔先生关于以提问的方式来推销的策略，我这次简直是毫无意义。就在几天前，我甚至都不知道纽约还有这么一桩生意。”

我意识到，如果我只是直截了当地去推销，而不是以提问的方式，恐怕3分钟内就被踢出门了。在整个谈话过程中，我尽最大可能地积聚起自己的力量，而不表现出任何抱怨，才获得了成功。我始终让博思先生处于购买者的地位，把我的主意糅合在我替他着想的问题之中。每当他有任何不同的想法或疑问，我就立即直接地以问题的形式回答他。当博思先生最后说出“走吧”，我终于体会到他已把我的主意当成是他自己的了。

几天后，我通过朋友给一位年轻的建筑师发了一封信。他正在搞几个重要的项目，他的事务所是本城最有希望的单位之一。那位年轻的建筑师看了我的信后，优雅地说：“如果你信中提到的就是为你们公司的保险做介绍，那么我丝毫不感兴趣，一个月前我已买了许多保险。”他的言谈话语中带着不可更改的意思，我感到此人很固执。但我还是十分希望更多地了解此人，所以我提出了第一个问题。

“爱伦先生，您是什么时候开始从事建筑业生意的？”

爱伦先生的回答，我耐心地听了3个小时。后来，他的秘书拿来几张支票让他签。女秘书离开时，一言未发地上下打量了我一番。我只是平静地看着爱伦先生。

在离开爱伦先生时，我已经透彻地了解了他的希望、努力和事业。在后来的一次面谈中，他说道："我简直不知道为什么要告诉你那么多，你现在所知道的比任何人都多，甚至比我妻子知道的还多。"

我相信那天爱伦发现了以前所不了解的自我——他以前从未透彻了解的内心世界。

我感谢爱伦先生对我的信任，告诉他我在仔细考虑和研究他所告诉我的一切。两周后，我搞出了一份保险计划和两份相关的文件。那天是平安夜，我下午4点离开公司，带着给爱伦先生的10万美元的保险合同，此外还有给副总裁的10万美元和行政总监的2.5万美元的保险合同。

这是我和爱伦先生成为挚友的开始，在后来的10年里，我和他们之间的生意额达到了75万美元。

我从未感觉到我是在"卖"什么，可他们总是在买。在听从了爱略特·霍尔先生的建议之前，我习惯于给顾客留下好像我什么都知道的印象，而对爱伦先生和他的同事们，我则努力让他们对我的提问给出更多的答案。

25年来，我发现让对方给出答案，比试图让他们按照我的思维方式去思考更有效。此时，我深刻地理解了霍尔先生给予我的新思想。实际上，费城当地一个伟人150年前就有大致相同的思想，并且还有所论述，此人就是本杰明·富兰克林。

在读富兰克林的书时，我吃惊地发现，年轻时的富兰克林无法让人接近，树敌过多，因为他与他们的争论过多，过于武断，试图支配他人。最后，他认识到他失去了支持者。后来，他研究了苏格拉底的提问方法，把它发扬光大并不断实践，终于在引导人方面变得十分艺术。他不再过分地与人争论，而是站在对方的立场上提问，让对方信服他的观点。

这一方法似乎是简便可行的，我开始把它应用于销售之中，并收到了立竿见影的效果。

现在，我一想起过去常常说的"我不能同意，因为……"就脸红。"你干吗不想想"的说法，在避免过分地支配他人方面小有裨益。比如，我说："我们应该避免过多的对立，而应该多问些问题。"这几乎就是站在对方的立场上提问了。可是，如果我说："你不认为我们该避免对立而多提几个问题好些？"相信这可以使对方感受好些。

作为提问方，在提问时应注意以下两点。

（1）让对方知道你所想的；

（2）问及对方的观点时要尊敬。

一位著名的教育家告诉我，学校教育之后最重要的事情，就是学会好的提问的态度、表达意愿的方式和对紧急事件、突发事件的应变能力。

我从未有条件上过大学，但我知道让人们思考的最好方法就是提问，提出切合实际的问题。在实际生活中，这是唯一使人们思考的办法。

提问中应注意的6点是：

（1）避免争论；

（2）避免喋喋不休；

（3）帮助对方认识其所需，然后帮助他决定如何得到；

（4）帮助对方理清思路，把你的想法变成他的；

（5）找到销售时的突破点；

（6）让对方感到受重视，你尊重对方的观点，对方会更尊重你。

走出校门后，最重要的事情之一是要学会提问题，要掌握处理偶然事件的科学方法。

销售中最重要的字眼

我想，在英语中最具力度的字眼就是"为什么"。问题如此简单，可发现它却花了我许多年的时间。这些年中，我干了不少的傻事。在我真正地理解"为什么"这个字眼后，在推销过程中，一旦有人提出与我的想法不同的观点，我就不会立即与人展开争论了。

直到有一天，我在与友人共进午餐时听了他的故事后，才认识到"为什么"这个字眼的真正含义。我的这位朋友是费城一家再生物资公司的老板。在我们共进午餐时，他讲了这样一段趣事。

一次，他与一群朋友聚会。晚上，他住在乡下的一间小屋内。入睡前，朋友们轮流讲故事。轮到他讲了，大家纷纷入睡了，只剩下他和另外一个人。他也困极了，每当他要停下来，那唯一的听众就问一句“为什么”，这样他就不得不继续讲下去，直到那唯一的听众也鼾声如雷，他才得以入睡。此时，他才明白这唯一的听众就是要看看他到底能把故事讲到什么时候。

听他讲到这里，我们都捧腹大笑。我的朋友接着说下去：“我突然想起来，我是怎么买下平生第一份人寿保险的。其实，在你向我推销保险的时候对你说的话，我对每个曾向我推销保险的人都说过。而你并不与我争辩，只是不住地问为什么。我呢，对你的提问不住地解释。我解释得越多，就越意识到我已处于不利的地位。防线最终被你不住的提问所击溃。其实，并不是你向我卖了保险，而是我自己‘主动’地向你买了一份保险。”

他接着往下说：“那次聚会结束后，我回到办公室，用这一神奇的办法，只是通过电话就卖出不少积压的货物。你该意识到在你向我推销保险时，你自己并不知道，问‘为什么’是推销的一项策略。”

我的这位朋友是费城最成功、最忙碌的商人之一。自从那次谈话之后，我一直都感谢他让我真正认识到“为什么”这个字眼的力量，而我以前从未认识到。

许多推销员害怕用问“为什么”这一方法来推销，让我大惑不解。

几年前，我曾在演讲中讲述过这个故事。第二天，我让那些听了演讲的推销员讲述，他们是怎么开始使用“为什么”这个字眼的，并且还要说说使用之后起了什么作用。这里，我们可以举个例子。

佛罗里达的一位机器推销员讲了他的故事。他说：“昨天晚上，我听了贝特格先生的演讲。当时我想，真的那么有用吗？今天上午，一位顾客来到我们的商店询问一部机器的价钱。我告诉他价钱是2700美元，他认为太贵了。我问为什么觉得贵，他说使用这部机器带来的利润恐怕还不如买这部机器的钱多。我又问为什么，他回答说难道你认为可能吗？我接着说为什么不能呢，他很不客气地说你认为可能吗？听了这句，我答道为什么不可能呢？所有买了这种机器的人都认为这是一笔不错的投资呢。他回答说，我恐怕还是负担不起。接下来的谈话，只要他提出疑问，我就问为什么，我尽量让他多说，直到他再也无法为不买添加什么原因为止。后来，他买了那部机器。这是我曾经做过的销售中成交最快的一次。我知道，如果还是用过去那一套喋喋不休的推销语言，我肯定做不成这笔生意。”

已故的密尔顿·何塞先生，曾经推着手推车在街上卖糖果，后来又做巧克力生产商，成了百万富翁。他认为“为什么”这个字眼万分重要，以至于他的一生都为此献身。这听起来似乎是太离奇了。但如果你继续往下看，就不会觉得离奇了。密尔顿·何塞先生在40岁前经历了3次失败，他开始问自己为什么——“为什么其他人成功了，而我却总是失败？”经过长时间的思考，他把原因归结为在做事的时候并没有把握住事情的本质。从那时起到他88岁去世，他的人生所推崇的就是不断地问为什么。如果有人对他说“这件事没法干”时，他就问“为什么”，“为什么不能呢”？他会一直问下去，直到找出所有原因。此时，他还会说：“又有一个人学会了使用问‘为什么’的办法了。”

那么，爱略特·霍尔先生的推销策略是不是错了呢？他在销售中并不强求问为什么，而首要的是要去做，那也是我从他那里学到的重要经验。

在下一节里，我会用两个实例向你说明，使用“为什么”这个字眼，是如何帮助你掌握事情的整体的，还会说明把“为什么”这个字眼和另一个我们常用的口头禅放在一起使用，会带来令人惊奇的效果。

建立自信的重要心得

当我开始从事推销时，前景不错。因为我被置于卡尔·科林斯的指导下，他在公司的销售人员中领先已有40年。

科林斯先生的最非凡之处，在于他总是能够赢得他人的信任。他一开口，你就会感觉到：“这是个值得信赖的人，他熟悉这门生意，与他合作没问题。”我第一次见到他时就注意到了这一点，后来了解到了为什么。

一次，去谈一笔生意，情况似乎不错。客户对我说：“过一个月来吧，到时可能会签约。”实际上，那时我真没有勇气再去，天天想的都是退出。我不得不向科林斯先生求助，请他陪我一起去见客户。科林斯先生看着我垂头丧气的样子，答应了我的请求。

真没想到，这桩生意在他手里是那样轻松地就完成了，太令人激动了。我得到的佣金将是259美元。可是，过了几天传来了坏消息，由于客户的身体原因，合约暂缓执行。

我问科林斯先生："我们是不是该告诉这位客户，这是不合规范的，如果我们不告诉他，他不会知道。"

科林斯先生平静地说："不行，可我知道，你也知道。我会告诉你在保险业中这样做是符合规范的，可你并不知道其中的差别。"

科林斯先生登门拜访客户，讲明了其中的利害。接着说道："我确信这份保险对你是有益的，我希望你能认真地考虑一下。"

客户毫不犹豫地答应了，并马上签支票付了一年的保险费。

卡尔·科林斯先生的一举一动，使我明白了为什么人们信任他。他的言谈举止胜过一场演讲，这一切都源于他那真诚的目光。

"那样不行，可我知道。"这寥寥数语表明了科林斯先生的人格，其深刻含意我永生不忘。在事情前景不明朗的情况下，让我鼓起勇气的最大根源是，别人是否相信不是标准，自己相信才是标准。

我曾经把乔治·马修·亚当斯的几句话写在纸上随身携带，反复地阅读直到它融入我的思想："一个聪明的推销员总是直率地说出实情。他会真诚地看着他的客户，这样会给人留下深刻的印象。即使第一次不能成交，他给人留下的也是真诚。耍小聪明的招数愚弄不了第二次，巧舌如簧并不能取胜，只有真诚的言语才能打动人心。推销员的目光中包含着遣词用句，包含着推销员打动人心的直率神情。真诚永远是最保险的，也是最好的办法。"

我认为自己的能力已不限于做一个推销员，但我尽量按他们的方式行事。任何一类推销员都应采取这样一种态度：在与所有客户交往时，应让对方处于能够了解事情全貌的状态中，要努力让他了解一切细节和我们所能提供的服务。

赢得他人信任的原则之一是——值得信任。

赢得信任的最快捷的方式

下面，我将举例向你讲解如何最快地赢得他人的信任。这一切发生在新泽西州一家大肥料公司财务主管康纳德·琼斯先生的办公室里。琼斯先生不认识我，很快我还发觉他对我的公司也毫不了解。

于是，我问道："琼斯先生，您在哪家公司投了保？"

"纽约人寿保险公司、大都会保险公司。"

"您所选择的都是些最好的保险公司。"

"你也这么认为？"他掩饰不住得意。

"没有比您的选择更好的了。"

接着，我向琼斯先生讲述了那几家保险公司的情况和投保条件，告诉他大都会保险公司是世界上最大的保险公司，公司经营状况良好，有些社区的所有人都在这家公司投保。

我说的这些丝毫没有使他觉得无聊，反而使他听得十分入神，因为有许多事是他原来不知道的。我看得出，他因认为自己投资判断正确而感到自豪。

我这样夸赞我的竞争对手是否会对我不利呢？看看接下来发生了些什么。

说完那些热情洋溢的话之后，我接着说："琼斯先生，在费城还有几家大的保险公司，如菲德利特、缪托尔等，也是世界有名的大公司。"

我对竞争对手的了解和夸赞，似乎给琼斯先生留下了深刻印象。当我再把我们公司的投保条件与他所选择的那几家大公司一起比较时，由于经我介绍他已经熟悉了那几家公司的情况，他就接受了我提出的条件，因为我们的条件更适合他。

在接下来的几个月内，琼斯先生和其他4名高级职员从我们公司购买了大笔保险。当琼斯先生的公司总裁向我咨询菲德利特公司的情况时，琼斯先生连忙插嘴，一字不差地重复我对他说的话："费城三家最好的保险公司之一。”

不夸赞竞争对手，也就做不成这笔生意。如同打棒球一样，夸赞对方就好像是安全地上了一垒，然后像4个垒都有人，幸运的是我回到本垒得分。

25年来，我一直用夸赞对手这种有效的方式来谈生意。在人生的旅途中，在生意中，我们无时无刻不需要他人的信任。我体会到赢得他人信任的最快的办法适用于这样一条原则，也就是本杰明·富兰克林说过的：“我不会诋毁任何人，我将尽量把我所了解的他人的美德说出来。”

所以，赢得他人信任的原则之二就是——夸赞你的对手。

向林肯学习如何交友

一天，当我离开一位年轻律师的办公室时，虽然他对我推荐的保险没有什么兴趣，但我说的话却让他产生了很大兴趣。

我说：“巴内斯先生，我相信您前程远大。我并不想打扰您，如果您不介意的话，我会继续和您保持接触。”

巴内斯先生问道：“你所说的前程远大是什么意思？”听他的口气，似乎我在奉承他。

我说：“几星期前，我听过您在州长会议上的演讲，那是我听过的最好的演讲，这并不只是我一个人这样认为。我希望您也听听演讲结束后我朋友是怎么说的。”

他听了此话之后，不仅仅是高兴，简直有点喜形于色了。我问他是怎么学会在大庭广众之下演讲的，他跟我聊了一会儿，离开时他说：“欢迎您随时来访，贝特格先生。”

几年后，这位年轻的律师业务猛增，成为当地最成功的律师之一。我也一直和他保持着密切联系。我和他在保险业务方面的联系也越来越多，我们成了好朋友。

后来，他成了宾夕法尼亚州制糖公司、密德维勒钢铁公司等大公司的法律顾问，他还进入了这些大公司的决策机构。再以后，他退出律师行业，成为宾夕法尼亚州最高法院的法官。

我还是不断地告诉他我对他的信任。他也私下里告诉我他事业的成功，我也分享他的快乐。我曾经对他说过：“我从来都相信你会成为费城最好的律师。”我忘了已是最高法院法官的他对我的话表示过什么，但我能体会到，作为他的挚友，我的话给他的鼓励是相当有用的。

那么，人们真的喜欢别人的信任并期望他们事业有成吗？如果是真诚的，我想没有什么比这更值得让他们感谢的了。

要想赢得朋友，亚伯拉罕·林肯的话虽然很老了，但对我确实很有帮助。

“如果你想赢得朋友，首先你要让人确信你是真诚的。言谈话语中，要体现真诚。虽然他人的判断力是个小小的困难，但真诚始终是唯一的方法。”

几年后，有人托我打听一位在基拉德信托公司工作的年轻人的情况。这位年轻人当年21岁。我和他做了一笔小生意，经了解我发现他确实不错。有一天，我对他说：“你将成为基拉德信托银行的总裁或是高层管理人。”尽管他笑话我，但我还是确信地对他说：“我是认真的，你也该把我的话当真。什么能阻止你呢？你具备了一切良好的素质。你年轻、热情，有优秀的工作业绩，人际关系广泛。记住，这家银行所有的职工最后都要退休，总会有人取而代之，你干吗不打算取而代之呢？如果你想干，就能干得成。”

我坚决要求他参加银行业务和演讲的学习，他听从了我的话。一天，所有员工被召集起来开会，一位官员讲了银行面临的困难，并表示高层管理者愿意听取员工们的有益建议。

这位年轻人在会议上说出了他解决银行困境的办法。他的话是那么令人信服和充满激情，所有与会者都感到震惊。会后，朋友们向他祝贺。

第二天，会议召集人把他叫到办公室，高度评价了他的表现，告诉他银行已采用了他的部分建议。

没过多久，这位年轻人升任为部门经理。如今，他已成为另一家大银行的总裁。

他买了我推荐的保险，有了这层关系，我不会担心任何竞争对手。

许多年以前，我认识了两个年轻有为的朋友。当时，他们感到很压抑。看到他们当时的情况，我对他们说了一番鼓励的话。我告诉他们，我在生意交往中经常听到他们的竞争对手对他们二人的褒奖。我提醒他们想想5年前他们是怎么起步的。我问他们当年是怎么决定开始做生意的，这让他们想起当年的情景，脸上有了笑容，于是讲起了当年艰难起步的情景，有些事我以前从没听他们说起过。我鼓励他们说，在这一行中不会有人比他们更有出息，竞争对手夸奖的话让他们觉得精神振奋。实际上，他们对自己的能力并没有太多的怀疑，只不过没有人在适当的时候给他们以鼓励。

离开时，他们中的一个挎着我的胳膊送我到电梯门口。在我就要走进电梯时，他对我说："您能否每星期一来我们这里一次？"

以后的几年里，我经常到他们那儿去说些鼓励的话，当然也向他们推销保险。伴随着他们的成功，我的业务也增加了不少。

历史上的伟大人物给过我不少的激励，但最大的鼓励和最好的主意还是来自生意上的合作伙伴和朋友。当我从朋友那里获得鼓励后取得了成绩，我就会告诉他们，人们总是愿意听到他们的帮助起了效果。我再给你们举个例子。

一次，我和一家纸张公司销售经理摩根先生聊天。我说："摩根先生，您对我鼓励的作用太大了，那让我赚了不少钱。"

他不相信我说的是真话，他说："有什么就直说吧！别和我开玩笑。"我说："不是玩笑，我是真心的。前几年，你们公司的总裁对我说过，您很早就来公司工作了，每天早晨7点在别人上班之前就把办公室打扫干净；您现在已是销售经理，可依然7点就到了办公室，仍然是公司里来得最早的。您7点到办公室，那肯定是在6点前就起床了。我想，您既然能在6点就起床，我也该试试。我参加了6点俱乐部。这令我感觉很好，我可以干更多的工作。所以，是您的行为鼓励了我，让我赚到更多的钱。"我知道，摩根先生十分愿意听我的这些话。

"您是怎么开始您的事业的？"这是一个我问过无数次的问题。

通常人们会说："说来话长了。"每当人们说起他们是如何开始的，又遇到了些什么困难，又是如何克服的，我总是感到很着迷。那些故事让我觉得很浪漫。但对述说者来说，他们的感觉更浪漫。这样的人都愿意别人听听他所经历的一切，并想以此来鼓励你。如果你真的感兴趣，认为他们的经验对你有益，他们会告诉你所有的细节。

当我离开摩根先生时，我记下了不少关于他的信息。比如，他在哪儿出生，他妻子和孩子的名字，他未来的目标，他的爱好等等。我把这类东西记录在卡片上。这类卡片我收集了25年。

有时，人们会因我了解他们那么多而感到吃惊。对了解人有兴趣，这使我结交了不少朋友。

“您是怎么开始您的事业的？”这个问题似乎还真有点魔力。通过提这样的问题，经常可以使那些忙得不可开交的人停下来与我谈话。我来举一个典型的例子。

罗斯是个大忙人，他对推销员的态度是：离他们远点。

下面是我第一次与他见面时的谈话。

我：“先生您好，我是保险公司的推销员贝特格。您认识吉米·沃克先生吗？是他介绍我来的。”我把吉米·沃克先生亲笔签名的名片递给他。

罗斯（看上去一脸不高兴，瞥了一眼那张名片扔在桌子上）：“又是一个推销员。”

我：“是的……”

罗斯（在我还没来得及进一步说明情况时，他就打断了我）：“你已经是今天第10个推销员了。我还有很多事要做，不可能花时间听你们的话，别再烦我了，我没有时间。”

我：“我只打扰您一会儿，请允许我做个自我介绍。我这次来只是想和您约一下明天的时间，如果不行，晚些时候也行。您看是上午还是下午？我只要20分钟就够了。”

罗斯：“我说过了，我根本没时间。”

我（我用了整整一分钟仔细看他正放在地板上的产品）：“您生产这些？”

罗斯：“是的。”

我：“您做这一行多长时间了？”

罗斯：“哦，有22年了。”

我：“您是怎么开始做这一行的呢？”

罗斯（仰身靠在椅背，神态可亲）：“说来话长了。我17岁就到一家工厂干活，在那里没日没夜地干了10年。后来，自己就开了现在这家公司。”

我：“您是在此地出生的吗？”

罗斯：“不是，我是在瑞士。”

我：“那您肯定是年龄不大的时候就来了。”

罗斯："我离开家时只有14岁。曾在德国待了一阵，后来到了美国。"

我："那您肯定是带了大笔资金来这儿开拓事业。"

罗斯（微笑着）："我以300美元起家，干到现在，达到了30万美元。"

我："看看您这些产品的生产过程肯定是很有意思的事。"

罗斯（站起来走到我身边）："不错！我们为自己的产品感到骄傲。我相信，这些产品在市场上是最好的。你愿不愿意到工厂里走走，看看这些产品是怎么生产出来的？"

我："太想了。"

然后，罗斯先生把手搭在我肩膀上，陪着我去参观工厂。

第一次和罗斯先生见面，我并没有向他卖出任何保险，但在那以后的16年里，我向他卖了19份，还向他的儿子们卖出了6份。我不但赚了不少钱，还和他成了好朋友。

我在各处都受欢迎的诀窍

作为一个年轻人，我的主要问题是无法找到很快改正错误的办法，过去生活的苦难至今还留在我的脑海中。

当我很小的时候，父亲就去世了，母亲带着我们5个孩子。为了供我们上学，母亲只得去干那些洗衣、缝补的活。那年天气寒冷，全家除了厨房没有一点热气，房间里也没有地毯。天花、猩红热、伤寒等疾病随时会降临到我们身上。饥饿、疾病夺去了我们家3个孩子的性命。这样的生活境况使我们毫无生活的乐趣。

我不得不去沿街叫卖。

没用多长时间，我就认识到自己有很多弱点要克服。多年的苦难生活让我的表情总是忧郁的，但生活告诉我必须改变这一点。我努力去做，很快，无论是在家里、在社会上、在事业上都收到了效果。

每天早晨花15分钟洗漱，强迫自己带着笑容出门。我很快就发现，这种虚假的职业微笑也只能多换来几美元。虚假的笑容无法取代那种发自内心的真诚的笑容。

要获得这种笑容并不容易。就在我每天早晨进行那15分钟的洗漱时，我的内心依然带着疑虑、恐惧和担心。所以，无论我怎样强颜欢笑，不用多长时间又是一张忧郁的面孔。微笑和忧郁是无法混合在一起的。只要我强迫自己微笑，就得让快乐的事情回到脑海中。

直到我的这种身体体验由哈佛大学的哲学家威廉·詹姆斯理论化了，我才明白。他说：“经历似乎是在感觉之后的，但实际上两者是不能分开的。我们限制感觉的行为，但我们却无法直接地限制感觉。”

再看看我是如何开始我的一天的。在我进入别人的办公室之前，我得先停顿一下，想想该说些什么，然后面带微笑走进去，这样的微笑容易变成开怀大笑。我很少是怎么进去又怎么出来。当秘书小姐进去通知老板，然后引我进入办公室时，她们一般也在我的微笑感染下面带微笑。

当你面带真诚的微笑与擦肩而过的人打个简单的招呼时，往往比你啰哩啰嗦说一大堆寒暄的话更受欢迎。如果对方是你熟知的人，不妨面带真诚的微笑直呼其名，真诚的微笑真是魅力无穷。

不知你们是否注意到了，好运气似乎总是偏爱那些真诚、富有激情的人，而厄运则总是与那些忧郁的人相伴。

电话公司做过一次声音与微笑的调查。你现在就可以拿起电话，来一次面带微笑的谈话，感觉一下不同之处。在电话前挂一面镜子，让人们能看见这种区别也许是一项不错的发明。

我曾经对数以千计的人说过，试着面带微笑在30天中去面对任何事。有25%的人表示愿意做这种尝试。结果如何呢？这里不妨摘录一位男士的一封信来加以说明。

“我和妻子刚刚谈妥了离婚。我认为造成离婚的错误全在她。自从我有了这种想法，自然在行为上就表现出来了。从此，家里也就失去了往日的欢乐。我进一步认识到，我在生意上失意全是因我的忧郁和失去了往日的积极态度。我把在忧郁的情绪下做出的举动，加到妻子、孩子身上。可是现在，我意识到了这不完全是妻子的错。从认识到这一点以后，一年来我完全变了一个人，欢乐重新回到身边。人们又看见了我的微笑，另外在事业上我也有了惊人的发展。”

这位男士的微笑所带来的结果是那么满意，以至于他持续不断地给我写了好几年的信。

陶鲁斯·狄克思曾说过："对那些脆弱的男人来说，没有什么比女性的微笑更能击败他们了。因为她们认为没有什么能比得了维持婚姻并把丈夫留在家更重要；当知道家中有一个女性在等他，她的笑容又像是他所需要的灿烂的阳光时，没有一个男人会不加快脚步回家。可惜的是，许多女性并不注意把鼓励男性当成美德和责任。"

面带着笑容就会快乐，这听起来似乎不可思议，但你为何不试试看呢？看看自己面带微笑对着妻儿会有什么效果。面带微笑是终止忧郁最好的办法之一，面带微笑到哪里都会受到欢迎。

如何学会记住人们的姓名和面孔

我曾经在费城的基督教男青年会教过一年的营销课程，期间曾有一位记忆专家也来讲过3个晚上的记忆训练课。这种训练让我明白了记住别人名字的重要性。

由于认识到了这件事的重要性，我也阅读了有关书籍，也听了一些讲座。在生意和社会交往中，我有意识地去使用那些学到的知识。由于这些，果然在以后的日子里记住那些名字就没有那么困难了。那位专家教给我记住名字和面孔有3条原则：

（1）印象；

（2）重复；

（3）联想。

如果记住这3条原则有困难，有个简单的办法可以让你记住。我不妨多花些笔墨来解释一下。

1.印象

心理学家告诉我们，有关人类记忆力的问题，其实就是观察力的问题。我觉得也是如此。我曾经总是记不住别人的名字，可是，如果有人因为对我毫不在意而忘了我的名字，我就会觉得心里不舒服。我对名字重要性的认识，使我觉得印象是首要原则。如果不能正确地牢记别人的名字，那简直是不可原谅的无礼。

可怎么能正确地记住呢？如果是因为没有听清，恰当的说法是："您能再重复一遍吗？"如果还不能肯定，正确的说法是："抱歉，您可以告诉我怎么写吗？"我想，不会有人对别人要正确地知道他的名字而产生反感的。

所以，记住别人的名字和面孔首先要非常留意，不要再想别的什么事。这也有助于克服与陌生人见面时的过分拘束。

人们常说眼睛就像是心灵的照相机，会把我们所看到的事物如实地记录下来。这一点也很容易证明。闭上眼睛，在头脑中依然可以清晰地出现人们的面孔，就像是直接地看照片，大脑的这种功能对名字也是一样。

2.重复

你是不是有过这样的情况，新介绍给你的人在10分钟之内就被忘了，除非多重复几遍。

在谈话中，有助于记住别人名字的办法，是用多种谈话方式使用他人的名字。比如："莫斯格拉夫先生，您是不是在费城出生的？"如果一个名字较难发音，最好不要回避，但很多人都采取回避的方式。如果我碰上一个较难发音的名字，我就会问："您的名字我念得对吗？"我发现，人们是很愿意帮助你把他们的名字念对的。同样，如果你很想让别人也记住你的名字，你会有许多机会在他面前重复你的名字。

我经常是会面一结束，就立即把对方的名字记下来，这的确很有用。同时见几个人，把他们的名字都记住的确很难，一位朋友教了我一个好办法。我的这位朋友记忆力很差，但通过自己的方式训练，他有了相当不错的记忆力。在参加大型会议时，他演练自己创立的方法。

与一群人见面时，先记住三四个人的名字，花一点时间把这些名字粗略地记下来。然后，再见下一群人，试着把他们的名字编成一句话，牢记在心里。比如，一次宴会上同时参加的差不多有50个人，他们的名字有凯米尔、欧文斯、克德温、柯撒尔等。我把这些名字的谐音编成了一句话，用这种方法编出来的话容易记而且不会忘。虽然并不是总能编成一句话，但只要你记住使用这种方法，还是会有机会的。

最近，这种方法就帮了我的大忙。我和牙医学会的4名大夫见面，我想起一个神话故事，并利用谐音把他们的名字编成一句话，很容易就记住了他们的名字。

你是否遇到过这样的事，与人见面时你会忽然想不起名字来。以前你也许不知道用什么方法能够避免这种窘况出现，但现在你可以避免了。

首先，不要着急，这种事谁都会遇上。不妨开个玩笑，直接承认你把他的名字忘了，说："我从不忘记别人的名字，可是因为您太出众了，所以我竟一时忘记了您的名字。"

其次，如果是熟人，要尽量在打招呼时把他的名字带出来。

既然人们愿意别人叫他们的名字，那么不管他们是干什么的、与你关系是不是密切，都可以叫他们的名字。只要不断地练习，记忆力是会变好的。

最后，只要有可能，不妨在办正事之前先熟悉一下对方的名字。

"重复"这一方法的秘诀是利用零散的时间，把需要记住的人名列一个名单，利用茶余饭后的时间常念念。我相信，一个星期就可以记住了。

3.联想

我们是怎么把需要记住的事物留在头脑中的呢？毫无疑问，联想是最重要的因素。我们常常会因自己依然记得儿时发生的事而感到惊奇。

前不久，我开车到新泽西大西洋城的一个加油站加油，加油站的主人认出了我，虽然我们是在40年前见过面。这太让我吃惊了，因为以前我从未注意过他。

"我叫查尔斯·劳森，我们曾在一所学校是同学。"他急切地说。

我并不太熟悉他的名字，我还在想他可能是搞错了。可是，他却叫出了我的名字，并提到了那所学校。他见我仍有些疑惑，便接着说："你还记得比尔·格林吗？还记得哈里·施密德吗？"

"哈里！当然记得，他是我最好的朋友之一。"我回答道。

"你忘了那天由于天花流行，贝尔尼小学停课，我们一群孩子去法尔蒙德公园打棒球，咱俩一个队？"

"劳森！"我叫着跳出汽车，使劲和他握手。之所以发生这一幕，恰恰是联想在起作用，有点像是魔术。

人们记住你的名字困难吗？有一次，我对自己说："贝特格，这个名字不怎么好听也不容易记。"于是，我想了个主意。正好有一家人寿保险公司的名称的发音和我名字发音相近。于是，无论做自我介绍还是被介绍给别人，我都会告诉对方怎么记住我的名字。这个方法还挺有效。

我相信人们都乐意记住你的名字，如果不能叫出熟人的名字，对谁来说都是难堪的事。人们都很乐意你帮助他们记住你的名字。

如果见到很长时间没有见面的老朋友，最好马上先说出自己的名字，以避免对方陷入难堪。我想，这对任何人来说都是好事。

如果直截了当地问，也有助于记住他们的名字。举个典型的例子。

有一次，我与几个人会面。其中一个人的名字叫克林克斯克尔斯，这个名字不太好念。

我说："您能再重复一下您的名字吗？"他重复了一遍，但还是含混不清。我又说："您能告诉我怎么拼吗？"他教了我怎么拼写。我说："您这个名字可不常见，您能不能再告诉我怎么才容易记住呢？"

他感到厌烦了吗？他不但没有感到厌烦，反而不厌其烦地教我怎么记。这样一来，我怎么还会忘记他的名字呢？

后来，我们不期而遇，我直接叫出他的名字，你想他能不高兴吗？当然，我也很高兴。

如果一个名字实在太难记了，不妨问问其来历。许多人的名字背后都有一个浪漫的故事，很多人谈起自己的名字往往比谈论天气更有兴趣。

有时，在记住别人名字方面的努力所得到的报偿是超乎想象的。

我的一位朋友通过联想的办法记住了公司一些管理人员的名字，他还记住了这些管理人员妻儿的名字。当这些管理人员的家里有人生病或是遇到困难时，他都赶去帮忙。

我的这位老朋友19岁时从爱尔兰来到美国，在一家百货连锁店里干打扫卫生的活。后来，他成了总店的副总经理，一直干到52岁退休。

虽然记住人名和面孔并不是他成为副总经理的原因，但他相信这是相当重要的因素。

我问他是否参加过记忆训练课程，他笑着回答："完全没有必要。一开始，我的记忆力还不像现在这么好。我总是随身携带一个大笔记本，每当和一个连锁店经理谈话之后，我都赶快把他们的名字记下来，甚至还有他们家人的名字、年龄。除此之外，我还会记下一些相关的事。几年之后，我就很少再查阅那个笔记本了，除非又有新人到来。”

作为一名推销员，我不但要记下客户的姓名与电话号码，还要记住他们的秘书与接线员的姓名，还有与客户相关人员的姓名。谈话时叫出他们的名字，使他们感到自己的重要性。而这些人友善的协助，其价值是无法估量的。

我对那些告诉我记不住别人姓名的人感到吃惊，他们似乎束手无策。干吗不做些实实在在的努力呢？只要你真正付出了努力，不用多久就会发现你在记住姓名和面孔方面有了更好的记忆力。你可以每星期都按以下原则记录三五张卡片，并和前一星期做个比较。

（1）印象。清楚地记住姓名和面孔。

（2）重复。见缝插针地利用时间重复。

（3）联想。通过名字联想相关的一切。

推销员失去生意的最重要原因

当马克・吐温在密西西比河上当船员时，罗克岛铁路公司决定在河上修建一座大桥，连接伊利诺可的罗克岛和爱荷华的达文波特。此时，轮船还是小麦、熏肉和其他物资运输的最好方式。生意兴隆时，这些物资要靠牛车、大篷车运抵港口装船起运。船主们把运输权当成是上帝赐予的珠宝。

铁路大桥的修建将严重影响轮船的航行。于是，轮船公司便告上法庭阻止修建大桥合约的签订，结果导致一桩著名的诉讼案。轮船公司雇用律师韦德替他们打官司，他曾经是最著名的河运方面的律师。后来，这起诉讼成为运输史上最著名的案例之一。

法庭辩论结束当天，旁听席座无虚席。韦德在法庭上滔滔不绝地对听众讲了两个小时，他甚至暗示这将引起工会方面的抗议。他的声音大得就连法庭外面也听得到。

轮到罗克岛铁路公司一方的律师发言了，听众无不为他感到担心。他也说了两个小时吗？不，他的辩护只有一分钟，他说道：“首先，要向控方律师的滔滔不绝的辩护表示祝贺。然而，跨河运输要比河道运输重要多了。陪审团的先生们，你们所要做出裁决的唯一问题是：跨河运输与河道运输就其发展而言，哪一个最重要？”

说完，他就坐下了。

陪审团没用多长时间就做出了裁决，裁决显然是受到了这位衣着简朴、面容瘦削、来自穷乡僻壤的律师的感染。他的名字就是亚伯拉罕·林肯。

我是林肯的忠实崇拜者。他总能很快地抓住事情的关键点，他的语言总是那么简明扼要。他做过历史上最著名的演说。在法庭上，他以一分钟的辩护词驳倒了两个小时滔滔不绝的对方。

喋喋不休是最坏的习惯。如果你有这种恶习，就连最好的朋友也会厌烦。我之所以要强调这一点，是因为喋喋不休的恶习曾让我失败过。

我的一位好朋友曾私下里对我说：“我无法向你提任何问题，因为只需一句话就能说明白的事，你却要说上15分钟。”真正使我认识到自己喋喋不休的坏习惯是在一次会谈中，对方说：“有话就直截了当地说出来，别只注意细节。”

回想起我所失去的那些销售机会，实在是既打扰了朋友，又浪费了自己的时间。我十分需要学会长话短说，于是我要求妻子无论何时，只要发现我又在喋喋不休，就往嘴唇上竖起食指。我努力使自己像躲避响尾蛇一样绕开细节去谈话。经过数月的努力，我学会了言简意赅地说话。但努力并没有结束，实际上我希望自己的一生都与饶舌作斗争。

你怎么看待这件事呢？你有没有这种停不下来的时候？是否也曾有过分纠缠细节的时候？如果有，赶快在自己的头脑里安一个闹钟。如果听你讲话的人没有坚持让你说下去，你要意识到别让自己再多说下去了。

虽然推销员知道得并不多，但却可以说得很多。前不久，通用电器公司的副总裁说过：“最近，在我们各公司的会议上，就推销员为什么会失去销售机会进行过表决。3 ：1的表决结果认为，推销员失去机会是因为说得太多。”

让我来告诉你，如何把电话交谈时间减少一半。我在打电话之前，要把说的事写在一张纸上，然后说：“我知道你很忙，有这么几件事要讨论……”

当我依次把几件事说完，对方也就知道了谈话即将结束。

《圣经》中的“创世纪”只用了442个字来讲述创造世界的故事，比我这节一半的字数还少。作者真是一位言简意赅的大师。

推销之前的推销

我站在轮船的甲板上，看着船缓缓地偏离河心靠岸。眼前的一切让我学会了如何去接近客户。此时，我心里完全没有想着什么是推销，我正在度假。

当船靠近码头时，一位船员把一个棒球大小系着细绳的东西抛向码头。岸上的人伸出手臂接住，然后一把一把地把细绳往回拉。随着他把绳子往回拉，细绳连接的一根粗缆绳也就被拉向码头。不多久，船就慢慢地靠岸了。

就此，我向船长请教。他说："那根细绳叫抛接绳，像棒球的东西叫猴子爪。没有抛接绳和猴子爪，我们就没办法把粗缆绳抛到岸上。"

我一下明白了过去我为什么失去许多潜在的客户，其原因就在于我总是想直接把粗缆绳抛向岸边。举个例子，就在几天前，一位面包批发商愤怒地把我轰出了他的面包房。这完全是由于在没有和他预约的情况下，我就不断地向他推销保险。在此之前，他根本就不知道我是干什么的。毫无疑问，他发火了。让我吃惊的是，我自己怎么会如此愚蠢。

休假回来后，我阅读了所有能找到的关于如何接近他人的书籍，并向那些阅历丰富的推销员请教。他们说："接近客户是推销中最困难的环节。"

我开始明白了为什么我在客户面前感到紧张、踌躇不前，因为我不知道该如何接近他们，我害怕在还没有谈正事之前就被轰出来。

你猜猜我是从哪儿打听到如何接近客户的答案的？我并不是从推销员那儿得到的，而是从客户那里得到的。我从他们那里得到了以下两点有益的启迪。

（1）客户不喜欢那些身份和所属机构令人不放心的推销员，他们喜欢的是那些真诚、自然的推销员。

（2）如果是事先没有预约的造访，推销员应该问问客户自己的来访是否给他造成了不便，这样做比那些一上来就推销的人要容易被接受。

几年后，我听过一位朋友对推销员说："接近那些从未接受过你们的客户，有一个小窍门——要在10秒钟之内把你自己完整地介绍给客户，这就是推销的诀窍。"

如果没有预约就去造访一个客户，我会说："我是弗兰克·贝特格，是保险公司的推销员。我现在正在您的邻居家，您的朋友让我下次再来拜访您，您现在能和我谈12分钟吗？或是晚一点再打电话？"通常对方会说："那你想和我谈些什么呢？"我会说："谈谈您自己。"他会问："谈我的什么事呢？"

此时正是接近客户的好时机。如果你在这种情况下，还没准备好该怎么提问，最好再也别打电话了。

你推销的东西免不了要让客户花钱，所以，应直接告诉对方会增加他的负担。如果你要谈论关键的问题，他一定毫无保留地和你畅谈怎么节约开支。家庭主妇没有兴趣和推销员谈该买什么样的电冰箱，她们所关心的是肉类、黄油、鸡蛋、牛奶等高昂的价格，她们乐于听到的是如何节约在食品方面的花销。忙碌的青年人对商会不感兴趣，他们真正关心的是结识更多的朋友，怎么能出人头地，如何在社交圈子里获得更多的认可，怎样能增加收入。

有时，成功地与客户接近并不需要什么客套话。再举一个例子，这是我从朋友那里听来的。他说：

"作为一个推销员，这是我第一次到大城市推销。在此之前，我从未去过纽约。我走进客户的商店，他正招呼着其他顾客，他5岁的小女儿正在地板上玩耍。小家伙真是可爱，我们很快就成了好朋友。当她父亲忙完了手中的事，我赶紧做自我介绍。他说，他很长时间没有再买我们的产品了。我并没有急于和他谈生意，只是谈他的女儿。后来，他说：'我看你很喜欢我女儿，这样吧，你今天晚上来我家，我们要给她开个生日晚会，我们就住在这间商店附近。'

"我去纽约逛了一圈，就赶回来参加那个小女孩的生日晚会。晚会真是让人感到快活极了，我一直待到很晚才走，走时拿到了从未有过的一大笔订单。我没有要极力推销什么，只不过很友善地对待客户的小女儿，然而和客户却建立了良好的关系。"

这位推销员后来成了公司的销售部经理，再后来是总经理、总裁。他说：“在25年的推销过程中，我发现最好的接近客户的方式是和他们谈论他们所喜爱的事。”

虽然并不是总能有机会和客户的小女儿玩，也并不是总能和客户谈论他们所喜爱的事，但还是有办法和客户交上朋友。前不久和一位朋友一起吃饭，他给我讲了他的故事。我的这位朋友是最成功的推销员之一。他说：

“许多年前，当我还是一位年轻的推销员时，我在纽约向一位大制造商推销产品，但是一直没有成功。一天，我又来到他的办公室推销。他一脸不高兴地对我说：‘我今天没时间，这会儿我正要出去吃午饭。’看来我得来点非常手段了。于是，我说：‘您能带我一起去吗？’他似乎有点惊讶，但还是说：‘那就一起去吧。’

“吃饭的时候，我只字不提推销。回到他的办公室后，他给了我一笔小订单，这可是我从未从他那里得到过的。但是，这是以后多年源源不断的订单的开端。”

1945年5月，我在俄克拉荷马听说一位鞋店的推销员创下了一天之内推销出105双鞋的纪录，而且每一笔生意都是独立的，购买者包括37名妇女和儿童。在这里，我要谈谈他。

我去他的鞋店找到他，问他是怎么做的。他说：“每位顾客走到商店门前不是买，就是不买，全看你怎么招呼他们。”

我急切地想看看他是怎么做的。我一整天看着他都在忙乎，最关键的是他能使顾客有宾至如归的感觉。他以真诚的微笑、轻柔的话语招呼着每一位过往的顾客。实际上，在顾客坐下来试鞋之前，他就已经完成了推销的第一步。

以上3位推销员获得成功，关键在于把握了一条重要原则，即首先要推销自己。由此，我受到了很大的触动。

本节就要结束，我将用我在一次谈判中的对话作为本节的结束语。但是，作为读者的你们要把它变成自己的话应用到实践中去。

我：“柯泽先生，我不能以您眼睛的颜色、头发的颜色来判断您的状况，就像我走进诊室一言不发，医生没办法给我做诊断一样。”

柯泽（略带反感地）：“当然。”

我：“您现在就像是我和医生一样，除非您能对我说点什么。换句话说，为了能把您将来对您有利的情况说清楚，我可以问您几个问题吗？”

柯泽："有什么问题就问吧。"

我："如果我问的问题您不愿回答，不回答就是了，我能明白。如果别人知道了您对我说的，那肯定不是我的原因，您应该严守秘密。"

说完这些，我便向柯泽先生摊开了一份调查问卷。

我做提问时，一般都平静地开始。在客户回答我第一个问题之前，我会把问卷拿出来。我做问卷调查时总是看着客户，以极大的兴趣听着他们的谈话。我设计的这份问卷花费了几年的时间。虽然这份问卷不长，但是却可以使我全面地了解客户的情况，甚至包括他现在的计划和未来的打算。我总是尽可能快地提问，这个过程要5~10分钟。当然，有时也要依客户的回答而定。

问卷中的这些问题，我总是很快地完成。

（1）如果你去世了，你妻子每月最少需要多少钱来维持生活?

（2）你65岁时每月最少能收入多少?

（3）你的房产债多少?

（4）你的股票、债券等有价证券价值多少?

（5）不动产价值多少?

（6）手头有多少现金?

（7）每年的收入多少?

（8）人寿保险多少?

（9）每年支付多少保险费?

如果你在实际推销中也同样遇到了与我提供的例子相似的情况，那就完全有必要直接提出那些至关重要的问题。

我以把问卷拿出来的相同的态度把问卷收回，然后提出最后一个问题："柯泽先生，您退休后打算做些什么呢？换句话说，您有什么嗜好吗？"

通常情况是，这一问题的回答对我以后的计划是有用的。听了他的回答，我把问卷放回衣袋。在第一次时，我从不把问卷拿给客户，客户的好奇心会使我们第二次会谈的范围扩大。我一完成询问就赶快离开。"柯泽先生，谢谢您告诉我这些。我得仔细琢磨一下您的情况，我现在已有了一个对您十分有益的计划。等我全部完成了这个计划，我马上就打电话再约一次会面，您看这样行吗？"

这时，我要使用自己的判断能力来约定下次会谈的最佳时机，还要预想好下次该说些什么。

重点：所有这些问卷都应妥善存放在文件夹里，就像医生保存病人的病历那样。问卷的作用在于向你提供客户成功的进程，并且客户还会随着他们事业的进展把未来的进程也告诉你。客户知道，如果你是诚实可信的，你将是在未来的日子里能和他们一起面对困难的人，也是能分享他们成功欢乐的人。

没有必要把那些接近客户的谈话总是记着，但还是应该记录下来每天再看看，直到有一天以最好的方式接近客户成了你下意识的行为。

预约秘诀

31年来，我每周都去一家意大利人开的名为“红室时光”的理发店。店主9岁起就在这里当学徒。当年，他由于个子矮，不得不站在凳子上给顾客理发。理发店的顾客们都认为他可能是世界上最好的理发师。

尽管理发店的服务质量上乘，可在1927年，生意大减，收入下降。店主4个月没付房租了，房主扬言要把他们轰出去。

一个星期五下午，他还给我理发，我发现他的脸色很不好。于是，我就问他到底是怎么回事。他对我说，他的一切都不顺利，最要命的是，最近妻子又生了个儿子。

就在我们说话的时候，一位顾客走进来，问店主给他理发要多长时间，店主说用不了多长时间。这位顾客很不情愿地坐下来，边等边看杂志。

我说：“你干吗不来个预约服务呢？”他回答说：“贝特格先生，顾客是不可能理发也预约的，预约服务在理发店里实行不了。”

我问他：“为什么不行？”

他说：“人们可以和医生、律师预约，哪有人和理发师预约的呢？”

我说：“以前我对自己所从事的工作也这么想，直到另一位推销员告诉我应该试试预约的办法，我试了才知道好。顾客们欣赏你的手艺，他们也喜欢你，但他们并不愿意为了在你这儿理发而久等。我敢打赌，现在正等候的那位先生肯定愿意预约在每星期的某一天来理发。”那位顾客听了我的话，肯定地点了点头。

很快，他们两人就约定了时间。

我满意地说：“你看，没错吧。我也算是一个预约的客户吧，我每星期五早上8点来。”

第二天，店主就买了一个预约登记本，打电话给过去的老客户，详细地做了预约登记，有些老客户已经有几个月没有光临他的理发店了。随着预约服务的开展，店主的生意又变得红火起来，收入当然也提高了。20年来，他一直实行着这种预约服务，所有的新客户也接受了这种服务方式。客户们乐于接受的原因就在于这能节约时间。

我曾在一个推销培训班讲过这个故事，班上有一个当出租车司机的学员。就在课程结束的那个星期，他下课后来告诉我，他也是一名商人了。我问其原委，他说听了我讲的故事后，他想，既然理发师可以搞预约服务，他也可以试试。第二天，他要拉一个大公司的总裁去火车站。路上，他问总裁什么时候回来，总裁说当晚就赶回来，还答应回来时还坐他的车。由于总裁回来时他已准时在那儿等候，所以他得到的小费也比平时多。出租车司机接着告诉我，他发现那位总裁每星期在同一时间都要去火车站，所以他对总裁实行了预约服务。那位总裁还告诉他一些其他公司常坐出租车的人的名字和电话。按照总裁提供的名单，出租车司机对这些人也实行了预约服务。现在，他也买了一个预约服务登记本，生意还算不错。所以，他不无得意地告诉我：“我感觉自己也是个商人了。”

我还把这一经验告诉了一家服装店的老板，他的顾客们也无不欣然接受这种服务方式。

通过这几个人成功实行的预约服务方式，我发现其他行业的人都喜欢按约定的时间接受服务。

预约服务的好处在于：

（1）节约时间。不但节省了推销员自己的时间，还节省了客户的时间。

（2）实行预约，可以让客户感到我们知道他们很忙，他们自然会珍惜和推销员在一起的时间。他们会更认真地听我们的推销。

（3）每次预约都会有相应的效果，也更能使推销员提高知识层次。

我打棒球时候的朋友米勒·霍令斯在棒球界享有极高的声誉，因为他总是能频繁地上垒，自然他平均的得分也就比其他队员高。我想，预约服务就像是上垒。预约服务的方法可以使销售收音机、吸尘器、书籍或保险都更容易。当我清楚地认识到预约服务的好处时，我就不再无目的地、一家家地奔跑了，我只需努力地跑上“一垒”。

在预约过程中，如果打电话的客户是我认识的，当然没有什么问题。如果是我不认识的，对方通常的话是：“你见我想干什么？”

这不是一个接近客户的机会，如果我说我是想推销什么，就会失去这次机会。实际情况是，我并不知道接电话的那一方是否需要我所推销的东西。所以，正确的预约应该只是一次会谈。即使到了今天，我们仍要不断地提醒自己，在打电话预约时别去谈生意。真正要注意的唯一的事情是“推销预约”。

让我举个典型的例子。我在电话中和一个名叫阿雷的客户预约，他每月至少乘飞机10万英里到各处做生意。以下是我们的对话。

我：“阿雷先生，我是弗兰克·贝特格，是理查德·弗里克先生的朋友，您一定还记得他吧？”

阿雷：“是呀。”

我：“阿雷先生，我是人寿保险的推销员，理查德先生建议我结识您。我知道您很忙，我能在这星期中的某天见您5分钟吗？”

阿雷：“你见我想干什么呢？推销保险吗？几个星期前，已有许多保险公司和我谈过了。”

我：“那也没关系，阿雷先生。如果我要向您推销什么，就算您看错了人。明天早晨9点，您能不能给我几分钟的时间？”

阿雷：“好吧。我9点半还有另一个约会。”

我：“如果见面时间超过了5分钟，也算您看错了人。”

阿雷：“好吧。你最好在9点15分来。”

我：“谢谢，我会准时到的。”

第二天早晨，我准时到了他的办公室。我边和他握手边走着说：“您9点半还有一个约会，所以我得严格遵守5分钟的约定。”

我尽可能简短地提问，5分钟的时间到了，我说：“我的时间到了，阿雷先生，您还有什么要告诉我吗？”在接下来的10分钟里，阿雷先生告诉了我想知道的一切。

曾经有许多人是在5分钟之后又和我说了一个多小时，这完全是他们的意愿。

我也知道有一些成功的推销员并不采用预约这样的方式来开展业务，但只要向他们询问，我就知道他们会在每星期固定的几天中给客户打电话，这几天中的时间也是固定的。换句话说，这也是一种预约。

“客户们不会自己走进这间办公室。”这句话曾经写在我办公室的墙上。在听一位卓尔不群的推销员在一次聚会上的一席话之前，我对这句话一直深信不疑。这位推销员说：“我在办公室里完成了65%的工作，我总是把与客户的谈话安排在办公室。在那里和客户的谈话不受打扰，可以进行得更快和更令人满意。”

一开始，我不太敢试行这种做法。但让我吃惊的是，许多客户喜欢这种方式。当我的办公室有客户时，我决不允许有任何干扰，我会嘱咐接线员不要接任何电话。

如果客户谈完事，并不急着走，我会把办公室里的其他人向他一一介绍，还告诉他如果他真的买了我们的保险，那些人都乐于为他服务。

我知道许多推销员都会利用客户来访的机会带他们到办公室、车间里转转，借此机会向他们介绍自己所推销的东西。

1.与难以求见的人预约

在实际中，确实有些人是难以求见的。然而，就是这些难以求见的人，一旦作了约定，他们将是最好的客户。只要你对他们足够尊重，他们是不会拒绝你的。以下是一些和那些难以求见的人打交道时使用的办法。

（1）“布朗先生，今天什么时间见您最好？上午还是下午？或是本周的其他时间？”

（2）“本周由您安排时间，我们一起吃午饭好吗？12点或12点半都行。”

（3）如果客户的时间确实很紧，但又确实想见我，有时我会这样问：“您今天进城有车吗？”如果他说没有，我会用自己的车载他去，还要向他解释：“这样可以让我们有几分钟时间在一起。”

（4）如果我提前很长时间预约，我发现许多客户会设法定下来在某个固定的时间见我。例如，星期五早晨，我做下一周的工作计划，如果我打电话给一个客户说：“您好，我下星期三会到您的邻居家去，我可以去拜访您吗？”对方基本上是同意的，在我的建议下，他才会定下具体的时间。

经过一切可能的努力，一旦我感觉到对方根本没有诚意与我合作，我会毫不犹豫地放弃。

我曾经有过几次效果最好的预约，而这几次预约恰好是和那些难以求见的人士见面。

有人向我介绍了一位承包商作为推销对象。打过几次电话之后，我了解到这位承包商除了早晨7点到7点半这段时间，很少会在办公室里。

一天早晨，我在7点钟走进他的办公室，当时他正在翻看桌上的信件。还未等我说话，他猛地站起来，拿起一个大文件袋从我身边出去，打开车门后转身看着我说：“你到底想和我谈些什么呢？”

我回答说：“想和您谈谈您自己的事。”

他说：“今天上午我没时间和任何人谈话。”

我问：“您这是要去哪？”

他回答说：“新泽西州的科林斯伍德。”

我向他建议：“我用我的车送您去吧！”

他说：“不行。我车里有许多东西是我今天要用的。”

我说：“如果您不介意的话，您开车时我坐在旁边和您谈谈，这样也可以节约您宝贵的时间。”

他问：“那你怎么回来呢？我还要去其他地方。”

我说：“没问题，我自己会有办法的。”

他无可奈何地笑了笑说：“好吧，上车吧。”

此时他还不知道我是谁，也不知道我到底想和他说些什么。我在新泽西的惠明顿和他分手，到车站买了张票回到费城。

我用这种方法和那些难以约见者都谈得不错。

2.使用电话的重要性

我养成了一个总是带很多硬币的习惯，这样我就可以随时使用公用电话了。有很多次，我甚至走出办公室到街上打公用电话，因为办公室里总是有许多事不停地打断我。

每星期五，我一做完下周的工作计划，我就给下星期要见的人打一遍电话。有时，我对自己下一周要做那么多事都感到吃惊。

花了很长时间，我学会了用留言的方式来和顾客联系。这样的话，即便是打了几次电话仍没有联络上，我也给客户留下了印象。给客户留下口信，希望他能打电话给我，客户会认为我所有的正是他想要的，而且还很重要。

当我认识到“推销预约”之后，我在以后的一切谈判中都得心应手。

再次重复一遍那个让我用了很长时间才悟出的道理——首先是推销自己，其次才是推销产品。

怎样让顾客帮助你推销

有句话说得好：“一次示范胜过千言。”

我认为，更好的办法是：如果能让顾客来亲自表演，那你就不要演示。让顾客来做，使他们置身于情景之中，换句话说，就是让顾客来帮你推销。

让我们举几个实际的例子来说明演示如何有助于推销。

（1）通用电器公司几年来一直在说服小学校更换教室黑板的照明设备。开了无数次的会，说了无尽的话，可毫无结果。后来，一位推销员想出了一个主意，使问题迎刃而解。他手拿一根细钢棍站在教室的黑板前，两手各持钢棍一头，说：“先生们，你们看我把这根钢棍用力弯，不过一松手它就又直了。但是，如果我用力弯它超过了断裂的临界点，它就会断。而在学校上学的孩子们的眼睛，都像就要弯了的那根钢棍，如果超过了临界点，视力就会遭到永久性损坏，不可能再恢复了。”结果是，学校立即拨款，更换了新的照明设备。

（2）简单如火柴这样的小物体，都可以成为推销全国著名品牌电冰箱的手段。推销员拿着一根点燃的火柴说：“您看，我们的冰箱在工作时非常安静，就像这根火柴在燃烧时无声无息。”

（3）大多数推销员都知道，用数字来说服顾客是非常必要的，可我认为，让顾客自己来计算数字的效果更为显著。让顾客自己计算出数字给他们的印象更深，理解也更透彻。顾客完全是被自己计算出的数字说服了。

（4）在俄勒冈州的波特兰，我给一位羊毛衫批发商演示了一番怎样向顾客推销一种新式的牙刷。给顾客一只放大镜，然后再把新、旧两种牙刷给他。我说："看看放大镜下两种牙刷会有什么不同。"羊毛衫批发商学会了这一招，那些靠便宜货与他竞争的对手被他远远地抛在了后面。他没有必要再向顾客们不厌其烦地解释为什么他的货价格高了。以后，他总是随身带着一只放大镜。不久后，他对我说："太让我吃惊了，顾客那么容易就接受了这种鉴别方法，我的销售量大幅度增加了。"

（5）纽约一位男装店的老板给我讲了这么一个故事。他在商店的橱窗里放了一部电影放映机，向行人放映一部短片，电影里一个衣衫褴褛的人在找工作，可人家一看他的衣着很快就把他打发走了。第二位找工作的人衣着光鲜，很容易就得到了一份工作。影片的结尾打出一行字：好的衣着是好的投资。这个方法使他的销售量猛增了40%。

（6）我的一位当牙医的朋友深知演示的作用，他把就诊者的光片放在墙上，就诊者一坐下就可以看见自己牙齿损坏的状况。然后，牙医开始向就诊者说明，不要等牙坏到这个程度再来看病。

（7）这个例子是我自己在推销中使用的行之有效的方法。我给客户做收益分析演示，先在他桌上放一支钢笔，在钢笔旁边再放一枚25美分的硬币，然后问客户是否知道其含意。客户们一般都说不知道。我开始解释：那支钢笔代表死了以后的你，那25美分则代表着你死后交了遗产税和其他费用之后给妻儿们留下的遗产。解释完以后，我就向客户提问题："假设上个月你去世了，我是你的遗嘱执行人，我们不得不把房产变卖拿出3/5来交税，我们该怎么办呢？"问完之后，我让客户自己解答。

近年来，演示的方法进步多了。演示的方法是推销中行之有效的方法，希望你也能这样做。

完成销售的七条原则

你们可能还记得，我在一个星期六的早晨是那么沮丧，甚至想如果再找不到失败的原因就得改行。

首先我问自己：“到底是什么地方出了错？”我打了不少电话问客户，一直到谈成每一笔生意之前我做得都不错。客户们会说：“好吧，我再仔细考虑一下，什么时候再来谈谈吧。”在以后的会谈中，我就陷入了沮丧。

我问自己：“到底该怎么解决问题呢？”为了寻求答案，我把过去12个月所打的电话记录都找出来仔细研究。经过研究，我有了惊人的发现：20%的生意都是在第一次会谈时就谈成了，23%在第二次，只有2%在3次以上。换句话说，我用了一半的工作日来完成2%的工作。答案是明确的。我立即放弃了超过两次以上的会谈，花更多的时间来发展新客户。不久，我就提高了每次会谈的价值，从平均每次2.80美元提高到了4.27美元。

那么，在其他行业的销售中是否也能得出同样的结论呢？你们可能已用自己的经历回答了。两年来，一家工业公司用他们全部的推销队伍完成了一项研究报告。公司方面吃惊地发现：有25%的销售是在销售员5次推销以后完成的。同时，研究报告还表明，有83%的推销员在第5次拜访客户之前就放弃了。

这证明了什么呢？这再次证明了完整地保存推销记录和对记录进行常规分析的重要性。研究结果还表明，无论是公司还是推销员，都缺乏对推销行为进行强制性的记录。

我自己的记录表明，我完全可以省略那些需要两次以上拜访才能完成的生意，这样能使我的收入增加一倍。但我自己的数据还表明，这其中还是有1/12的生意值得去完成。我依然不清楚如何让人们作出决定。

然而，在一次演讲中我得到了启示。我参加了在费城基督教会培训中心的一次演讲，那次演讲的题目是“演讲的四条原则”。在演讲将要结束时，演讲人说：“第四条，是付诸行动。这是许多不能成功的人所违背的原则。”

“付诸行动”也是我所违背的原则。此后，我阅读所有能找到的有关书籍，以帮助自己完成生意。付诸行动要比其他步骤都重要。再问那些资深的推销员，答案也是要“付诸行动”。除此之外，随着我经验的增加，还有7条原则是要注意的，凭着这些也可以使顾客作出决定。

1.要素

成功完成推销离不开4要素，即礼貌、兴趣、渴望、成交。

使用上述4要素，可以让客户放心地对我提出的计划作出判断，避免在推销员与客户之间产生隔膜。在成交时要有充实感，而不是强迫自己。

2.言简意赅

言简意赅是使会谈渐入佳境的最佳途径。如何做到言简意赅呢？有位经理是这样做的：手持一根点燃的火柴，让推销员在火柴烧完之前把产品的优点说出来，然后再加以综合。这样的结果必然是最好的。

我发现，最有效的办法是让客户自己说。这可以使客户主动地加入到你的推销中来，帮你完成销售。

3.一句有魔力的话

在向客户言简意赅地介绍完计划之后，问一句：“你觉得怎么样？”

得到的回答通常是：“我认为这还不错。”此时，我假设客户就要买了，我不会再等下去，我就会再问一些必要的问题并填写相关的表格。一旦客户回答我的问题，他们很少会后悔。

在此有必要说明，问答要尽量使客户做出肯定的回答。比如，给客户描述了良好的收益之后，我会问一句：“您不认为这是个好主意吗？”通常的回答也是肯定的。

4.乐于听反对意见

很久以后，我才明白最好的客户是那些能与你唱反调的人。当客户提出反对意见时，就给了你说服他们的机会，比如“我负担不起你所提出的价格”，就给了你向他们说明他们可以负担得起的机会。虽然他们不喜欢推销员强迫他们接受什么，但他们还是乐于接受合理的建议并给推销员以充分的尊重。

5.“为什么”、“除此之外”

我必须再次说到“除此之外”这个短语，因为它是我推销中的一张王牌。虽然在各种不同形式的会谈中，都可以使用“为什么”这个字眼，但那只不过是问问而已。

我举例说明。一位推销员在说服一位客户参加一个培训课程，客户说：“我现在对你所说的不太感兴趣，过一段时间我们再联系吧。”显然陷入了僵局。让我们看看这位推销员是怎么做的。

客户：“过一段时间我们再联系吧。”

推销员：“先生，如果你的老板把你叫到办公室，告诉你要给你加工资，你会说过一段时间再联系吗？”

客户：“当然不会。老板会认为我是个傻瓜。”

推销员：“好吧，那就请填一下这份表格。”

客户：“算了吧，我仔细考虑一下，下星期再告诉你。”

推销员：“为什么？”

客户：“我真是付不起钱。”

推销员：“除此之外，还有什么其他原因吗？到底是什么让你无法做出这个重要决定呢？”

客户：“缺钱是唯一的原因。”

推销员：“如果我是你的哥哥，我会说你……”

客户：“说什么？”

推销员：“现在就在这份表格上签上名字。”

客户：“那现在我最少该交多少钱，每月要交多少？”

推销员：“先交25美元，以后每月交10美元。好了，你已经成功地走出了第一步。”

6.让客户签名

我总是将表格中需要客户签名的位置用铅笔重重地标出来。时机一到，我立刻把笔递给客户："请您签上名字。"

7.一手交钱一手交货，不要怕收款

成功的推销员的经验表明，及时收款是重要因素之一，尤其是谈成一笔生意时。因你及时地收款，客户会更感谢你的产品或服务。只要客户付了款，他们就会感到产品已是他们的财产了。当客户独处时，他们往往会推迟付款，但我从没遇到过客户付了款又反悔的情况。

何时是结束谈判最恰当的时机？有时是在谈判一分钟之后，有时用了一两个小时还不行。到底怎么才能知道什么时候最合适呢？

岁月流逝，我处理生意的经验不断地增长，我变得越来越少地有意识地去完成每一笔生意。如果我的方向正确，如果我能制造足够的利益和需求的氛围，时机成熟时，客户早已准备付款了。

我无法用寥寥数语把所有种类的生意，用一种放之四海而皆准的概念来解释。为了更全面了解，我积极地向你们推荐一本由查尔斯·B.罗斯著的书——《成交的秘诀》，它由纽约的学者出版公司出版。

我把上述7条原则都写在一张卡片上，经常随身携带。在卡片的上端，我写下这样一句话："这次将是我所经历过的最好的会谈。"

在走进别人的办公室前，我会对自己重复这句话，这已成为习惯。时至今日，我依然经常这样做。

这张卡片最大的作用在于，如果会谈不成功，我就对照7条原则看看自己都做错了什么，或是在什么地方该做些变化。这是一项严格的检验。

我学到的成交技巧

1924年，我从一位名叫恩斯特·威尔克斯的推销员身上学会了一项奇妙的技巧。当时，威尔克斯先生的工资微薄，只够供养家人的衣食，给自己留不下什么。他衣衫破旧不整，就连领带也是皱皱巴巴的。

威尔克斯先生告诉我，当时他主要的困难是推销方面的失败，与客户的第一次会谈经常是得到这样的答复："你说的我会仔细考虑，下星期再来找我吧。"

当他按时再去和客户见面时，他说："我不知道还能说些什么，因为在第一次会谈时，我把所有的都说完了。"他等到的回答又是这样的："威尔克斯先生，你说的我仔细考虑过了，今年我不想买保险，明年再说吧。"

有一天，他突发奇想，有了主意。这个办法真管用，第二次与客户的会谈还真能成交。

就在他告诉我那个神奇的办法时，我还在想，这个办法对我不一定有用，可我还是试了试。第二天早晨，我给一位建筑商打电话约第二次会谈，10天前第一次会谈的结果是约好两星期后再见。

我严格地照威尔克斯先生的办法去做，在会谈前把该客户要填的表格填好，如姓名、住址、职业等，还填上了客户认为可接受的保险金额，然后在客户签名那一栏重重地做上标记。

我来到建筑商的办公室，门开着，秘书没在。那位建筑商坐在办公桌前，他认出了我，摇着头说了声："我还不想考虑你的建议，再见。"

我并不在乎，依然神情严肃地向他走去。他无可商量地说："我现在不想买你推荐的保险，把这事先放放吧，过半年再说。"

就在他说话的时候，我拿出事先准备好的表格继续向他走去，不由分说地把表格放在他面前。

我按照威尔克斯先生所说的说了句话："这样可以吗，先生？"

就在他看着那份表格的时候，我拿出了钢笔，平静地站在那儿。

他抬起头问我："这是一份申请表？"

我说："不是。"

他说："这不是申请表又是什么呢？"

我说："在你签上名字之前，这还算不上是一份申请表。"说着，我把钢笔递给他，用手指着做了标记的那一份。

正如威尔克斯先生说的，他接过笔下意识地更认真地看着表格。最后，他站起来慢慢地走到窗边，更加仔细地看着表格。一切都是悄然无声。过了5分钟，他回到桌前拿起笔，边签名边说："我想我最好还是签了吧，以后还真可能有麻烦呢。"

我尽力地控制着自己的兴奋，说道："您是愿意交一年的呢，还是先交一半？"

他问："一年要多少钱？"

我说："只要432美元。"

他说："我交一年的吧。"

当他把支票和钢笔递给我的时候，我兴奋得简直要叫出来。威尔克斯先生的技巧听起来像是不可能，可事实证明确实有效。

当我以后再尝试威尔克斯先生传授的这一技巧时，从来没有遭到过拒绝。即便是不那么顺利，我也从不放弃使用这一技巧去成交。

对客户来说，这一技巧屡试不爽的心理因素是什么呢？我不得而知。可能是这一办法把客户的注意力吸引到了如何签字上，而不是如何去拒绝你的建议上；也可能是这一技巧使客户更容易去行动而不是去思考。

如果客户已经十分清楚你的目的，你应相信他们会买你所推荐的保险，当然也就没有必要再进行第二次会谈。问题是，为什么不让客户在第一次就付诸行动呢？

我确信，如果在第一次与客户会谈时就使用威尔克斯先生的技巧，肯定就可以成交了，但我们却没有认识到这一点。经过实践，我发现使用这一技巧确实使很多以前需要再跑第二次的生意成交了。

成交秘诀之备忘：

（1）事先填写好申请表格之类的文件，即使你只有客户的姓名、住址这样简单的信息。

（2）在需要客户签名的地方着重做上标记。

（3）直接把准备好的文件置于客户面前。

（4）事先准备好的一切，可以促使客户更快地如你所愿。

不要惧怕失败

我出生于1888年一个风雪交加的日子。我居住的地方的街道西侧，每50码有一盏路灯，由于光线太暗，人们上街时还要拿着火炬。我还记得那个点灯人，每夜不停地在街上走着，哪盏路灯熄了，他就重新把它点燃，好给行人们多些光明。

多年后，当我摸索着如何做好推销工作时，一本《本杰明·富兰克林自传》对我产生了极大的影响。富兰克林的事迹，对于我就像是那个点灯人一样，他留下了光明，使我看到了生活的前景。

富兰克林还是负债累累的排版工人时，他认为自己虽然能力平平，但只要有正确的方法，依然可以成功。怀着一颗有创造力的心，他给我们留下了人人都可掌握的获得成功的方法。

富兰克林找出13个成功的必要因素，对每个因素花一个星期去琢磨并真正掌握它，以11个星期为周期，1年重复4次。他以50页的篇幅去说明这13个要素对他生活的影响。他认为，“我的后代们或者可以11人我为榜样并从中受益”。

当我读到这段文字时，我赶快翻到他解释那13个要素的地方。在以后的一年里，我反复看那几段，那简直就像是给我留下的嘱托。

我想，连本杰明·富兰克林那样的天才都认为那13个要素是成功之必需，我为什么不能一试呢？如果我能上大学或中学，我可能自认为聪明，对此不屑一顾，可我一生只上过6年小学。在富兰克林先生逝世150年后，那些世界最著名的大学依然尊重他，虽然他只上过2年学。我如果不去照着他的方法试试，简直就是个傻瓜。

我把那13个要素应用到我的销售中。我照抄了其中的6条，而其他7条我比照自己薄弱的方面做了修正。我按照如下的顺序去做。

（1）激情；

（2）有序：自我组织；
（3）考虑他人的兴趣；
（4）问题；
（5）关键点；
（6）平静：倾听；
（7）真诚；
（8）事业的知识；
（9）欣赏和颂扬；
（10）快乐；
（11）记住姓名和面孔；
（12）为客户服务；
（13）成交：要付诸行动。

我把这13个要素写在卡片上，并做了简单的注释。类似的东西在本书也有不少。第一星期，我常常“激情”于某一章，每天都看看。只过了一个星期，我就比以前多投入了两倍的激情。下个星期，我再带上“有序：自我组织”那章，以此类推。

13个星期过去了，我再从头开始。我内心充满了从未有过的活力。每个星期都比上星期对13个要素有更深刻的理解，它们也更深入我的内心。我的事业变得有趣，也令人兴奋了。

一年下来，对13个要素的学习有了4个循环。我完全可以自觉地在实践中应用那些要素了。我想，一个人如果能长时间充满激情，就会无往不胜。

我很少遇到对本杰明·富兰克林的13个要素一无所知的人，但也很少有人告诉我他们试着做过。

别忘了本杰明·富兰克林是个科学家，所以，他那个每周掌握的计划也是科学的。每个要素都是相互关联的，全部掌握并不容易，也没有什么捷径可走，但那是一条正确的道路，它通向成功。

本杰明·富兰克林的十三个成功要素：
（1）节制；
（2）沉默——不说无用和可说可不说的话；
（3）有序——物有所处，事有所时；
（4）解决问题——避免失败地处理问题；

（5）节俭——少花费也能办成事；

（6）勤勉——不浪费时间，戒除一切不必要的行为；

（7）诚实——永不欺诈，言辞公正；

（8）公正——不错待任何人，勇于承担责任；

（9）中庸——不走极端，学会自制；

（10）保持清洁——不只是服饰，还包括行为；

（11）稳重——不受任何事情打扰，遇事不慌；

（12）朴实；

（13）谦逊。

如果我们是兄弟，我要对你说，光阴似箭，不能再耽误了。

我不知道你现在的年龄，假设你现在35岁，离40岁还有几年？人过40天过午，现在我已经61岁了，我对自己的年龄不敢相信。我在40岁的时候，还曾经感叹过光阴似箭。

你肯定也读过不少类似的书，可能你已被所经历过的事情搞乱了，不知道该怎样做。

如果你读了这本书觉得没什么用，那就浪费了你的时间。

如果你觉得这本书不错，想照着办，我想你还是可能会失败。

如果你能通过本书来学会本杰明·富兰克林的方法，那将会有大的收获。

无论你的职业是什么，不妨也找出有助于你成功的13个要素去掌握，你肯定会不断地进步。记住，只要一年，你就会重新获得自信。经过13个星期的努力，你肯定会因自己的进步而惊奇。只要经过一段时间，所有人都会发现你起了大变化。也就是说，到那时你已经是个成功者。

对我来说，写这本书真是一件有意思的事，我努力把真实的感受都写出来，我希望你们喜欢它。

羊皮卷
智慧全集

第九篇
六顶思考帽

——全球创新思维训练第一书

德·波诺博士的《六顶思考帽》与《第五项修炼》并称为20世纪最有价值的商业书籍，被誉为全球创新思维训练第一书。微软、摩托罗拉、松下、麦当劳、可口可乐、IBM、西门子、雀巢等许多知名企业都从中受益，它改变了许多跨国公司的工作效率和企业文化，是整合公司智力资源的最佳工具。

成功是从头脑思考开始第一步的。成功者一定是聪明人，东西方的智慧融合才能得到全脑训练。《六顶思考帽》的最大价值就在于它们非常利于思考，给你一种创新和实用的思维方式。

六顶思考帽方法

六顶思考帽的目的是避免思维混乱。按照这种方式，思考者在某一个时间里，就可以只按照一种模式思考——而不是在某一时刻做全部的事。对此，最好的类比是彩色印图。每一种颜色被印刷上去，最后它们拼到了一起。设计6种思考帽方法，是为了使我们从通常的争辩型思维向制图型思维转化。这使得思维过程分成了两个阶段，第一个阶段是绘制地图，第二阶段是在地图上选择路线。如果地图足够好，最好的路线经常会变得非常明显。与彩色印图相似，每一顶帽子在地图上表现为一种类型的思考。

我并不认为6顶帽子已经穷尽了思维的所有可能方面，但它们的确涵盖了思维的主要模型；我也不认为在每一个思维瞬间我们都必须戴上某一顶帽子，但这些帽子极其强烈的人工特色是它们的最大价值所在。它们为在需要一种确定类型的思维时，提供了正式的形式和方便，无论是对某个人自己还是别的人，都是如此。

它们建立了思维游戏的规则。任何参加这种游戏的人，都要清楚地意识到这些规则。这种帽子思维方式运用得越多，它们就将越多地成为思维文化中的一部分。在某个组织中的每一个人都应当学习这种基本习语，以便使它成为其文化的一部分。这样就能够集中思维，使之更为强大有力。同时，它也通过一种活跃的、有约束性的方法，代替了那种浪费时间的、漫无目标的讨论。

起初，我们或许在使用不同的帽子时，显得有点笨拙。但这种笨拙感会随着该系统的方便性日益显著而很快消失。这些帽子的首次使用，可能是在一次偶然的场合需要某顶帽子，或者是在黑帽思维向其他思维转化的时候。就像我在本书开始所写到的那样，这些帽子的一个巨大价值就在于它们提供了思维角色。一个思考者可以为他能够扮演这种角色而感到骄傲。如果没有这些思维的正式形式，一些思考者将永远处于一种固定的模式中（通常是黑帽模式）。

我再强调一次，这是一个用起来非常容易的系统。对于读者来说，没有必要对我在书中陈述的不同点进行死记硬背，这些东西都是详细的论述。但是，每一顶帽子的基本点都是非常容易记忆的。白帽纯白，代表纯粹的事实、数字和信息。红帽刺目的红，代表情绪和感觉，包括预感和直觉。黑帽代表批评的倡导者，否定判断。黄帽代表阳光，明亮和乐观主义，肯定的，建设性的，机会。绿帽代表丰产的，创造性的，植物从种子里茁壮成长，意动，激发。蓝帽代表冷静和控制，管弦乐队的指挥，对思维进行思维。

在任何一个组织中，学习这种习语的人越多，这种方法就会越有用。因为实际上，我们的确没有一种简便的语言来作为我们思维的控制系统。如果我们感到自己有足够的智慧，并不需要这样的系统，那么，我们应当考虑到，这样的系统可以使那些我们引以为自豪的睿智者的思维变得更为有效，正如一个具有跑步天赋的人将比其他人从规则中能得到更多的益处。在这一点上，我想作出一个黄帽子声明：你自己去发现它的价值。

形象扮演

如果你扮演成一名“思想者”，你将可能成为思想者。我相信，罗丹的两件《思想者》真品之一坐落在布宜诺斯艾利斯的国会大厦前面的广场上。至少，当我的向导讲解这个忙碌的“思想者”是如何被铸成一个永久的青铜像时，他是这么告诉我的。作为事实，这或许会在好几个方面发生错误。它或许不是一件真品，我的向导也许弄错了；或者它不是在国会大厦前的广场上，也许我的记忆出了毛病。那么，我为什么在这些事情没有被查核为绝对事实之前，就把它说成是事实而唐突地提出来呢?

一个理由，是在这本书的后面我将特别提到的事实的运用；另一个理由，是想刺激一下那些人，他们通常认为事实比运用更为重要；再一个理由，是我想使读者在脑海里对这个著名的“思想者”塑像进行摹想，而不管其真品究竟在什么地方。

在任何情形下，我都使用“我相信”这个词，由此来表明我的信念方式是并非教条地提出断言式的事实。我们经常需要表达出一些事情被提出的方式，这也是本书所要论述的内容。我想让你想象一下经常使用的——有时甚至是在滥用——罗丹的“思想者”形象，我想叫你想象一下用手托着下巴的姿态，这种姿态被认为会出现在每一个将思考作为深思熟虑的过程而不是视为儿戏的思想者身上。实际上，我相信思考应该是兴奋活跃、生气勃勃的，而不是幽暗朦胧、呆板庄重的样子。但是，传统的思考形象对某一时刻是极为有用的，使你自己做出那样的姿态——真实地而不是想象地——这样你就变成了一位思想者。

为什么呢？因为如果你扮演成一名“思想者”，一旦进入角色，你将可能成为真正的思想者。想象一下“思想者”的姿态，做出跟这个形象相同的动作，建立起明确的意图，并且使它对你以及你周围的人都一目了然。很快，你的大脑就会跟着你进入你正扮演的形象或角色。这本书就是为你在思考过程中建立各种角色和形象，让你扮演，从而进行最有效的思考。

意向和行动

我现在想回到意向和行动的区别上来，因为有很多人对这一问题的见解是错误的。我曾经说过，如果你投身到做一个思想者的运动中去——比如说，戴上你的思考帽——那么最终你将会成为一个思想者，你的思维将会跟随这些运动。你一开始是在“做戏”，但最终它会成为现实。

我似乎是在宣称，如果你有了成为一名思想者的意向，则你的行动就会紧紧地追随这一意向，而最终实现它。有许多人将会跑出来指出这一论断是错误的，所以就让我来做他们的代言人吧。如果你有成为一名举重者的意向，难道这个意向就能使你举起重物吗？如果你有成为一名棋手的意向，它就能使你下棋时频出高招吗？答案当然是否定的。因为在这些事例中，都需要出乎意料的行动。但是，如果你有成为一名厨师的意向，并且投身到行动中去，则你必定会成为一名具有相当水平的厨师。你当然不会成为像埃斯科菲亚那样的著名厨师，因为你没有他那样的天赋，但和那些没有这个意向并且未投身到学习厨艺的行动中的人比起来，你可就强得多了。注意，有意向是不够的，你还必须投身到实际的行动中去，这样才有可能实现你的意向。对于一个思考者来说，光是想象自己是一个思考者是不够的，这实际上与我想要表达的意思恰恰相反。如果你认为自己是一位思考者了，你就可能不会再做任何别的事了，因为这时你正为自己这种假定的技巧而沾沾自喜或扬扬自得。有一次，我要求一组受过良好教育的美国人（他们都在研究所工作）对自己的思维能力打一个分数，我给出的满分是10分。令我感到惊奇的是，这些人打出的分数差不多都是8分。换句话说，他们对于思维作用的理解是如此狭隘，以至于每个人都认为自己的思维足够有效，甚至能够发挥出潜在的每一种作用。说得再清楚一些，我相信他们大多数人可能是误解了我的问题，他们在中学和大学里都是属于头10%那一类的顶尖学生，所以打8分还是谦虚的，我的本意是要他们估量一下自己实际具有并能够发挥作用的思维能力。但是，看起来他们对自己思维的能力都还比较满意，并不觉得自己属于应该经过训练以求得改善那一类。事实上，他们都认为思维是一个人天生具有的能力，怎么能够对它进行训练，又怎么能够加以改变呢?

想要变成思考者的意向是非常重要的，因为很少有人这样做。我就从来没见过真心诚意想变成思考者的人。读者不必为此感到惊奇，出现此种情形的原因我已经说过，即人们都认为自己的思维能力是无法改变的。想要变成思考者，就说明你现在还不是。人们对思维的看法与对幽默和性的看法差不多，即每个人都认为自己在此类事情上还是可以的。当路易斯·阿尔伯特·马卡多博士被任命为委内瑞拉智力开发部的部长时，海内外群起而笑之。但他不屈不挠地坚持干了下去，终于使10.6万名教师受到CORT思维方法的训练。现在，委内瑞拉政府已明文规定下来，每个小学生每周必须花两个小时来训练自己的思维技能。学校里有“思维”这门课程，这给他们带来了极大的好处。学生们知道这一点，老师和教育者同样知道这一点，学生父母也知道这一点。学生获取的实际思维技能是非常重要的，但更重要的是思维技能可以发展这一观念。衡量学生的标准通常是“聪明”或“不聪明”，主要看他或她在学校里的表现，以及是否能够取悦老师。这一标准当然是很有价值的，它就像高和矮、美和丑等标准一样。但是，问题仅此而已吗?

做一个思考者或思想者却是与此完全不同的事情。它是一种行动或运行技能。你可以通过行动使自己的这种技能得到改善。你可以想得更好，正如你可以把足球踢得更好、把菜做得更好一样。委内瑞拉的孩子们都懂得，只要对某个问题进行思考，最终总能得到一些主意。他们使用CORT思维法以实现这种过程。使用本书介绍的思考帽方法也是途径之一，它可以加强你想成为思想者的那种意向。

做一个思考者或思想者，并不意味着在任何时候都是正确的。相反，那些“时时正确”的人极可能是个思维贫乏的人（狂妄自大，对冒险不感兴趣，不能预见未知情况等）。做一个思想者也不意味着变成一个聪明人，或者能够解决所有别人期望你去解决的棘手问题。做一个思想者只涉及你有意识地想要成为一个思想者。这要比想成为一个高尔夫球手、一个网球手或一个音乐家简单得多。因为在这个过程中，你不需要任何仪器、工具协助你达成自己的愿望。

所以，意向是第一步。要做到这一点，既容易又困难。这种情形有点像禅宗，说起来容易，但做起来就不是那么回事了。正是考虑到这一点，本书才提供了如下的感官媒介——六项思考帽。现在，我们来看一看行动方法。皱眉头或把下巴支在手上是否管用呢？若它是一个人在深思熟虑时下意识的动作，则是管用的；若它是一个人下意识的动作，而其思想中没有任何活动，则是无用的。令人感到吃惊的是，在生理层次上它是极有可能起作用的。有材料证明，如果你臆定一个笑容，则你的生理机制就会对这种臆定作出反应，这时你的心情会变得好些，并且不太容易发怒。人们对广告中人工制造的笑脸模特通常作出良好的反应，仿佛他们的笑脸是真实的一样，这样信号就变成了真实。由此看来，内容是会随外部形式的变化而发生相应变化的。

从基本的层次上来看，如果你有听别人说话的意向，你就会花更多的时间去听——随之你也就改善了自己的思维。如果你有意识地皱眉头思考问题，那么你会比那些一甩袖子就什么都不顾的人做出更好的决策。喜欢暴力的青少年之所以在受过思维教育以后，变得不那么暴力，原因是他们不再需要对千篇一律的暴力场面迅速作出反应，他们会学着好好地考虑一下。六项思考帽就是把意向转化为行动的一种形象的途径。

六顶帽子的意义

六顶思考帽中的每一顶帽子，都有一种特定的颜色：白色、红色、黄色、黑色、绿色、蓝色。颜色就是帽子的名称。我本可以选择睿智的希腊人的名字来代表各顶帽子所象征的各种类型的思维，这样做会给人以强烈的印象，使某些人感到高兴。但是，它的实用性就很可怜了，因为那些名字记起来是相当困难的。

我希望读者在思考问题时，一定要把这些帽子想象成真实的帽子。要想实现这一点，颜色是非常重要的。还有别的什么能使你区别开这些帽子吗？不同的开头是难以掌握的，也容易引起混乱。颜色是最容易想象的。每顶帽子的颜色与它的职能和作用应该密切相关。

白帽——白色是中性的、客观的。白帽只关心客观的事实和数字。

红帽——红色使人想到生气、发怒和各种情感。红帽提供情感方面的看法。

黑帽——黑色代表忧郁和否定。黑帽讨论否定方面的问题——事情为什么不能这样做呢？

黄帽——黄色代表太阳和肯定。黄帽是乐观的，满怀希望的。

绿帽——绿色代表茵茵芳草，代表生机勃勃，代表富足和茁壮成长。绿帽表示创造性和新观念。

蓝帽——蓝色是冷静的，是思路小结，是居于一切之上的。蓝帽能够控制和调节思维过程，同时兼管其他各帽的使用。

记住各种帽子的职能是非常容易的，只要把颜色及其代表的职能联系起来就行。这样一想到某种颜色，其职能也就随之而出。我们也可以把它们分成3对：

白色和红色；黑色和黄色；绿色和蓝色。

在实际使用过程中，提到各顶帽子时，我们总是说它们的颜色，而不说它们的职能，这样做是有原因的。如果你请别人说出他在感情上对某件事是如何看的，回答多半是不诚实的，因为人们认为感情用事是错误的，但红帽这个词却是中性的。你请别人“且脱去黑帽”，要比请他停止从其他角度看问题容易得多。颜色的中立态度使得这些帽子使用起来毫无困窘之处，思维变成了具有固定规则的游戏，而不再是劳神费力的事情。使用帽子时，你要直接说这样的话：“我想让你脱掉你的黑色帽子。”“让我们大家暂且戴上红色思考帽。”“从黄帽思维的角度来看，这当然不错，那么戴上白色帽子又如何呢？”你有时要跟没有读过本书的人打交道，他们对六顶思考帽的象征意义一无所知，向他们解释一下各种颜色的意义，他们就会马上理解每顶帽子的作用。随后，你应该把这本书送给他们看，此种用语越是广泛流传，使用起来就会越有效。最终，你就能够坐在任何谈判席或会议桌前，畅行无阻地使用任何“帽子”。

白色帽子——事实和数字

你能扮演一台计算机的角色吗？请以中立和客观的方式给出事实。不要管别人怎么看，请讲事实吧。在这件事情中，事实是怎样的呢？

计算机是没有感情的（也许我们可赋予它人的感情，如果我们想让它们像人那样思维的话），我们希望计算机根据需要把事实和数字显示给我们。我们不希望计算机跟我们辩论，更不希望它使用事实和数字只是为了支持自己的论点。事实和数字是如此频繁地出现在辩论中。人们举出事实是为了达到某种目的，而不只是为了举出事实。当事实和数字作为辩论的组成部分而被列举出来时，它们就永远不能够被客观地对待了。

所以，我们迫切需要如下的呼吁：“请只讲事实——不要辩论。”不幸的是，带有辩论习性的西方思维总是先给出结论，然后再列举支持这一结论的一系列事实。相反，我倡导的构造地图型思维却是先画地图，再选择路线。这就是说，我们必须先搞清事实和数字。所以，白帽思维可以很方便地要求别人以中立和客观的方式给出事实和数字。

有一个时期，美国人以反对垄断为由对IBM公司进行起诉，这案子最后被撤销了——也许人们认识到，美国需要IBM的力量以和具有高度组织性的日本电子企业竞争。据说，撤销此案还有另外一个原因：IBM提供了惊人的文件资料（大约有700万件），以至于没有任何一个法庭能够对付它们。按照法律条文，如果法官死于审案期间，这个案子就得从头审起。而法官不到相当的年龄并获取相当的经验是不会被任命审理此案的。所以，法官死于审案期间的可能性是非常大的。这样一来，除非任命一个特别年轻的法官把此案的审理作为他或她终生的事业，否则是没法把它搞清楚的。

上面这个事例的关键之处就在于，当提出事实或数字的需求时，可能出现如此繁多的信息，以至于需求者完全陷在里面而不能自拔。如果你想要事实和数字，你可以得到它们的一部分或全部。这种类型的反应是可以理解的，因为任何简化事实的企图都可能被认为是在挑选事实以期达到某种目的。

请从白帽思维的角度谈谈对你失业问题的一般看法。

请把离校6个月的学生数目拿给我。

把问题适当具体化，是询问信息过程中的一个正常组成部分。精通询问奇迹的律师们整天干的就是这个。就理想情况而言，证人们都应该戴上白色思考帽，并就事论事地回答问题。法官和律师可能会发现白帽这种用语对他们审理案件是极为方便的，比如下面这个例子。

"我已经说过，他是在清晨6点半回到公寓的，他整夜都在赌博。"

"琼斯先生，被告6月30日夜里赌博是你亲眼看见的，还是他告诉你的？"

"不是我看见的，阁下。但他几乎每夜都去赌博。"

"琼斯先生，如果你戴上白色思考帽，你会怎么说？"

"我观察到被告在7月5日凌晨6点半回到他的公寓。"

"谢谢你。你可以下去了。"

人们说，法庭上的律师总是在耍花招，他们提问题的方式在辩论中总是对自己有利而对对方不利。这与白帽思维恰恰相反，但法官的角色就有点特殊了。在荷兰的法律体制里，没有陪审团，3个法官使用纯粹的白帽以找出案例的事实情况，他们的任务是画出"地图"，然后再做出判定。这与英国和美国的情形很不一样。在后两个国家中，法官掌握判定证据的尺度，然后对律师直接或通过陪审员提供的证据作出反应。所以，任何人在提出问题以获取信息时，都必须保证自己是在使用白色思考帽。因此，你必须清楚，你的目的是为了获取事实，还是用你头脑中的观念制作圈套？

去年美国的火鸡销售量增长25%，原因是人们对食疗的兴趣和对健康的关心增加了。火鸡肉被认为含有更少的热量。

“费兹勒先生，我要你做的是戴白帽，事实是增加了25%，其余都是你的发挥。”

“不是这样，先生，市场调查清楚地表明，人们之所以买火鸡肉，是因为人们认为它释放的卡路里少一些。”

那么，你拥有了两个事实。

事实一，火鸡肉的销售量在去年增加了25%。

事实二，有些市场调查表明人们，之所以买火鸡肉是出于对卡路里的考虑。

就这样，白帽为我们提供了某种方向，它的目的是为了与客观的信息打交道。我们应尽可能把白帽这个角色扮演好，这样做意味着我们正致力于获取纯粹的事实。很明显，白帽角色需要某种技巧——也许扮演它要比扮演其他各帽都困难。

妇女吸烟的数量有正在增长的趋势。

“那不是事实。”

“是事实，我这儿有数字。”

“你的数字只表明如下情况：在过去3年中，妇女吸烟的数量每一年都比上一年高。”

“这还不是趋势吗？”

“可能是，但这要看怎么解释了。对我来说，趋势意味着某事正在发生并将持续发生下去。那些数字确是事实，更多的妇女抽烟可能是由于与日俱增的焦虑，也可能只是出于下述的原因：在过去3年中卷烟制造商们不惜血本，花钱做了大量广告劝说妇女们吸烟。第一种情况确实是一种趋势，也确实可为我们提供一些机会，但第二种情况却不可能为我们提供什么机会。”

“我只是想用趋势这个词来描述上升的数字。”

这可能是趋势一词的一种用法，但它还包括其他意思，所以最好使用纯粹的白帽思维，并且这样说：“在过去3年中，统计数字表明妇女吸烟的数量在增长。”在这样说了之后，我们再讨论这意味着什么，以及是出于什么原因，就会得出更为客观的判断了。

在某种意义上，白帽思维成为一种规则，它鼓励思考者泾渭分明地分清楚在其思想中哪些是事实，哪些属于他个人的发挥。

1.这是谁的事实

下面可以回到我在本书开头所作的那个论断上。我说罗丹的《思想者》位于布宜诺斯艾利斯的那个广场上，在布宜诺斯艾利斯是事实，向导指着罗丹的雕像也是事实，她说它是原品也是事实，它处在国会广场上好像也是一个事实。后面两个断定不排除记忆上的错误。即便我的记忆力是信得过的，那个向导却不一定信得过。这就是我在序言里使用“我相信”的原因。相信自己的记忆和向导是我的选择。

人们之所以认定许多事实，不过是那一时刻他们在强烈信仰控制下所说出的意见或者纯粹就是一种个人信念。生活是不断发展和变化的，以科学实验般的严格性去要求和检查一切是不可能的。所以，为实用起见，我们引进一种双向系统，即信念事实和验证事实。在白帽思维的条件下，我们可以引入信念事实，但必须绝对明确它们是二级事实。

“我想我是正确的，俄国商人对于世界贸易是非常重要的。”

“我考察过日本经理为什么欠账这么多，结果发现他们把自己的薪水全都给了妻子。”

“我敢肯定，新的波音757飞机要比前一代飞机噪声小。”

耐不住性子的读者可能会提出，这些“狡猾的”词语可使任何人说任何事情，那恐怕离白帽思维走得太远了。

有人告诉我，说他从一个朋友那儿听说丘吉尔暗地里崇拜希特勒。

这的确是为胡说八道、流言蜚语和道听途说开了方便之门。确实可能出现这种情形，所以我们必须设计出一种方法，用以阐发信念事实。重要之处在于，事实是派做什么用场的。如果我们准备对某个事实采取行动，或者把它当作决策的基础，必须首先对其加以验证。所以，我们必须确定哪个信念事实可能是有用的，然后着手对它加以验证。举例来说，如果你相信波音757飞机的噪声小，并且这一点对确定飞机的位置具有决定性作用，就必须把它从“信念”的层次移到“验证”的层次。

白帽思维的最重要规则就是不得引入与事实不符的东西。你适当地说明，某一论断属于信念的范畴，然后加以引入则是可以的。不要忘了双向系统。让我再重复一遍，我们不折不扣地需要信念这个层次，因为探究、假设和冒险等因素都是思维所不可缺少的。它们提供了某种框架，使得思维能够走在事实前头。

我们现在触及了一个相当棘手的问题。什么时候“信念”可以变成“意见”呢？我可以“相信”波音757飞机噪声小。我还可以“相信”妇女们抽更多的烟，因为她们现在处于更大的压力之下。我马上就要指出，在白帽思维的条件下，你自己的意见是永不能介入的。那将摧毁白帽的全部目的。你可以照原样引述别人的意见。

“施密特教授认为，这种机器是永远也不可能研制出来的。”

请注意，事实中的信念因素就是说，在其中有这样一些东西，你相信它们是事实，但实际上它们并未经过彻底的验证和考察。你一定要把以下两种事实区别开来：

（1）验证事实，即经过检验确证为事实的东西。

（2）未经验证的事实（即信念或信仰）。

一个人的态度将在此种过程中起决定作用。思考者戴上白帽后，他就只能引入一些“中性的”陈述。它们被放在桌面上。人们总要利用它们以提出一些特定的观点。当某个客观陈述被用来发挥某种观点时，它就值得怀疑了！这时的白帽角色就正在被歪曲和被误用。将来也许有一天，白帽角色会成为人们的第二天性。思考者不再任意取用事实以赢得某种辩论。人们都具有像科学观察者一样的客观性，或者像勘察者那样注意各种事物的差别，而同时不怀有任何利用它们以达到某种目的的意图。地图绘制者的任务就只是绘制地图。白帽思考者把各种“标本”（即提供的事实）摆到桌面上，就像小男孩把他口袋中的硬币、口香糖和一只青蛙全都掏出来一样。

2.事实、真理和哲学家

真理和事实并不如大多数人想象的那样，有那么紧密的联系。真理与作为哲学的词语游戏系统相关，而事实与可验证的经验相关。不关心此类事情的实用型头脑，可略过此章而直接读下一章。如果我们见过的每一只天鹅都是白色的，我们可以斗胆作出结论说“所有天鹅都是白色的”吗？回答是：“我们可以，我们确实也是这样做的。”因为至少到目前为止，它是对我们经验的一个真实总结。在这种意义上，它也是一个事实。

当我们第一次看见黑色的天鹅时，这一论断就变得不真了。我们只好由真转向不真，以适应这突然的变化。但是，当我们转向事实时，我们看到，一边是100只白天鹅，而另一边只有1只黑天鹅。于是，作为一个经验事实，我们可以说，“天鹅大多数是白的”，“天鹅基本上是白的”，或者“99%以上的天鹅是白的”。这种“基本如此”的说法具有巨大的实用价值（小孩子基本上都喜欢冰淇淋，妇女基本上都使用化妆品），但在逻辑学家眼中却毫无用处。在“所有的天鹅都是白色的”这个论断中，“所有的”一词具有本质意义。因为按照逻辑规则，可从这一绝对真理般的前提推出另外的结论：“如果它是真的，则可推出。”

当我们遇见第一只黑色的天鹅时，“所有天鹅都是白的”立即变成不真的论断，除非我们把那只天鹅叫做别的什么东西。现在，它就变成了一个词语和定义的问题。如果我们选择白色作为天鹅定义不可缺少的组成部分，则黑色天鹅就是别的什么东西。如果我们不把白色作为天鹅定义的本质组成部分，则就可把黑天鹅包括进去，并以别的特征做基础来为天鹅下定义。编制并修正此类定义正是哲学的本质。

白帽思维所关心的是能够使用信息，所以“基本如此”或“整体上如此”之类的用语是完全可以接受的。统计学的目的才是给这些含糊的说法以某种确定性，但是不可能在任何时候都收集到这样的统计数字，所以我们只好经常使用双向系统（信念事实和验证事实）。

那些依据推测的将来销售额来进行开销的企业差不多都会陷入困境。（有可能举出一两个这样的企业，它们像上面那样做了，但仍取得了成功）

价格如果降低，则销售量将趋向于上升。（但当房价上涨时，销售量却可能随之上升，原因是人们害怕通货膨胀，害怕被人落在后面，也可能有人想做投机买卖）

如果你努力工作，一定能在生活中取得成功。（有很多努力工作的人却很不成功）

上面是我们在实际生活中经常用到的一些表述。

以下列出的是表述真实性的一些语句。

真的，通常是真的，一般来说是真的，基本上如此，经常如此，大多数情况下，经常，有时，是真的，偶尔是真的，被认为会发生，从不，真实，不可能真实（矛盾）。

以上用语在扮演白帽角色时，可以使用到何种程度呢？对这一问题的回答，要视信息的具体情况而定。了解在特别情况下发生的事情可能是非常有用的。举例来说：

“麻疹通常是无害的，但有时却可引起传染病，比如耳部的传染病。”

“在极为少见的情况下，种痘才会引起脑炎。”

“当被激怒时，这类品种的狗咬过孩子。”

很明显，通晓此类信息是有价值的，但也会有一些消极影响。在上述第二个例子中，人们对于种痘引起脑炎这种危险性的认识，要远远大于由实际的统计数字表明的危险程度。所以，一定要给出实际的数字，以避免可能出现的对信息的误解。

在白帽思维中可以引入传闻吗?

“有一个人从飞机上掉下来，他没有降落伞，但却活了下来。”

“据说，福特是在市场调查的基础上设计出艾德希尔汽车的，但却遭到了彻底的失败。”

这些的确可能是事实，所以白帽思维者有权把它们引入，但必须说明它们是“传闻”。基于市场调查的设计可能经常是失败的，以艾德希尔汽车为例，据说它的设计就是以市场调查为依据，但它是完全不成功的。这个论断是一种不合法的白帽思维——除非有更多的材料来支持这一结论。猫可能从房顶上掉下来摔死，但那不是正常情况，也绝不会经常发生。

特例只因它们是特例才会被区别开来。我们注意黑色天鹅，是因为它们的数目极少。我们注意一个从飞机上掉下来的人，在没有降落伞的情况下能够生存，是因为这非同寻常。艾德希尔经常被人提起，也是这个原因。白帽思维的目的就是实用，所以我们必须引入各种信息，关键是要说明它是哪种类型的信息。

所有专家都预测说，利率在年末以前要下降。

我跟4个专家谈过，他们都预测年末以前利率将下降。

我跟弗林特先生、蔡格勒先生、卡格利托女士和苏里茨先生都谈过，他们4人都预测年末以前利率将下降。

这里，我们看到以上3个表述的精确程度一次比一次高了，甚至第三个表述也不是足够好——我也许还想知道你是什么时间和这些专家进行交谈的。

白帽思维没有绝对的东西，它只是一个方向，以利于我们去努力争取更好的结果。

红色帽子——情绪和感觉

红色帽子所讨论的是思维中的情绪、感觉，以及其他非理性方面。它为把思维中的这些情感表达出来，提供了一条正规和明确的途径。如果情绪和感觉被排斥于整个思维过程之外，它们就会隐藏起来并以一种潜在的形式影响整个思维活动。情感、感觉、预感和直觉在思维过程中都是强烈而真实的，红帽思维就承认这一点。白帽思维是一种不偏不倚、客观的和不带感情色彩的，而红帽思维恰恰相反。

“不要问我为什么，我就是不喜欢这桩交易，它令我讨厌。”

“我不喜欢这个人，也不想和他做什么生意，这就是我对此的全部看法。”

“我有个预感，教堂后面的那块地皮不出几年就能卖个好价钱。”

“这种设计简直是异想天开，根本无法成功，实施它纯粹是在白白扔钱。”

“我知道亨利玩世不恭，他也曾捉弄过我们，但是他干起活来却是那样干脆利落，这一点真让我着迷，所以我喜欢他。”

“我觉得这桩交易肯定成不了，而且到头来还会惹一场官司。”

“我感到这种形势对我们很不利，不管我们怎么干都会里外不讨好，我看还是避开为妙。”

任何思考者要表达情感，都得伸手去拿红帽子。这顶帽子为从纯粹情绪到强烈预感等这一系列感觉的表达开了绿灯。用红帽来思考，从来不需要对这种感觉加以证明和解释，红帽会使你成为感情丰富的思考者，使你对事物的情感反应不必通过一步一步的呆板推理来得到。

1.情感在思维中的位置

传统的观点认为，情感会使思维产生混乱。善于思考的人也必定是冷漠、超然，甚至是毫无表情的，他们必定毫无偏见，一向秉公而论，从来不感情用事。甚至有人时不时地声称，由于妇女们太多愁善感以至于难以产生思维的佼佼者，而且由此还影响到她们独立处理问题的能力。然而，任何一个良好的决定最终仍是富有情感的，我强调“最终”这个词。当我们用思维去描绘一幅地图的时候，价值和情感支配着我们选择路线。后面，我还会回到这一点上面。情感与思维相关联并使这种思维在一瞬间适应我们的环境和需要。情感是大脑活动中固有的重要部分，绝不是一些残渣或者鲁莽闯入的局外者。

在以下情形中，情感会影响思维。诸如害怕、愤怒、憎恨、怀疑、嫉妒或爱等情感，可以说是一种极其强烈的背景，这种背景限制着所有的知觉并为其涂上了某种颜色。红帽思维的目的就是认清这种背景，从而注意到这些情感所产生的影响。思维的整个过程或许都受到这种背景情感的左右，它可以和某个人或某种情形密切关联，或者和别的理由相一致。

在第二种情形中，情感往往由最初的知觉触发。如果你察觉到自己受到了某人的蔑视，那么从此以后，你关于那个人的整个思维都会笼罩上这种感觉；如果你察觉到（或许是错误的）某人正说的一件事是出于利己主义的考虑，那么从此以后，你就会对那个人说的所有事情都打个折扣；如果你觉得某件事情只不过是一个花架子，那么此后碰上类似的事，你就都会不予信任。

总之，我们很快会形成这种简单的判断，并为随之产生的情感所左右。红帽思维给了我们一个机会，它使某些情感刚一产生就会立刻显露出来。如果我戴上我的红帽子，我会说，从你的提议中看出，你对自身利益的考虑多于对公司利益的考虑。我的红帽思维告诉我，你反对这项合同只是为了保住你的饭碗而没有考虑股东的利益。

情感能够起作用的第三点是，在形势图已经形成之后，这张地图上也应该包括被红帽思维发现的情感。情感——带有浓厚的个人色彩——在这时将影响到图上的线路选择。每个决策都有其相应的价值基础，我们会根据价值的判断而作出富有情感的反应。例如，我们对于自由价值的反应必定是带有情感的，尤其是当我们被剥夺了自由的时候。现在，我们对于可能面临的情况，已经有了比较清醒的认识，让我们都戴上红色帽子，对自己的行动做出富有情感的选择吧！

这里有两个可能的选择——继续罢工或进行谈判。我倾向于前者，我觉得还不到谈判的时候，双方都还没损失到想放弃斗争的地步。对于那些看到了在思维过程中表达情感价值的人来说，红帽子语言为这些感情的合理化提供了有益的帮助。这样一来，情感就能在完成了的地图中占据位置。但是，红帽思维能够总是让那些隐蔽的情感暴露出来吗?

“我反对对他的任命，因为我对他提升得这么快感到嫉妒。”

会有人总是真正显露这种嫉妒吗? 恐怕没有。但是，红帽子语言关于这一点却允许使用这样一种表达方法。

我要戴上我的红帽子，然后我要说，我觉得反对乔治的晋升在某种程度上是出于嫉妒。另一方面，我将使用红帽子的功能，然后我就会说，我反对乔治的晋升，而这只不过是我的感觉罢了。

应该记住，一个思考者在其思想的隐秘处可以选择红色思考帽。这样一来，思考者就可以用一种合理的形式，将自己的情感表达出来。这里可能就是害怕的原因，对混乱状态的害怕与工作变化有关。

“是的，我非常气愤；那时我只想着要进行报复，我不愿这样被欺骗。”

“我必须承认，我正好对这个工作感到不愉快。”

红帽思维鼓励这种发现：这里正好夹杂着什么样的情感因素?

2.直觉和预感

我们能常在两种意义上使用“直觉”这个词，两者都是正确的，但从大脑功能角度来说，它们则完全不同。直觉可能是一种突然顿悟的感觉。这意味着本来以一种方式理解的事物，突然间对其有了另一种领悟。这可能导致创造力、科学发现或者数学上的飞跃。请把注意力从胜利者转向失败者，你很快就会发现，131名单人竞赛者将需要经过130场比赛来产生130名失败者。直觉的另一种意义，是指对一种形势的突然认识和理解，这是建立在经验基础上的复杂判断的结果。这种判断不可能详细列出，甚至都不能用语言表达。当你在大街上突然认出一位你过去的朋友时，可能基于很多复杂的因素。

“我有一种直觉，这辆电子小汽车不会出售。”

这种直觉可能是基于对市场的认识，对类似产品的经验，以及对这一价格范围内购买情况的了解而产生的。

对于这种“复杂”判断类型的直觉，我就讲这些。直觉、预感和感觉都是相关的，预感是建立在直觉基础上的假设。感觉包括从一种审美感觉（大多是一种嗜好的问题）到一种确切判断的各种现象。

“我感觉他一旦碰到危险，就会立刻退缩。”

“我强烈地感觉到，这张公共汽车票和那辆自行车是这起谋杀案的重要线索。”

“我感到这不是一种正确的理论，它是如此的复杂和混乱。”

成功的科学家、成功的企业家、成功的军事家对事态的发展，几乎都会产生这种“感觉”。对一个企业家来说，我们说他总能“嗅到金钱的气味”。这种有利可图的事情并不是每个人都能觉察到的，但企业家却以他对金钱味所特有的敏感而洞悉这一切。直觉并不总是正确。在赌博的时候，直觉最容易把人引入歧途。如果红色骰子在一轮中连续出现了8次，直觉便强烈地告之下一次黑的将会出现了，然而其结果却同样是红的。要知道，桌子是没有记忆的。因此，我们应该怎样对待直觉和感觉呢？

首先，我们承认它在红帽思维中的合法地位。红帽子允许多人寻求感觉并把它作为思维中的合理部分加以表达；也许我们寻求感觉并且把它作为思维中的合理部分加以表达。也许情感和直觉戴着不同的帽子，但那只不过是多点麻烦而已。我相信，即使他们的本性不一样，但在“感觉”的引导下，还是能够协调一致的。我们可以试着以这种直觉作为判断的依据，但我们未必会完全成功。如果我们不能够讲清楚其根据，我们还会相信这种判断吗？

在预感的基础上投入大量精力是很困难的，最好还是把直觉作为地图中的一个部分。对待直觉就像一个人对待其顾问那样，如果这个顾问在过去一直是可以信赖的，那么我们就很可能对他提出的忠告更加注意；如果某种直觉在很多场合十分灵验，我们就可能会更听信于它。所有的理由都反对降低物价，但我的直觉告诉我，这确实是恢复市场平衡的唯一途径。一个有经验的商人会培养对机会的感觉，他所积累的经验以一种直觉形式告诉他，哪些交易该做，哪些交易应该趁早远远地避开。这种从商业领域锻炼出来的直觉可能是很有价值的，因为它们是经验和教训的结晶。当然，这种商人的直觉用在总统选举中就未必那么有效了。直觉也是有输有赢的。直觉不可能一贯灵验，但是，如果灵验的次数多于失败的次数，那么全面看来，结论往往还是积极有利的。那种认为直觉会屡试不爽的玄妙预言是十分危险的。直觉不过是思维的一部分，它真实地存在于思维中，而且起到一定的作用。

“在这种合并中，你对红帽子思维中的直觉感到满意吗？我的红帽子感觉到那个产品的价格马上就会暴涨。”

“在这场广告大战中，请给我戴一顶红帽子好吗？我的红帽子告诉我，这个提议将不能被接受。”

直觉在哪里和看法会面呢？我们已经知道，白帽思维不允许表达看法，这是因为看法是建立在判断、解释和直觉基础上的，它可能是对已知事实的判断和对未知事物的感觉的一种综合，看法可以在红帽、黑帽或黄帽下加以表达。

当红帽被使用时，最好还是把一个看法的表达当作一种感觉。

“我感觉无所事事是青少年犯罪的一个主要原因。”

“我的感觉是，电影院的售票处需要几盏惹人注目的霓红灯。”

3.情感的作用

情感一旦借助红帽子语言得以实现，随之就可能产生一种探究甚至改变情感的企图。这些就不再是红帽子语言的一部分了。思考能改变情感，这并不是思维中的逻辑部分在起作用，而是其情感部分本身导致的结果。如果我们对某件事的看法与以前不同，我们的情感就会随之改变。

不要把它当作一次失败，而应把它看成是寻找你在网球比赛中的弱点和优势的最好途径。

如果把你这边作为一个开端，你能接受吗？

把它做为一条学习经验而不仅仅是判断上的失误牢记在心。学习都是要付出代价的，但我们千万别重蹈覆辙。

当然，总是能够提供那种使情感升华的感觉是不可能的，但无论如何值得一试。情感表达可以为思考和讨论提供一个持久的背景，这种情感背景有一种持久的意识。做决策的制订计划，看起来与这种背景似乎相反，但不时地设想一下不同的情感背景，并且看看随之会发生什么变化总是很有用的。

我们都知道，这一系列谈判是在双方相互极度怀疑的情况下进行的。让我们设想一下，如果双方相互信任，情况又会怎么样呢？

“我感到，我们现在作出的这个决定不会引起什么大的变动，事情已经结束了。让我们想象一下，如果不是这样的话，我们的确有能力来控制局面。”

“我们要注意到现在存在的那种容易使人愤怒的背景，我们不能忽视它。”

正如我前面指出的那样，情绪和感觉是地图中具有色彩的部分。通过红帽子规则，我们可以知道这些被染上强烈感情色彩的地区。在无法解决争端时，我们可以回避这些地区。

提出限制你为对方公司工作显然是一个敏感的问题，我们应当避开一阵子。

协会行政官从来就没打算同意关于取消工资的任何提法，这点以前已经强调过多遍了。

情感通常用来建立彼此间的交流。我并不是指生气、威胁、敲诈或者对怜悯的呼吁，我指的是针对一些具体事物的情感价值。各种人的价值的原则是建立在协商基础上的。某件事在这个场合有一种价值，而在另一场合又有不同的价值。这些价值可以通过红帽思维直接表达。

突破这一大关，对我们的生产非常重要。

我们必须秉公办事。我们并不是说琼斯很清白，我们只是要严格执行规定。

通常说来，我们都认为任何思考的最终目的都是使思维者满意，因此说到底，思维的目的就是满足情感表达。这里出现了3个方面的困难。第一，提出了行动方案当真就能满足情感的需要吗？我并不觉得降低价格会增加销售量。第二，这部分愿望的满足必定会以损害其他部分作为代价。我们应该加班加点地工作或者雇用更多的工人，我们首先要考虑工作，然后才能考虑工作以外的事。第三，短期满足和长期满足之间的冲突。基督教的信条对这一点有很精辟的阐述："如果一个人征服了整个世界但却失去了灵魂，他又会得到什么益处呢？"

我们可以提高广告收费金额来迅速获得暴利，但从长远看来，我们还是应该使用其他手段。

如果我们以低廉的价格从其他航空公司吸引顾客，我们或许可以获得暂时的利益。但之后他们会以更低的价格和我们竞争，我们又会重新失去顾客。这样一来，低效益还是没变。

"我真的非常喜欢吃这盘法国煎肉，但是它无助于减轻我的体重。"

"我将在这出戏上多花一些钱，因为我喜欢妮瑞达，她在戏中领衔主演，我想多看看她。"

无论是在思维方法中，还是在所考虑的事情中，都离不开情感，使它们消失或者达到所谓的纯粹思考总是徒劳无益的。

黑色帽子——它什么地方错了

据说，大多数思考者——无论是经过训练还是没有经过训练——都感到戴上黑帽子最为舒服，这大概是因为西方人注重评论和批判的缘故。说起来或许令人惊讶，很多观点都相信思维的主要作用就是带黑帽子。遗憾的是，它们没有考虑到思维的创造性和建设性。然而，黑帽思维的确是思维中的重要部分。黑帽思维总是带有逻辑和理性的。它消极而且缺乏情感，同样消极但富有情感的是红帽子扮演的角色（它也具有积极的感情因素）。黑帽思维只看事物的阴暗面，但它一定是具有理性的阴暗面。戴上红帽子，你会没有来由地得到一种消极感觉，而黑帽子的理性特点却总会给你找到相关的理由。

我认为降低价格不会起作用。

刚才是红帽思维，现在我想让你给我一个黑帽思维，给我一个理性的原因。

以我们过去的经验，我把这些作为销售情况讲给你听，降低价格并不会促进产品的大量销售，从而补偿利率差额的降低。要知道，我们的对手也会降低价格，他们会通过这一办法来和我们竞争。

黑帽理由一定要站得住脚，它对任何人来说都必须是适用的，它必须是完全合理的，而不是某一个权威人物提出的哗众取宠的观点。黑帽思维是建立在理性或逻辑基础上的。

黑帽思维虽说是理性的和真实的，但它并不一定是公正的。黑帽思维提供了一种理性的否定：为什么这些事不起作用。与之相反，理性的肯定——为什么它会起作用——则是黄帽所提供的特征。这是因为思想中否定的愿望是如此强烈，以至于它不得不有一顶自己的特殊的帽子。一个思考者必须要有一个纯粹否定的机会。

当我们对某件事作出肯定或者否定的时候，大脑的化学变化中非常可能存在着细致的差异。如果是这样，那么在我们进行包括逻辑肯定或逻辑否定的客观判断时，就不会有戴帽的实际感觉，因为大脑的化学变化并不是持续不断地来回进行的。否定时，大脑的化学变化也许和害怕时是一样的，而肯定时的变化也许与愉悦时是一样的。总有人声称，“批评”一词是对否定或肯定两方面的一个诚实的鉴定。然而，在实际过程中，“批评”一词的言外之意却是指什么地方错了。这正是黑帽思维所要表达的。

多年的思维教学已使我确信把逻辑否定从逻辑肯定中分离出来的必要性。虽然黑帽子是一项“批评帽”，但我必须绝对清楚地强调一点，那就是它与争论中的任何一方都没有关系，这里没有派别，也没有争论。黑帽子强调的否定，只是限制在逻辑否定这一点上。一个思考者可以停止黑帽思维，然后根据其意愿随时回到黑帽。

戴上我的黑帽，我必须指出这个小屋缺乏供电设备。戴上我的黄帽，我可以指出如果这样的话你就不必为此缴纳电费。

黑帽子的这种特殊性重新产生了这样的思考者：他们需要公正而且同时能观察到形势的两个方面。当他带上黑帽时，否定性就会得到充分的发挥。

黑帽子给人的第一印象或许是它增强了否定性，这种否定性已经成为许多思考者的明显特征。正如红帽子确定了情感的合理性一样，黑帽子似乎也使这种否定性趋于合理。在实际中，黑帽子有对立的作用。

一个本性表现为喜欢否定的人会把否定带入他的思维中，这种否定性随时都在准备跳出来，这就意味着在我们纷乱复杂的思维中（这时我们试图在一瞬间完成所有的事），主旋律将是否定的。通过直接聚焦于否定这一方式，黑帽子实际上是在限制着否定性，一个思考者或许被要求脱去黑帽子，那么这就成了一个停止否定的明确信号。

你的黑帽思维已经是好极了，为什么你不换一项不同的帽子戴上一两分钟呢?

这次会议自始至终除了黑帽思维你几乎什么也没有做，难道那只是你知道如何运用的唯一思维吗?

我想让你在下一个5分钟停止你的黑帽思维而把它转向黄帽思维，然后告诉我你看到了什么。

我们通常从玛丽那里得到的都是黑帽思维。当她没有戴她的黑帽子时，她似乎没有多少话要说。

你只是一个帽子的思考者，那就是黑帽思维。

一个技艺娴熟的高尔夫球手绝不会忽视他的击球棒。同样，一个擅长黑帽思维的思考者也不会感到，他不能够随意地带上其他颜色的帽子。按照这种方式，帽子语言会使这点变得十分清晰：否定性只是思维的一部分。看到这里，许多读者一定会认为黑帽子所扮演的角色和传统中那位为恶魔辩护的角色非常类似。

我的确很喜欢利用飞艇为顾客服务这个主意，但现在我打算扮演一会儿恶魔辩护人的角色。

我们简直被热情冲昏了头脑。有人将扮演恶魔辩护人的角色，然后他将指出，这个销售价太高了。

黑帽确与恶魔辩护人的角色相似，并作为一个特殊的角色被纳入了用六顶帽子标志的一系列角色中。从这个意义上说，否定不过是思维角色中的一个而已。当然，无论如何它是有自身特点的。

恶魔辩护人被宗教法庭指定为那些被指控为异教徒和施用魔法者进行辩护。所以，这里我们就回到了辩护。但正如我前面指出的那样，黑帽子与辩护毫无关系，它只是集中于逻辑上的否定方面。黑帽思维用于填充思维图上的黑颜色部分。黑帽子的任务和其他帽子的任务一样，它需要十分彻底。对黑帽思维加以限制往往是因为你认为否定方面会破坏6种思维的目的，实际上并非如此，每一种角色都应该充分地扮演。

1.要旨和方法

正像红帽思维那样，黑帽思维能够适用于问题本身，同时也适用于讨论和思考本身，对思考方法尤其如此。

“就我所知，那只是一个假设。”

“我不明白，这跟你刚才说的有什么关系。”

“我们知道的数据与你给出的并不一样。”

“那不仅是可能的解释，而且是唯一的解释。”

“在这些观点之间，并不需要什么逻辑联系。”

如果一个思考者每次想做这种类型的评价时就不得不戴上黑帽子，那将是愚蠢和不方便的。这种类型的评价被认为只是黑帽思维的一部分，无论它是正式陈述还是非正式陈述。实际上，对一个思考者来说，把这种类型的观点积累起来要比那种在有用的辩论模式中一有可能就插几句更好一些。这样一来，思考者就能够作出一个正式的黑帽子陈述。列举出需要声明的各种各样的思维错误。

“我打算戴一会儿我的黑色思考帽，因为我想指出在这场辩论中我所观察到的错误。精神消耗方面的堕落可能是出于健康原因，但也可能是因为过量的饮酒，或者是更为严格的关于饮酒和驾驶的法律。还有，伏特加的销量上升可能缘于广告，和它的味道没有什么关系。”

“就我看到的而言，你总是在给出大量观点、假设以及红帽子感觉。”

“那是不正确的。王室的费用只有在对爱尔兰的研究和发展工作真正实现以后才能被豁免。”

“在这方面，我想用黑帽子来检查你的思维。你所给出的图案在4年前就已过时了，样品非常之小，而且这个样子只有南方才有。”

我并不倾向于把所有逻辑演绎和推理的规则都摆在这里。它们中的许多东西都是抽象的，而且与实际事物关联不大。

我们可以把这些基本的规则简化如下：

（1）基础是正确的和经过证明的吗？

（2）有什么派生的吗？

（3）派生是必要的吗？

（4）有其他可能的派生吗？

我们说的“派生”，意味着任何事情都将随着别的事情而产生。通常说来，一个派生就是一种如果。

如果我们加重对犯人的刑罚，那么就会降低犯罪率。

这看起来是一个足以符合逻辑的陈述，但是，如果我们检查其细节，就会发现派生的确是有，但并不是必要的。如果大家都知道犯罪后被抓住的可能性很低，那么加重刑罚的措施就不会有什么作用。如果法庭不加重刑罚，那么它就会失去威慑力。然而，据说加重刑罚的威慑力对减少犯罪的确有“一定的作用”。这里我们来谈一谈这个“一定的作用”究竟有多大。从把犯人关在监狱里的额外开销来看，可能是很小的。但是，我们可以想得更深入一些，或许判以重刑实际上可能使犯罪情况更加糟糕。如果刑罚十分严苛，犯罪分子更倾向于杀死他们的危害对象，从而减少被查出蛛丝马迹的可能性。一个很小的案子就使这个罪犯长期待在监狱里，或许会使这个轻犯变成一个顽固不化的重犯。所以，最终看来，把犯人关在监狱里的额外开销对减少犯罪所起的作用，不如把这些钱花在雇用更多的警察上。

在这个例子中，值得我们注意的有趣之点是，产生不同的结论和可能性需要巨大的想象力。正如我在《实用思维》中指出的那样，寻找证据往往仅是想象力的缺乏。除了数学的封闭系统和哲学的语言游戏，这一点可应用于科学、法律和其他许多领域。在实际过程中，指明逻辑错误最好的办法之一，就是提出不同的解释和其他可能性。在许多国家，离婚人数的上升确实与洗衣机增加的数量成正比，但这并不一定说明洗衣机造成了离婚。这两种趋势或许是因为富裕的增长、社会的进步或者妇女就业数量的增长等。

确实，如果我们提高价格，销售量就有可能降低。但是，如果我们能确定它是紧俏商品，我们就会吸引不同类型的购买者。这样一来，销售额的下降就会通过增加的税收得到补偿。

这里我们回到在白帽思维中讨论的“可能性”方面。指出可能的取舍是完全可以接受的，但是，这从来都不意味着每一种取舍是完全公平合理的。要特别牢记，黑帽思维从来就不涉足辩论。那么，我们怎样来解决思维地图中的错误呢?

2.否定性的纵容

修筑铁路是一项复杂技术。但是，一个纯粹的混凝土横条放置在铁轨上就能使火车出轨，放置混凝土横条并不需要用什么特殊技巧来操作。破坏总是比建设容易多了。否定也是同样的道理。这就是为什么当思考者考虑用黑帽思维时，否定性的吸引力会经常导向否定性的纵容。

否定思维具有吸引力，是因为能立竿见影而且完全彻底。证明某人错了，会让人得到直接的满足。提出一个建设性的办法不会在开始就取得成就，直到有人喜欢你的主意或者你能证明它是起作用的才行（这通常需要一段时间）。

攻击某种主意会得到一种直接的优越感，而赞扬某种主意会让人觉得赞扬者比出主意者矮一截。

批评是很容易的，因为所有批评者要做的就是选择一个判断的框架，然后只要证明所提建议是如何与判断框架不符就行了。

这里我们需要的是简单明了而且实用的办法。

你提出的那些建议过于复杂，它简直让人找不出头绪。

然而，如果你提出的办法非常简明和直接，批评者又将选择一个不同的判断框架。

这是针对形势的一个过分简单的观点，那个提议只是幼儿园的水平，我6岁的儿子都能够提供一些更好的东西。我们必须把所有的因素都考虑进去。

请注意，这两个对提议一时兴起的评断，要比有系统地表述一个新提议在某种程度上容易一些。还请注意，这种批评并没有实际地建立在提议的本质方面，而只是指出其外表“过于复杂”或者“过于简单”。令人吃惊的是，在实际中，这种类型的批评可以说是司空见惯。这种类型的思考应该放进红帽思维，而不是黑帽思维。

我不喜欢你的这个提议，它和刚才的那个同样简单。

这是一个红帽思维，但它有时以伪装的黑帽思维出现，这类例子是非常多的。

如果那就是你说的全部内容，那么，我们只有把它当做红帽思维而不是黑帽思维，因为你为此打上了感觉的印迹。

做一套不合身的衣服要比做一套合身的衣服容易得多。这就直接导致了使用“是的……但是”的语句。在这里，进行否定的思考者忽视了提议的真正价值和起作用的主要部分，从而把注意力集中到了一些容易引起怀疑的细枝末节上。

这本书是很不错，但我奇怪她为什么要选择那个荒诞的题目，它与这本书一点关系也没有，你在那种无聊的流行浪漫故事中就能发现这种题目。

在对快餐食品征收销售税方面，我们可以看到整个预算的荒谬性。如果食品是冷的，那就不存在上税的问题，因为它仅仅是食品本身；如果食品被加热，那就有销售税额了，因为它现在成了“马上要被吃掉的东西”，而不仅仅是食品。

通常有人声称，批评者指出某事的微小缺点是很有用的，因为实际上他会说：“别的事都很好，所以如果你仅仅修正一下那些小缺点，那么整个事情将很完美。”不容置疑，这种批评应该用于一个设计者或作家在修改他作品的时候。而当一件作品已经完成时，批评语言或许就变成了：“我必须发现一些东西来批评。”

在对快餐征税的例子中，我们可以看到另一种语言在起作用。这里进行否定的思考者试图给人产生这种印象，他并没有否定全部的提议。但是，通过指明一个提议是荒谬的，这实际就是暗指：做这种蠢事的任何人都是愚蠢的，所以他做的任何事都是蠢事。这些是否定性思考者身上一种显而易见而且极为幼稚的固执情绪。此外，他们还有一些别的东西，包括形容词（诸如虚弱的、幼稚的，等等）和讥讽（如“本意是良好的”等）。

关于否定性思考者和争论方法的危险性，在我的一本题为《冲突：解决它们的一种更好的方法》的新书里有周密而详尽的论述。黑帽思维意指进行严肃的否定性思维，而不是我在这一章中所强调的那种幼稚而固执的否定。

“是的……但是”语句中有积极意义的一面，表现在有时的确需要指出其危险性，也许这些危险性不一定会发生，但非常有必要将其指出。

我知道你发动喷气机时已经测试过这些涡轮桨片的性能了，但是这些桨片在飞行的时候会出什么问题呢？

虽然不能非常确定，但极有可能他是一名双重间谍，我们必须提高警惕。

我猜想现在的书价正变得非常贵，但看上去还是合情合理。

在白帽思维下，我论述了“可能性”方面的事情。如果某些事情被安排得恰如其分（给出了可能性），那么提供“是的……但是”这种否定表述就是合理的。这些被提出来的事物可能是正确的，或者应该谨记在心。

黑帽思维特别关心的是否定评价，黑帽思考者意在指出什么东西是谬误，什么东西是错误的和不正确的。它要指出某些事情是如何不符合我们的经验和我们已经具备的知识。黑帽思考者不仅要提出为什么有些事情不起作用，而且还要指出风险和危机。在改进过程中，黑帽思考者要指出缺点。黑帽思维不是争辩，而且永远不要这样看它。它只是一种主观尝试，它企图将否定因素放进思维地图。黑帽思维可指出思维过程中和方法本身的错误。黑帽思维对照过去来判断一个想法，由此来看它和我们过去所知道的东西符合到什么程度。黑帽思维可以从未来的角度去规划一个设想，由此来看该设想在什么地方容易出错。黑帽思维可以问否定性问题。黑帽思维并不包括在红帽思维下提出的否定性纵容和否定性感觉。肯定评价是留给黄帽子的，在针对一个想法时，黄帽子应该先于黑帽子进行使用。

黄色帽子——推测和肯定性思维

用肯定的观点看问题是一种选择。我们可以选择肯定的方法来观察事物，我们可以把注意力都集中在关于形势的那些肯定的各个方面，并从中去寻找益处。从态度上讲，黄帽子和黑帽子正好相反。黑帽子和否定评价相关，而黄帽子则是从肯定方面看问题。遗憾的是，否定比肯定具有更为自然的理由。否定性思维可以防止我们犯错误、冒风险，肯定性思维则是好奇心、贪婪以及想促成事物的强烈愿望等几种心情的合成。人类的进步在某种程度上靠的就是促成事物的强烈愿望。对此或许会带来一些争论，但在我的一本关于成功的书《策略：成功的艺术和科学》中，我描述过任何成功者所具有的重要特性，就是这种势不可挡的想促成事物的强烈愿望。

我之所以把黄帽称为“推测的和肯定的”，是因为我们总是通过一些计划或行动去展望未来，而未来正是对这些计划和行动的验证。我们对未来事情的把握绝不可能像过去的把握那样大，未来将发生什么，我们只能是作出推测，这种推测昭示我们某事值得去做，因此我们才动手去做。正是由于我们这种“值得”或价值的评价，才提供了“推测的和肯定的”的积极方面。甚至我们在回顾已经发生的事情的时候，我们也可以选择肯定的一面并摘录其肯定性的阐述。可以肯定的事情就是，我们现在知道了他将怎样去行动，不确定性已经结束了。

让我们戴上黄帽子以观察事物的肯定性方面。

“柯达公司已经决定要打入直接成像相机市场，所以他们为他们的产品做广告，这将增强公众对这种直接成像技术的了解，这样就有利于我们的销售——特别是在公众发觉我们的产品的确要好一些的情况下。”

“没有考试的时候，对她来说是最好不过的了。因为作为一名老师，她还没有痛快过。”

对不少人来说，肯定性是思想中的一种自然习惯。当他们提出自己的想法时，大多数人都是肯定性的。大多数人如果从某一个想法中马上就看到了和自己不谋而合的意见，那么他们将对这个想法持肯定的态度。有兴趣是肯定思维强大的基础。但黄帽思维并不是等待这种动机，黄帽思维是思考者所选择的一种深思熟虑的方法。肯定的方面不是看到一个想法的优点而得出的结论，而是在这之前就应该肯定。黄帽子是首先使用的。思考者戴上黄帽子，然后跟着它的需求去寻求肯定和乐观之处。

在我前面用的着色比拟中，黄帽子着黄色就像红帽子着上红色一样。

在你做任何事之前，我要你戴上黄帽子然后告诉我，你对这种新方法是怎么看的。

你把你为什么不喜欢这个主意以及它很可能失败的所有原因都告诉了我。现在，我要你坚定地戴上黄帽子，你又看到了些什么呢？

从黄帽子的观点来看，你能够发现用金属替换塑料制造这种设备，会有什么优点吗？它们的开销都差不多。

我有一个把两袋土豆片放在一起出售的办法，可能没有人喜欢，你能用黄帽思维给我解释一下吗?

此时，我需要的并不是一种平衡的观点或是一个反面的观点，我需要的是一个明确的帽子观点。

我的黑帽子告诉我，这种新的廉价灯可能有损于我们的销售。但是，我的黄帽子告诉我，这种廉价灯可能会毁掉中级市场，从而迫使一些购买者转向高级市场，这样我们就可以从中受益。

眼下，戴上黄帽子的确有些困难。但是，这次报社罢工却可以使人们认识到，他们曾经错过了多少文章以及对有些事来说报纸比电视强许多。

尽管黄帽思维是肯定而乐观的，但它仍旧需要和白帽子或黑帽子一样多的约束。它并非只是正确地去探寻肯定性，虽然有的时候这种探寻是无效的。

我现在正在开动我的黄帽思维，但我并没发现有什么可以肯定的东西。

我将戴上我的黄帽子，但是我的确不企望能发现什么可以肯定的方面。

或许有人声称除非肯定性方面是明显的，否则它就没有什么太大的价值。说是绞尽脑汁去寻找遥远的只有很小实际价值，所谓肯定性是没有什么意义的，这应该说是一种错误的偏见。也许某个主意中潜藏着非常强大的优势，而我们乍看起来一点也不明显。企业家往往就是这样干出来的，他们发现了周围某些司空见惯的东西的特殊价值，并把它们挖掘出来了。价值和益处不总是明显的。

1.原因和逻辑根据

一个肯定性评价也许基于经验、已知的信息、逻辑推论、线索、趋势、猜想或者愿望等。一个黄帽思考者必须为他的乐观主义详述其理由吗？如果给不出任何理由，那么这种“好的感觉”就像预感或直觉那样作为感觉是在红帽子的范围之内。黄帽思维则应该走得更远一点。

黄帽思维包括了肯定性的判断。黄帽思考者应该尽最大可能去寻求支持其乐观主义的理由，这项努力应该是认真的和彻底的。但是，黄帽思维可以不被限制在那些能够完全证实的观点的范围之内。换句话说，应尽最大努力去证实乐观主义，如果这种努力不成功，那么乐观观点仍可以作为一个推测提出。

黄帽思维的重点在于勇于探索和推测。我们着手去发现可能的利益，然后再设法验证它们。这种验证是巩固其建议的一种尝试，如果这种逻辑支持在黄帽思维下都不能被提供，那么在其他别的地方就更得不到了。

我的黄帽思维建议把煎蛋饼做成一种好的快餐。如果我寻找理由来支持我这个观点，我就会列举出人们的食物意识和对易消化食物的偏爱，或许我还会说由于人们倾向于早餐不再吃鸡蛋，因此其他时间就该有吃蛋的机会。

这一系列有用的手套怎么样？这些手套中不仅有用来保暖的，而且还有用于开车的工作手套、用餐时使用的手套以及做家务用的手套，因为今天的人们变得很会关照自己，他们更注重自己的仪表和皮肤保养。

2.推测

推测必须进行综合和展望。投资者按其天性来说就是投标商，即使此词已趋向专指营造者和通货操纵者。一个冒险的建筑商不是在定下用户之后才去建造房屋，而是在建成之后才着手寻找用户。任何投机商都有一种强烈的意识，试图发现潜在的利益，他们对此寄予厚望。

黄帽思维远不只是判断和建议，它还是一种走在形势之前的抱有肯定愿望的态度。黄帽思维着眼于可能的利益和价值，一旦有了这些看法，沿这一方向的探索工作便随之展开了。实际上，在客观判断和寻找肯定价值的意图之间存在着巨大的差别。我用推测描述的正是黄帽思维的这个探索性方向。

有一种新型的快餐食品越来越受欢迎，它是一种墨西哥风味的扒鸡。戴上你的黄帽子，请告诉我你从中看到了些什么？

保险的种类如此繁多，简直使人眼花缭乱，我们是否能有一种无所不包就像“外罩”似的保险呢？赋予它黄帽子的观念，回过头来告诉我，对此你又有什么新的发现呢？

黄帽思维的这种推测方面纯属一种机会思维，它不只是限于问题的解决和改善。人们往往被迫去解决问题，却没有人“被迫”去寻找机会。其实，任何人都可以自由地寻找机会——如果他们愿意的话。

推测性思维永远从最佳的可行方案开始。人们利用这种方法来估价一个建议的最大可能利益。如果连最佳可行方案都获利甚微，那么这个建议就不值得继

“按照最佳的可行方案，其他商店将被迫停业，然后由我们来接管这一地区的所有商业，但这不见得就特别有利。事实上，其他商店一定会极力抗争的。”

“依据最佳的可行方案，利息率的迅速上升，以及我们固定利率的可

转让抵押的价格，都使得房子非常畅销。”

在最佳的可行方案中，如果利益有足够的吸引力，那么问题就在于方案如何了——看利益如何按照假定一步一步地出现。

在黄帽思维的推测性方面，它面对的是最佳可行方案和最大利益。黄帽思维还可以按照“可能性”的方式按比例进行降低。最后，由黑帽思维来描述其疑问部分。机会可以从对现状的未来进行判断中产生，也可以由于某种普通事件的发生或某种变化而产生。

“如果”利息率下降，债券价格就会提高。

探究可能的“如果”引起的变化，是黄帽思维中推测功能的一个部分。这绝不是说，我们把行动或者决策仅仅建立在对“如果”进行探讨的基础上，虽然当基金受到限制或火灾的保险取消时，我们必须采取相应的防预措施。但这只是黄帽探索功能的一部分。黑帽的一部分功能也在风险和危机的意义上探讨“如果”。黄帽功能中相应的部分是探讨风险的积极方面，我们通常把它称作机会。

在什么情况下，这些连锁旅馆才能派得上用场呢?

如果广播站建立起来了，那么它将给广告商提供什么新机会呢?

黄帽思维的推测方面也和幻想相关联。

在前一章中，我提到了幻想和梦幻在黄帽思维中的作用。从某种意义上讲，幻想已经超出了推测的范围，因为幻想所建立的目标，在现实中几乎没有希望实现它。在进行所有设计的时候，首先会产生某种幻想，就像一个优秀的售货员，总是通过提出一个与顾客分享的美妙幻想，然后才进行销售一样，一个设计者也要首先为自己建立一个他试图想干什么的积极幻想。幻想是第一步的，其次是形式和详细内容。幻想包含着设计项目的益处和可行性——它能够实现而且值得去做。如果不能得到某种成就和价值，要想做任何事都是十分困难的。

“我有一个诱人的建设廉价住房的幻想，而且我想我几乎都看到了这些住房是如何建成的。”

“我幻想着一种不同类型的经济，它用一种新方法来解决财富和生产能力问题。”

“我有这样一个幻想，那就是把如何思维作为一门基础课在每所学校里讲授。这在有些国家已经开始了。”

幻想带来的兴趣和刺激要远远超过客观判断。幻想能为思考和行动指引方向，这是黄帽思维中更进一步的方面。

3.与创造性的关系

黄帽思维并不直接与创造性相联系。思维中的创造性方面是绿帽思维所要专门论述的，下面我们很快就会讲到。这一点是十分正确的，那就是创造性的确需要黄帽思维中积极肯定的方面。黄帽思维的肯定性评价和建设性，对创造性来说也是极端重要的。然而，黄帽思维和绿帽思维的性质却是截然不同的。某个人或许是一位杰出的黄帽思考者，但他根本不具备任何创造性。我发现把两顶帽子混为一谈是相当危险的。因为在这种情形下，不具创造力的人就会感到黄帽子不是对他而言的。

创造性和变化、革新、发明、新主意和新选择紧密相关，一个人可能是一位优秀的黄帽思考者但从来不具有新主意，对旧想法进行有效的利用是黄帽思维适宜的运用。这些想法并不新，而且这时根本就没有去寻求新想法的打算。黄帽思维只和完成工作的态度有关，黄帽思维所涉及的全部内容是效果而不是新奇。

由于创造性一词在英语中具有特别广泛的意义，因而容易引起一些混淆。

有两个明显的方面。第一个方面是“带来某种东西”。在这种意义下，某些人或许会造成混乱。我们可以说一位木匠创造一把椅子，一位企业家创造一个企业等。

第二个方面是“新”。这同样容易引起混淆，因为有两种意义上的“新”。第一种是指和以前的状况相比，具有不同内容的“新”。

例如，一个通信系统即使已被成千上万个单位使用，但它对于你们单位来说，仍是一项全新的发明，或者是某种以前从未出现过的概念。

对于艺术家而言，存在着两难的情况。比如，一位画家画了一幅以前未曾有过的画，由于这幅画和以前的画不完全相同，其中便有了某种新东西。但是，也许在这幅画中没有任何新概念或新感觉。一个画家也可能有自己很典型的风格，他可以把这种风格接二连三地用于不同的风景画中。从这个意义上看，同一种风格可以产生一系列的作品。

黄帽思维与带来或造成的事物具有非常密切的关系。黄帽思维也涉及引进那些在其他地方使用过的办法，并进行运用。同时，这涉及针对一个难题而产生的可供选择的方法。它甚至还会显示出机会，但黄帽思维与变化的观念和意识没有多少联系，因为这是绿帽思维的事。

第二种是指着手以一种积极肯定的方式去观察某件事情，或许这一过程本身就会产生一种新的感觉。它是伴随着黄帽思维而出现的。

那个杯子不是半空着，而是盛了半杯威士忌酒。

正如黑帽思维可以指出不足之处，并把它留给黄帽思维去修改一样，黄帽思维也可以显示一个机会，并把它留给绿帽思维，从而提出利用这个机会的某种新奇的方法。

越来越多的人需要在市内停车，那么我们怎样才能从中谋利呢?

如果我们能够吸引更多的商业旅游者住我们的旅馆，我们就可以提高房价，对此我们怎么做呢?

让我们先用常规办法想想，然后再利用绿帽思维来寻找一些新办法。

绿色帽子——创造性和横向思维

1.新概念和新认识

绿色是植物种子繁育生长的颜色，所以我选择绿色作为与创造力有密切关系的思考帽的特征颜色。丰富的创造力是一种有用的背景影像。绿色思考帽特别地和新思想相关联，它也是观察新事物的新途径。绿帽思维力图摆脱旧想法，以便找出更好的新想法。绿帽思维涉及事物的变化，是一种深思熟虑，它将其所有的努力都集中在这一方向上。让我们对此产生一些新想法，戴上你的绿色思考帽吧!

我们已经陷入泥潭，我们继续为克服一成不变和旧想法而努力；我们已经山穷水尽，迫切地需要一种新方法——有的放矢的绿帽思维时代已经来临。让我们开始吧!

你已经展开了对此问题的传统做法，这样我们又回到旧方法那里去了。但是，首先给我们10分钟时间进行绿帽思维，看我们能否提出一个全新的方法。这需要一个绿帽子的解决办法。我们需要创造力，因为我们感到，完成某件事可以用更简单或者更好的方法。用更好的方法去做事的强烈欲望，应作为我们所有思维的背景。然而，有许多时候，我们需要在有意的和集中的方式上使用创造力。绿帽子策略允许我们进入创造性角色，就像允许我们进入红帽子的感觉角色以及黑帽子的否定角色一样。

事实上，比起任何其他的思维来说，我们更需要绿帽子。在创造性思维的练习中，似乎有必要指出，一些激发性的想法常常故意地不合逻辑。所以，当我们去寻求激发所产生的新概念时，我们有意识地扮演着滑稽角色或小丑，而且我们需要一种途径使之更加清晰。即使它们不是激发性的新想法的奇妙种子，也需要绿帽子的保护，使其免受黑帽习惯的寒霜侵袭。

正如我从几个不同方面提到的，6种思考帽的价值有以下几个方面：你可以要求某人戴上一项某种颜色的帽子，然后试用那种思维方式去思考；你指出某种类型的思维，更令人像你那样能给他人信号表明你正在试着用某一特定的方式去思考——因而他们应该用适当的方式对待你的所作所为；最重要的方面之一还在于你也能给自己信号，这一点对绿帽子来说尤为重要。

你有意地戴上绿帽子，意味着你专门拿出时间来有目的地进行创造性思维，这就显著区别于那种只是简单地等待想法找到你头上来的行为。当你戴着绿帽子时，可能没有产生一丁点什么新想法，但你已经作出努力。当你的有意的创造力思维有所进展之时，你将发现想法会接踵而至。从这点上说，绿帽子创造力思维就成了整个思维过程的一个正式组成部分，而不仅仅是一种装饰品。

对大多数人来说，形成创造性思维的习惯有相当的难度，因为它与我们认识、判断和批评的自然习惯相反。人脑被设计成为“认识机器”，以此来建立这些模式的事物。大多数思维者喜欢安全感，喜欢准确无误。创造力包含着激发、探索和冒险，包含着“思维试验”，你不能预先说出实验将得到什么结果，但你希望能够把实验进行到底。

记住，我正戴着绿色思考帽，所以我有权利说这些话。这也正是绿帽子的目的所在。

我想假定我们正戴着一顶绿色思考帽。刚才我们太过度否定了，这不成了黑帽思维了吗？我的绿色思考帽的贡献在于暗示我们：给那些长期监禁的犯人一笔相当数目的养老金，在释放他们时，这将有助于他们重返社会。给他们一些东西去承受损失，使他们避免不得不再去犯罪。如果你愿意，也可把它作为一种激发来对待。

在绿色思考帽的保护下，我想指出我们应激发起销售产品的动力。

绿帽子本身并不能使人更善于创造，然而绿帽子能给思维者以时间和重点，使他们更富于创造性。在通常情况下，富于创造性的人是那些用更多的时间去试图创造的人，他们更多地被创造欲望驱使。绿色思考帽承认这样一种人为的动机。激发一个人的创造力是困难的，但你能很容易地让某人戴上绿帽子，然后经他们输入绿色帽子的信号。

创造力远不只是肯定和乐观，肯定和乐观孕育于红帽之中，肯定的评价则含于黄帽之中，而绿帽思维需要新思想、新方法和更多的选择。

对于白帽子，我们确实期望输入中性的、客观的信息。对于黑帽子，我们期望有一些特别的批评。对于黄帽子，我们趋向于得到肯定的评论，但这并非总是可能的。对于红帽子，我们的确得到包含感情在内的报告，即使感情是中性的。而对于绿帽子，我们不需要什么输入，我们需要的是作出努力，我们需要拿出时间去产生新想法。尽管如此，思维者也可能什么新的想法都提不出来，但重要的是我们已经花费了时间，为此作出了努力。

你不能命令自己（或别人）有新想法，但你能命令自己（或别人）花时间去力求有新想法，而绿帽子正好提供给我们一种这样去做的正式方法。

2.横向思维

在有关绿帽思维的写作中，我已用到“创造力”一词，因为这个词在此是一种常见的用法。该书的许多读者可能从未听说过我或者我的横向思维的概念。我也想指出，绿帽子覆盖了创造性努力的广泛领域，而不仅仅局限于横向思维。我在1967年发明了“横向思维”一词，现已成为英语的正式用语，《牛津英语词典》也收录了我发明的这个词。

需要发明“横向思维”一词有两个原因。首先，“创造力”一词含义广而意思又有些模糊。正如我在黄帽思维一章中所指出的那样，创造力似乎囊括了从制造混乱到创作交响乐的一切事情。横向思维与改变概念和认识有密切关联，这些概念和认识是经验的传统决定性组织（或模式）。

其次，横向思维直接建立在能动的自我组织信息系统中的信息运用上，横向思维是非对称模式，并且没有必要为了运用它的技术而去理解横向思维的技术基础。然而，技术基础是专门给那些想知道什么是基础的人设置的。正如逻辑思维是建立在符号语言的运用上一样（特殊的广义），横向思维也是建立在模式系统的运用上的（这也是一种特殊的广义）。

事实上，幽默的结构和横向思维的结构有着非常密切的关系，两者都依赖于认识模式的非对称性，这就是突然飞跃或洞察到其基础。在此之后，一切都变得显而易见。横向思维有目的的技巧（不同的激发形式和“运动”）直接建立在模式系统的运用上。这种技巧是为了帮助思维者剖开模式而不仅仅是因循于模式本身而设计的。思维者剖开一个新模式，并且当他能看到其门道时，他就会茅塞顿开。

我们大多数的思维文化直接趋向于“处理”一部分思维。为此，我们已建立了许多出色的系统，包括数学、统计学、数据处理、语言学和逻辑学，但所有这些处理系统只靠文字、符号以及由知觉提供的一些联系来工作。正是知觉才使我们所处的这个复杂世界简化成这些形式，也正是在这种知觉的领域里，横向思维试图改变那些已建立的模式。

横向思维包含看法、习语、步骤和技巧，我已在许多地方写到它们（见《横向思维和管理的横向思维》一书）。这里就无须再重复它们了。在接下去的几部分里，我也将与横向思维的一些基本点打交道，因为这些基本点发挥着绿帽思维的作用。

3.意动代替判断

在正常的思维中，我们应用这样的判断：这个想法与我所知道的相比怎么样？与我的经验所建立的模式比较又如何？我们判断它确实适合这些或者指出它为什么不适合。观察一条建议和我们已知东西适合的程度，是与批判性思维和黑帽思维紧密相关的。我们可以称此为思维的阻碍作用。我们通过回顾过去的经历来评价某个想法，正如一个描写不得不适合它所描述的东西一样，我们希望一个想法适合于我们的知识。除此之外，我们似乎别无他法来说明它们是否是正确的。

对于我们大多数的思维情形来说，判断（黄帽和黑帽两种类型）都是至关重要的。没有这些判断，我们什么也做不了。然而，对绿帽思维的判断，我们必须用一个不同的习语来替换，因此我们就用意动来代替判断。

“意动”是横向思维的关键习语，这完全又是我杜撰的另一个词。我想绝对地澄清意动绝不是判断的缺乏。许多早期的关于创造性思维的方法谈到延缓、未定和推迟判断，我认为这些都太站不住脚，因为它们不能实际地告诉思维者去做什么，而只能告诉其不去做什么。

意动是一个主动性的习语。我们因为某个想法的意动价值而采用这个想法。有许多从思想中找出的意动的思维方法，包括概括、主旨和着眼、分歧等。

由于意动的促进作用，我们采用了某一想法。我们利用一个想法，是看它能把我们引向何方。实际上，我们正是利用想法向前运动的。正如我们利用石阶从河的一岸到另一岸一样，我们用一次激发作为一级石阶，从一个模式跨到另一个模式。正如我们将要发现的，激发和意动相伴而存。没有“意动”一词，我们就不可能用“激发”一词。在实际过程中，除非我们能使用“激发”，否则，我们将永远陷于旧模式之中。

我想让你从它的意动价值而不是从其判断价值来运用这个想法：假设人人都成为警察。

正是由于这样的激发导致了“邻居监视”这个概念的产生。这是我于1971年4月在《纽约杂志》的封面故事上发表的。此概念已在美国2万多个团体中采用，其意思是指每个公民都可以作为警察的特殊“耳目”，据此可以防止和发现邻居的犯罪行为。据说，在采纳该办法的地区，犯罪率有显著的下降。

假设我们把牛肉饼做成方的，从这种想法中，你能有什么样的意动呢？

假设一个人能直接卖给他人可交换的保险债券，用绿色帽思考一下该想法。这或许将导致一种保险实际是可转嫁的想法，人们将冒风险去估价它。如果你是三A型保险，你将从这通用的保险债券中得到某种利益。如果你只是三B型的，你将得到相对少的利益。

有时我们采用一个想法，把它作为一级石阶，并用一个完全不同的想法来结尾。我们只从这些想法的石阶中总结出一些原理，然后应用它们。另一些时候，我们的想法也停留在“种子状态”，要不断地培育它，直至长成茁壮的植物。这也许就是先有些模糊的想法，然后再把它们转变成某种具体和实际的东西。所有这些都是意动的某些方面，关键是要记住，我们是在从一个想法到另一个想法的过程中向前迈进。

请接受这个建议，即每个想晋升的人都穿上黄衬衣或短衫，戴上绿色帽子，然后告诉我这个想法给了你哪些启发。

这使我想起了一些方法，我们由此来识别那些有雄心但由于才干原因并未引起别人注意的人们。或许，训练这些有雄心的人并增长他们的才干是很明智的。

这使我想到一些游戏规则，身着黄衬衫就是在晋升游戏中的一种限制性规则。每个人都知道这一点，但又有多少雇员懂得必须做些什么才能得到晋升呢？

这使我想到那些不想往上爬的人，他们通过不穿黄衬衫来表现出他们只想维持现状。

这使我想到了产生领导者的方式，一个人在他冒险穿上黄衬衫之前，应该确信他是和自己周围的人站在一起的。

在这种类型的意动中，一些有用的想法会涌上心头，但没有一个人会真的需要黄衬衫。

这里有一个建议：周末工作，周三休息，你能为我用绿帽子思考一下吗？大家知道没有人愿意周末工作，但有一个建议是这样的：我们雇用永久性周末工作的人员，并绝对把他们分开。这似乎是一个行不通的办法，但还是请用绿帽子思考一下。

事实上，最后的想法已实践过，并且非常成功。在这个想法上用一些绿帽思维，使它更具有吸引力，让我们去尝试。在这种特定的情况下，黄帽思维也许可以具有同样的功能。

意动将不拘泥于对一个想法的肯定评价，而能走得更远。意动是一个动态前进的过程，而不是判断过程。

在这种想法里有什么有趣的东西呢？有什么不同呢？有什么启示呢？有什么结果呢？这样的问题都是意动这一习语所应该包括的部分。

关键是要记住，在绿帽思维中，意动的惯用法完全取代了判断的惯用法。

4.激发的需要

再引入一个新词，即PO一词的使用。

科学发现常常被描写成好像它是一步步按逻辑形式进行的。有时确实是这样发生的，然而有时这种循序渐进的逻辑只不过是那些已经实际发生的事件的事后装饰。不可预料的错误或事故的发生，往往提供了产生思想的激发。

抗生学是由于培养基里偶然感染了盘尼西林霉苔而问世的。

据说哥伦布胆敢横跨大西洋，仅仅是因为他根据一篇古老的论文计算世界环行的距离时犯了严重的错误而导致的。

大自然提供了这样的激发。但激发从来不能够找到，因为它在正常思维中并无一席之地。它扮演的角色就是跳出正常的思维模式。

激发的逻辑直接来源于不对称模式或系统的逻辑。我们能够坐着等待激发，或者我们也能够有意地创造它们，这就是横向思维的表现方式。运用激发是横向思维的精髓。

许多年前，我发明了PO这个词作为一种指示符号，用来指明一个想法能够作为激发及其意动的价值被表达出来。如果你愿意的话，这个词也就代表了“激发操作”。

PO可作为一种停战的白旗，一个人摇着白旗接近城堡，如果还向这个人射击，那就是不守规矩了。同样，一个想法若在PO的保护下提出，用黑帽判断将其抹杀掉也是犯规的。如上所述，在某种意义上，PO这个词与绿帽思维以同样的方式起作用。戴着绿色帽的人允许提出“发疯”的想法。绿帽比PO具有更为广泛的适用领域，而PO则更有特指性，所以最好兼而用之。

PO型汽车轮子是方的。

PO型飞机颠倒着着陆。

PO型购买者买货还被倒给钱。

PO型行政者自己提拔自己。

PO型污染工厂将建在自己下游。

最后的这个激发导致了一个合理的想法，那就是任何沿河的工厂必须使其取水口建立在自己的排放口的下游。在这种方式下，工厂必须首先检查自己的污染，并进行充分控制。

PO这个词也许可以视作由“假定、设想”和“可能”甚至“诗歌”等诸如此类的词得来。在这些词中，一个基本的思想是推动作用——促成事物的飞跃。

依照我们的一般经历来确定，一个荒谬和不合逻辑的想法不可能存在于我们的日常经验中，因而这样的想法可能存在于现存的模式之外。在这种情况下，激发迫使我们走出认识的习惯模式。随着我们沿这条激发的路走下去，会有3种情况发生：我们将不会产生任何意动，我们将回到一个普通的模式上去，我们将进入一个全新的模式。正如通过一般的方法可以从一个想法中得出意动，我们也可以用一般的方法来产生激发，这些方法提供了横向思维中更为细致的技巧。

例如，一个得到激发的简单方法是应用“颠倒”，你先念叨事情常发生的方式，然后颠倒它，让它头脚倒置。

购物者买东西付钱。让我们颠倒过来，商店倒付给顾客钱。

这实际上导致了一种使用贸易标记的想法。对购物者的每一次采购，商店都付给一小部分钱。

这导致了另一种想法，即把钱柜锁起来，每等到有了1000美元的收入时，就可以作出某种类型的赌注。

激发不见得是荒谬或不合逻辑的，也可把一个严肃的想法当作激发。如果某人给你一个你并不喜欢的想法，并且你用黑帽思维也能马上打消它，你就不妨戴上绿帽子，把这个想法作为激发。我们经常会有这种选择的可能。

我不明白你有关“荣誉系统”储存的想法是如何进行的，因为它是如此容易被滥用。但是，我将戴上绿帽子把它作为一种激发，这就给人一个这样的想法：人们把零星的开支加起来就构成了他们自己的账单。

获得激发的另一个简单方法是胡乱地用词。你可以想词典上的某一页码，然后翻到那页，第二个想的数字将给出某个词在该页的位置。例如，你想到的是第92页向下数第8行。在这种方法中，名词远比动词及其他词性的词更为好用。而且名词的使用方法比字典上的其他用法更为方便一些。

假如我们想得到一个与香烟有关的新想法，胡乱用词可能找到的是青蛙。

所以有一种香烟名叫“青蛙”。青蛙意味着跳跃，所以我们将得到燃一会儿就会自动熄灭的香烟，这对防火也许有利，也可能使吸烟者每次少吸一点而留待后用。这就产生了一个称为“简短”的新牌子香烟。它的确是从短的角度设计的，每支只能抽2~3分钟。

PO！电视机变成了奶酪。奶酪有孔。PO！把电视机也变成有孔的，这意味着什么呢？也许可以用许多“窗口”来显示图像，这样就可以同时看几个频道的节目。

在述说一件事之前，运用逻辑可以找到要说它的理由。而运用激发，我们却不能为说某事找到任何理由，除非说完了之后。但激发总会产生效果，正是这种效果的价值证明了激发本身的价值。

对于许多人来说，漫无目的地用词对解决问题所产生的价值可能是不可想象的。“胡乱”的定义就意味着这些词没有任何特定的联系。然而，在非对称模式系统的逻辑中，很容易明白为什么一个胡乱的用词能够行得通。因为它给人们提供了一个不同的出发点，当我们需要从这个新的出发点回到原地时，我们沿着这条新路走，就增加了返回的机会。而这在对目标的直接思维中，我们根本就找不到这条路。

正如意动是绿帽思维基本习语的一部分一样，激发也是其一部分。当你在法国时，必须讲法语。而当你戴上绿帽子时，你就得把激发和意动作为创造力的“语法”规则。

5.选择

在学校的数学课上，你运算求和而得出了答案，然后你接着计算下一道题，没有必要再在第一道题上花更多的时间。因为一旦得到了正确答案，就无须再做些什么了。

许多人在以后的生活中，把这个习惯也用到他们的思维方式中去。一旦他们得到一个处理问题的答案，他们就停止思索，满足于每一个答案。然而，实际生活与学校里的求和运算大相径庭。它们往往不止一个答案，有许多其他的答案比这个更好，它们花费更少，结果更为可靠或更容易付诸实现。没有任何理由可以说明第一个答案一定就是最优的。如果时间仓促，又有许多问题急需解决，那么满足于第一个答案似乎还说得过去。但在其他情况下则不行。如果一名医生只按在他头脑中出现的第一种方案来处理你的病情，然后就不再思考你的病了，你会愿意吗?

所以，我们在接受第一个答案后，还应记住我们可以随时回到原问题上面来。接着，我们开始寻找可供选择的方案，寻找一些其他的解决方法。当有了一系列可供选择的方案后，我们就可能通过观察找到一个更适合我们需要和要求的最佳方案。

我们可以用十分恰当的方式去做某件事，但这并不意味着没有更好的方式。所以，我们去寻找那些可供选择的方式。这也就是所有改进的基础，这里的改进并不是指改错或者解决问题。

至此，我们已看到了一些例子，在这些例子中，我们已有了一些做事的方式。我们为选择而付出努力，就是为了寻找到一些更好的方式。当然，有的时候我们并不能找到这种前进的道路。在制订任何旅行计划时，我们都会列出所有可供选择的路线。当我们在脑海里对形势有了一个成形的地图后，我们就去寻找可选择路线以到达我们的目的地。

选择的观念告诉我们，做事情常常不止一种方式。观察事物也不止一种方式。承认存在着选择并探索这些选择，是创造性思维的基础。诚然，横向思维的不同技巧都是趋向于寻找新的选择。

寻找选择的意愿是绿帽思维的关键部分。

与我们竞争的报纸刚刚提价，带上绿色帽子，列举出你所有的选择。

我们已收到了警告信，上面说如果我们不付一大笔钱，我们在该商店的产品将被冻结。让我们列举完向我们敞开的明显机会，然后戴上绿色帽子，寻找出更进一步的机会。

对选择的寻找是暗指一种创造性的态度：承认有不同的途径。只有当明显的选择显露出来时，选择的实际探索才并不要求特殊的创造力。集中精力于一个目标，然后列举出处理它的已知的方式，这是一件再简单不过的事了，但这还远远不够。正如我们完成第一个答案还要作出努力一样，我们除作出明显的选择外，还要作出创造性努力。严格地说，我们可以只用绿帽思维去作额外的思考。探索的第一部分可能来自白帽下的思维：审查通常适用于该种情况的所有方法。

实际中，把整个对选择的探索放在绿色帽子之下更为方便。在商业贸易中，我们非常强调决策，然而决策的质量在很大程度上依赖于可供决策者的选择。

我们将不得不选择假日营地的位置。戴上绿色帽子，让我们拥有一些可能的选择，然后不断缩小可选择的范围。

我们将如何分配这些计算机？什么是选择的策略呢？

许多人相信，一次符合逻辑的纵览就可以涵盖所有可能的选择。在封闭系统中也许有这样的情况，但在现实生活中这种情况却几乎没有可能。

有3种可能的选择：可以保持价格不变，可以降价，也可以提价。除此之外，不存在别的选择。

确实，在价格上任何可能的行动必须是这三种选择之一，然而也存在着大量可能的变化。

我们可以在稍后的时候降低价格；我们能够降低一些产品的价格；我们能够改变产品，生产出价格更低的产品；我们能改变产品的推销方式，来适应其提高后的价格（保持原价格或提高价格）；我们能暂时降低一段时间，然后再提高它；我们能让价格听任自然，并给予特殊的折扣；我们也能降低价格，然后因为有选择的自由而额外索价。一旦我们考虑到这些选择，我们就能在这3种可能的范围内将它们详细分类。

常见的错误是，思维者往往局限于主要的选择范围，他们囿于这个轮廓而不能更深入。

真正我要做的是同时抬高和降低价格，我们将创造出低价商品线和高价奖赏线。

选择也有不同的水平。

如果我们有许多空闲时间，我们将用它们做些什么呢？也许我们将继续度假，或者我们将选修课程，或者我们将做些园艺工作。

如果决定继续度假，我们就进入了下一阶段：我们想要什么样的假日？可能是有阳光海水的假日；可能是航海的假日；也可能是进行体育运动的假日。

如果我们选择阳光海水的假日，我们又将进入下一阶段：我去哪里？可能是地中海，可能是加勒比海，也可能是太平洋海岛。此外，还有如何到达和住在什么地方的问题。

无论何时，我们总是在一个已被接受的处于某一水平的框架中去寻找一个选择。在通常情况下，我们希望停留在这种框架里。

我要你给出一个关于雨伞手柄的可供选择的设计，而你却给了我一个有关雨衣的设计。

6.个性与技能

经常有人问我，创造性是否就是技能、天赋或者个性之类的东西。正确的答案是三者兼而有之，但我的确不想给出这个答案。如果我们不做任何努力去发展创造性的技能，那么创造性只能是天赋或者个性之类的东西。人们总是特别倾向于接受创造性是一种天赋或者个性，因此，一旦他们觉得自己不具备这点东西，他们就只好把创造性留给别人。所以，我特别强调通过深思熟虑来发展创造性的思维技巧。在这之后，我会指出有些人是很擅长创造性的，就像一些人其实很擅长网球或者滑雪一样，而且大多数人还能够达到很不错的水平。

我不喜欢把创造性当作一种特殊天赐的才能的看法，我更倾向于认为创造性就是每一个人思维中普通的和必要的部分。我们并非都能成为天才，就像每一个网球选手并非都希望在温布尔顿比赛中夺魁一样。

经常有人向我提到那些天生的黑帽思考者，他们似乎喜欢否定涉及变化的所有想法或建议。有人问我是否有可能软化这种人的个性，也有人问我他们中是否被赋予了更多的创造性才能，即使他们自己从来不想运用这种才能。

我并不认为有可能去改变个性。我相信一个人如果在他的身上显示出创造性的“逻辑”，那么，这个人趋向创造性的态度就会存在着一种永久的作用。在我的经历中，发生这种情况的也有好几个例子，但最为实用的方法还是使用绿帽子语言。

当你运用你的黑帽思维时，你做得十分漂亮，我并不想减轻你的批判性效果。但绿色帽子怎么样？看看利用它你能干些什么？

或许你更喜欢成为单帽思考者，也许你并不是一个全才，或许你只能唱一种调子，或许你只想做一名否定的专家，那么只有当我们需要黑帽思维时，我们才会将你带入讨论。

没有人喜欢被认为只能单方面考虑问题。一个极好的黑帽思考者也会乐于被人认为至少还会运用绿色帽子。

黑帽和绿帽泾渭分明，这意味着黑帽专家并不感到他必须减少自己的否定倾向，以便更富有创造性。当他具有否定性时，他会和从前一样进行完全彻底的否定（可以把改变个性的企图与此对照）。

悲剧的面具和喜剧的面具是截然不同的。演员自己并不需要改变，他根据角色进行充分表演，只是取决于他戴的面具而已。实际上，他为能够同时扮演悲剧和喜剧角色而自豪。

几乎是如出一辙，一个思考者需要对他的思考技巧感到骄傲，这就意味着他具有戴上六顶思考帽的能力，以及在每一种情形下把这种适当的思路进行到底的能力。在本书的前面，我特别地提到过一点。因为处理否定个性这一实际问题，所以我又在这里重复一下。

在这一点上，我们正在做一些绿帽思考。如果你不能那样做，就请暂时保持安静。

至少，你可以试着运用绿帽思维。如果你甚至不试着去做，那么你永远也不会在这方面建立自信。

创造性思维通常处于一个不起眼的位置，因为它看起来似乎不是思维的一个必要部分。绿色帽子的正式性提高了它的位置，使得它成为思维中一个被认可的部分，和其他部分同样举足轻重。

蓝色帽子——思维的控制

请想象一块遥控板，并且想象操作这块遥控板的是一个身穿蓝色工作服、头戴蓝色帽子的人。戴上蓝色帽子的人就不再对某一题目进行思考，而是代之以对探索这个题目的思维进行思考。

蓝色象征着总体的控制，因为它是天空的颜色，而天空覆盖世间万物。蓝色也昭示着超脱、冷静和控制。一个乐队的指挥要求他的乐队先奏小提琴，然后才是管乐器。这个指挥就是在实行控制，他头上就是戴着蓝帽子。一个指挥对其乐队所做的事，与蓝帽子对思维所做的事是一样的。

戴上蓝帽子，我们可以告诉自己或者别人该戴其他5顶帽子中的哪一顶。蓝帽思维告诉我们该什么时候转换帽子。如果思维是一段正式的程序，蓝帽子就是对这种约定的控制。

计算机的程序告诉计算机这一时刻到下一时刻该做些什么，计算机只要执行该程序就行了。蓝帽子就是为人们的思维设计程序的。

戴上蓝帽子，我们可以为思维制订一个计划，而且包括在一个固定序列中所要发生的细节。我们还可以利用蓝帽子发出每个时刻的指令。不同的芭蕾舞舞步需要编导把它们编排成一个序列，而当我们想要对思维设计出步骤时，我们就需要戴上蓝帽子。

这种具有正式结构的思维概念，与那种全然没有结构的自由讨论式的思维概念有很大的区别。

我们的蓝帽思维明确指出，我们应该在这一点上寻找另外一种选择。

我们没有太多的时间来考虑这件事，因此我们应该有效地运用时间。有谁愿意为我们的思路指示出一个蓝帽子结构吗?

迄今为止，我们还没有任何进展。戴上我的蓝帽子，我想建议我们应该用一些红帽子来清洁一下气氛。我们对这种减少加班时间的提议，究竟是什么感觉呢?

思维通常说来，是通过心事流动和随便闲谈以及对时时刻刻出现的情况给予反应来进行的。

任何目的都有一种背景感觉，但是，这种东西从来不会以全面客观的形式表现出来。建议、判断、评论、信息和痛苦的感觉全部交织在一起，成了思维的大杂烩。它似乎一直是件浪费时间的事情，除非一个思考偶然发现了一些似乎能达到我们目的的可以尝试的方法。它是一个偶然的经验探索，而且强烈受到否定性评论的左右。对此有一个基本的假设，那就是如果给那些睿智者提供足够的背景信息，他们将在一系列的讨论中，罗列出行动的取舍顺序和选择最合适的东西。

还有另一种假设，即思维将被过去的经验和现在的约束所定型。因为一项成果需要通过“进化”或者通过批评被纯化才能形成。这和达尔文的进化论非常相似。在他那里，最能适合环境的种类能够生存下来，而在思维中，最合适的主意就会被最终肯定。在这里，我们把环境对物种的严峻压力替换成了否定评判对主意的严峻压力。

在这种类型的思维中，思维是随着提议进行的，这些提议的结论将得到肯定或者得不到肯定。这些提议或许是通过个人的思维达成的，或许是由“专家”提供的。

但是，在本书中，我更关心的是制作地图型的思维。这种思维首先探索和注意的是各方面情况，即地形。经过这项工作之后，可能的路线就会变得很明显，最终的路线选择也就可以随之确定。

那些陷入麻烦的人通常声称，他们对某件事的思考是一直在进行的，而并非从他们正式讨论的时候才开始。实际上，这种讨论的目的并不主要在于对事先进行的思维结果如何给予改变。在这一点上，我们就和一种典型的西方思维——辩论型思维走得很近了。

如果能在各种不同的观点形成以前，能够大量地采用制图型思维，我将感到非常高兴。不幸的是，这只是很少的情况。思考者通常很快地看一遍他基于经验和偏见所得出的观点，然后就试图通过寻求辩论来精炼他的观点。这实际上是学校里写论文时采用的一种传统方法的典型。学生们被教导成首先在文章的开篇就提出结论，然后再用各种手段去支持它。思维被用作一种目的，而不是一种探索。与此相同的事情也发生在政治上和法庭中，双方都只坚持自己已经建立好了的观点。

辩论中唇枪舌剑地你来我往，为思维提供了巨大的冲力。这就是为什么那么多人发现在讨论中思考，要比他们独自思考容易一些的缘故。所以，思考者独自思考时更需要蓝帽子结构。

如果我们要采用制图型思维，我们就需要有一个结构。而辩论中的攻击或者防守，是不能给我们提供结构的。一个探索者需要为自己前进的路径制订计划，从这个意义上说，思考者当然需要一些组织性的结构。

一个蓝帽子结构或许可以提供在每一时刻会发生什么的计划——这和计算机的程序十分相似。更经常地，蓝帽思维控制讨论型思维几乎和马车夫控制他的马匹是一样的，他引导他的马匹奔向其目的地。

这一阶段是白帽思维。

现在我们需要一些提议，这就意味着黄帽思维。请提出一些具体的建议。

请暂时放弃你的黑帽思维，因为我对我们已有的主意不太满意。让我们在这一点上进行一下绿帽思维。

更经常的情况是，蓝帽思维在不断进行的传统类型的讨论中，会不时地插入一些帽子指令。

我想从你们每一个人那里得到你们关于这一点的红帽思维。如果你们还记得，当你使用红色思考帽时，你就可以表达出你的感觉和情绪，而不需要在任何方面给予证明。

也许你不知道它，但你一直在使用黑帽思维——即在进行否定判断。你已经告诉了我它为什么不起作用。现在，我想花几分钟时间把它转向黄帽思维，这是你作出肯定评价的时候了。

我不需要你的观点或你的建议。我想要几分钟纯粹的白帽思维。请提供不需要解释的事实和数据。

我认为我们需要暂停，并且做一点蓝帽思维。暂时忘掉题目，我们应该怎么组织我们的思维呢?

或许应该这样说，蓝帽思维在组织其他帽子的用途时是没有什么限制的。蓝帽思维还可以组织思维的其他方面，诸如对优先权的评论或者对限制的罗列等。蓝帽思维还可安排各种CORT思维工具（如PMI）的用法。

1.集中

“集中”是蓝帽思维的主要作用所在。一个优秀的思考者和一个劣拙的思考者的差别，往往就在于集中思考的能力。思考应该是一些什么东西呢？仅仅关心思维的广泛目的当然是不够的。

我们想集中准备一系列可能的应付措施，去对付那些竞争对手降价的威胁。

让我们集中精力想一想，我们每个人要在这个假期中得到些什么?

雨伞和广告，我需要一个创造性的办法，那就是如何利用普通的雨伞来做广告。

我们怎样能使我们的顾客感到满意，并鼓动他们的朋友来光临我们的饭店呢？这是一个比较特殊的集中。

广泛的集中是考虑在新建的自由市场上使用我们的快餐店，而狭义的集中则考虑在高峰期以外的老年人能利用我们的快餐店。

一个集中的范围可以广泛，也可以狭窄。较大范围内的集中里还可以包含几个小的集中。对集中来说，最重要的是它应当以明确的方式表达出来。蓝帽思维应当用于监督任何对这一集中所产生的偏离。花时间对思考进行思考，这并不是在浪费时间。

我戴上蓝色思考帽后说，我们偏离起初设想的问题已经很远了。我们确实有许多具有吸引力的想法，但没有一个与我们开始想集中的问题有关。我们需要回到原思路上去。你还有更多的蓝帽子评论吗?

提出一个问题是集中思维的最简单方法。通常认为，提出正确的问题或许是思维中最为重要的部分。不幸的是事情之后，即答案已经给出，再提出正确的问题也许就容易得多。然而，对一个问题的基本框架及中心倍加注意，仍是蓝帽思维的一个重要部分。

在CORT思维课程中，问题可分成两种类型，一种是垂钓问题，这是探索性质的（就像把诱饵放在鱼钩上，但不十分清楚什么东西会上钩）。另一个是射击问题，用来检查某一问题，并直接得到“是”或“否”的答案（像瞄准一只鸟射击，要么打中，要么没打中）。

问题不在于我们要做什么，而在于我们什么时间去做。时间就是生命，在这段时间内，我们应当考虑些什么因素呢?

问题在于税收的益处是否能被顾客真正地认识到。他们是否为了保险起见只是给我们的店员一个方便的售货观点。

一个疑难问题的确只是一个特殊类型的问题：我们怎样才能达到这点?对一个问题的定义是十分重要的，否则，解决问题要么没有什么必要，要么无足轻重。这是一个真正的问题吗?我们为什么要解决这个问题?潜在的问题又是什么呢?

寒冷的天气不是真正的问题，可人们却认为寒冷的天气是个问题。我们可以改变这种看法。

问题不是我们没有雪，而是我们不会滑雪，所以我们用汽车把人们带到有雪的地方去。

不是尽力追求找到对问题的最佳定义，而是用更有实际意义的做法提出一系列可供选择的定义，这就是蓝色思维的主要内容。

蓝帽思考者的作用还在于提出某些特殊的思考任务，这一点在一个人独立思考时尤为重要。

“提出这次会议的议题，得到什么样的结果，我们才会认为是成功的呢?”

“把列出两个政党的共同协议作为开始。”

“思考的任务是指出此时此刻我们怎样决定这个问题。”

“列出与学校教育有关的4个“观念敏感区”。”

“对我们目前盛行的广告战进行黑帽思维。”

思维的任务或许集中于一点，或许范围很广。思维的任务或许要求某种特殊的成就，或许只要求进入某领域。

我需要一些关于通过电视机采购商品的解释性想法。

我们怎样才能知道他们的策略是否已经成功?

为什么我们在这两个可供选择的方法中作出决定会有困难呢?

当一个思维任务不能被执行时，必须注意到这个想法也许会失败。

我们还没找到对于吃糖果的人为什么会增加的解释。我们过后还可以回到此问题上，并看看我们是否能做出一些尝试性的假设。

我们还没有对羊肉消费的增加提出任何想法。或许，我们最好将它细分为几个较小的问题。

蓝帽思考者举着靶子说:“这就是目标，朝这里射击。”

2.控制与监督

一般说来，任何会议的主持人都自动地发挥其蓝帽子的功能。他维持着会议的秩序，而且要保证会议的议程得到执行。

任命会议主持人以外的人作为一个蓝帽角色是可能的。然后，这个蓝帽思考者就将在主持人规定的范围内执行监督的任务。这是因为，会议主持人本身往往并不一定在监督思维方面特别熟练。

我还想强调一下，会议上的每一个人都可以运用蓝帽子的功能。

“我尽量戴上蓝色帽子，我想说，布朗先生在这一点上的评论是不合适的。”

“我将戴上我的蓝帽子，由此我认为我们离核心问题还差得很远。”

“我的蓝帽思维告诉我，我们应该把这一点当作一个关键问题，然后我们应该努力去解决它——现在或者以后。”

蓝帽思维保证了游戏规则得到遵守。这种约束也许来自主持人或者被任命的蓝帽思考者，但它同时允许任何人进行评论。

这是红帽思维。我们只需要你的感觉，并不想知道为什么。

很抱歉，这是十分明显的黑帽思维，而且在这一点上，秩序已经乱了。

这并不是在绿帽思维中处理该问题的方法，你应该运用意动而不是判断。

那真的被认为是白帽信息吗?它似乎更像红帽子感觉。

蓝帽子角色是总结所有发生的思维，而不是站在某一立场上进行争论。

实际上，不同颜色的思考帽之间都有交叉的地方。所以，大可不必在这些问题上深究。或许在黄帽子和绿帽子之间就存在许多交叉，在白帽子和红帽子之间也存在交叉，因为事实和某种观点往往是连在一起的。

如果一个人每做一次评论就要变换一种帽子，也是不切实际的。重点在于，如果一个确定的思维模式已经被建立起来，思考者应该有意识地做出努力，在这种方式上进行思考，即如果它是一个黄帽思维，就必须按照黄帽思维方式去思考。

当不特别要求某项帽子时，没有必要假设每一个单独的评论是在这项或那项帽子之下提出的。对于一个没有正式指定使用蓝帽子的人来说，他随时插入一个程序性的评论也是符合规定的。另一方面，时时刻刻正式地鉴别帽子是非常重要的。仅仅从某一评论去假设帽子的类型是不够的，努力去遵循那些重要的思维模式是一个严格的规定。否则，我们又会陷入混乱和争论不休的模式中去。

蓝帽控制的一个重要任务就在于平息争论。

“我认为火鸡肉销量的上升是因为健康意识的增强。”

“我认为它是直接起因于价格便宜。”

这时，蓝帽思考者就可以问是否有足够的白帽子信息可以支持各自的观点，从而解决争论。

由于我们暂时不能解决这一问题，所以我们应该记下对这种趋势的两种解释。我们的确还无法确定哪一个是正确的。

这样一来，两种观点就被放到了思维图上。在这个特殊的例子中，两种观点或许都是正确的，而在另外的条件下，或许两种观点是互相矛盾的。然而，这两种观点都可以被记录下来，留待以后进行进一步讨论。

现在，我们可以回到先前还没作出决定的那一点上。这可以被看成是肉食价格问题吗？现在就让我们直接把注意力集中在这一点上。

琼斯先生认为假期价格保证金会给销售量带来很大的影响。亚当斯夫则认为情况并非如此，而且这个价格是相当高的。让我们花一些时间来检验这个观点。白帽思维在这里必须提供什么东西呢？如果我们在过去几年里有了这样的保证金，它会花费掉我们的什么呢？

对待相反观点的一个有效的办法，就是假定在同一情形下每一种观点都是正确的。

在什么情形下，琼斯先生是正确的呢？

在什么情形下，亚当斯夫又是正确的呢？

这样双方的观点都可以被看成是正确的，下一步则是考察这两种观点中，哪一个更符合实际情况。

在评价这些观点的过程中，也可以采取与最佳归宿方法相同的途径。这个观点的最佳归宿是什么呢？

这种产品对于一个拥有较高市场占有率的大公司来说是极好的。另一种产品可能非常适合一个正在开拓市场的小公司。那么，我们的产品是哪一种呢?

有的时候，蓝帽思考者需要十分直率。

“我们似乎被这种争论难住了。我们将把这两种观点都记下来，以后再讨论。”

“我们正在使用画地图的方法而不是争论的方法。如果你有不同的观点，记下来就行。不要总试图证明你是对的，而别人是错的。”

“你们两个表述了自己的观点，再往下就是争吵了，这不是我们在这里需要做的。”

“请你们停止争论，好吗？”

“我希望你们各自站在对方的立场上做一些黄帽思考，这样你们就会停止争论了。”

蓝帽子的形式允许任何思考者在同样情况下更为直率。

3.结论

思维中最大的敌人就是其复杂性，因为这样导致了混乱。当思维变得清晰而简单时，它使人们能够更好地享用并且更为有效。六项思考帽的概念非常容易理解，同时，它用起来也特别简单。六项思考帽的概念有两个主要目的：

一是简化思维。它只允许思考者在一个时间里处理一件事情。这样一来，思考者就没有必要同时照顾到情感、逻辑、信息、希望和创造性等多方面的因素，思考者可以分别处理它们。例如，思考者可以通过红帽思维把情感完全表达出来，而用不着去用逻辑来支持一个半伪装的情感。在这以后，黑帽思维可以用来处理其逻辑部分。

二是允许转换思维。如果一个人在某次会议上一直坚持否定，那么这个人就可以被要求摘下其黑色思考帽。这个信号就告诉那个人，他一直是在进行否定。某个人或许也会被要求戴上黄色思考帽，这就是直接要求他进行肯定。通过这种方式，六顶帽子就提供了一种明确的习语，而且不存在任何失礼之处。

这种习语最重要的方面在于，它从来不威胁到任何人的自我或者个性，通过把它转向角色扮演，甚至进入一场游戏。思考帽的概念使一种确定的思维方式成为可能，帽子在这里变成了教导思维的一种捷径。

我并不认为每一个时刻，我们在思维中都应该戴上这种或者那种帽子，这相当没有必要。偶尔，我们或许想在正式结构的序列上去运用这些帽子。在这种情况下，我们就要事先计划好结构。然而，更多的情况是，我们在一个讨论过程中以正式形式按需要戴上这项或那项帽子，或者我们在讨论中要求某人戴上一顶特定的帽子。开始的时候，我们或许会觉得有点别扭，但一段时间后，我们就感到十分自然了。

在某一组织中，如果所有人都认识到这种游戏规则的话，那么，这种习语的强大作用将变得十分明显。因此，所有那些习惯在会议上讨论事情的人更应该了解不同帽子的意义。我们可以确信，当这种帽子习语变成一种普通语言时，6种思考帽的概念就会发挥巨大的效用。

第十篇 信仰的力量

——对“美”与“善”的信仰是神圣的

《信仰的力量》的作者路易士·宾斯托克说：

“我知道你未必信教，但我知道你一定有着或将会有坚定的信仰。你渴望摘取胜利的果实，成为一个成功的人。你可以反对宗教，但你不可以反对人类的信仰……信仰会使你信心百倍地去成就一番事业。信仰是爱的力量，它能移山填海。当你周围充满了悲哀、失望甚至是厄运，信仰也会同你在一起，为你带来希望——相信爱吧，这种信仰的神奇力量会改变你的一生。”

《信仰的力量》就是一本具有这种神奇力量的书。

让内心充满阳光

曾有人问过我，生活给予我的最重要的教益是什么？我觉得这个问题很难回答。经过一番深思，我深感这是“爱”。

在我的神父的谆谆教导之下，我营造了一条自己的生命之舟，这条生命之舟载着我穿越惊涛骇浪，驶过茫茫大海，到达那光辉的彼岸。

我最大的欣慰是到处都能与有爱心的人共事，他们不会问：“我能在基督教徒、犹太人或是佛教徒中工作吗？”而是说：“神啊，请以您的智慧助我，驱除您的孩子心头的阴霾，赐予他们更多的阳光与欢悦吧！”这样一来，神必赐我。因为，神就是爱，我也是爱。爱与爱是平等的。

但我还是意识到了生活给予我的另一个教益，那就是尽管《福音书》说“太阳之下无新物”，然而，每一个时代和每一个民族的历史都有着新的含义，万物开花结果，生生不息。在我的希腊格言录中，我惊讶地发现了这样一句话：“世界上没有比坚韧更强大的力量。”这位作者一定没有想到他的这句古谚会播下深远的启示，直到有一天，失明者、失聪者、跛足者在它的启示下，意志坚定地挺起腰板，排除万难，勇往直前，去创造一个又一个成就。我沐浴在众多思想家——苏格拉底、柏拉图、培根、康德和瑞典先知依玛努埃尔·施维登博格——睿智的光芒之中。苏格拉底教导我，在言语之前先思索出词之含义。柏拉图的绝对理论赋予我知真的为真、知美的为美，赐予我耳不能闻之乐音、目不能视之光明。施维登博格将我生命的时空界限消于须臾，给予我内在与外在的无穷世界，赋予我超越本能的勇气与想象力。

于是，我吸取着一种又一种的宇宙元素，创造了自己的人生哲学，在支离破碎的外在环境之中营造起一座明亮的心宇。

这种种思想使我坚定了一个信念：一个人无论他是否耳聪目明，只要他的心中没有一个永不凋落的太阳照耀，他就不可能幸福。而上帝就是这样一个太阳。只要你坚定地信仰他，他总会以某种方式让你感受到自己的力量，用他光辉圣洁的阳光将你灰暗的日子照亮。

从17岁开始，我就试着依循依玛努埃尔·施维登博格的教诲去生活。“教堂”这个词对他而言，并不是一种基督教场所，而是指一群有思想的人的精神共同体。这群人终其一生为永恒的人类服务。施维登博格认为，这源于一种健康普遍的宗教文明——以善为本，彼此理解，人人为我，我为人人，而不论其教义或仪式如何。施维登博格有关宗教的著作总的说来，可概括为3个主要的理念——上帝神圣之爱、上帝神圣之智、上帝神圣之力。这些理念正如波浪滔滔，自大海款款而来，以新的意志、信仰和力量浸润生命的每一个港湾。

“爱”这个词于我而言，并不是一种朦胧盲目的情感，而是一种体现于工作和行为之中的对善与智的渴望。上帝是无所不能的，他赋予每个人智慧，使其远离罪恶的渊薮。他总是为我们创造出新的自我发展之路，指引我们走在追求文明、艺术和人道主义的阳关大道上。我深信，理想主义最终必将战胜物质主义。我拥有这种信念并非由于我对人类的苦难和罪愆视而不见，而是坚信人性本善。人性之善必得阐扬，人性之恶必渐遁形，生命必将以其充沛的活力开辟新天地。

乐观主义伴随着我从混沌幼稚的童年走向成熟而忧郁的中年。逐渐地，我已能完全领悟世事艰险，领悟那背离上帝之善旨的悲剧和恐怖。但我对于进步的信仰未有稍减。

在我周游世界时，我听见了处处都有渴望精神真理的美妙呼唤，以及对那些失聪者、失明者等所有不幸之人的关怀和责任感。若人们之中没有一种对大众幸福的强烈向往和追求，这一切便不可能存在。

面对命运，我们有两种态度，一种是仰视它，一种是俯视它。从某种意义上说，我们置身于命运的洪流之中，只能任其摆布，别无他法，我们时刻都在担忧着命运的那些不可预测的因素：战争，无知，贫困和野蛮。但当我们仰望真理之钟时，我们可以看到人类进步至今不过区区几秒而已。我相信，那些困扰人类智慧的头脑和善良的问题，在冲突之中会迸发出启明之星，给宇宙带来祥和。

在这充满了困惑和愤怒的世界上，我曾和其他人一样，努力地寻找自我，以期生而有用。我相信，如果我们从此时此地开始真诚对他人付出，那就是天堂之境了。任何一项有用的工作都是促进人类福祉的一部分。即使是最卑贱的工作，也超越了仅为谋生之目的，而是服务于一种精神或社会的需求。

在多年为残疾人工作之中，我幸福地体悟到，我可以成为“命运的建筑师”，我将不断进步、成长直到生命的最后一刻。

我从未让自己被那种超自然的天堂想法所困惑，但我确有一种连绵不断的且无限上升的幸福感。另一个世界的生活正如尘世的生活一样，真切而充满着变化和奇迹。但上帝赐予人眼睛和耳朵，让他能更真切地感知尘世间隐藏在肉体下的人之善和创造性的思想。

从某种意义上说，灵魂是轮回变迁的，不是从一个地方到另一个地方，而是人的个性的无限延展和不同阶段不断地升华。天使与恶魔都源于人，只不过各自选择不同的栖息之所，或在光明之中，或在黑暗之下。是的，任何信仰上帝的民族，即使是那些出于为善的愿望而崇拜偶像的人，他们都被教导着怎样与周围的人在和平幸福中共同生活。

当服务中融入了热爱、友爱和真挚的念头时，它们就会散发出芬芳，奏出美妙的乐音。天堂的生活没有时空的阻碍，正如天马行空，自由自在。

我不相信有人能臻于至境，因为那只属于万能的上帝，但“身虽不能至，心向往之”地追求完美至境，这便是热爱上帝的方式。它使人更加高尚，让人去体悟“永恒”之无限欢乐。

救赎灵魂

有圣必有魔。每个人年轻时都做过一些丑恶的事，有些人则终其一生都贯穿着罪恶的思想与疯狂的行径。

他们灵魂中的黑洞是怎么形成的？谁吞噬了他们的灵魂？唉，《圣经》上也说，一切的光明与繁华后，世界会复归黑暗……那么，人之灵魂难道本来就有一个深深的黑洞？或者说，人的灵魂本身就是一个旋涡中的黑洞？我曾经梦见自己化成了烟，那不是袅袅的炊烟，而是一股浓黑恶臭的鬼烟！我却快意之极，围绕着爱人雪白而颤栗着的躯体在歌唱……

在上帝眼中，光明与黑暗并无两样。而我不能，我要拯救我陷入黑洞已久且即将飘散的灵魂。

现在，我要去见一个人。

20分钟后，我来到了杰·比·菲利普那英格兰风格的家。我就要从他那儿听到一个我从未听过的故事。印象中，这位伟大的《圣经》翻译家应该如他家房子上一块块厚重的石头那样，坚实而严肃。他是一个精神巨匠，那无懈可击的信念使他在我心里拥有了不可动摇的地位。但今天我谈的却是这个受人尊敬的大师的另一面。还是让我从头开始吧。

当我摁响门铃时，一个妇人穿着棉制的居家装出来应答。看着她脸上的笑容，我就知道这一定是菲利普太太了。

“请进，”她说，“杰克在书房里。他马上就出来。”

“杰克”是菲利普的朋友对他的称呼。几分钟后，他出来了，穿着随便，脸上的笑容也如他妻子一样极富感染力。我觉得，我已成为他们当中的一分子了。突然之间，我有一种感觉，我会爱上他们的。

“你想看看我的隐居吗？”菲利普博士说。他把我引到外面的一条小径上，我有一点点的诧异：他的书房是独立的，近于一种孤单，而书房里温暖而舒适。我仿佛看到了菲利普博士在这儿工作的情景，把一篇篇晦涩难懂的古希腊经文翻译成英语，然后成为各种各样的出版物。

我们一见如故地聊起来。我以前就听说菲利普博士曾生过一场大病，不知不觉话题就扯到这上面了。菲利普博士说，这种病不是身体上的病，而是精神上的病。

我是不是听错了？

“这是一件可怕的事。”菲利普博士继续说，“它就在你心灵深处。过去4年里，我曾经看到过许多古代作家对这种精神状态的描述，他们称之为‘灵魂黑洞’。也许用词过激，但我确确实实感到了魔鬼的存在——真真切切——这个魔鬼能对我们加以各种无情的打击。”

菲利普博士事业的兴盛，开始于几年前他的作品所获得的意想不到的成功。当他写《给新教堂的信》的时候，他已是一个教区的教士了。这部作品写于1941年，当时有很多年轻人总在精神沉沦时去他所在的伦敦教堂听道。

“我发现，”他说，“他们当中的很多人对《圣经》一无所知。当然，这只是暂时的。我相信，任何精神不会允许它的主人长期处于没有信仰的惶惶状态。”

塞·斯·列威斯看了这部翻译作品后，写了一封热情洋溢的恭贺信。

“就像看到一幅古画重放光彩一样，”列威斯写道，并鼓励菲利普尽可能翻译出其他经书来。为了完成这个使命，菲利普花了6年时间，终于取得了巨大的成功。于是，有了无数的布道、无数的演讲、无数的信件，他获得了人们的喜爱与尊重。

“我想做完一切，然后完全归隐。”菲利普博士说，“但压力越来越大，我越陷越深，我开始意识到成功下面所隐藏的危险。”

菲利普博士站起来，走到窗台边，接着说，起先这种新生活是新鲜而刺激的，他的作品使他能周游世界——这不是一个普通传教士能够承担的，在新闻中抛头露面，世界各地卖着他的书，荣耀、名誉、金钱、地位应有尽有。“可却有一个来自黑暗中的蔓藤，在这一华丽的外表下一点一点为我所不知地滋生蔓延。等到我反应过来时，一切已经太晚。”菲利普说着，突然把脸朝向我，说：“撒旦对我发起了最猛烈的攻击。他营造了一个根本就不是菲利普的菲利普。我不再有平常人拥有的平常心，我正陷入变成超基督徒的野心之中！我写的每件事、每一句话，我都要求一定要超越过去。这个影子越来越大，以至于根本就不是我自己的，我无法与它共为一体。同时，要毁灭它的愿望也越来越强烈。我就这样套进了我自己结的绳套里。”

“撒旦的第一个打击是堵住了我的灵感之源，就像把哗哗流着水的龙头突然关住了一样，”菲利普接着说，“不仅在写作上，其他方面也出现了这种危机。我喜欢画画，可我却失去了对颜色的感悟能力，明暗调和以前只用花几秒钟时间，现在却是挤也挤不出来。接着，晚上的打击也袭来。这是惨中之惨，白天我一次次被击败；晚上，我又变成了梦魔的众矢之的。无可比拟的恐惧紧紧攫住我的理性，无穷无尽的罪恶感刷刷扫倒我的自信。我感觉上帝一下子弃我而去，我祈祷，上帝却变得遥不可及。”

我惊讶地看着面前这伟大的基督徒。无形的恐惧？萦绕不去的罪恶感？上帝遥不可及？为什么他提及“我”黑暗中的经历？以前我一直以为，只有像我们这样信念不坚定者或知之甚少者，才会有这种午夜噩梦。一个成熟的基督徒也会有此经历？值得庆幸的是，很显然，我面前的人在孤独的挣扎之中，正一点一点走向胜利的曙光。

菲利普博士的女儿珍妮芬从门口探出头来，叫我们吃晚饭。在接下来的半小时里，我们4个人谈了一些轻松的话题。

但在分别时，菲利普再次告诉我，那“黑洞”并不是一个幻觉，而是生命中最真实的存在之一。人尽魔矣，已经无法解释。唯一的拯救之途是，让我们成为上帝。是的，成为上帝，而不是其他——人或魔鬼。

回家的路上，我陷入了深思。我们在做什么？对于生命的旋涡与灵魂的黑洞，我们是否有能力摆脱或改造？我们可以成为上帝吗？这算不算反叛？所幸的是，我真真切切地感觉到：我是一个“人”，我爱这个世界。也许这就够了。

一切并不像你想的那么难。

追求无羁

有了信仰，才有自由。人只有从认识到神的那天起，才是一个自由人——一个具有绝对精神的人。

童年对于人来说，是一个神秘的时段。没有任何人可以解释他在童年时都遇到什么，想到了什么。

我在那时遇到了神，并且想：我要是能成为上帝，那该多好啊！虽然事实并非如此，但这不会影响我的信仰。回想那时，我真是有说不出的恐惧——对什么也没有的恐惧。

在本世纪开始的一个4月的早晨，我的保姆领着我到一个在巴尔迪摩的用灰色石头砌成的小礼拜堂。主日学校的老师欢迎我进去，用令我当时很害怕的阴森森的口吻说，现在你正站在上帝的屋子里。

“哪儿？”我问，“上帝在哪儿？”

“上帝……”这位女士缓缓地说，“无处不在。”

但我总想他一定在某个地方。所以，我从橡皮椅子上跳下来，在“小水滴”的歌声中满屋子跑来跑去。我趴到椅子下面去看，跑到工具橱里去瞅，只为了找到上帝。最后，从管子后面出来时，我已灰头土脸、气喘吁吁，又抽抽搭搭地哭起来，因为我找不到上帝。

这就是我搜寻的开始，我找了半个世纪，从未放弃过。在孩提时代，上帝存在或不存在就已成为我生活中最关心的一个问题。但直到今天，我还是不能理解那些睿智的人怎么能用其他方式来思考它。每个人都应明白这是一个至高无上的事实，而且他的每一个决定也将受囿于它。

在我搜寻的过程中，我涉及了很多不同的领域，花了10多年的时间研究比较宗教学，从佛教到巴海教到偌那禁欲主义。作为《巴尔迪摩报》的记者，我参加了许多宗教会议、比利主日学校的福音会，甚至在黑漆漆的屋子里等待招魂师招鬼魂降临。

我这些在30岁以前的所作所为，依旧抱着上帝存在是不可知论的态度。那时，我一直在想我是一个自由的人，不可以接纳任何迷信。但我还是乐于坚守各种道德价值观——只要它们与我想做的并不发生冲突。

这种我一直认为出自平常善心良意的忍受和宽容应该能给我带来快乐，但实际上并没有。而且我知道它也没有给其他人带来快乐，因为大多数朋友的感觉也和我一样。我想，没有谁会比谁感觉好一点或差一点。而我们正是独立、自我意识很强，一直对父辈的老式信仰嗤之以鼻的一群年轻人。虽然我们也得到过快乐，但这种胡闹有时只会留给我们一片茫然。我们带着这种自由，结成一个安定团结的群体。但我们中没有谁从这当中得到过安全感，相反却有一种来自内心的失望、不满和不安。

这种内心的沉重和失落，与事业上的成功无关。我的朋友中很多已经有名有利了，至少都有一大笔钱放在银行里。但无论他们的财富积累了多少，他们的头像在报纸头版又出现过多少次，他们的新财产、新妻子等等——没有一个够了的时候。他们得到了他们想要的，他们又不想要了。他们去看医生、找心理学家、学瑜伽都无济于事。

这个世界充满罪孽、自大、自卑、嫉妒、仇恨、阴险、恐惧、怨恨、吝啬与憎恶。今天已经不能变得再好一点了，但他们希望明天能够。我说的他们其实是指我们。今天，1950年的今天，有800万的男人女人像我们一样需要心理治疗。而一年后，心理医生告诉我们将达到1000万。

我将永远心存感激，在这片晦暗的心空下，我终于找到了出路。很难说清楚这一切是怎么发生的，虽然我并不耻于将自己的伤疤揭开，暴露于众目睽睽之下。但也许你还记得崂兹的一个不同寻常的难民——费朗茨・威斐。

费朗茨・威斐是著名的自由主义作家，他和他的妻子从纳粹的统治下逃出来。他们从德国穿过法国一直往南走。盖世太保在后面追着，抓住了便意味着被送进集中营甚至更惨。他们只希望能安全地通过西班牙边境，然后漂洋过海到美利坚合众国。但西班牙官员却不让他们通过，贿赂和哀求都无济于事。他们往回走的时候，住在派瑞尼的一个名叫崂兹的小镇里。这一晚，这位流亡作家站在神龛面前祈祷，不由得悲从心来，痛哭不止。

“我不相信你，”他哽咽地说着，“这是我的实话。现在我面临着巨大的危险，已经到了我所能承受的极限，现在只有您这儿还有一线机会，我祈求您的垂怜，保佑我和我的妻子安全地穿过边界。等我到了美国后，我将把这故事写下来，让全世界的人都能读到。”

奇迹发生了，弗朗茨·威斐和他的妻子一个星期后安全地穿过了边界。一踏上我们的土地，他做的第一件事就是写了《伯拉德特的赞歌》。在我们今天，没有谁写的对信仰的赞辞能比得上这位流亡作家写的故事。他死前告诉我，自那一次恐怖的经历后，他开始认识了上帝，从此再也没有离开过他。

苦难与幸福对人类来说具有深刻的意义。

现在，类似的事也在我身上发生了。虽然没有从希特勒魔爪下逃出来的惊险，但在我一向平静如水的生活里，我着实也尝到一番惊险与恐惧的滋味。不可知论下的自我依靠已不再管用，麻烦就这么来了，使我的生活一片狼藉。不仅仅是我，与我最亲近的人也陷入了同样的困境，直到我真切地感到需要上帝的帮助。然而，即便在那种时候，作为一个有理性的人，我从未强迫自己去相信或假装服从，我最大程度能做到的，也是最好的方式就是，我承认自己希望相信上帝。这就够了！

信仰是一种礼物——但你得祈求！“哦，上帝，”《圣经》里的一个人祈祷道，“我相信您，请您帮助我，虽然我没有过宗教信仰。”接着，他便向上帝一一列出他的困苦，威斐这样做了，我也这样做了。不在巴勒斯坦，也不在派瑞尼，而是在临近第五大街那五彩斑斓的广场上的一个小礼堂里。在一个狂风大作的日子里，黑黑的云低低压着，我进了上帝的房子祈求信仰。在这小小的屋子里，我跨出了重要的一步。

“10分钟里，我可以改变主意，”我祈祷道，“我可能会嘲笑我自己（又折回去爱自己的错误）。那时别管我。因为此时我真的有此心，存此意。我已经尽力了。请接受我的此心此意，忘记其他，如果你在这，请帮助我。”

当我走出来时，出现了激动人心的景象，太阳冲破了黑压压的云层，广场上已是一片斑驳的光彩了。仅仅是这样，我的困惑就如此奇异地解决掉了。而为解决这种复杂问题中发生的一系列事件，在理性学家们看来绝对又是一个个美丽的巧合。

在此后的两个星期里，再也没出现过什么让我困惑的问题了。

但对于我来讲，真正了解上帝，那一天仅仅是个开始，仅仅是很偶然的一个祈愿而已。祈祷并不是一个自动售货机，你把你的需要投进去，恩赐便哗哗地从底部出来。我们祈祷，但我们同时也为他人祈祷，甚至更经常地，为我们已经得到的恩赐而祈祷和感谢。除了其他每一件事，每一天，在无尽的幸福中，在交流的聚会里，在与父联系时，我们都祈祷，不为什么，只为了了解他的愉悦。

祈祷之时，就是上帝所在之地。

祈祷之后，我们就知道他是我们的父，是我们的朋友。

即使是在这种深远的宁静里，你的心依旧是热情活跃的。你的好心不再仅仅驱使你送支票给慈善机构。我会因自己的奢侈而内疚。这种种慈善的赠予是必须却永远也不会够的。我们还应顺天性愉悦我们自己，而且，当我们认识到上帝之后，就会被亲自为他服务的渴望所充盈。有了上帝，我们便有了爱，我们便学会了爱。食不果腹的人、病入膏肓的人、孤苦伶仃的人、衣不蔽体的人、无屏无护的人，都会有出路的。我们用双手拥他们入怀，与之分享自己因上帝而得到的温暖。

半个世纪的千万次里，我的信仰和上帝伴我走在人生旅途中，让我牵起乞丐的手，使我挺起腰板维护正义。他就在我的臂弯里，与我肩并肩前行。前行了50年，我才知天命。

可人生已沧桑……

笑对人生

曾经有人问我：“为什么我要跟着上帝走？我爱做什么我就高兴做什么。你竟说这是犯罪——我说，它呀就是快乐。生活就要这样依我而活，而快活。”纵使他们嘴上不说，脸上也会这样写着，心里也会这样嘀咕。在罪中求乐仅能一时，心底总会有那阵阵的绞痛和隐隐的不快。

一位在东部大城市里任公司经理的69岁的老头曾对我说："我有5000万资产和我想有的一切——可我还是这个城市里最悲戚的人。"

还有一个在好莱坞响当当的人物，这个高大、壮实、势利的家伙，也用不同的语言说了相同的话。他承认他的生活无聊，空虚得一塌糊涂。

这两个典型的人物说了一个并不典型的事实——财富和名誉并不是生命的全部。其实，千万大众也会有同感。撒谎和隐瞒并不能为他们掩盖真相——因为他们的想法是阴晦的，他们的行为是上帝所不悦的，他们的心灵也不会得到片刻的安宁。为了扫除这心灵的垃圾，得到一片干净的心空，他们需要注入一股奋发向上的精神血液。

吉姆·瓦斯是一名电子技师，有几年他受雇于东海岸的几家大赌场，用他那敲打剪接的技术赚了不少钱。

在洛杉矶的一个晚上，吉姆要去圣路易斯办一件很重要的事。临上飞机前，还有一点时间，他便到我们的教友会里消磨。他站在大厅后面，表情冷漠。这时，有人号召大家往前一点以便做祷告，旁边一个文文静静的人拍了拍吉姆的肩膀：

"你可以跟我一起往前走吗？"

吉姆·瓦斯压低声音说："别烦老子，不然我会敲碎你的脑袋。"

这个人也毫不示弱，"你可以做你想对我做的任何事，但在你和上帝之间，这是不义的。"

吉姆·瓦斯的心咯噔了一下。他的脸因为激动而扭曲，他大阔步地走到了前台，当时就决定打破他那陈旧的生活，融入教友的圈子里，体味真情。

今天，他成了热忱为上帝服务的一名志愿者。

吉姆·瓦斯后来得知，有一个意欲枪杀他的人那晚一直在圣路易斯守候他，而他却因为那闪过的念头而错过了那趟飞机。

这种上帝引导个人的例子多多少少有点扣人心弦。实际上，千百个男人女人也有过这种再生的经历，只是少了一点这种戏剧效果而已。

"但是，"一些人问，"你再生的意思是什么？"

再生，意为神圣的生命注入人的灵魂。上帝意欲以此使你开始新生，在他的儿子——耶稣基督的灵光抚过的天空之下。而再生的两个条件则是，对上帝你全心地悔悟，对救世主你忠诚地信仰。我们的教友会有很多家庭或家庭成员一起加入，常常是整个家庭一起前来做祷告。

当我们收到当地教会的热情邀请后，便聚会在这些大城市或小城镇里，待上4~8个星期。这种聚会的影响在于依靠教会的空间便利，让教友与我们齐心协力，以各自的方式表达对上帝的爱。

我们以此光耀上帝，我们因此而激动振奋。

在这样的日子里，我们不断地祈祷，祈愿我们能以一介心志光耀上帝，帮助他，在并不为晚的时间里，呼唤游失的孩子归家。

如果你不相信、你怀疑、你漠然，我想我能理解你此心此境，我也走过你的心路。如果你以为自己软弱，让我告诉你，许多如你甚至不如你的人，现在已成为为上帝服务的最热情强壮的志愿者。《圣经》里说，力量出自嫩花柔荑。

我第一次参加这样的聚会，那是早在1934年的北卡罗来纳的夏洛特市。当时，我还是一个懵懵懂懂的16岁少年，尽管瘦精精的，却雄心勃勃地想成为棒球队主力队员，而最不愿意的是做传教士。

第一个晚上，我缩在一个肥胖的女人那宽大如天空般的帽子下。依然清晰地记得，当时那阵阵的松香一浪一浪地掠过我的鼻尖……有一股奇怪的心潮在我心里翻腾，使我在瞬间顿悟了基督。虽然我的家庭是一个基督徒世家，但在10多岁这个稚心无羁的年纪里，我对它是不屑一顾的。第二个晚上，我却坐在了中间，热情洋溢地对答种种询问。你因拥有基督而知足吗？假如成为修道士你会依旧快活吗？谁将成为你信念的守护者？为什么我不能不假思索地作出抉择呢？

所有这些问题根源于个人小我的自大。直到我公开表白心甘情愿做上帝勤劳的仆人之时，上帝在那一刻才真正进入我的心灵之门。

几个月后，接连参加过几次基督祈祷会，我便决定以传教为终生之志了。

为了赚够钱去读神学院，我花了整整一个夏天去卖刷子。这次经历使我大悟：不管你是在卖刷子还是信仰上帝，若你心中不燃烧着一团热诚与自信的焰火，你依然如死灰一样。

18岁时被一个女孩子抛弃的经历深深刺痛了我。当时，这女孩说我未老先衰，不可能让生活炽烈燃烧。在经过长期而深刻的自我反省之后，我决定今生就踏踏实实做好一件事——不是为我，而是为上帝。

在上佛罗里达的神学院期间，一开始我在附近的小树林里练习传教。几乎每天我都躲入这片沼泽地，将笔记本放在树枝上，对着唧唧喳喳的小鸟喃喃传福音，凶猛的鳄鱼、蹦跳的青蛙和这蓝天白云下的一切都在倾听。曾困扰过无数有志于为上帝工作的人的问题，这时也困扰到了我的头上：“我怎么知道上帝会高兴我这样做？”

我得到答案的唯一办法就是祈祷。“上帝，”我说，“如果你悦于我传教，请给我一方讲台。”

就在当天，有一个人找到我，对我说，他听过我的传教，问我是否愿意在当天晚上的路边福音会里布道。祈愿成真——这就是回答——我由此开始了传教的生涯。

今天，有一个一直愤世嫉俗的人问我：“怎样从上帝那儿算计报酬？如果我改心归教，上帝会给我什么？”我正词以告上帝会给我什么：

他宽恕我的罪，使我的心灵祥和；他驱散我惧死的阴霾，使我的创造之力蓬勃而出。但是，比我从他那儿得到的更为重要的是，我从此可以为他勤勉不懈，达我心志了。

信仰与命运

那是一个星期天，我马上要离开得州的家去肯尼迪角参加1968年的登月行动。我悠然地步入我们的小主教派教会会长的书斋，打算像以往许多次那样，请假不参加圣诞夜的诵经课。

“嗨，先生，你情愿做别的事也不愿去诵经，甚至宁愿去月球，是吧？”一个职业诵经者问我。

“可不能让他这么便宜就逃脱了，他在宇宙飞船上也得诵经。”另一个说。

于是，我萌生了一个念头。我知道我们的会长詹姆士·博克纳神父在飞船上天当晚要以和平为主题布道。假如我们恰巧在他布道结束时发来一个信息——一个为和平祈祷的信息，那该多棒！

但我们马上就遇到难题了。我们的飞行计划中规定了几段从月球到地球的电视转播时间，但没有一个与圣诞前夜仪式相吻合的。如果一切按计划进行的话，做仪式的时候我们正好会在月球的背面，完全与地球脱离联系。

最后，我们找到了一个折中的办法。我在飞船开始绕月球飞行时朗读一段为和平的祈祷词，然后让国家航空航天局的测竿接收，并将此传到教堂，詹姆士·博克纳神父进行录音，在仪式结束时播放。

就这样说定了。前往肯尼迪角的日子到了，我们告别家人起程上路。但随着时间的移去，我渐渐感到不安。我想这事想得越多，就越担心这段和平祈祷只给我自己的教堂是不是范围太窄了。那好几千待在发射基地不去教堂的人怎么办呢？比尔是个天主教徒。吉姆虽然跟我一样是圣公会会员，但去的是另一个教堂。于是，我跟一个宇航员商议，让祈祷的范围更广一些。

有一天晚上，我们正准备就寝，我对比尔和吉姆说："你们想到过吗？圣诞前夜会有10亿人看着我们呢！想想看，我们该怎样才能使那个夜晚更不同寻常呢？"

这个问题一直困扰着我。我让他们尽可能多地提建议。比如说，比尔·安德斯建议我们读一个传统的圣诞故事。但那不就把非基督徒排除在外了么？那几天晚上，我打电话给许多值得信赖的朋友，我打电话给发射基地，给华盛顿，给家里，问我的妻子苏珊和两个儿子的意见。

最后有一个人——他要求隐去他的名字——想出了一个谁也没想到的主意，为什么不读上帝造人的故事？

"创世纪"显然是首选了。吉姆、比尔和其他预备队员都表示赞同。然后，我照例在晚上挂了个电话到休斯敦的家里，妻子也同意了。

我乐意为国家航空航天局工作的原因之一，是这儿几乎没有审查制度，从来没有人告诉我应该说什么或不该说什么。不过，出于礼貌，我还是想跟局里的头乔治·米勒博士和罗伯特·吉尔罗斯博士谈谈我们的想法。第二天吃午饭时，我抽出一张纸条，上面写上了"创世纪"中的前10句，跟他们解释了我的想法。

吉尔罗斯博士说："我们正在猜测你们会想出什么样的点子呢，这可是个好主意。"

于是，我们就开始着手准备了。

吉姆、比尔和我决定各自带上一本《圣经》小册子，但问题出来了。《圣经》是用易燃的材料做的，必须用一种特殊的防火塑料重新装饰，但那样的话就很难够着了。如果把《圣经》中的这10句话直接打印在飞行计划里，不就解决了吗？打印飞行计划的纸是用防火材料制成的。这样一来，把朗读上帝造人故事的情景用电视转播出去就很容易了。

就这样，人类第二次月球之旅的正式记录中，加入了“创世纪”中开头的10句话。吉姆、比尔和我把这个信息和和平祈祷一起带上了飞船，我会在环月飞行中把它发给在圣·克里斯托弗的人们。

1968年12月21日07时01分，飞行开始。由于数千人的共同努力，飞行非常顺利，祈祷是这种努力的一部分。竟有许多人告诉我，他们会同时祈祷，这让我惊喜不已。

我们开始了环月飞行，大约有一个小时我们处在月球的背面，地球完全是在黑暗中缓缓升起。当我们最后一次飞到月球背面时，飞行时刻表提醒我们朗读“创世纪”的时间到了，我们按时完成了这一“创世纪”的使命。

至少，我们觉得已经完成了自己的使命。当我们返回时，发现并非所有的人都赞同我们朗读“创世纪”。特别是有个妇女提出了强烈的抗议，认为宇航员不应该以这种方式表达他们的观点。还有一些人持同样的观点。我们收到了34封抗议信。但很有意思的是，同时有来自世界各地的将近100万封信，赞扬我们这一富有意义的举措。

有一名男子写信告诉我们，他是一个刑满释放者，没有人知道他的过去。当他听说有人反对我们在月球上朗读《圣经》的举动时，他以一种极富戏剧性的方式表达了他的支持——告诉全世界的人他那不为人知的历史。

另有一封是古阿特马拉主教写来的信，他感谢我们朗读了这段选自《旧约》的话。

我们同时还收到了许多从没去过教堂的人的来信，他们告诉我们这次活动极富意义。

人类这次月球之旅已成为历史。飞行时刻表将在史密斯·索尼亚研究所保存。我希望这一文件，与朗读“创世纪”一起成为我们国家历史的一部分。我希望这一历史性的记录，不时让我们想起当我们绕过月球阴冷的背后，看见地球一点点从黑暗中升起时，那种令人激动的难于言表的心情。

于我而言，这样的时间安排实在是完善极了。几分钟后，我们倾听了“创世纪”的故事。真的，或许正是从那片黑暗中孕育出了我们崭新的地球。

抓住我的手，往前看

新奥尔良的人没有谁会特别在意1960年11月14日这个日子，但我们深深地记住了它：这一天，联邦法院允许黑人进入公立学校读书。当时，种族隔离已经在很多地方取消了——公共汽车、公园、路易斯安那州大学——而这些都在不是很紧张的气氛下顺利进行的。

但现在种种迹象表明，形势不妙。有些人发起一个签名行动，表明不让自己的孩子上取消隔离制度的学校的决心。我的妻子戴茜早在11月份一个阳光明媚的下午就碰到了麻烦，而这仅仅是一个小小的开始。

戴茜时不时卖一些化妆品、珠宝，那天她正给邻居看新目录，这种请愿书就传到了她的手上。

“不，”戴茜说，“我不签，我想这是不对的。”

这位妇人哗地把书合起来：“我想，你最好还是走吧。”邻居的友谊，2美元的销售额，就这样在戴茜的信念之下泡了汤。

11月14日，星期一早晨，戴茜和小罗拉站在门边送6个孩子上学。其中，雅兰达，我们倒数第二个孩子，要穿过3个街区去威廉姆·弗朗斯学校。

当戴茜看着她蹦蹦跳跳地消失在街道那头时，她并不知道另一个6岁的孩子茹比·布瑞吉也朝弗朗斯学校走去。茹比是个黑人。

我出去上班的时候，就听到了这个消息。这个麻烦其实是害怕麻烦的麻烦。母亲们一听到茹比去上学，立即蜂拥到学校把自己的孩子领回家。

第二天，戴茜像往常一样站在门口送雅兰达上学。

谁也没有说话。

昨天晚上在厨房里，我们就这事已经谈得够多的了。戴茜近几年已经成为教会学校里严于律己的好学生。“如果你不把你的信念付诸实践，坚守信念又有什么用呢？”在锅里的水快烧干的时候，我把手放在戴茜的肩头，轻拍了两下，点点头。

那天，戴茜陪着雅兰达去上学。学校对面的街道上站着一排母亲。“雅迪，”戴茜轻轻说，“如果这些人对你说什么，你别理睬，只要紧紧抓住我的手，一直往前看。”

这些人已经叫嚷起来。“嗨，戴茜！你要去哪儿呀？”

几个人穿过街道向她们逼近，其中一个发出猫似的尖叫：“瞧瞧，这白黑鬼！”

戴茜和雅迪转进了校园，把这些女人甩在后面。她们走进凯小姐的办公室的时候，外面的叫声还回荡在大厅里，一浪一浪的。“啊！”这个老师欢喜地叫道，“嗨，雅迪，很高兴你能来，过来坐在这儿，别靠近窗户……”

当戴茜离开学校的时候，那些人还在那儿等着。一路上，她们用恶毒的语言威胁攻击戴茜。戴茜一回到公寓，便瘫在了椅子上。她鼓起勇气做完事后，才感觉到那种深深的恐惧。

但戴茜还是坚持了3个星期。她之所以能坚持这么久，很简单，她从来没回过头。

这就是我的妻子。她只要坚信自己是对的，就会紧盯着前方仿佛看着面前的上帝一样，她就这样子走下去，走下去，追求着前方的曙光……

我过去一直以为这种雄心壮志只属于象牙塔里的人，而不是我的妻子——这个平常的戴茜。但她就带着这么一股子劲走出家门，穿过3条街道，到达弗朗斯小学校。

“你怎么能忍受这一切？”有天晚上，我问了她一句。

“吉姆，如果我看到她们的脸，我也不能够坚持；如果我把这些愤怒卑鄙的一切看在眼里，我也会停下来放弃。但我心里一直想，这一切只是表面上的。她们当中的许多人，内心还是善良的。我往前看，就看不到人们的恶，但我能记住世间的善。”

这是多么奇怪的想法，却又是多么巨大的力量。它引导着戴茜走过有人向她扔臭鸡蛋的街道，忍受着扔进我们卧室的石子的攻击，笑着面对冲上来打她的女人。

但让人高兴的是，有一天，一个邻居对戴茜说她愿意加入这个两人行，接下来的几分钟里，4个两大两小的人就这样走在了一群愤怒的妇女当中。

她们倒没遇到多少麻烦，但下午回家的时候，我们的邻居忘了，她转头看了一眼，她的脚步停住了。她看到了40个捏紧拳头恶狠狠地挥舞着的妇女那凶神恶煞般的脸。她退却了。

又一个星期过去了，压力一天大似一天。戴茜开始怕了，不是为自己，而是为家庭。因为越来越多的石子朝家里扔来。我们不得不在窗户上挂起厚厚的毯子，整天生活在一种孤立无助的阴影之中。戴茜和我也受到了威胁，我们失去了朋友，稍大一点的孩子不得不待在厨房里听收音机。如果你是一个10多岁的孩子，没有朋友是一件很恐怖的事。“每一个朋友，爸爸，每一个朋友都不跟我讲话。”孩子心情忧郁地对我诉说道。

我也受到了同样的压力。我早上去上班时，办公室里的每一个人——除了一个，上帝保佑他——都移到了屋子的另一边。而且我还被降级了。有一天，我被叫到头儿的办公室：“刚刚来了两个电话，盖布瑞利，你的小女儿遭到枪击。”

我冲出门，跳上一辆的士，飞驰回家，发现雅迪正在屋里玩——这是一个恶作剧。我不知道我还能坚持多久，一切都在朝我所不能控制的方向发展。

第三个星期的星期三，当戴茜和雅兰达离开学校时，她们迎面碰到了一群人。戴茜的心紧缩起来。面对这一群人的叫嚣，戴茜还是守着心里的一方净土。她提醒雅迪一直看着前方，别回头。

小雅迪忘了，半途中，她回头了。戴茜感到握在手里的那只小手顿时紧张起来。“不要怕，宝贝，啊？”她不停地安慰着。

但雅兰达还是看到了那些因愤怒而扭曲了的脸，一回到家，她便哭了，她再也不能从脑子里抹去这些脸了。她拉着妈妈不愿松开，一晚上都不肯睡觉。

成年人可以挺身面对种种风雨，却不能强迫不经事的孩子陪着淋雨。值得高兴的是，我们走时已经有10个白人孩子在学校里读书了。一个午夜，我们悄悄而伤感地搬离了戴茜居住了35年的小镇，把家具都留在了原来的公寓里。

我们搬到了诺霍达岛上的森特达里小镇。一切又得从头开始，从锅碗瓢盆到朋友都是新的。对于戴茜来说，所坚守的一切值得吗？

令人鼓舞的是，我们听说新奥尔良学校委员会选出来的人是这股恶势力的强硬对手。不久，便有信写来，代表大众的呼声感谢戴茜所做的一切。

但尤为重要的，也许是一个单身邻居的行为。这个人使我们感到为上帝而为，永远不会孤军奋战。此地灭下去了，彼地又燃烧起来。

这个人以前与我们同住一栋楼，但我们对他知之甚少。我们走后，他牵着儿子的手走过戴茜走过的门，穿过戴茜穿过的人群，听着戴茜听过的辱骂，义无反顾地走下去了，义无反顾……

心如止水

一大早，我就被一个怒气冲冲的老头叫醒了。他喊着，他的妻子就要死了，是我的药把她害得这么惨的。我慢慢坐起来，试图从梦中醒过来。我昨晚忙着给一个被老虎抓伤了的小孩子做眼部手术，整夜没有睡觉。我刚上床还不到一个小时。

我跟着这脚步踉跄的老头到了急诊室，他的妻子蹲伏在那儿。我还记得，两个星期前，我从她的脖子上取下一个大瘤子，我已尽了最大的努力使手术刀口不受感染：消过毒的仪器，消过毒的手，麻醉剂，无菌白罩衣。但现在，在苍白的灯光下，我看到绷带周围有一圈青紫的痕迹，很明显已经受到感染了。

我急忙解开病人的衣服。比这还糟的是，这女人的皮肤下面有一团腐烂的黑糊糊的东西。我用手指捏起一点点一看，是腐烂了的蝙蝠翅膀。

我迷惑不解地看着她丈夫。"这是，"他头一扬骄傲地说，"放在那儿可以减轻她的痛苦。这是再好不过的了！瞧，这脖子多有血色。"

亏得有盘尼西林和血浆，才使得她在丈夫殷勤的服侍下活了过来。但对于我，她仅仅是今天我所诊治的100名患者中的第一位。当我正重新包扎着她的伤口时，一位母亲带着一个5岁大的孩子来看病，这个孩子既不能坐正，也看不见东西。"他平常都吃什么？"我问。你猜是什么，全都是米饭和水！难道一个孩子就不能吃点其他东西吗？

一个男士给我看他手上一个轻微的抓伤，由于拖得太久了，已经感染。我不得不告诉他，恐怕他要失去这只手了。一个满眼忧郁的女人忧心忡忡地问我，能不能使她生育孩子。因为她曾经有11个小孩，全都死去了，瞧瞧我的药瓶有没有什么神奇的药可以使她下一个孩子存活。

为什么我的大半生时间都与这些充满伤痛的人在一起呢？我想最好的回答是，我的生活被助人为乐的愿望所燃烧——这可能是最好的回答——但不是真心真意。

如果人有生存愿望，我想我的愿望恐怕只是逍遥于天伦之乐里，有很多的钱，有自己的马，去国外留学，或做一个钢琴演奏家。

这不是表面上的好时光，我们能从此心此境中获得真正无比的快乐。我想也许是父亲的信念使然。你可能已经感觉到了我家是一个虔诚的基督徒世家。我们无时无刻不在祈祷，早上起来，坐下吃饭，吃完起身，上床睡觉，以及时不时的小聚会里。我最喜欢的祈祷是《基督登山训示录》。

当时，我非常喜欢其中一段，它触及了我的心灵深处。“受到护佑”就是“幸福”——我一直在想，这就是幸福的原则。

但现在回想起来，应当是第二段——护佑那些悲伤的人……这对我来说，有特殊的含义。父亲已多次向我解释了“悲伤”这个词在《圣经》里的意思，并不是“不高兴”，很简单，他说就是“尘世间，体味苦难多于感知欢乐”。

我不同意这个说法。人以什么来区分痛苦与欢乐呢?

即使最后我进了医学院，也并不是因为被悲惨的人的悲惨打动，而是想将我的欢乐与他们分享。

在我还是学生的时候，常在实习医院里碰到一些孤独的老人。所以，我买了一辆敞篷汽车——长长的很阔气的那种——一到周末，我便载着这些老人去兜风。当我们从车里钻出来时，他们因这份新鲜而欣喜无比。如果你有快乐，你就与人分享——这就是我对幸福的定义。

要不是1954年7月一个热得要命的早晨，也许我就会远离了这种生活。当我从医学院带着医生和海军上尉的名衔出来时，一切对我来说都是新鲜而陌生的。我们的军舰被派到西太平洋巡航，在这漫长的日子里，我一直在想我该去哪儿。去麦索瑞吧，倒是一个养马的好地方。甚至在那天舰长宣布驶向越南北部的海湾去把难民运到塞肯时，我还在想该去哪儿好。

在海湾，一艘小船从海岸向我们靠近，这是一艘仅能容纳100人的小登陆船。但等它靠近时，我才看见上面竟坐了1000人，天哪，绝大多数都是孩子!

在波涛汹涌的海上，海浪一遍遍地刷过小船，在115华氏度的高温下，大部分孩子虚弱不堪。现在他们就在我旁边，我想我也快晕过去了。有出水痘的，有患结核病的，有癌症晚期的，等等，甚至还有一些我根本叫不出名字来的病。这就是我对亚洲的第一印象。

当他们挣扎着爬上船时，那种长期得不到清洗的恶臭冲天而来。我想转身跑开，想大吐一场，想假装看不见这一切。

但我是船上唯一的医生，我收拾起我那可怜的工具，包括药瓶、针、棉签，闭着眼睛，绝望地向面前如山般的苦难发起攻击。

不久以后，一种奇怪的热情从我心底油然而生。很显然，这条断臂只消用小小的石膏便可消除痛苦，一点点维他命就可使这人站起来，这只发肿的手只需一把柳叶刀便可解决问题。我这才反应过来，对于从未见过医生的人们来说，即便是一个笨手笨脚的新手也能带来奇迹。

几小时以后，我停下来，伸伸发酸的手臂，突然有了一生中最大的发现，我是那么那么的快活，第一次体味到这种无穷无尽、发自内心的愉悦。

我们又折回海湾去救助另一艘船上的难民。现在，我们已经能够治哮喘、百日咳，甚至麻风病，而不是简单地把这种高传染性疾病患者运到塞肯。我在岸边搭了一个临时医院，在他们上船前先处理一下。我自告奋勇地去岸上工作一个月，但一下子竟然与这群被世界遗忘了的61万个难民一起待了9个月。

我曾经是迷恋敞篷汽车、喜欢新衣服的大小伙子，现在竟然整天穿着汗津津的卡其布大褂，留着两星期没剪的满脸胡须，忙得团团转。带着愉悦，带着光荣的使命感，清洗已化脓多年的伤口，清洗病人——他们当中有些人竟从未洗过澡。

这次救援结束后，我回到了家。在结束了服役期和有了足够的钱后，我又回到那里建了一个简陋的医院，在老挝与那些被疾病缠身的悲惨的人生活在一起，甚至教一个老挝老太太如何用肥皂洗手。

最近，我收到了一个知道我生活目标的老教授的信，他问道："发生了什么事，为何你会变化如此？"

我回答："不是变了，我始终如一，依旧是你的那个刚愎自用的学生。以前我从未想过除了个人幸福之外的任何东西，但现在我想到了，我见到了，我也去做了。"

耶稣登山训示我们的时候，指出某一天，那可实现的理想并不是一个梦幻般的世界。他只启示，努力去做，去解决碰到的事和遇到的困难。他说，如果你很悲伤，你就努力去做，去帮助，不管努力多么微小，一滴水也能滋润一粒土。你将因此而快乐无比。滴水也显真情，也有真知，也能真乐。

我便是这滴水之情、滴水之知、滴水之乐的人。

凡心勿忧

我永远也忘不了这个日子，布朗克·瑞奇——这位多及尔的布鲁克林协会主席，邀请我参加棒球协会。这意味着如果我够格的话，我将是第一个参加比赛的黑人。

瑞奇先生的办公室非常大，只简单地摆了一点家具。有4幅镶了边的画像挂在墙上。一幅是列欧·度偌奇尔（多及尔的行政长官）的歌德式镶金边相片。另一幅是卡利·巴日特的近期肖像，他是此行业最有名气的球探。第三幅是陈纳德将军。第四幅慈祥地对着我展开满是阳光笑颜的是亚伯拉罕·林肯的肖像，这位具有悲剧色彩，又令人起敬的总统先生一生追寻的就是：博爱。

这一天是1945年8月29日，美国人民永远不会忘记的日子，我们的海军登上了日本领土。天非常热，阳光透过百叶窗一道一道地投射进来；布鲁克林的蒙特圭大街的喧嚣混杂着波罗大厅外面的汽车尖叫，也一阵一阵地传进来。

办公桌后面是布朗克·瑞奇。这位高大、强壮、浓眉大眼的先生，现在，他那既像是父亲又像是老板的气质，透着一股要打破棒球主力队里肤色界线的锐气。

我对这个机会欣喜若狂。这是一个极富挑战力的机会，但是，我能行吗？

“瑞奇先生，”我说，“对于我们的民族和我来说，梦想就要变为现实，可种族歧视已在棒球主力队里存在了70年。这意味着，对你、对我、对我的种族和棒球队，前面或有不测风云。”

“不测风云？”瑞奇先生从他的舌尖滚出这话，“杰克，你知道吗？当我第一次坐火车时，我还是个小男孩。坐在旁边的是一对老夫妇，他们是第一次坐火车。当时，我们正横穿落基山脉。老头坐在窗户边往前眺望，突然，他对妻子惊呼：‘上帝，我们有危险了，我们正朝悬崖冲去，我们就要冲下去了！’”

“听着那车轮子的声音，此时，在我幼小的心里，仿佛也在重复‘危险，危险，危险……’以后再没听过轮子会这样叫，但当时，确实是这样响着‘危险，危险，危险’。”瑞奇先生双手在胸前作轮子状地比画着，“可火车就在这当口拐了一个弯，进了隧道，我们到了山的另一头。其实，我们在生活中面临的‘不测风云’也不过如此。杰克，我们信赖上帝，就用他赐予我们的勇气迎战‘不测风云’。但你得学会审时度势，这样你才会变得聪明起来。”

这个小故事深深地烙在了我的脑子里。它帮助我越过了一个又一个难关。我带着强烈的责任感和感激的心情签了合同后，暗暗发誓我一定不负众望。

“上帝与我们同在，杰克，”瑞奇先生平静地说，“你知道《圣经》里怎么说吗？用美好圣洁的基督精神面对现实，明辨是非。虽然我们不能出去大声宣扬，因为这无异于以卵击石，但我们可以齐心协力，用我们的智慧与共同的信念迎战‘不测风云’。”

为了让我适应环境，第一年，瑞奇先生送我去了布鲁克林协会乡村俱乐部。正如我们预料的，我成了“不测风云”的导火索。赛事前的热身赛被取消了，因为“肤色混杂”，虽然官方另有一套托词。一些队友开始怨恨我。我理解他们。要求他们摆脱种族问题的困扰，心无所绊地去比赛，尚需时日。我尽量塞住“兔子耳朵”，对一切怨声充耳不闻。

其实，所有运动员都有一个毛病，很在意球迷的嘘嘘声，何况我，一个嘴上无毛的青年。

我对我的一场漂亮战至今仍记忆犹新，那是代表蒙特利尔市去参加在约瑟城举行的公开赛。当时压力很大，我紧张得不得了。但在比赛中，我接连击中4个球，我做梦也没有想到会有这么漂亮的开门红。

虽然随着赛事，我参加了一场又一场滚动式的比赛，但球技却像3月的天时好时坏。但我一直锲而不舍，我很清楚我必须坦然面对每一个变化。事事谨慎的结果，无异于在一个人争强好胜的性情上安了一个控制器。

每个运动员总会有怒气冲冲的时候，不过，爆发时安一个“安全阀门”，就不会留下什么后遗症。一个情绪低落的击球手也许会闯入内野，用脚把球踢向一垒，以示他已击中这个投球。然后，裁判罚他出场，气急败坏的运动员将帽子从头上拔下，狠狠地摔在地上，对着裁判咆哮，狂泄他压抑了很久的怨气。球迷们对这个队员的好恶，得看他是主力队员还是候补队员。而裁判也转过身去，对他置之不理。球员出完气后，跑回去一屁股坐下来，心也平了，气也消了。这就是比赛中的一个小小插曲。我使起性子来可不是这样。许多人便给我一个绰号叫“火山头”，并说这种脾气就是我们黑人不该参加棒球比赛的原因。这成为我不得不面对的一个大问题。

不过，随着赛事的深入，球员们开始与我融洽相处。我的球技也有了很大的长进。当整个比赛都结束时，蒙特利尔队在初级联赛中荣登榜首。我也以平均击球率349的成绩，无比自豪地登上最佳击球手的宝座。

1947年的4月10日这一天，可敬的布朗克·瑞奇先生给我带来了一个最振奋人心的消息：我正式加入了多及尔的布鲁克林协会，成为进入主力队的第一个黑人。

我被安排到了一个奇怪的位置——首垒，这更增加了处理我在通常赛事中面临的毁誉问题的难度。在蒙特利尔，我打的是二垒。

又是蒙特利尔，这一次压力要大得多，奖金更为丰厚，比赛更为激烈。它不仅仅是有色运动员能否在主力队效力的问题，更牵涉到种族问题：人们能否通过我的表现改变对黑人的看法。我们的能力，我们的信仰，至少和白人是一样的。

我不断祈祷，我第一次为这事祈祷。

作为第一垒手，在接球掷回时，我这名生手暴露了很多缺陷。在广大球迷和队员们的全力支持下，我努力地将它们一点点弥补了过来。

我又碰到了相同的问题。对方球员投了一个底球到内野。当他跑过一垒时，他的棒头打在了我的脚上，痛得我倒吸了一口凉气。有意还是无意，鬼知道。这个好强的球员先发制人地伸出拳头，我眼前蒙上一片鲜红，我绷紧了神经克制，克制……这时，队友们冲上前来，与我同仇敌忾，看着他们的急样，一股暖流流入我心中。我释然了。

这一年，多及尔队赢得了锦旗。我惊喜地得知，大家认为我在这次胜利中功不可没。但我更珍视另一个胜利，棒球运动开始接纳黑人。从现在起，有色人种球员只要达到一定水平就能成为球员。正如瑞奇先生说的，比赛是美国人的比赛，黑人和白人的，现在既然我们赢球了，那么我就敢向人们说：

“信仰万岁！黑人万岁！”

从此永恒

我依旧记得10年前一个春天的早晨，我吹着口哨晃荡在纽约公园大街上，不一会儿，就踱步进了我的医生的办公室，朝他的接待员点了点头——直到现在他还是我的老朋友。自从两年前一次癌症手术后，每一个月，我都来这儿，接受相同的程序——医生熟练的手指在我的脖子周围捏来捏去，再拍拍我的背：“一个月后见。”

但在这之后的另一天，医生的手指捏了好长时间。当我离开时，我被安排两天后到麦莫瑞医院做外科检查。真是同天不同日啊！

我走在同样的街道上，盯着同样的落日，但这次却有一种令人周身寒彻的恐惧伴我回了家。所有的癌症患者都有这种恐惧。人类已使尽浑身解数，但到现在还是奈何不了它。当然，现在我不再害怕了。其实，这归根结底是对死亡的恐惧罢了。

我第一次去了教堂，去寻找一个黑暗的个人空间。那是在第五大街上的圣索马斯大教堂。我很机械地坐下，几分钟后，一个年轻的执事走上讲台做了一个午间祈祷。当时，我还不知道这是怎么一回事，但这简短的言语一下子打开了我的心房，让我开始把这种恐惧一点点地扫出去。

这次布道，表面看来好像与我无关。他的题目是——信仰上帝的人获得永生。我不想永生，我只想活好我的今生今世！

第二天早晨，我又听到了相同的话。电话铃响的时候，彻夜未眠的妻子狄比和我正在喝咖啡。电话是邻居凯瑟琳·玛莎·列索德打来的。

“约翰，”她说，“你能过来坐几分钟吗？我已经知道了，我想跟你谈谈。”

凯瑟琳在门口迎接了我们，她没有化妆，脸上也没有笑容，这是没有语言却甚于语言表达的关爱。她领我们进了屋，没有什么客套话，便直接谈起来。

“也许我有点自负，但我还是想跟你谈谈你的信仰生活，我没有权利去肯定它是你所缺的，毕竟你已为《指南报》写了10多年的文章。但那些越大谈信仰主义的人越远离现实世界，他们的内心越彷徨不定。”

我看看狄比，她无动于衷。

“约翰，”凯瑟琳继续说，“你相信耶稣就是上帝吗？”

以前我最讨厌听到这些问题，我想她肯定又要说上帝能治好一切，或者祈祷吧，为我悲惨的一切。但自她给我提了这个问题后，我便想是该认真考虑一下了。狄比和我作为基督徒仅表现为在申请表上填上“新教徒”，参加教会的日常活动，或送孩子们去主日学校等这层意义上。其实，这只是习惯而已。我从来没把这种问题放在心上，耶稣就是上帝吗?

“你也许会问这有什么不同，”凯瑟琳说，“约翰，这是生与死的区别。《圣经》上说，如果我们信了上帝，我们便不会死去，我们获得了永生。”

又来了，但这正中我信仰困难的要害。我知道《圣经》所承诺的，我尊重甚至妒忌那些不加怀疑而接受的人。但对于我自己，总有逻辑上行不通这块绊脚石阻挡着我。我开始想搬出我的逻辑理论来，但凯瑟琳阻止了我。

“你应该试着通过你的心到达上帝那儿，约翰，每个基督徒在理解基督之前都会有一次特殊的经历。这也就是今天我希望你做的——不要用脑子，甚至不要知道为什么，你就越过这一切——摒弃你所有的怀疑——接受上帝。”

房间里静悄悄的，一方面我还心存疑惑，另一方面我却有一种跃跃欲试的愿望。坦率地说，是很大的困惑：自己回避这个问题那么多年，现在却因得了癌症而吓得转向，这怎么看都有点不对劲。“我感觉自己像个伪君子。”我说。

“约翰，”凯瑟琳低声说，“这是一种骄傲，你可以以你的方式到达上帝那儿，无论何时，无论何地，很自然的，上帝需要你，不用半点鼓动。”

我们离开时，我还是没走出那一步。但回家的路上，经过一个在夏帕卡山林路的电话亭时——这个电话亭至今我还能指出来——我突然转过身，对狄比说：

“狄比，我相信基督。”

我就说了这么几个字，然而，我却感到从某种神秘的意味上来讲，我死掉了。

我不知该不该用这个词来形容它——但确确实实心一下子揪起来像要死去一般。我那不带一点迷信的逻辑头脑一下子冷却下来，随之而升起的是本质上的我，所有我们称之为“自我”的个人意识，被一点点包容于这个决定之中。我惊讶于这种浸透近乎伤害的程度，信仰与自我的斗争竟如此激烈，以至于真的需要一场厮杀。但当这个“自我”死去时，我平静下来，脱口而出一句话：“在我的心中有一个空间，全新的，充溢着神秘气息和信仰的力量！”

之后，这种不同便显露了第一个迹象，让我在医院里惊讶不已。在手术前几分钟里，一个活泼的小护士进来给我打针。即使在参军的时候，我对针头也会有一种莫名的恐惧，但这次却有一点不同。

“好了，让我们开始吧。”小护士快速地说。当她打完时，她的音调变了，“天，你如此轻松，就像是你在为我打针一样。”

她离开我后，我才意识到这已成为事实，多么令人惊异啊。手术前、手术中、手术后，我竟都如此轻松。当我们等着诊断报告出来时，我的态度完全是一个什么也不怕的人。这怎么可能呢？这时我突然大悟，一个已经死去的人是不会害怕死亡的。也就是说，我把死亡丢在了脑后。

我在想《圣经》是否赞同这一点。回到家，我通过一篇索引在《圣经》里找到了基督自己的一段话。

“现实中，”基督告诉他的门徒，“任何信我言语的人，信把我送到这儿来的上帝的人，已经拥有了永恒的生命，不用在生死间作出判断，就能死而复活了。”

当这一页跳到眼前时，我是多么的兴奋。当我跳跃式地接受了信仰之后，一个新的生命开始了，与我那俗世的生命同时存在却又独立于它，这是真的吗？一个由精神而生的生命，使用我这即将崩溃的肉体又仅是暂时的吗？

如果是这样的话，应当有一些证据来打动我，告诉我这个新生命与我俗世的感觉无关。

我得到了。

医生的报告就是第一个证据。这是一个充满希望的消息，但我发现这一切对我来说已经不重要了。而其他的一些事看起来似乎更具有深远的意义：发现了新的生命由什么而来，为什么而生，为什么而存。

我有了一种奇怪的渴望，要去研究一下《新约》。当我带着兴奋和强烈的共鸣去研读它时，突然感觉这真的就像一种生命，有它自己的精神家园，在它需要时也要喂它一种精神食物，就像我的身体也需要食物一样。

教堂也一样。突然，我想去教堂，不再是一种习惯，而是一种渴慕。

但也许最重要的是——基督这位我曾经用逻辑去思考过的人，现在却活生生地在我面前。我才醒悟过来，这就是我一直在《圣经》里，在只言片语中，在基督徒团体中寻找的基督。

在那次狄比和我开车路过山林路的电话亭之后，一晃已经10年过去了。再经过这个电话亭时，它已在风雨中飘摇了10年，饱经沧桑的喜怒与哀乐。我顿时惊觉，在那不堪回首的几个月里，我如一个贪玩的孩子，从我的巅峰一路奔下，滑入我生命的低谷，而身后，门开着，期待着。我终于回头了，看见海阔天空。

不是我的信念使然，而是基督的呼唤。

他就站在门边，呼唤着游失的孩子归家，天上的云在飞，路上的花盛开着……

感谢信仰的力量，因为有了它，人类才会获得崇高的幸福。

羊皮卷
智慧全集

第十一篇 金克拉密码

——改变千万人生的一堂课

《金克拉密码》是珍奈儿·提格对当代最成功、最有魅力且最有影响力的演说家金克拉的评述。

“金克拉是一个神奇的人类心灵建筑师，他能帮助人们建立自己内在的基本特质，使人们在生命的各个领域都能获得最大的成就——换句话说，他帮助人们培养想要成功的内在欲望。首先他会让人们具备完成这项改变所需的各种技巧，然后再规律性地反复强化这些技巧。从本质上来说，金克拉让人朝着更好的境界发展，我手边拥有数百封来自演讲会上的听众的信函，每一封都告诉我金克拉的话是如何彻底地改变了他们的人生。”

珍奈儿·提格：赢在转折点上

有很长一段时间，我一直以为人生最大的悲剧，是临死之前才发现自己的土地上有油矿或金矿。现在我才知道，不能发掘自身内在的财富，才更加可悲。我的好朋友鲁本·西佛林少校说："10美分和20美元如果沉到海底，它们的价值是一样的。"唯有把它们从海里捞起来使用，才能显示出彼此的差异。你的价值也是一样，唯有努力探索内在，发挥巨大的潜能，你的价值才能真正显现出来。

几十年前，我是一个典型的家庭主妇，我人生中最大的愿望就是成为全世界最完美的妻子、母亲和主妇。尽管我相信自己是个成功的角色，但我依然感到不满足，并不是说我不想当家庭主妇，我只是觉得有所欠缺。

我永远忘不了自己认清这个事实的那一天——1977年1月19日。当时，我正坐在我们位于得州西部的漂亮洋房的客厅里，凝视着窗外，看着肆虐的沙尘暴把我家的前院变成一个大沙坑。当我看到狂风几乎要将树枝折断的时候，我赫然发现自己与那些老橡树境遇相同。

我也快要崩溃了。我觉得自己的生命中必须要多一点什么，我极度渴望享有某种成就，只是我不知道那究竟是什么。

我的母亲是我最崇拜的人物典范。从小在得郡农庄成长的岁月里，母亲灌输给我强烈的家庭观念，其中一点就是女人只要能成为好妻子和好母亲就该心满意足了。想要有自己的事业的念头——即使只是一份副业——在我从小接受的南方基督教文化里是完全陌生的，但我却开始质疑这些从小接受的观念。

我想这股隐约的不安感早在几年前就已经浮现过，当时我为了要压抑这份不安，在1975年初期，便开始在美国AMF担任运动设备的售货员。然而，由于没有特定的目标或动机，我的这份工作自然不太成功。

我坐在客厅的沙发上，开始审视自己的条件。我最高学历只有高中毕业，17岁就结婚了；我把所有的时间、精神和努力都用来帮助我的丈夫完成大学学业并维持家庭生计；到35岁的时候，仅依赖丈夫在大学里的薪水生活，为了持家我总是在钱财上斤斤计较；我成功地养育了3个孩子，他们给了我极大的满足感。但是，按照一般的社会标准来看，我依然感到有所欠缺，无论是在经济方面还是个人方面。

在那个狂风肆虐的上午，我还记得自己盯着手上一份108美金的医药费账单，不知道该如何支付这笔款项。我心里想着："上帝啊！我的生命绝对不能只是这样。"

凝视着窗外狂扫的沙尘暴，我下定决心，只要我活一天，我绝对不要再有像此刻这样的感受。我绝望地想为我生命的意义寻找一些答案。

看书吧！我心里想，书里面一定会有答案。

于是，我跳上车开往南原购物中心。当时如果有邻居看到我的动作，一定会认为我疯了，竟在这种不见天日的沙尘暴中出门。尽管狂风撼动着车身，飞沙遮挡了视线，但我心中唯一的念头就是赶快到购物中心的书店。

当我走进购物中心的大门，径自朝书店走去时，看见大门口堆积着沙尘。我直接向店员提出询问：

"有一本书叫做《积极思考就是力量》，我妈妈说这是她读过的最棒的书。你们有没有这一类的书？"

"我们当然有。"那位店员回答说，"后面整整两排的书都是，那是自立自救类的书籍。"

"自立自救，这正是我所需要的！"

在接下来的两个小时里，我坐下来翻遍了所找到的每一本书，这些书架上实在有太多珍贵的宝藏，每一点每一滴我都想要。一种崭新的思考方式呈现在我面前，我当下决定买下这些书。我用信用卡刷了125美金，买了一大堆书。我知道我投资125美元下去，就一定要让它物有所值，这便是一个承诺的开始。

我等不及，想快点回家仔细从头到尾读遍每一本书。我将身子投入客厅的沙发里，开始专心致志地读书。每读完一个章节，我感觉自己似乎就离黑暗隧道光明的另一端近了一步，整个人不但一扫不安的阴霾，而且觉得焕然一新。

我丈夫詹姆士一回到家，我立刻开始像连珠炮似的跟他诉说我这一天获得的每一个新信息。我问他："你知道我们可以控制自己的潜意识吗？”这是我从书中读到的，我从来不知道我可以控制自己的思想。

虽然詹姆士对于这些新资讯的反应不如我这么强烈，但我一点也不在乎，因为我已经下定决心要把所有的新发现和每一个朋友分享，谁都不能阻止我！

在接下来的几个月里，我买了更多的书并开始建立我个人的自立自救图书馆。6月初的某一天傍晚，我一如既往地在教会的晚餐聚会上向身边的每个人介绍我正在阅读的励志书籍，其中一位名叫丹尼斯·曼兹尔的朋友突然问我有没有听说过金克拉这个人。

我回答说：“我不知道，金克拉是什么东西？”因为在这之前，我从来没听说过这个名字。

丹尼斯告诉我说，他曾经在一次小学校长会议上听过金克拉演讲，后来还买了一本他的著作《与你在巅峰相会》。

这正是我需要的信息。1977年6月10日，一个晴朗的夏日，我也买了一本《与你在巅峰相会》。当我阅读这本书时，我感觉它仿佛是专门为我写的。我心里想，真不敢相信竟然有人是这样思考的！因为他书中描述的正是我的真实写照，每一种情况都曾在我身上发生过，只是我一直没有去正视。

《与你在巅峰相会》和我过去购买的50多本书完全不同，金克拉所谈的价值观和我母亲从小灌输给我的一样，那种实实在在的特质能使我产生共鸣。他彻底消除了我每一个自我打击的念头，如当头棒喝般让我了解自己存在的价值。

有了他给我的勇气，我重新开始了自己的销售事业，并且没过多久，我就当选AMF年度最佳销售员，在健身器材方面的销售业绩甚至超过了全美连锁运动器材店欧斯曼。

我对自己全新的信赖以及金克拉的至理名言，都促使我要把自己的经历与得州拉巴克家乡的人们分享。因此，凭借着还不太习惯的一股决心，我拨通了金克拉先生位于达拉斯的办公室的电话，预定了6张金克拉达拉斯演讲会的入场券。

接着，我打了5个电话给我的朋友，邀请他们和我一起去听这场演讲，而我之所以选中这几位朋友，是因为他们对我持赞同和支持的态度。除此之外，我还送了他们每人一本《与你在巅峰相会》，就像我们家乡人常说的：“打铁要趁热。”

当我坐在金克拉的崇拜者中时，我还不知道站在讲台上的是全世界最杰出的励志演讲人，因为我过去从没听过这类演讲。当他演讲结束时，我只知道这个人说的话正是我需要的。

演讲会结束之后，我便催促朋友们去逛展览摊位，因为我不希望他们知道我接下来打算做的事情。凭借着从金克拉的书里得到的勇气，穿着一身绿色聚酯纤维衬衫和长裤（你或许觉得这样的装扮很可笑，但别忘了，当时可是20世纪70年代），头戴一顶后面系着蝴蝶结的大草帽的我，开始快步沿着走道走过去。我虽然怕得要死，但也同样坚决。

当时，金克拉先生正坐在桌子旁边为读者在书上签名。轮到给我签名的时候，我深吸了一口气问道："金克拉先生，怎样才能邀请你来得州的拉巴克演讲？我保证届时出席的人数绝对不会少于今天。"

他抬起头微笑着回答："嗯，你只需要寄给我一张邀请函就可以了。"他说话的同时，从衬衫的口袋里掏出一张名片，写上他秘书罗莉·梅杰的名字，请我打电话和她联络。

我感激地向他道谢，同时我在心里也深信绝对没有问题。在开车回家的路上，我把刚才的事情说给朋友听。结果，他们都露出一副难以置信的表情。

当我把今天做的事情告诉我先生之后，我非常惶恐，不知道他会有什么反应。如果他不赞成的话，我就不会再继续下去。结果，詹姆士的回答着实让我大吃一惊，他说："如果你认为自己办得到，那你就放手去做吧！"

我永远也不会忘记那一刻——他相信我。于是，凭借着一股热忱，纵然没有任何背景和资历，我毅然决然地全身投入到筹划励志大会的工作中，即使当时我尚未从金克拉先生那里得到肯定的承诺。我写了几封信给他，之后还通过几次电话，但始终没有从他的办公室那里得到答应或拒绝的回复，他们只是告诉我说我的申请还在"处理中"。

然而，我并没有因此退缩。我向得州州立大学预定了可容纳3000个席位的大礼堂，我站在空无一物的舞台上看着台下的3000个座位，幻想着台下座无虚席的场景。接着，我又向3家银行申请贷款。在1977年，法律规定：若其配偶及家庭信用状况良好，妇女便可向银行申请信用贷款。过去，我对这一切完全没有经验，根本不知道该从何着手。不过，我倒是读了很多书。于是，我向每家银行各贷款1000美元，全部都是90天后生效。

我把一切都豁出去了，全力筹划着一个主角尚未同意演出的活动。我发了电报给金克拉先生报告目前的进度，如果他在48小时内没有回复，我打算乘西南航空公司的班机亲自飞到达拉斯去，即使得在他的办公室等上半天、一天，甚至于一天半的时间，我也不在乎，非要他点头答应出席不可。

结果，我根本不需要走这一趟。在他接到我电报12个小时之后，罗莉·梅杰拨通了我的电话。

她说："金克拉先生答应当天出席。"这句话顿时像100万盏灯泡似的照亮了我的心灵，我兴奋的情绪激荡不已。

接下来，我提出了几个问题，我问罗莉："演讲当天，我需要请听众事先预约，还是自由入场？"

罗莉用稳重的口气回答道："这应该由主办人来决定，金克拉先生只负责演讲。"

她这句话，比抡起拳头狠狠地打在我头上还要令我窒息。我终于回到了现实，惊讶自己究竟干了什么好事。

1978年2月28日，我抵达拉巴克机场迎接金克拉先生。尽管我的热情说服了他来此地演讲，但我相信自己的缺乏经验在他眼中一定也是无所遁形。

在我们开车前往演讲会场的路上，金克拉先生问我："提格女士，一切进展得如何？"

我把手伸进小山羊皮外套的口袋掏出7张门票，回答说："金克拉先生，3000张门票只剩下这7张没卖出去。"我不知道自己这样的回答好不好。

他和蔼地说："提格女士，你的表现实在太棒了。"

当晚，在座无虚席的大礼堂里，每一位听众都满怀期待、充满兴奋。在开始筹划这次演讲会时，我预计大约只有5%的拉巴克市民听过金克拉的名字，但经过我在媒体上的宣传，演讲会当天到处都有人挥舞写有金克拉名字的条幅。

或许这就是当我向听众介绍金克拉出场时，全场听众都起立鼓掌欢迎的原因。从那一刻开始，情况渐入佳境，每个人都爱死了金克拉，体验了有史以来最难得的金克拉演讲，每个人都跟随着他欢笑、哭泣。在演讲进行到一半的时候，金克拉先生问听众是否愿意再举办一次演讲会，所有人都热切地回答“当然愿意”。

金克拉先生说：“坐在台下的这位是提格女士，我还没机会为今天的这一切向她致谢。不过，我今年11月的时候希望能再来这里。”这是他头一次，也是唯一一次对听众当场作出这样的承诺。

尽管我犯了许多新手都会犯的错误，但当这第一次的演讲终于落幕之后，我出乎意料地发现，我竟然赚了钱。而我的心里从来没有想过这种可能性，我唯一想做的只是希望大家能分享金克拉的至理名言。

现在，我和金克拉已经成了好朋友，而他在那年的11月，真的依约回到拉巴克办了一场业务员研讨会，当然这一次又是座无虚席。在那次经验之后，我认为拉巴克市的居民已经作好准备来迎接一次励志演讲大会，于是，在第一场金克拉演讲会之后，我又办了一场有7000名听众参加的演讲会。出席的演说家包括诺曼·文生·皮尔博士、亚特·林克雷特、凯维特·罗伯、马文、菲立普等人，当然还有金克拉。

这场于1979年举办的演讲会，催生了我的人力资源公司。我成立这家公司的宗旨，是希望能向大家介绍一些伟大的演说家，如皮尔博士、亚特·林克雷特和丹尼斯·魏特利等人，并让听众有机会亲身体验这些伟大演说家带来的引导与启发。

接下来的9年里，我在43个城市分别成立了励志演讲会办事处，举办过将近200场演讲，吸引了超过20万名听众参加，其中有不少人都是第一次听这些畅销书作家和知名演说家演讲。人力资源公司因此享誉全美，我也以一位来自得州拉巴克市的女企业家的身份，被报纸杂志称为“灰姑娘”般的人物，成功地扭转了自己的人生航向。

我的行程排得满满的，我必须在演讲会开始前3个月到各城市协助成立办公室，筹划演讲会事宜并监督人事的开销。完成之后，紧接着又要到下一个城市进行同样的工作。

尽管我的事业如日中天，但家庭生活的步调却乱了，我急需取得某种平衡。当然，我的丈夫詹姆士在公司上轨道之后的最后几年里，一直协助我处理人力资源公司的业务。但我们还是决定将事业告一段落，结束筹办演讲会的业务，举家迁居达拉斯，并在当地展开新事业，为那些筹办演讲会的人或希望成为演说家的人提供专业咨询服务。

后来，我进入了全美演说家协会在达拉斯的分会，并亲身接触了许多辛苦奋斗的演说家，我知道自己可以帮助这些人，包装他们并将其推到听众面前。就在从事这份工作期间，我建构出一套转折点理论。正如我在本书导论中写的，所谓的转折点并不仅仅是神来一笔或荒诞不经的想法，而是上帝跟我们说的话、引导我们的方向。如果跟随它，自然就可以到达上帝所成就的地方并充分发展自己的潜能。

我的转折点发生在1977年1月19日。如果我当时没有依随内心深处的渴望，跳下沙发前往书店，我的人生和现在将会完全不同；如果我没有听过金克拉的演讲，我就不会听从上帝在我心中激起的念头，邀请金克拉到拉巴克演讲；如果我没有邀请金克拉到拉巴克，我也不会花上9年的时间筹办励志演讲会；又如果我没有筹办励志演讲会，我永远都不可能建立起专业的办事处，为像金克拉这类想要改变其他人命运的演说家提供咨询服务。

金克拉，我衷心地感谢你，是你让我对自己产生信心。谨以此书献上我对你本人和你人生最高的敬意。

大卫·赫利：态度决定一切

街上的流浪汉、社团领导人、成绩最优秀的学生、白手起家的富翁、模范母亲……这些人有一个共同点，他们都曾经面对失败、伤心、失望、挫折，但是因为面对困境时的“反应”不同，便有不同的结果。流浪汉遇到问题时，只会借酒精麻痹自己，逃避现实。而成功人士则不然，他们遇到同样甚至更大的问题时，会积极面对，设法解决，因而变得更坚强、更成功。我们不能控制生活中无法预知的情况，但可以借着调整自己的态度，在问题出现之前，去面对各种状况。

大卫·赫利曾经说自己是“有史以来最严重的问题儿童”，他的话一点也不假。

他上课时喜欢恶作剧，下了课又爱欺负其他孩子；他因为在商店里“顺手牵羊”而被逮捕之后，父母便带着他和另外5个兄弟姊妹搬到伊利诺伊州乡下的李克格镇，远离五光十色的芝加哥市。

大卫的父母希望换个环境能对他有好处，但事实却不然。因为严厉的家规——放学后一律不准外出，不只是和朋友约会，就连上教堂也不准——反而让他无法快乐地成长。

在上高三那年，他再也无法忍受住在家里的日子，选择离家并加入了海军。然而，在1968年那个时代，志愿入伍需要相当大的决心，因为当时正是越战最吃紧的时候。

入伍没多久，军队中的教官就盯上了这个来自伊利诺伊州南方的乡巴佬。

“赫利，你马上滚到我面前来！”士官长大声地对他吼叫着。大卫听到命令后，立刻小跑出列，然后向长官行礼。“赫利，你根本就是我们这个排的羞耻！你的体能训练最多只能做3下扶地挺身，而仰卧起坐最多也只能做20下。不过，你知道我最气的是什么吗，赫利？那就是你的狗屁态度！”士官长使尽全力地尖叫。

然后，他又继续说：“赫利，你一定会死在越南的，而且连祈祷忏悔的机会都没有！你知道为什么吗？那全都是因为你那该死的态度！”

“是的，长官。”大卫回答。

“不要叫我长官，”士官长咆哮着说，“我现在甚至不想再看到你！你马上从我眼前消失！”

后来，大卫跟着部队到了东南亚，幸运地在战争中保住了性命。然而，在退伍之后，他却感受不到一丝快乐，因为当时的社会普遍无法接纳越战的退伍军人，也没有人列队欢迎他的平安归来。

不过，日子还要照常过下去。大卫认识了一个名叫戴兰妮的女子，两人结婚之后便搬进一栋有3个房间的破烂房子，房子里连自来水都没有，而生活用电还是邻近农庄的主人好心帮他们拉了一条电线过来才解决的。

大卫婚后在伊利诺伊州的一个采石场做采石工，微薄的薪水几乎喂不饱一家人。为此，他自嘲地说：“我们是穷苦人家的典范。”

有一天，一辆白色凯迪拉克轿车开到了赫利家门前，从车里下来的是一个贩卖免水锅具的推销员，这种锅具对于家里没有自来水的新婚夫妇来说，真是再适合不过了！

这个人果然是个成功的推销员，他告诉这对年轻夫妇这组锅具正是他们需要的。于是，赫利夫妇勉强凑了38.95美元的定金，并恳求对方让他们以分期付款的方式，每个月偿还15美元来买下这套总价400美元的锅具。然而，真正令赫利夫妇感兴趣的并不是这套锅具，而是停在他们家门口的那辆白色凯迪拉克轿车。

在大卫眼里，凯迪拉克轿车象征着成功的事业。如果这个推销员靠卖免水锅具就可以赚到一辆凯迪拉克大轿车，那么他也想要去卖免水锅具。于是，大卫向这名推销员表示想加入他的行列，但却被对方一口回绝了。后来，大卫锲而不舍地打了12个电话，终于说服对方给他机会试试看。大卫决定孤注一掷，他当掉了仅有的两件值钱的东西——他的吉他和照相机，凑了300美金来购买推销的样品，而且他只有10天的时间可以赎回典当的物品。

星期六早上，大卫出现在那名推销员的家门口，准备来拿他的锅具。这名推销员看见大卫真的凑齐了300美金，感觉有些诧异。他带大卫走进车库，拿了一套满是刮痕和烧焦痕迹的二手锅具，用报纸包起来，然后丢进一个老旧的行李箱中，接着又塞了几张因潮湿而粘在一起的订货单进去。他告诉大卫说，下个星期开始受训。但是，大卫没办法等一个星期，他那两件最珍贵的东西——吉他和照相机就要保不住了！

于是，在没有接受过一次训练，也没有任何经验的情况下，大卫开始挨家挨户地推销他的商品。他对每一个受访的对象说："我是一个专门到府上服务的推销员，我有一套非常好用的锅具想推荐给您。"

大卫并不知道这个商品的全美平均销售纪录是一个星期3套，结果他在第一个星期就卖出了11套。看到大卫首次出击便大获全胜，大卫的老板决定取消原本的训练计划，放他单飞。

然而，大卫的销售成绩并没有继续保持，很快各种各样的问题便陆陆续续出现，他开始节节败退，终于在挣扎了一年后，怀疑自己是不是犯下了大错。就在那个时候，他听人提起一个名叫金克拉的人，将在圣路易斯的柴克巨蛋体育场举办演讲会。大卫心里想："反正我已经一无所有了，就去听他讲讲吧！"

最重要的是，当大卫开车来到盖特威市时，他原以为在金克拉主持的演讲会上，将会听到如何成为成功推销员的诀窍，然而，出乎他的意料，这个演讲会的主题却是"态度"。金克拉一开始便对大家说："除非别人知道我们有多在乎他们，否则他们压根就不在乎我们懂多少。"

接着，金克拉开始讲一些道德小故事，提到2000多年前有一个叫加利利的木匠就是用道德小故事来教大家做人处世的道理，而位于北卡罗来纳州格林斯博罗市的创造力研究中心也发现，道德小故事是教导人生最有效的方式。金克拉表示：“除此之外，我们还可以用道德小故事来教导人生的其他重要问题。”接下来，他给大家讲了几个故事。

讲完故事，金克拉告诉大家，其实每个人的手上，更重要的是每个人的心中和头脑里，都拥有决定自己成功或失败的力量。金克拉说：“伟大存在于我们内心，但我们必须发挥潜在的能力和智慧才能达到成功。我们只需记住，如果人类都可以用发霉的面包制造出盘尼西林，那么想想看，上帝能在一个人的身上成就出多么伟大的事业啊！”

听完金克拉的演讲，大卫感觉身上充满了力量。于是，他重新投入到锅具推销工作中。然而，此时他的生活却又遭遇了更大的打击，他的双胞胎儿子因为早产，出生不久便夭折了。大卫无法消除这沉重的悲痛，以致他连续22天都没卖出一套锅具。

就在第22天，口袋里没有一分钱的大卫对妻子发誓说，如果今天晚上不能卖出一套锅具，他就决定重回采石场去工作。

当天出现了一个小问题，他车子没有油了，无法进城去。于是，大卫骑着脚踏车，沿路捡拾空汽水瓶，他用这些瓶子到当地的杂货店换了两加仑的汽油，然后驾着自己的庞帝克轿车前往10英里外的安纳镇去推销锅具。

然而，过了几个小时，他没有卖出半套锅具。到了晚上8点，他沿着樱桃街走向停车的地方。

走着走着，他经过一个人身边，这个人正站在梯子上为屋檐刷油漆。大卫决定试最后一次，于是，他走上前对那个人说：“先生，对不起，我是一个专门到府上服务的推销员，我有一套您前所未见的好锅具，可不可以请您让我进屋去向您介绍一下？”

那个人从梯子上低头看着大卫说：“孩子，不用了，我们家不需要什么锅子，不过还是谢谢你。”

大卫情绪消沉地转身离开，然而走了不到5步，身后传来那个人的声音：“对了，孩子，你是不是有什么心事？”

大卫转过头回答说：“没事，先生，一切都很好。”

当他再次转身要走的时候，他心里想：“我不能再让自己显出灰心丧气的样子。如果是金克拉，他此时会怎样？”

于是，大卫转过头，带着前所未有的勇气和信心，大声地说：“对不起，先生，在您看来我或许只是个专门到府上服务的推销员，但我有一套您前所未见的好锅具，你一定得马上下来看看！”

这位叫查理的波兰人盯着大卫的眼睛说：“这还像点样，孩子。我们进去看看吧！”那天晚上，查理和他的太太佩姬买了一套锅具。

从这次卖锅具的经验中，大卫体会到，做事的态度是最重要的。从此，他便以更大的信心和热情，投入到推销工作中，并最终彻底改变了自己的人生。

25年后，大卫已经是勒斯特国际工艺公司的老板了。这家公司是全世界规模最大的卫司特班德免水锅具与其他厨房用品经销商，每年都有几百万美金的销售业绩。大卫的公司被人称为“积极的公司”，每个勒斯特工艺公司的新员工来的第一天，公司就会发给他一套金克拉的演讲录音带。大卫早已成为金克拉的热情崇拜者，每天早上都会读一读镜子上贴着的金克拉的那句话：“人生有太多值得享受的事。”

大卫还特别为大学生开办了一个暑期打工的场所，雇用来自全美各地的几百名学生，用以帮助他们建立起自信心。大卫借用金克拉的话说：“现在如果我叫这些学生去捕大白鲸，他们肯定会带着搭配鱼肉的塔塔酱汁一起去。”

当这些学生在暑假结束后返回学校继续他们的行销课程时，教授们对于这些学生在行销以及人际沟通方面增长的知识都惊讶不已，而这些成就也获得了全美教师协会以及美国行销协会的认可，后者还颁给该项目荣誉奖章，并邀请大卫做演讲。

琳达·华纳：坚持信念，什么都能做到

也许过去别人一直把“垃圾”倒进你脑子里，但你必须明白，就算过去别人给你的头脑里倒进了垃圾，也并不要紧。事实上，即使别人有意无意地给你任何不好的影响，也没有关系。你可以战胜所有这些“垃圾”，“每个人的现状恰恰是由自己的意愿造成的”。当你的意愿是倒掉你脑子里的“垃圾”时，我要向你道一声“生日快乐”，因为今天是你余生的第一天。

琳达·华纳对于妈妈的记忆很模糊，只知道妈妈在20多岁时生下了她。她的妈妈在旧金山一个酒吧的楼上租了一间公寓，每当需要用酒精来麻醉自己的时候（这种情况经常发生），妈妈就会把她锁在衣柜里，然后下楼去喝几杯。

虽然琳达的爸爸在她出生前就离开了，但当他得知自己的女儿竟然被锁在衣柜里时，便请求法院判决他们离婚并获得对琳达的完全的监护权。爸爸带她离开的时候，琳达才2岁。

不幸的是，琳达的爸爸也是个酒鬼，更不懂得如何养育孩子，每日三餐都用零食和糖果来喂饱琳达。过多的糖分摄取让琳达处于过度肥胖的状态。当琳达上学开始接触外面的世界后，她非常羡慕那些有爸爸、妈妈，有钱，生活美好的小朋友，更加憎恨自己的处境。

琳达7岁的时候，家里的情况更加恶化。爸爸再婚后，继母带着两个10多岁的孩子一起搬进来。每当爸爸出去工作时，他们就会虐待她。有一次，甚至还把她绑在椅子上，用梳子扎她。

有一天，爸爸下班回家比较早，终于发现他们在虐待自己的女儿。于是，他把琳达带到祖母家，自己却继续和妻子及她的两个孩子住在一起。对于爸爸的做法，年幼的琳达实在很难理解和接受。

琳达的祖母虽然对她很好，但却在和琳达同住一年后去世了。在没有其他选择的情况下，琳达只能又搬回去和爸爸住一起，所幸爸爸很快就与继母离婚了。

琳达到了青春期时，爸爸一点也不了解女孩的生理变化，琳达自己也不清楚。在没有家长教导的情况下，她甚至把胸罩藏在一个朋友家里，因为她实在不好意思跟爸爸说。

等到琳达终于有勇气面对镜子中自己肥胖的身体时，她感到十分厌恶。这种自我厌恶的情结引发了她寻死的念头，而且不知怎么的，她相信自己会在星期天死去。所以，她要求邻居的朋友带她一起去教堂做礼拜，以为在教堂里可以推迟她不可避免的死期到来。她从来不懂什么叫做宗教信仰，也不认识上帝，但潜意识里总觉得教堂有种神秘的力量可以拯救她。

19岁的时候，琳达结婚了，不是因为她爱上了这个人，而是因为她想要逃离和爸爸在一起的苦闷生活。不出所料，这段婚姻在她生了两个孩子之后便宣告结束。离婚后的琳达急需一份工作，于是她应聘到一家连锁超级市场工作。

琳达在超市的第一份工作是包装杂货，并帮客人把沉重的手推车推到停车场，赚取25美分的小费。她每天早上4点就要把货物上架，还要负责监视偷糖果的小偷。用了整整7年时间，琳达才从“补货小妹”爬到经理的职位。在男性主导的工作环境里，这可不是件容易的事。在超市工作期间，琳达结识了现任丈夫提姆，她的生活也开始出现曙光。那时的她有幸福的婚姻、美满的家庭和一份很有前途的工作。事实上，那个夏日，当全家人决定到索诺玛湖郊游的时候，琳达的人生几乎是完美无缺的。那天，琳达和她丈夫、她丈夫的两个兄弟，以及她与前夫生的已经25岁的女儿史黛西一行人跳上一艘小型的马达船，准备到湖里钓这里最有名的鲈鱼。

他们把小船驶进一个小湾后便熄了火，琳达看着家人在清澈的湖水中游泳，有几只白鹭在湖面上盘旋。当白鹭栖息在树枝上时，提姆缓缓地将小船划到一棵枯树下。

突然传来一阵树枝断裂的声音，提姆最先感觉到有危险，当沉重的树枝掉落到船上时，他立刻一头扎进湖里。提姆的一个兄弟马上用手抱住头，其他人也连忙躲避。琳达则下意识地扑到女儿的身上保护她，之后便眼前一黑，不省人事了。

当琳达恢复了意识时，她看见提姆和他的兄弟们正在将压在她背上的树枝抬起。琳达因剧烈的疼痛痛苦地呻吟，家人立刻将她送往附近的医院。刚开始，医生认为琳达是背部受伤。但经过两次电脑断层扫描，显示情况并非如此。因此，她非常担心地问医生：“我还能回去工作吗？”一位医生告诉她：“只要你放松而且病情好转的话，没理由不能回去工作。”

然而第二天，琳达稍微动一下就痛得要命，她开始意识到自己的伤势不轻。于是，她又去看了另一名外科医生，并做了更多的X线检查。结果，医生发现她有一处脊椎骨断裂和两处椎间板破裂。

接下来的几个月，琳达一次又一次地换医生检查，每一位医生都开给她更多的药。然而，令人窒息的疼痛依然存在，她被迫请病假。又过了4个月，病情依然没有好转。琳达又去找另一位外科医生，这名医生建议她动一次手术，将破裂的椎间板削去并将神经推回原位。

这项复杂的手术进行得相当成功，琳达也开始做康复治疗。她知道，自己一定得尽快返回工作岗位，否则她就得“另谋高就”了。

然而，琳达并不知道，老板已经将她视为包袱。当她销假上班之后，她被派到另外一家分店，而这家分店的每个员工都希望调离这个地方，这里的经理外号叫“老狐狸”。她被分配上早班，工作时间是从凌晨3点到12点。具体工作包括更换所有的价签，而这通常是由5~7名店员负责的。琳达的身高只有5.2英尺，干起来非常困难，许多价签是在货架的最下层，需要经常弯腰，这使她受伤的腰部更难以承受。

在黑夜与黎明交替的时候，琳达穿梭于店内的各个角落，更换数以百计的各种不同类型商品的价签，强迫自己疼痛的身躯完成每一次移动。第一天下班回到家后，浑身酸痛不堪的她还是靠女儿的搀扶才跨出车。第二天，琳达几乎无法动弹，只好请病假，结果老板的回答竟然是：“你被解雇了！”

工作虽然没了，但背部的疼痛依然存在，琳达只好继续进行治疗。有一位医生建议她将两片椎间板缝合起来，在万般无奈之下，琳达接受了这项手术。但是，疼痛仍然未能减轻，反而连动都不能动了。

虽然药物可以稍微减轻琳达的痛苦，但她仍然无法正常生活。她抱着一丝希望，又找了另一位医生。在更多的X线检查之后，医生有了一个相当令人惊讶的发现，原来琳达的椎间板只缝合了一侧，难怪她没办法从床上爬起来！医生接着说：“我还有更坏的消息要告诉你，恐怕你还要进行第三次手术。”

刹那间，琳达感觉自己的世界几乎要崩溃了！工作没了，忍受着无止境的疼痛，要依赖药物生活，还有那堆积如山的医药费账单。而现在医生竟然告诉她，还得再做一次手术。

没有选择的余地，琳达只能接受第三次手术。虽然说手术进行得很顺利，但漫长的复原时间使她还是要忍受疼痛的煎熬。

琳达仿佛走到了人生的尽头，幼年时期开始形成的自我厌恶和绝望感又再次浮现，她感觉自己仿佛一头栽进了绝望的深渊。

在康复的过程中，琳达的家人和朋友始终陪伴在她身旁，鼓励她坚持下去。经常有许多关心她的亲戚打电话来问候她，或者带她出去拜访朋友。在某一次的拜访中，琳达注意到朋友的桌上放了盘录音带，朋友告诉她那是金克拉的演讲录音带。

琳达问：“他是何许人物？”

“他是一位非常伟大的励志演说家。”

琳达心里想，如果有人需要鼓励，那个人准是我。

于是，她对朋友说："可以借我听听吗？"

琳达反复地听了金克拉的录音带，深深地被他的话所感动。许多鼓舞人心的小故事触动了她的心，那些激励的话语仿佛是专门说给她听的。最重要的是，琳达在听过录音之后，开始思考一些重要问题："我是谁？我想要什么？我将来会如何？"

金克拉的话唤起了琳达对童年时期的痛苦回忆，也让她明白了这些经历如何造就了她的生活。但是，金克拉也帮她认清了一个事实，那就是她可以控制并重新塑造自己的人生。于是，从那一刻起，琳达决心要让心中充满正面的想法。原本只想着自己已经45岁、过度肥胖、无辜地造成身体残障，而且几乎破产，现在她把焦点转向生命中那些美好的事物。正如金克拉所说，回头永远不嫌迟。

金克拉的教诲也带她走进了另一个意想不到的世界。很多次，当琳达在听金克拉的录音带时，心里都会想："他说的每句话我都理解，也完全同意，但我总还是感觉有所欠缺，到底是什么呢？"某天下午，答案突然出现了：是金克拉说的上帝。虽然琳达还是小女孩的时候，经常在教堂里寻找慰藉，但她从来没有真正感受过上帝的存在。她想，或许那就是我所需要的，也许上帝可以带领我走出这一切。

琳达迫切地想尝试这个新念头，于是她请家人及朋友和她一起去教堂，其中有一个妯娌答应了。

她问琳达："我们应该去哪一个教堂呢？"

琳达只是耸耸肩。她们摊开星期六的报纸，决定这个星期由琳达来选教堂，下个星期则换她的妯娌来选。

琳达选择了卡维利社区教堂，而这个星期聚会的地点刚好是在一个戏院，而不是教堂里。不过，地点对琳达来说不是问题。当她走进戏院时，她立刻知道这就是她想去的地方。

第一个星期天，牧师讲了一个《圣经》里的故事，让琳达深受感动。她从来没有读过《圣经》，所以聚会结束后，她到一家专门卖基督教书籍的书店去挑选了一本《圣经》。

现在的她已经是教堂育幼院的负责人之一，她说，能在教堂里服务且被需要，感觉真好。

不久之前，琳达听说金克拉要来圣荷西参加由彼得·罗威举办的成功研讨会并发表演讲，她决定要亲自见见这个人，结果令她相当满意。琳达听了金克拉的演讲深受启发，她决定重返学校读书，并在圣塔罗莎学院修了一门儿童发展的课程。

琳达说：“这就是金克拉对我最大的影响。不管我是谁，过去怎么样，或者出生在什么样的环境里，只要我有坚定的信念和决心，什么都做得到。”

吉娜·罗培兹：人生一定要有目标

时间对每个人来说都是公平的，每个人在一天中都拥有相同的时间。富有的人也无法用金钱买到时间。事实是时间比金钱更有价值，浪费时间就是在浪费成功的机会。

吉娜·罗培兹对她的小学时代记忆犹新，因为那段痛苦的回忆深植于她的心中。那时，同学们都叫她丑八怪，还经常把她推倒在操场上，甚至连老师们也对她百般挑剔。有个老师曾经对她说：“你每天上学之前，到底有没有洗脸啊？”

吉娜之所以没有洗脸，或许是因为她的父母经常忽略她的存在，他们不会帮吉娜洗脸或提醒她要梳头发，也从来不曾教她如何穿衣服。同学们因此嫌弃她，每次她到学校的时候，都会有人在背后对她指指点点或偷笑。尽管如此，吉娜还是很爱她的父母，长大以后依然和他们保持着相当亲密的关系。在她很小的时候，她妈妈是个酒鬼，每天下午都会喝得醉醺醺的。吉娜放学回家的时候，经常会发现妈妈睡在客厅的沙发上，而家里到处都是空酒瓶，ABC电视台几乎可以来她家拍一出“放学后特写”的节目。

上了高中后，同学们可能认为继续嘲笑吉娜没什么新鲜的了，因而把焦点转向其他不合他们口味的人，吉娜在学校的日子才终于好过了一些。她的爸爸和妈妈让她读的是一所私立学校，每天都要穿制服上课。那时的吉娜开始对男孩子产生兴趣，非常渴望异性的追求。所以，只要放学后脱下制服，吉娜一定会画上浓浓的妆，换上低胸上衣、迷你裙和高跟鞋出门。或许这就是她开始在商店里偷东西的原因，她所有的衣服、化妆品和香水都是从商店里顺手牵羊得来的，她要让自己和其他人一样打扮得漂漂亮亮。

当时的吉娜无疑是个迷途的孩子，她的父母也不知道该怎么办。她是个复杂的少年，渴望被爱，就像一首歌里说的，却是在错误的地方寻找爱。吉娜开始从男孩子那里寻找性的慰藉，当时这的确让她获得了短暂的欢乐。虽然一直都在上学，但她并未学到多少知识，学校的老师也拿她没办法。她从来没有认真写过一次家庭作业。到了18岁高中毕业的时候，成绩单上全是红字，她就这样稀里糊涂地毕了业。

毕业之后，吉娜和一个叫琳达的朋友混在一起。琳达自己住在海边的一栋公寓里，家里摆着时髦的家具，还有高级音响设备。

琳达的公寓里几乎每天都开舞会，而且总是有许多帅哥参加，他们身上有很多古柯碱。在他们的引诱下，吉娜开始吸毒，并学会了喝酒。

后来，她的这群新朋友要她从波士顿搭飞机到纽约，帮他们带几公斤的古柯碱回来。

吉娜答应了他们的请求，飞到纽约，然后搭计程车前往位于西城郊区的目的地去取货。当她进入22楼的一间套房时，发现里面的人个个都有枪。吉娜和他们一起吸食古柯碱，他们教她如何使用乌兹冲锋枪。

后来，吉娜便经常往来于纽约和波士顿之间，替他们运送毒品。她觉得这样的生活非常刺激。和他们相处久了，吉娜还听到一些秘密的对话，谈到什么人被杀之类的消息。有一次，他们的房间遭人闯入，保险箱里的2万多美金被人偷走了。一切变得越来越疯狂，吉娜也不禁担心起自己的安全来。

那段时间是吉娜生命中最悲惨的时候。她和男朋友搬到了一栋新的公寓里，男朋友也是那帮人里的。可是，几个星期之后，男朋友就把吉娜给甩了，还留下一屁股烂账，包括家具的租金、长途电话费和买音响的钱，都要由吉娜偿还。

在没钱且无路可走的情况下，吉娜只好搬回家和爸妈一起住。当时的她非常沮丧，每天都无所事事。有一天，吉娜无聊地看电视上有什么节目，偶然看到一则广告在介绍金克拉的演讲录音带。

吉娜被这个广告吸引住了。之所以被它吸引是因为主持人不断地强调，一定要有奋斗目标才能使人生恢复正常，而此时，吉娜正处于人生的十字路口，想选择一条与以前不同的生活道路。

于是，吉娜订购了一套录音带，每天晚上都放来听，一遍又一遍地将金克拉充满希望的话语和正面积极的人生态度深植于自己脑海中。

金克拉的录音带也促使吉娜开始改造自己的人生。她认识到自己过去和一些坏人混在一起，浪费了许多时光，游走在毁灭的边缘，如果再不及时回头，后果不堪设想。金克拉让吉娜的人生方向有了全然的改变。

吉娜决定先从外表下手。她参加了一个美容学校的课程的学习，然后到百货公司的化妆品专柜请教美容师，还到一个模特学校上课。在那里，吉娜学会了优雅的姿态和谈吐以及用餐礼仪。

接下来，吉娜着手戒除恶习。当务之急是必须解决酗酒问题，于是她加入了戒酒协会，并学习了一个有12个步骤的课程。除此之外，吉娜还要克服自己懒惰、邋遢的毛病。以前，她的床铺从来不整理，厕所也从来不打扫，饮食习惯很不好，连睡觉的时间也不正常。就在那个时候，吉娜认识了比利。比利是个很聪明也很专注的人，他有自己的人生目标，希望自己能有所成就。在比利的帮助下，吉娜学会了收拾房间，改掉了自己的坏习惯。

吉娜在迷途知返的过程中，还作出了一项重要决定，就是回学校读书。结果，她不但取得了大学文凭，还参加了由金克拉的组织举办的为期8周的一套教练课程的学习。在这8周里，每个星期有半个小时的时间，会有一位金克拉教练打电话来问吉娜一些问题，例如：

“你的节目策划课上得怎样？”

“你的功课进行得如何？”

“你有没有继续读金克拉的《登峰造极》？”

这套教练课程让吉娜又进了一步，使她确定了自己更高的目标。她曾经有过一个念头，那就是拍一部描写自己一生的电影。吉娜设想电影一开始，她在纽约和那些人鬼混，接着情节进展到自己如何经历了一连串的改变，最后结尾的时候则以淡出的效果呈现她和金克拉相见的画面。这真是一个美妙的设想，但愿吉娜美梦成真。

吉娜现在过着幸福的生活。她现在是一家电话公司顶尖的业务员，靠自己的劳动所得生活，这是她以前做梦都想不到的。现在，吉娜在城里买了一栋有按摩浴缸的房子。如果一切进展顺利的话，6年之后，她就可以还清房子的贷款。到那时，吉娜才37岁。

谈起这些，吉娜对自己的成就感到很骄傲，特别是回顾从前，再看看今日，感触更深。不久之前，吉娜写了一封信给金克拉，感谢他给予自己在精神上的引导，在她最危险的时候，为她指明方向，改变了她的人生。

后来，金克拉给吉娜写了回信，这让她欣喜万分。以下是这封信的内容。

亲爱的吉娜：

我必须说，你的来信是我所收到的最感人的信之一。恭喜你，吉娜，因为你为掌握自己的人生付出相当大的努力，所以才有今日的成就。更让我高兴的是，你是那么毫无保留地和我分享你的故事，让我能充满信心地继续告诉更多的人：订定目标而后达成目标，可以帮助我们拥有均衡而满足的人生。

在看完《登峰造极》这本书之后，大多数读者都表示，有关订定目标和达成目标的方法这个部分，对他们特别有帮助。订定目标对我们的人生具有决定性的影响，我很高兴你也觉得这些建议很有用。

吉娜，希望你能继续努力，将来的人生会更加美好，我相信一定会看见你登峰造极！

克利斯·列托：昂首向前，永不服输

生命有如回音，你喊出什么，就听到什么；播什么种子，收什么果子；给予什么，得到什么。

你在别人身上看到的，其实就存在于你自己身上。不论你是什么人，不论你做什么工作，如果你希望在人生各方面都得到最好的收获，就必须发掘自己的优点，在任何处境下都往好处想。

克利斯·列托从小就是小联盟棒球队里个头最小的选手。有一次，在击球的时候，曾经有位球迷开玩笑地对他大喊道：“你要不要拿本电话簿垫高一点？”

克利斯听到这句话的时候，觉得这真是自己听过的最好笑的事情。于是，他用球棒指了指那位球迷，然后走回打击者的位置。接着，在对方投球后，他击出了一个漂亮的两分左外野安打。

在球场上，克利斯是个厉害的游击手。有一次，出现了一个双杀的局面，克利斯接住二垒手的传球后，随即转身准备把球再传往一垒封杀第二名跑者，当时对方的打击者还没跑到二垒，所以正好挡在克利斯投往一垒的线路上，而这名打击者认为有人挡在中间的时候，克利斯绝对不可能把球传往一垒。

当时，克利斯有片刻犹豫，想着该怎么做。然而，他的直觉告诉他绝不能撒手，所以他立刻将球传回一垒，而那名跑垒者很不幸地被传回的球击中胸口。大家可以想见，接下来的比赛，克利斯都不用出场了。

克利斯回想起当时的情况说："不是他出局，就是我出局，而我是绝对不能输的。"

克利斯这种永不服输的性格或许是遗传自父亲，他对小联盟的教练山姆·克利斯说："我爸爸是个很棒的管理人，他常告诉我说，'我知道你永远不可能长到6英尺那么高，但是你的天分很高，而且你对棒球的热爱比任何人都要强烈，更因为你是我的儿子，所以你一定要比其他人更努力来证明你对棒球的投入。'"

在青少年时期，棒球就是克利斯的生命。他参加的球队全都是赢球的队伍，每次都能进入全国冠军锦标赛。有一年，他的球队甚至代表美国参加世界杯赛并获得亚军。后来，克利斯继续在高中的棒球比赛中大显身手。但是，当他考虑要继续在大学里打棒球时，却有人对他说："你太矮了，不可能打得很棒！"

克利斯说："当我听到人家这么说的时候，我的态度是——你们等着瞧吧！虽然我的身高只有5.4英尺，但我一定会跟你们对抗，并打败你们！"

难怪克利斯会成为球队里大名鼎鼎的焦点人物，克利斯告诉我们："在我十几岁的时候，我一直是充满自信、主动积极而且保持着必胜的决心。"

因为身高的问题，克利斯没有被大学的棒球队延揽。于是，他前往佛罗里达南部的一所大学就读。他去找学校的棒球教练，要求参加球员的征选。原以为竞争对手都是些"龙套"角色，克利斯没想到他们全是来自迈阿密、佛罗里达和得州的高手。

对于这样的局面，克利斯还是不改初衷地勇往直前，而球队里的学长们也都很喜欢他。然而，教练的看法却和他们不一样。整个赛季下来，克利斯因为自己的身高和西班牙、意大利混血，一直受到教练的侮辱。除此之外，他的学习成绩也不太理想。

克利斯的父亲是最了解他的人，他父亲认为克利斯最好的选择是取得学位，然后回到他们的家族企业工作。对于这样的决定是否会后悔呢？克利斯说："那是当然的！这代表着自己梦想的结束。不过，那依然是个明智的决定。"

克利斯大学毕业取得机械工程的学位后，便加入父亲、母亲和爷爷的行列，共同经营家族企业"谭帕铜铝公司"。这个公司是克利斯的祖父和父亲于1957年创立的，专门生产大型国防武器的零件。

克利斯的父亲原本是他的棒球教练，也是公司的总裁。在克利斯加入公司后，他们又变成了工作伙伴，必须一起面对比满垒且无人出局更严重的问题。20世纪80年代末期，谭帕公司因为一家合作银行无法依约提供贷款，被迫申请破产保护。克利斯回忆起当时的情况说："我们尝试了各种方法与银行斡旋，希望不要走上申请破产保护这条路，但银行坚持要上法院解决。为了维持公司的运作，我们只能忍痛缩减各项支出。我们的尊严受到了严重的打击，我看着公司从20世纪七八十年代的兴盛逐渐走向濒临倒闭的局面。但我们从来没有放弃努力，我爸爸总算让公司撑了下来。"

然而，最大的打击依然在1992年到来了。当时，公司发生了严重的电力故障，生产中电力供应经常突然中断或电压突然增大，导致价值15~30万美元不等的机器内部电路板和控制电路全部烧毁。

在长达16个月的时间里，工程师和电力公司的人对全部电路进行了检查和监控，但依然无法解决这个奇怪的问题。直到1994年2月，控制室由于突如其来的一场爆炸引起火灾，整个工厂的电力供应停止整整一个星期，才发现原来是人为破坏所导致的。

克利斯说："我亲眼看见妈妈听到这个消息后当场昏了过去。过去16个月以来，这名阴谋破坏者让我们花了超过40万美元的修理费，而这个代价还不包括损失的时间、延误交货以及客户的愤怒责难。所有证据全都指向公司的一名员工，当我们与他对质的时候，他坚决否认一切，并宣称他是我们最忠实的朋友，绝不会做出任何对公司不利的事情。当我们提议对他进行测谎的时候，他的态度立刻转为愤怒，并开始威胁我父亲。

“当初为了让公司维持下去，我们兑换了所有的保险金，动用了我祖母的退休金，并向许多亲朋好友借款。除此之外，我个人还向15家以上的信用卡公司贷款超过12.5万美元，以维持公司的运转。

“我们和保险公司也进行了一场激烈的博弈。对方认为我们公司摇摇欲坠，根本撑不了多久，而就当时的情况而言，他们的看法也许是正确的。保险公司打算和我们周旋到底，利用各种可能的手段拒绝赔偿我们的损失。

“1995年9月，我们终于打赢了官司，证明保险公司没有尽到理赔的责任，法院判决我们可获得120万美元的全额赔偿，外加利息。然而，我们的司法体系却是诡谲多变的，继任的法官又根据某种法律上的专有名词宣布必须重新审理此案。现在，我们的案子还在佛罗里达州高等法院审理中，这真是一个考验人类耐性的诉讼过程啊！

“除了家庭和朋友，我周围的一切全都崩溃了，那真是太可怕了！我觉得自己是受害者，我的事业快要不保了，但我却无能为力。”

就在这个时候，克利斯的命运出现了转机，而这个转机正是来自金克拉。1994年，克利斯的太太的妹妹刚好多出一张彼得·罗威成功研讨会的门票。

克利斯说：“我当时根本不知道谁是彼得·罗威，我太太的妹妹说这是个整整一天的活动，演讲的主要内容是教人如何迈向成功之路。我想那正是我所需要的，就去参加了。”

当天上午8点，第一位演讲人上台了，他的名字叫金克拉。克利斯回忆当时的情形说：“我的天啊！这个人让整个现场为之一亮，仿佛早晨的第一道曙光。”

当时，金克拉问在场的人：“你认为你可以让自己的人生变得更糟吗？”

克利斯回答：“可以。”巨雷体育馆将近2000名听众也异口同声地这样回答。

接着，金克拉又问：“那么，有没有办法让自己的人生变得更美好呢？”

这并不是个简单的问题，但大多数人还是热情地回答了。当在场的听众露出踌躇的表情时，金克拉对大家说：“我想刚才各位给我的回答是，你们可以让人生变得更糟，也可以变得更美好，对吗？那么，我想告诉大家的是，决定权就在各位的手中。”

接着，金克拉又说：“耶稣基督是一切信仰和力量的来源，只要我们诚心祈祷，怀抱着希望，什么都可以达成。”

克利斯内心深处的一股灵性就这样被唤醒了。他当然是相信上帝的，但在听金克拉演讲之前，他其实并没有真正认识上帝。况且，当他打官司的时候，上帝又在哪里呢？当他感到愤怒、受伤、失望和恐惧时，上帝又在哪里呢？

克利斯在研讨会现场买了金克拉的著作《与你在巅峰相会》，当天晚上回家就开始阅读。

克利斯说：“接下来的3个月里，这本书我大概读了5遍。我照着金克拉的话做，并写下我想要达成的目标，而且是天马行空地乱写。结果，我花了五六个月的时间才理清自己的思绪，这全靠金克拉的帮助，他告诉我要为自己想做的事制订计划，然后再问自己几个问题——你为什么想要它？它对谁有利、对谁不利？

“接着，金克拉会更进一步具体说明，比如说，我的理想是驾船环游世界，那么我为什么会认为这件事很重要？如果能拥有全世界的财富，或者拥有崇拜我的妻子和两个孩子，并成为他们眼中最棒的丈夫和父亲，会不会比驾船环游世界更重要呢？”

这些问题让克利斯开始确定自己的精神目标、慈善捐款目标、个人目标、事业发展目标，以及“玩具和冒险”目标——也就是欢乐的目标。克利斯心里清楚地知道，自己最大的精神目标应该是更靠近上帝。所以，他开始固定每个星期天上教堂做礼拜，后来还参加了一个“遵守承诺”的活动以及男性教堂静坐活动，更加启发了他对上帝的信仰。克利斯说：“读圣经、听讲道，增加了我对上帝和其他人的认知、了解和敬爱。”

克利斯在金克拉励志演讲的启发下，以更加积极的态度面对种种危机，终于使谭帕铜铝公司有了转机，而且在没有获得100万美元赔偿的情况下，使公司的业务蒸蒸日上。经金克拉的指导，克利斯也引导家人对未来保持乐观的态度，他的两个弟弟提姆和杰森分别在公司担任品管部和生产部的经理，小妹茱莉亚是克利斯在业务及行销部门的助理，母亲妮拉则负责所有的采购工作。

克利斯告诉我们说，现在大部分的信用卡贷款都已经还清了，而公司的客户也逐渐增加，公司的业务量比1993年增长了3倍。克里斯说："在法院诉讼的那段时间里，我们公司的资产从来没有减少，而大约一年前，我更受到了有生以来最大的肯定，那是来自我父亲，同时也是公司的总裁。他告诉我说，如果不是我，公司的业务不可能如此蒸蒸日上。这对我可说是最有意义的肯定！"

关于个人目标，克利斯说："我下决心让每一天都成为最美好的一天，因此我的第一个目标是对其他人的生命有所启发，不论他们的处境如何，就像金克拉在我身上所做的改变一样。接下来，我想成为最好的丈夫、父亲、儿子和朋友，并且成为合格的CPR急救人员，以便将来有机会可以挽救别人的生命；我想取得三级的黑带资格，并在空闲的时候担任男女童空手道社的义工教练；在工作方面，我希望能让谭帕公司突破出现有的格局，最终能帮助全美国，甚至全世界的人；我希望在我爸爸60岁退休的时候，有能力接过公司总裁的位子。"

求爱高手克利斯还读过金克拉的另一本著作，书名是《天长地久》。克利斯读这本书并不是因为自己的婚姻出现了问题，而是希望让自己的婚姻更加美满，他从这本书中学到了最宝贵的一课，因为他渐渐忘记了应对乔伊表达自己对她的欣赏与爱慕。金克拉在书中是这样说的：

"当我们的伴侣做了某件事情，使我们的人生变得更美好时，我们一定要发自内心地对她说声"谢谢"，并由衷感激。如果我们期待伴侣为自己做某件事，而且认为这是他们理所当然或有义务做的，那么我们的伴侣极有可能会做得心不甘、情不愿，草草了事，甚至干脆不去做。但是，如果我们能衷心表达感激之意，结果将会出奇的好。你知道吗？这些小小的感谢更能显出高尚的情操。大家或许还记得妈妈的叮咛，她说也许不是每个人都很有钱或很聪明，但每个人都能有一颗善良的心和有礼貌的态度，每天都能为对方做一点小事。如果做丈夫或妻子的每天能为彼此做点简单的小事，特别是那些对方可以轻易完成的小事，将可为婚姻生活制造许多意想不到的浪漫。

"我太太是达拉斯都会区公认最会开车门的人之一，但是，在我们多年的婚姻生活里，只要我们在一起，她没有自己开车门超过12次。我最喜欢绕到车子的另一边去替她开车门，因为这样可以清楚地提醒我自己，我太太是这个世界上对我最重要的人，我愿意为她奉献我的生命，她也是我唯一深爱的人。

"好几年前我开始不带钱包，而直接把钞票折起来放在口袋里，到了晚上回家的时候，我就把钱放在浴室的洗手台上。不久之后，我发现红发（那是我对太太的昵称，不过通常我跟她说话的时候都叫她'蜜糖宝贝'）会数一数我放在那儿的钱，如果她发现我出城演讲时身上的钱可能不够应急，她就会到银行去多取些钱给我。这也许不是什么大不了的事情，但她的举动却等于是在告诉我：亲爱的，如果我知道当你碰到紧急情况的时候，不会因为缺钱而产生困窘，甚至发生危险，我会觉得比较放心。正如我所说的，这没什么大不了，但此类举动对我来说却胜过千言万语。"

有生以来头一遭，克利斯开始发现，他只要为乔伊做一点点小事，就可以让他们的婚姻关系产生很大的变化。现在的克利斯不但会替乔伊开车门，他们在餐厅吃饭的时候，每当乔伊到达或准备离开的时候，他一定会站起来表示礼貌，甚至当乔伊准备坐下的时候，他也会替她拉开椅子。后来，他经常会听到朋友的妻子对丈夫说："你怎么不像克利斯那样？"

稳固美满的婚姻是需要一砖一瓦、经年累月慢慢建立起来的。金克拉在书里写道："大家不妨想一想，每个成功的人都是靠一天一点的累积，才能成就大事业，如果我们能努力做好婚姻生活中的小事，例如经常说'我爱你'，上班休息的时候打个电话问候一下，偶尔送太太一束鲜花等，将会发现和伴侣的关系会有很大的改变。"克利斯告诉我们，他从《天长地久》这本书中还学到了另一件事，那就是：当他出门旅行的时候，他从来不会将自己置于危险之地，也就是说不去夜总会或者做完事情后和朋友出去喝几杯。

克利斯说："我会在晚上9点的时候打电话给乔伊，然后跟她以及两个儿子聊天，告诉他们我有多爱他们、多想他们。乔伊是我最好的朋友，也是我眼中最美的女人，有这样的感觉真是太棒了。你知道吗，我最近碰到金克拉和他太太红发，他们还牵着手呢！我的意思是，金克拉都已经71岁了，和他太太的感情还这么亲密。等我71岁的时候，我也要和我太太手牵着手在一起。"

乔伊·修尼格：乐观，一只脚依然站得稳

即使成功似乎遥遥无期，你仍然是大赢家，因为你已经尽力而为。只要秉持着这种锲而不舍的精神及决心，你将不再患得患失，未来成功的机会反而更大。

我从小生长在新墨西哥州的克罗维斯，大学只念了一半便休学结婚，然后开始在华盛顿全国人寿公司卖保险。在接受保险经纪人训练的过程中，我接触了金克拉的录音带和其他励志的教材，对我有很大的帮助。在华盛顿全国人寿服务两年后，我开始想尝试其他更多元化经营的保险公司，因为这种类型的保险公司能提供较多种类的保险产品，如人寿保险、汽车保险、房屋保险、商品保险等。

位于得州拉巴克的农夫保险集团当时推出了一项初级的新进保险经纪人训练课程，并提供两年的保障薪资，但这家公司对新进保险经纪人的筛选却有某些限制，条件为：大学毕业，已婚，有自己的房子，有储蓄且无任何保险从业人员相关经验。而我的经历问题可大了：我大学没毕业，已离婚破产，没有自己的房子，而且还做过保险经纪人。总而言之，我有的都是他们不要的，而他们所要求的我一项也不符合。

我花了近5个月的时间才让他们同意给我这份工作，但是并没有保障薪资，而是领取保费的佣金。我的第一份保单佣金只有37美元，即使是在1970年初，这笔钱还是算少的。

20世纪70年代正是金克拉的演讲事业开始起步的时候，我记得当时就深深为他出色的励志演说所吸引，我不但从早到晚听着他的录音带，还曾经到拉巴克听过他的现场演讲——就是珍奈儿·提格筹办的那一场。从那场演讲中我体会到，在我的人生中有一个成功的机会，而现在正是时候。由于金克拉的教导，我开始学习到更多有关制定目标和做长程计划的方法，来帮助自己克服保险业每天都可能面临的挫折感。

最后我的保险事业终于开始有起色了，从此便一直在农夫保险集团服

务，并很幸运地当选公司的最佳保险经纪人达28次。除此之外，公司每年还从全美地区将近1.5万名保险经纪人中，选出40~60位最优秀的人参加为期一周的“总裁会议”。在这个会议中，与会者将和公司的最高领导层共同讨论公司的未来发展，且所有费用都由公司负担。我曾经出席过14次这个研讨会，我必须说：“这一切都要归功于你，金克拉！”

我除了要感谢金克拉对我保险事业的帮助之外，更不能不提到他的处事原则如何帮助我度过了一个严重的家庭悲剧。

1991年8月，我们全家人刚从附近的城市奥斯汀看完马术竞赛准备要回家，当时我们驾着家用拖车，后面则拖着一辆载马的拖车，在离开阿比蓝尼大约3英里的地方，有一辆大型联结车突然开到了我们前方，致使我们的车子一头撞上了联结车的侧面。当时我们全家人都坐在汽车里，包括我自己，我太太卡罗以及两个孩子——16岁的科比和6岁的艾美。

我实在不敢相信我们一家人竟然活了下来。整辆拖车扭曲成一圈，仿佛一个致命的陷阱，救难人员根本没办法把我们弄出车子，最后消防队员和医护人员动用气凿和绞盘卡车才把我们救了出来。我们被困在拖车里两个多小时。

随后我们立即被送往医院，医生为卡罗做了将近4个小时的手术，我则躺在急诊室等候动下一个手术。送到医院后的第三天，医生走进我的病房并要求其他人离开。

他对我说：“我想你应该知道有关你家人和你自己最新的状况。艾美只有淤伤及一些轻微的割伤和刮伤，而科比的颈部骨折，现在正在做牵引，大概3天后会有神经外科的医生为他动手术，如果我们可以顺利地将他的颈部接合，那就没什么大碍，但如果手术失败，他可能会从颈部以下全部瘫痪。”

我的脸一下子变得惨白，好长一段时间说不出话来，医生和我都知道我正在想什么。接着我终于开口问：“那么卡罗呢？她还活着吗？”

医生回答说：“是的，她还活着，但是她的腿已经断成四五十片，我们认为由于骨折的情况太严重，加上长时间的血液不流通，我们可能必须将她的双腿从臀部以下进行截肢。

“至于你的情况，你的骨盆全部碎裂，而股骨则骨折脱离臀部，我们帮你放进了人工股骨，如果有足够的骨骼可以固定人工股骨的话，你的右腿以后会比左腿短2英寸，但如果剩下的骨骼不够，我们必须将你的右腿切除。”

医生说完后，转身离开病房。我躺在病床上嚎啕大哭。天哪！为什么会是我？请你告诉我为什么？

当时的我只能祈祷，而当我向全能的上帝祈祷治愈我的家人时，我也开始制定目标，就像金克拉过去教我用在保险事业上的那样。首先，我必须制定短期的目标：活下去，让受伤的肢体恢复，避免右腿截肢的下场。此外，我也必须更坚强，才能帮助卡罗和科比恢复健康。至于长期的目标则是要让我们的家恢复原来的样子。

那天在医院里，我寻找值得感恩的事：我感谢上帝让我的家人活了下来；感谢我知道要设定目标并试着一一达成；感谢我会背《圣经》，所以在我最需要的时候，我能够想起上帝的话语。

在接下来的一年半里，上帝在我们全家身上显现了许多伟大的奇迹。科比完全康复了，只剩下颈部还有一点点不能动；卡罗经过一次又一次的手术，现在已经开始进行长期的康复训练，可喜的是，她的双腿保住了。至于我，我的股骨和臀部上方的骨骼开始有摩擦的现象，我看过好几个医生，但是因为我剩下的骨骼不够，所以没有人愿意为我动手术。

有一天下午，在医生的办公室里，我对医生说：“过去两个月来，我已经吞了三四百颗止痛药，我不能再这样下去。每当我走路或在床上翻身的时候，我臀部的骨骼就会嘎吱嘎吱地响，难道真的没有什么办法可以解决吗？”

经过更多的检查，只能证实医生的确没有其他选择，而这样的结果又一次把我推下了绝望的深渊。

后来我又去看了另一位医生，这个医生名叫罗伯·赛伦，他是我的一个客户，也是好朋友。他对我的情况很有兴趣，于是打电话向美国医疗协会询问，看看是否能找到愿意帮助我的医生。

结果有两位医生有回应，一位住在费城，另一位则在我的故乡拉巴克，这位本地的医生是英国的医学院毕业的。他叫詹姆士·伯克，在仔细研究我的病情之后，他认为他可以为我动手术医好我的腿。

伯克医生说：“要完成这项手术，我们必须将你的腿拉长2英寸，但是你的坐骨神经最多只能伸长1英寸半，如果我们伸展太多，可能会让你的右腿瘫痪，那么你不是下半辈子都得拖着这条腿走路，就是要将这条腿切除。如果一切进行得顺利的话，我们就可以替你装一个新的臀骨。”

伯克医生严肃地说："这些是你动手术可能要承受的风险，我希望你回家仔细考虑清楚，如果你决定要接受手术，再回来跟我谈。"

我祈祷了很长一段时间，不知道该怎么决定。我平常都会随身携带一个笔记板，每当我心中出现问题的时候，我就会写在笔记板上。经过长久的思考，我感觉自己可以相信这个手术，终于我对卡罗说："我决定要动手术了。"

动手术的那天早上，医护人员将我推到冰冷的手术台上，伯克医生在准备为我进行麻醉前，对我说："乔伊，当你从麻醉中醒来的时候，我会站在你的床尾，我会来回地摇动我的手指，希望你能照着我的动作移动你的脚趾头，如果你的脚趾头能动，我会举起大拇指，表示手术成功了；如果你的脚趾头无法移动，你就必须接受我之前告诉过你的后果。"

这后果就是截肢。

我想我一辈子都不会忘记当我从麻醉中醒来时，看见伯克医生站在床尾，从头到脚穿着手术室的绿色服装，嘴巴上戴着口罩的模样。

他来回地摇着手指，而我则试着移动我的脚趾头，我不确定自己有没有成功，于是我屏住呼吸，直到他竖起大拇指并开始哭泣，我才松了一口气并放声大哭。

那真是一个令人难以置信的时刻！

现在的我万分感激伯克医生等人高水准的医疗技术，同时也非常感激金克拉等伟大思想家的演说技巧，因为他的鼓励，我才能不断地追随上帝，永不放弃。

金克拉，我要感谢你，因为你教我：1.了解了所谓"引水入抽水机"的真正涵义；2.用乐观的态度看清一杯水是半满，而不是半空；3.如何反省我们的想法；4.明白只要我帮助更多的人实现他们的愿望，我就能实现自己的愿望。

金克拉，真是太感谢你了！

走近金克拉

亲爱的读者：现在我们即将进入本书的尾声，你们仍然不清楚金克拉为什么这么特别吗？或者你们仍然搞不清楚他是一个什么样的人吗？

我认识金克拉超过20年了，但是，当我坐下来为他做这个专访时，我对他的认识仍旧多了不少有趣的新发现，这让我得以见识金克拉崭新的一面——那是我过去从来不知道的脆弱的一面，我衷心地希望各位读者也能和我一起来体验。接下来，你们将会看到金克拉鲜为人知的内心世界，以及一些关于他生命中几个转折点的讨论。

珍奈儿："金克拉，如你所知，在这本书中我们分享了许多人的故事，而他们都是在听过你的演说、录音带或者读过你的书之后，才经历了他们人生中的重大转折点。如果我说错的话，请纠正我。据我所知，你在1972年的时候遇到了生命中一个重大的转折点。可以请你谈谈这件事吗？"

金克拉："嗯，我的第一个转折点其实是发生在我10天大的时候。"

珍奈儿："10天大？"

金克拉："没错，而且如果没有它的话，其他的转折点也就不可能出现了。当时，医生对我的父母说：'他死了。'所以，他们把我带回去放在床上。我的祖母把我抱起来，然后开始对着我说话。当然啦，她并不是在跟我说话，而是在跟上帝说话。于是，上帝选择将生命的气息送回我的身体里。所以，对我而言，那算是一个重大的转折点。

第二个转折点则是发生在我父亲过世的时候。当时我5岁，我们住在密西西比州亚祖市的郊外。父亲死后不久，我们就搬进了城里，因为在那里我母亲比较容易找到好的工作。

在我入学后的第一年里，我感染了许多的儿童疾病——腮腺炎、麻疹和百日咳等，因此休学了大约4个月。我的老师狄门·华伦女士每个星期都会来我们家两次，并花一小时左右帮我补习，好让我的功课能够跟得上进度，同时也交代作业给我。如果没有她这样帮我的话，我很可能就留级了，而如果我一年级留级，我高中的时候就会被强迫征召入伍参加第二次世界大战。如此一来，我也就绝不可能上大学了。

相反的，我进了大学，而且还加入了海军——那正是我的第三个转折点，因为我对念书从来都不感兴趣。我一直都在打工，从五年级开始一直到高中毕业，每天下午放学后我都去打工。所以，我实在没有多少时间念书，也从来不是什么好学生。”

珍奈儿：“你是如何加入海军的呢？”

金克拉：“美国在1941年加入第二次世界大战的时候，我就下定决心一定要加入海军。于是，在1943年，我便跑去选修汉斯学院的暑期课程，另外再修一些数学和科学的学分。当时，我的朋友都觉得这件事荒谬极了，因为我的成绩一向不太好。然而，我还是从1943年12月开始申请，1944年1月通过审查，并于1944年7月以现役军人的身份到米尔塞普斯学院工作。当我在5%的录取率下获得这份军职的时候，我感到一股强大的自信心，认为自己或许还是挺聪明的。”

珍奈儿：“你小时候是什么样子？”

金克拉：“我的个子很小，在我高中的时候，即使全身上下穿戴齐全也只有120磅。”

我家的经济状况十分拮据，所以我在态度方面有些问题。在那个年代，我们称之为“自卑情结”，而现在的人则称它为“自我定位不良”。在那个时候，只要和别人有一点摩擦，我就会拳脚相向。如果我和别人起争执不能在10秒之内搞定的话，我就会把对方揍得落花流水。我这样的个性却在一次偶然的情况下，被一个墨西哥男孩彻底改变了，但我也把他吓得半死，因为他以为我被他打死了。不过，我加入海军之后，开始建立起自信。”

珍奈儿：“你青少年时期很害羞吗？”

金克拉：“有一点点，不过在学校里和“死党”们在一起的时候不会。但如果是一对一的话，我就会害羞。”

珍奈儿：“你认为你母亲教给了你良好的价值观吗？”

金克拉：“那是毋庸置疑的。”

珍奈儿：“如果从1分到10分，以10分为满分，对于你母亲所给予的正面以及负面的影响，你会如何来评分？”

金克拉：“以一个凡人来说，我想她可以得到将近满分的评价。她有着坚定无比的信仰，经常教给我们很多意义深远的《圣经》小启示。例如：

‘人应该说实话，而且永远只说实话，否则必定要付出代价。因为一个隐瞒自己错误的人，会一直错下去。’

‘一旦碰上了艰巨的任务，一定要贯彻始终，直到完成为止。’

‘不论事情是大是小，一定要做到最好，否则根本不要去做。’

我整个人从里到外都沉浸在这些启示里，而我母亲在工作的时候也总会哼着圣歌或者灵魂音乐。”

珍奈儿：“她是个勤奋工作的人吗？”

金克拉：“噢，那是当然的。好多次我半夜醒来去上厕所，当我经过后门的时候，总会看到走廊里还亮着灯，而我母亲就坐在那儿缝衣服。然后，到了早上她叫我们起床的时候，早餐已经做好了，放在木制的炉台上，这表示她很早就起床了。除此之外，她还要喂牛、修整花草，她真是一个令人敬佩的典范。尽管如此，她总是有时间陪伴我们、照顾我们，她对我们的爱是毋庸置疑的。不过，她对我们的严格要求也是毋庸置疑的。从人格养成的观点来说，只能用“卓越”两个字来形容她。

大约在15年前，我们回到亚祖市参加一个家族聚会。那简直是一个“家猪”聚会，平均每个人的体重都增加了将近4磅，我们不停地吃，从早到晚。我们到杂货店去买一条熏火腿、一只熏火鸡，还有一些罐装饮料，我太太珍（当我跟别人谈到她的时候都称她为“红发”，而我跟她说话的时候则是叫她“蜜糖宝贝”）拿出支票簿开了张支票，还主动掏出几张信用卡和驾照，然后对女店员说：“我想你一定想看看这些证明文件。”然而，那位女店员瞟都没瞟一下那些信用卡和驾照，只是看了看支票上的名字，便说："不用了，在我们这里，这个名字就是保证。"

当然，女店员指的并不是我，因为她压根不知道我是谁，但她认识我母亲。我母亲可以随意地走进银行去签下任何一张支票而不必提供什么财力证明。这些年来，所有的银行都已经知道，只要她签下了支票，这笔钱一定很快就会汇入银行的账户。因此，那天的事只不过让我重申我早几年许下的诺言，那就是，如果我无法留给我的孩子任何东西，至少我会留给他们一个好名声。"

珍奈儿："我想问你一个问题，你说你的母亲接近满分，那么在她身上有没有缺点呢？"

金克拉："这个嘛，在我十几岁的时候，我并不怎么欣赏她对我的"鞭打"。我们家后门的台阶有6级，而她总是6步并成一步跳下去，当她走到那棵桃树旁边的时候，就会有一根树枝掉到她的手里。她甚至用不着伸手去折，树枝就会自动掉下来，至少在我看起来是那么回事。

然而，我得告诉你，我每次被打都是我应得的。她当然从来不会把我打成淤青或对我造成伤害，但是那确实伤害到了我的感觉，而且我也不太能忍受疼痛。

……"

珍奈儿："金克拉，我知道你担心人们在看过这本歌颂你的书之后，会对你产生一种印象，那就是你不可能真的那么好、那么完美。"

金克拉："如果他们会有这种印象的话，那就表明我的沟通能力实在差劲透了。是有很多人称赞过我，但从来没有人用过"完美"这个字眼，就像我先前说过的，珍奈儿，上帝对他的子民是不会给予差别待遇的，而我之所以了解，是因为我只是个凡人，我知道我依然存有犯错的本性。

我可以举个例子，那是4个星期前才发生过的一件事情。有一个星期天，礼拜结束后，我们主日学班的同学，大约30个人，一起到一间不错的餐厅吃饭。当我们都就座之后，才发现负责招待我们的服务生只有一位。

于是，我走向那名服务生对他说明我所担心的事，因为我知道要服侍三十几个客人肯定得花上很长一段时间。

稍后，当他拿水过来的时候，我又一次地向他表达我的关切，并且询问他是否会有其他服务生过来帮忙，他向我保证一定会有人帮他的。然而，当别的服务生依然没有出现，而他正开始要帮我们点菜的时候，我开始有些不满了。于是，我直截了当地问：'你确定会有人来帮你吗？'

'当然。'他很自信地回答。

'那么，人在哪里？'

'啊，他正在那边忙，'这名服务生做了个手势，'不过，他马上就会过来了。'

然后，他继续为我们点菜。又过了好几分钟——事实上我们已经坐在这儿超过45分钟了，我再一次要求多来一位服务生，而他的回答是：'不，我们不需要他帮忙，反正速度也不会加快的。'

这个回答惹恼了我，于是我告诉他：'你一定是在开玩笑吧！一个人的速度会跟两个人一样快？老兄，这太荒谬了！'

我当着一大群人的面演出了一场闹剧，很显然当时的我完全失去了耐性。第二天，我的执行助理罗莉接到一位女士的来电，那位女士是我主日学班的同学，她对罗莉说：'我对金克拉先生实在是失望透了，他平常根本不是那样的。我想，他欠大家一个道歉。'

她是对的，我知道我应该向大家道歉。隔周上主日学课的时候，我站在全班同学面前对大家说：'我为自己上个周末在餐厅的行为向大家道歉，让我告诉你们我错在哪里，我让一个年轻的服务生把我弄得态度恶劣，而我想告诉大家这样做造成了什么伤害。第一，他对我的好印象可能永远毁了；第二，那以后我们班的参观者可能永远不会再回到这个班上，而我在他们眼中的好形象也荡然无存；第三，对还在观望的各位来说，我在你们心目中的形象也受到了严重的损害。我深深地感到后悔。'

从那天的事我学到了一个教训，这个教训提醒我，未来我仍必须时时刻刻保持警惕。事实上，每个人都应该如此，虽然没有人是完美的，但我们可以努力使自己达到最好的状态。"

与你在巅峰相会！最后回顾这篇对金克拉的专访是不是很精彩呢？

这篇专访之所以特别，是因为它不仅仅是一段亲切的对话或例行的信息交换，金克拉描述了自己如何在40岁那段时期，经历了多年来有如云霄飞车般的生活之后，终于找到了他的信仰、他的使命以及他的未来。洁西修女的那句“上帝已等待你很久了”重重地敲醒了他，让他的生活有了一百八十度的大转变。

金克拉的经历，以及本书中所有历经生命中重大改变的那些人的经历，都是一种“转折点的暗示”。

在我们的一生中，每个人都会体验到属于自己的转折点暗示，而这些机会的出现通常不过1~3分钟。如果不采取行动的话，那些激励的力量就会消逝不见，而我们也将错过改变一生的机会。但如果能有所回应，则将得到无限的祝福。我亲眼看见了出现在我生命中的转折点的暗示，同时也见证了过去这些年来，发生在许许多多接受过我指导的人的生命中的关键时刻。

如同我先前写过的一样，我的第一个转折点暗示发生在1977年1月19日，当时的我在得州的沙尘暴中受到一股莫名的欲望驱使而从沙发里起身，开车前往购物中心的书店寻找励志方面的书籍。那时我正处于崩溃的边缘，我想成为一个最好的妻子、母亲和家庭主妇，但我想要的不止于此。

5个月之后，有朋友向我推荐了金克拉。在我看完《与你在巅峰相会》这本书后，我迫不及待地打电话到他达拉斯的办公室去，并且订了6张票去听他的演讲。

在听了金克拉的演说之后，被激励的我问金克拉，要什么样的条件才能邀请他到我的家乡得州拉巴克举办一场励志演讲会。

接下来的一切，各位读者都已经知道了，我从策划励志演讲会逐渐发展到成立了人力资源公司。然而，上帝还为我安排了另一个重大的转折点，所以才有了这本书的问世。现在，就让我来解释一下这件事的来龙去脉吧！

1997年4月，一个名叫詹姆士·亚瑟的年轻人听了我在亚特兰大的演讲。事后他跟我联络，说他愿意付出任何代价来与金克拉分享自己的故事，因为他也是受到了金克拉的影响，才经历了一个改变人生的重大事件。我请詹姆士诉说自己的故事并拍成录影带寄给我，让我看看能帮上什么忙。当我把录影带放进录放机后，詹姆士的故事深深地感动了我。我知道这盘带子对金克拉来说一定很重要，于是我写了封信给他，并且告诉他如果有时间的话一定要看。我在信上写着：

“你的确深深地影响了这个年轻人的人生。”

我把包裹寄给金克拉几个星期后，金克拉打电话给我说：“珍奈儿小姐，请告诉我关于录影带中这位年轻人的故事。”

金克拉仔细聆听我概要地叙述詹姆士的故事。听完后，他对我说：“等我到亚特兰大的时候，我一定要见见这个人。”

我回答说：“我会转告他的。”

就在我挂断电话的那一刻，转折点暗示出现了。对我而言，那就像是圣灵对着我的心说：“把他辛勤努力的果实呈现给他看，让人们听见他们的声音并把希望传播到世界各地。”

我知道那是一种无形的暗示，因为我并没有在想着这些话，但上帝就这么把它投入了我的心里，就这样突如其来。正因为如此，我知道这个想法是来自上帝，而不是我自己想到的。但是，我心头还是浮现出一些疑问：“你的意思是要让金克拉和全世界都知道他的信息如何改变了许多人的命运吗？为什么是我，别人不是可以做得比我更好吗？”尽管我问了上帝这些问题，但我知道如果我不立即对这个转折点暗示有所回应，它马上就会消失不见。

于是，我抓起了我的录音机，放入一盘空白的带子，开始倾诉我心里所有的感觉。我写了封信给金克拉，开头是：“我想写一本书歌颂你。”在信里，我告诉他，我会找一些像詹姆士一样经历人生重大转变的人，把他们的故事收进书里，一起和读者分享金克拉充满希望的话语。

我口述信的内容，然后将录音带交给我的秘书打印出来再寄出去，而这封信意外地在没有经过我修改之下就寄了出去。我心里想，也好，我已经做了我应该做的事情。主啊，现在决定权不在我的手上，不管这封信有没有经过修改，一切都操纵在您这里。

两个星期之后，我收到了金克拉的来信，他不太情愿地接受了我的提议，但条件是我的书要能够展现出这些人的命运如何有了转变，而非锦上添花地歌颂他的伟大。如果能做到这一点，他就愿意支持这项计划。

现在，各位手中拿的这本书就是我们的成果。

最后，我想和大家分享几点有关转折点暗示的重要观念。

（1）要有勇气立即对你的转折点暗示作出回应，如此才不会失去这些暗示对你及周围其他人的影响力。

（2）要有信心。你不需确实地知道眼前发生的一切或所有的细节，只需知道这一切都是来自主耶稣的旨意。

（3）每天都要勇往直前，你必须对上帝忠诚且服从。

（4）要有坚定不移的信念。你将会经历挫折与失望，但是，如果你知道上帝在指引着你，你将不会有任何怀疑。

（5）相信这些转折点暗示。

（6）采取主动的应变而非被动的回应，如此就能冲淡恐惧及风险。

（7）用这些转折点暗示令自己在自信中成长，让自己明白，你的作为都出自上帝的应允，这样才能百分之百毫无疑虑。

（8）永远不要回头看。

这样一来，当下一个转折点轻敲你的心灵时，你就知道那表示着你的生命中将发生一些令人振奋的事情，那是上帝的恩赐，且只有你能接受并和他人分享。

你的生命将因此而有所不同。

羊皮卷
智慧全集

第十二篇
十天改变一生：终极突破
——突破生命的所有设限

目标有成功也有失败，人的决心对现实目标起着决定性作用。正如作者所说，《十天改变一生：终级突破》这本书不一定会给你什么帮助，如果你没有把改变自我作为读这本书的目标，只是把它当做“疯子”的言论来读，那么，你不会有任何变化，你依然会在对未来的憧憬与期待中过着梦游一般的生活，你的目标永远只是目标。

但是，如果你想把自己的生活变得更好，如果你想改变过去令人生厌的自我，如果你并不想戏弄自己，这本书便是你通往更光明的未来的导航图！因为你的人生从此将真正开始与众不同！

第一天　自卑等于自杀

1.解剖自己

在接受这10天突破训练的开始，你首先要做的是解剖自己、了解自己。

现在思考这样的问题：

你觉得自己生命中最重要的东西是什么？

你一生中最希望取得的成就是什么？

你希望别人对你一生的评价是什么？

在生命的最后一天，你最想做的事是什么？

接下来，我要以正常人的标准评价一下你，先拿你开刀，让你看看自己那些快要腐烂的五脏六腑！

（1）你是个穷光蛋，你有很多想购买的东西，可是你穷得叮当响。

（2）你是个孤独者，你没有很多朋友，你的亲人也不喜欢你，你感到寂寞。

（3）你是个混日子的高手，浑浑噩噩开始你的每一天，每天唯一的目的就是等着天黑睡觉，你人生的唯一目标就是熬到死亡。

（4）你是个心理“残疾”人，你觉得自己低人一头，觉得世界对你很不公平。

（5）你是个笨手笨脚的蠢猪，什么事情都干不好，经常遭到老板和同事的鄙视。

（6）你向往美好的事物，你力不从心，但你又死爱面子，活活受自己的折磨。

（7）你感到自己总是比别人差，但是每天又假装充满自信；

（8）你身心疲惫，但又不知道原因何在，你感到绝望和无奈。

你就是这样的无药可救的窝囊废。你总能把人性的弱点发挥到极致，你生怕别人不知道你是个垃圾。你这样的人，离成功越来越远，离快乐和幸福越来越远。

现在，你别再找胡乱活下去的借口了。在我10天的突破训练中，我将帮你“脱胎换骨，重新做人”。10天之后，你会发现一个崭新的自我诞生了。

2.假如今天是你生命的终点

我一向是个比较极端的训练者，相信你在接下去的10天内能深刻体会到这一点。为了唤起你心中奄奄一息的巨人，现在，首先做个极端的假设——今天就是你生命的终点。

你现在思考这样的问题：你最希望一生取得的成就是什么？你希望别人对你写下什么样的悼词？在生命的最后一天，写下你的墓志铭。

认真思考10分钟，把这些问题的答案记录下来（不少于5个）。

在生命的尽头，你能感到自己的梦想是什么，你明确了你的人生理念，你知道什么是对你最重要的事情。我相信，你不想成为窝囊废和垃圾，你希望重新组建你的生命。可是，现状对你来说太困难了，你感到很难去改变。

你的弱点就像铁链，而你就好似被锁住的老虎。虽然你想成为森林之王，但还是被弱点的锁链牢牢拴住。你被自己的弱点击败了，如果你不改变，早晚会被自己的性格弱点溺死。

3.溺死自己的十个人性弱点

多年来关于人性的研究告诉我，大多数像你一样毫无作为的平庸的人，一般都有以下10个显著的弱点：自卑、拖延、没有目标、抱怨、冷漠、虚荣、自我设限、自私、不守承诺、苛求完美。这些弱点让你成为废人，而你却毫不知情，或总是以各种愚蠢至极的借口放过它们。

你的愚蠢借口包括：“人人都有这些弱点”，“我觉得自己的缺点并不多”，“难道自私有错吗”。

我会在10天的训练里告诉你这些弱点的罪恶，让你在每天都能体会到克服它们的喜悦。在每天训练之前，看一下上面你在自己生命尽头时的思考，你会充满斗志地去训练。

4.自卑等于自杀

你给自己贴了失败者的标签，就注定自己的一生是失败的！

玛丽觉得自己长得不够漂亮，很自卑，走路都是低着头的。有一天，她到饰物店去买了个绿色的蝴蝶结，店主不断赞美她戴上蝴蝶结很漂亮。玛丽虽然不信，但还是挺高兴，不由得仰起了头，急于让大家看看，出门与人撞了一下都没在意。

玛丽走进教室，迎面碰上了她的老师。“玛丽，你抬起头来真美！”老师爱抚地拍拍她的肩说。

那一天，她得到了许多人的赞美。她想，这一定是蝴蝶结的功劳。可在镜前一照，头上根本就没有蝴蝶结，一定是出饰物店时与人相碰弄丢了。

不过，玛丽知道以后她再也不需要蝴蝶结了。

这是一个真实的故事，这位叫玛丽的小女孩现在已经是HBO的著名主持人了。

其实，你我身边也有很多类似的事。我们身边有很多自卑的人，只是他们可能没有玛丽这么幸运，还在受着自卑的折磨。

自卑的人往往碰到过一些困难，于是便觉得自己一无是处。其实，他们可以在关键时刻发出光彩，他们能改变自己的一生，也能影响到别人。

当然，如果你是个极端固执的自卑者，你总是认为自己有这样那样的不足，那我告诉你，你的生活将会是一个悲剧，与其在悲剧中被折磨，还不如现在就把自己掩埋了。换句话说，我想你在进行下面的训练之前，请坚信你一定能够成功地突破自卑这道难关。

5.让自卑趁早滚蛋

自卑常常伴随着怠惰，这往往是为了替自己在渺小的目标中苟活下去辩解。这样一种谦逊是一文不值的。自卑容易消蚀你的斗志，不仅使你的心理活动失去平衡，而且是你加速衰老的催化剂。

我的一位医学院教授朋友跟我说，根据他的临床经验，很多病人能够康复，依靠的是乐观的心态，而不仅仅是他们所吃的药物；而另外一部分病人身体情况也许还不错，但因为恐惧和忧虑，反而早早地离开了人间。

这个经验表明，人的心态是多么重要！我想告诉你，自卑的心理对你的身心和事业的影响巨大，你必须把心态马上调整过来。

说了这么多，你肯定会问我该如何走出自卑的阴影。我把最有效的5个步骤告诉你，你必须从观念上改变自己。

第一步，经常对自己说“我真棒”。

自卑，就是因为不能正确认识自己，看不起自己，不相信自己的力量，总有一种无力感，做任何事情总是自暴自弃，什么都要依赖别人，结果什么事情都做不好，都做不成。我说得一点也不过分，那些终日靠抽烟、酗酒、娱乐来打发时光的人，其中有很多是由于不相信自己能做成大事，对自己失去了信心，才这样白白浪费自己的生命。

我听过这样一个真实的故事：

一个冷酷无情且嗜酒如命的人，在一次酗酒过量之后把酒吧里自己看着不顺眼的服务员都给杀了，结果被判终身监禁。他有两个相差一岁的儿子，其中一个因为有这样一个老爸而产生了强烈的自卑感，最终也染上了吸毒和酗酒的恶习，结果他因为杀人而进入监狱。

另一个孩子，现在已经是一个跨国企业的CEO，并且有一个美满的家庭。说起来可能有人不相信，造成这种差距的原因仅仅是因为他不把自己有个杀人的父亲当作负担背在身上，他在做任何事情前都会不断告诉自己：“我有个杀人的父亲的事实虽然不能改变，但我可以改变自己，我依然是最出色的！”

所以，你要经常对自己说“我一定能行”。做事情的时候，你必须总是想着“一定”这个词语，因为你本来就是出色的，并且你会付诸实际行动。这样做，开始可能会感到不习惯，时间长了，经过几件成功的事后，你慢慢就会发现“天生我材必有用”，原来自己一直就是最棒的，一直都是最出色的。

第二步，学会从“小目标”做起。

当你多次碰壁、屡遭挫折后，你可能觉得自己是个无能的人，因此你感到自卑，做任何事情都会怀疑自己。恕我直言，不要太好高骛远，要确立合适的目标，从小事做起，一步一步地去干那些自己能干的事，即采用“小步子”的方式来调整自己的心理。

我认识一位长跑高手，他在很多比赛中都获得过胜利。于是，我就请教他是如何保持充沛体力到达终点的。他笑了笑，告诉我其实他的做法很简单，就是把通向终点的道路分成很多小段。开始跑的时候，他先向最近的一个小段终点前进。当到达时他便鼓励一下自己，这样更有信心跑向下一个小段的终点。这样做的好处是，他能很容易到达一个个小的终点，持久保持信心，最终到达整个长跑比赛的终点。

你不能没有大目标，你必须有长远的打算。但是，当这些长远的目标制定出来以后，更重要的是多设一些中间目标，一步一步完成，经常用能完成的“中间成就值”来鼓励自己。你得学会在你的强项中获得成功，而成功的经验和积累可以不断地消除你的自卑感，增强你的信心。总之，通过不断的成功改变“瞧不起自己”的自卑心态，最终你会发现自己找回了久违的自信。

第三步，不要有太强的荣誉感。

自卑与自傲看起来距离很大，实际上却是孪生姐妹。一般来说，自卑心理强的人往往有过强的自尊心，他们心理包袱很大，不能轻装前进。在另外一些时候，虚荣心督促你努力奋斗，可是一旦失败，你会比平常还要失望，你的内心所受的打击也较之平常要大很多。

你必须明白，这个心理包袱是你自己背上的，是你自寻烦恼的结果。正因为如此，我要你丢掉你那颗虚荣的心，把戴在你脸上的面具彻底揭掉。关于克服虚荣，我会在后面的训练中专门拿出一天时间来帮助你。

第四步，忘掉过去发生的一切。

你要努力从过去的心理创伤中摆脱出来，不要总是责备自己。让我感到难过的是，很多像你一样自卑的人往往是因为沉浸在过去中不能自拔，做事之前总会联想到与这件事相似的经历。如果这个经历是痛苦的，你做事的信心会受到严重打击。比如说，你想追求一个漂亮的女孩，可是过去的失败经验告诉你，这对你来说太难了。于是，当你面对那位姑娘的时候，你肯定会怀疑自己的能力，你会感到自卑。

所以，争取忘掉过去发生的那些负面的东西，对你来说是非常重要的一件事。

当你想到过去不愉快的事情时，要迅速转移目标，要经常用愉快的事情来调节自己。学会忘掉自己内心的忧愁，等于铲除自卑产生的土壤。如果你想起了过去不开心的事，那就赶快找点“乐子”吧。看个喜剧电影或是找朋友打打球，让不开心的事从你身边滚开，这种方法对于时常自卑的人来说非常有效。

第五步，扔掉身心缺陷的包袱。

你绝对不能用“有色眼镜”看待自己，更不能用“有色眼镜”看待他人。也许你会说：“我的命运这么凄惨，又能有什么办法呢？”我们可以看看艾德·罗伯茨的例子。

艾德·罗伯茨14岁时患小儿麻痹症，颈部以下瘫痪。他只能依靠呼吸设备维持自己的生命，行动靠轮椅。按照所谓正常的逻辑，艾德肯定会在自卑的痛苦中生活一辈子。

可是，你知道他是怎么做的吗？他在20岁的时候，终于认识到自怨自艾于事无补。他开始不断地向社会呼吁，关注残疾人的权利，15年坚持不懈，终于推动了这项事业的发展。如今，很多公共场所都设有供轮椅走的坡道和残疾人专用停车位，商场、超市也设立了许多助残疾人行动的扶手。这一切都是艾德的功劳。

你必须知道，社会上绝大部分人都是怀有同情、关心、爱护之心的。我坚信，当你用顽强的毅力获得成果时，社会对你将会更加尊重，不必要为自己身体的缺陷而背上瞧不起自己的包袱。

6.三十分钟改变自己

自卑是令人讨厌的魔鬼，想要抛弃它也并不困难。你可以不断按照我上面说的5个思维观念来做，让自卑有多远滚多远。

击碎自卑当然要付诸行动，你不敢跟陌生人谈话，因为你害怕自己找不到合适的话题；你要按别人的意见选购衣服，因为你害怕别人嘲笑你的选择；你不敢回忆过去，因为你觉得那一切让你感到自卑，让你抬不起头来做人。静下心来，仔细想想，你到底自卑什么，你怕的是什么？

现在，让我们马上行动！按照下面的顺序，认真完成其中的每一项。

行动一：现在，花点时间在你头脑中搜寻最有趣的回忆，把平时最吸引你的活动记录下来。当你的伤心事浮现于脑海的时候，要立即转移到让你高兴的事上去，也就是下面记录的这些事。

我最甜美的回忆：________________________________

我最喜欢做的事情：______________________________

行动二：你对自己最不满意的地方是什么？你觉得自己自卑的源头是什么？

思考5分钟，然后记下来：________________________________

从现在开始下定决心改变现状，记住，自源头改变！

每天对自己大声说："谁都无法阻挡我走向成功！"

行动三：现在我要你走到大街上，对身边的每个陌生人微笑，找到两个陌生人进行5分钟以上的交谈。怎么样，这个行动对你来说是不是非常有挑战性？

别害怕，开始你也许会觉得这令你难堪，相信经历几次，你就会掌握与陌生人交谈的技巧和心态。

行动三很有难度，如果你能成功，我敢说你已经离自卑越来越远。我的训练就是这样残酷，但效果很显著。根据我的教学经验，我对它很有信心。你也要相信这一切，相信自卑其实是那么不堪一击。

第二天　拖延，死人都比你跑得快

1.死神的账单

拖延时间，是你能做的唯一一件事，因为它是世界上最不费力的。

深夜，一个危重病人迎来了他生命中的最后一分钟，死神如期来到了他的身边。在此之前，死神的形象在他脑海中几次闪过。他对死神说："再给我一分钟好吗？"死神回答："你要一分钟干什么？"他说："我想利用这一分钟看一看天，看一看地。我想利用这一分钟想一想我的朋友和亲人。如果运气好的话，我还可以看到一朵绽开的花。"

死神说："你的想法不错，但我不能答应。这一切都留了足够的时间让你去欣赏，你却没有像现在这样去珍惜。你看一下这份账单，在60年的生命中，你有1/3的时间在睡觉；剩下的40年里，你经常拖延时间；曾经感叹时间太慢的次数达到了10000次，平均每天一次；上学时，你拖延完成家庭作业；成人后，你抽烟、喝酒、看电视，虚度光阴。

“我把你的时间明细账罗列如下：做事拖延的时间从青年到老年共耗去了36500个小时，折合1520天。做事有头无尾、马马虎虎，使得事情不断地要重做，浪费了300多天。因为无所事事，你经常发呆；你经常埋怨、责怪别人，找借口、找理由、推卸责任；你利用工作时间和同事侃大山，把工作丢到一旁毫无顾忌；工作时间呼呼大睡，还和无聊的人煲电话粥；你参加了无数次无所用心、懒散昏睡的会议，这使你睡眠远远超出了20年；你也组织了许多类似的无聊会议，使更多的人和你一样睡眠超标；还有……”

说到这里，这个危重病人就断了气。死神叹了口气说：“如果你活着的时候能节约一分钟的话，你就能听完我给你记下的账单了。唉，真可惜，世人怎么都是这样，还等不到我动手就后悔死了。”

想想看，拖延真的是浪费时间、浪费生命的最好办法。

拖延的习惯曾经给我造成过足够大的麻烦，如果我没有从里面摆脱出来的话，今天，我也会像你一样一事无成！在你身上，我看到了自己十几年前的影子，这种感觉让我厌恶。我没说错吧——爱拖延的白日梦者，行动的侏儒！你的借口如果能换成美元的话，相信你的财富会超过比尔·盖茨。

如果你打算用你的白日梦和你从未按时履行过的计划表来实现梦想，那么我告诉你，如果你能成功，死人也会跳出来为你鼓掌。

2.找借口不如找方法

我坚信，那些成功的人，一定不喜欢找借口拖延的人。日本松下集团的创始人松下幸之助就是一个从不找借口拖延的人，他对自己如此，对员工也是同样要求。他不允许下属为工作上的失误找各种理由，要求他们承认自己的错误，发现工作中的问题。这样做使得整个松下集团从上到下都很少有找借口拖延的风气，所以它成为日本的精英企业并不为奇。

你一定觉得拖延和犹豫是人类最合乎人情的弱点，但是，正因为它合乎人情，没有明显的危害，所以无形中耽误了许多事情，因此而引起的烦恼，实在比明显的罪恶还要厉害。面对不可饶恕的错误，你还想视而不见吗?

（1）不做找借口的蠢人

每天清晨，在上班的路上或是吃早点的时候，你要对自己说一遍下面的话：

我是一个不需要借口的人。我对自己的言行负责，我知道活着意味着什么，我的方向很明确。我知道自己的目的，怀着一种使命感做事情。

我行为正直、自己作决定并且总是尽自己最大的努力。我不抱怨自己的环境，努力克服困难，不去想过去而是继续去实现自己的梦想。

我有完整的自尊，我无条件地接受每一个人，因为在上帝眼中，人人都是平等的，我不比别人差，别人也不比我好。

作为一个没有任何借口的人，我对自己的才能充满信心。

在日常生活和工作中，别让我听到你说任何类似借口的话。当你想找借口的时候，你就想到我站在你身边，我会狠狠地抽你，肆意侮辱你。

（2）立即行动

我要告诉你，我是如何理解立即行动的。在很多个深夜，也许浓浓的睡意让我连一个哈欠都懒得打，忽然一个很有价值的想法窜了出来，它可能描述了一个人类潜能释放的情景，也可能是一个有用的创意。好了，无论是什么，只要我觉得有用，我便会立刻强迫自己起来，用笔记录下这一切。这个工作也许有些人觉得不难，但它却影响了我很多年，一直伴随我走向成功。

那么你呢，接着酣然入梦吗？如果那样的话，真是太可惜了，你在浪费自己的天才创意，我真想走到你面前叫醒你。你也许会因此失去改变你一生命运的机会，很遗憾你没有让它们出世。

立即行动，你必须让自己的意志坚强得像块顽石。

（3）方法总比问题多

你经常说的一句话可能是：“我们以前从没那么做过。”或“这个问题好像很复杂，很难解决。”这些话在我听起来就像是腐蚀你的慢性毒药，是慢慢吞噬你身体的响尾蛇。

没错，在做事之前，你可能会有一丝担忧，我也一样。但我从不拖延，从不找借口，我唯一花时间的是寻求方法。只有最愚蠢的人才会在找借口上浪费时间！

在你心中，你必须相信，方法总比问题多。只有这样，你才能迎接新的挑战；只有战胜一个个新的挑战，你才能品味久违的成功。

你必须把思考借口的时间用来思考解决的方法。

（4）揭开自己的伤疤

你可能想减肥、戒烟、学习一门技术，与好久没联系的朋友重新联系。可是，你在犹豫，迟迟不能开始你的行动。

因为你认识不到问题的严重程度。对美食的依赖会令你发胖，爱人可能会因此另寻新欢；吸烟令你的肺黑得像煤炭一样，并早早死于肺癌；能力的欠缺让你没有养家糊口的本领；朋友在疏远你，你渐渐成为一个孤立的人，最后郁郁而终。

所有这些，只是因为你现在的拖延，你的誓言如同垃圾一样。

你应该在纸上写下你要做的事，然后像刚才我说的那样，把最严重的后果写出来而不是写些无关痛痒的东西，让它们像盐一样不停地撒在你的伤口上。

（5）在拖延的时候惩罚自己

上面跟你说了一些改变思考方式的方法，你严格执行，不要找任何愚蠢的理由。你必须明白的一点是：一生的时间是极其有限的，这限定了你在追求卓越的同时必须抓紧时间。

如果你觉得实行我的方法比较吃力，那我要求你对自己更加严格。你必须惩罚自己，培养自己迅速高效的做事风格和习惯。如果你今天还是没有按时起床，你应该狠狠抽一下自己的脸或是用力扔掉你的闹铃。如果你没能按时完成既定的工作，那就取消一顿丰盛的午餐或晚餐来惩罚自己。

没有一定的对身体的惩罚，你恐怕很难改掉拖延的恶习。

在你能够自动而不拖延地做事时，你就不会像驴和马一样，在别人的鞭策和命令下生活。

还有一句话要告诉你，错误的解决方法和行为比毫无行动要好千万倍。

3.今天，开始高效的生活

第二天的训练对你来说，可能是心理和身体的双重“磨难”。我想你的身体会因为这一天的训练多一些伤痕，我会为你的刻苦努力感到欣慰，我将为你祈祷，并时刻陪伴你走向成功。

在今天的训练结束之前，我希望你能在休息前记下你的训练心得或是激励自己的话。不断地提高是世界上最伟大的行为。

在学完本课后，我要你加深一下对拖延的印象，去找尽量多的有关

“不要拖延”的谚语或俗语，越多越好，并牢记它们。比如：

犹豫是时间的盗贼。

等时间的人，就是浪费时间的人。

今天的事情不要等到明天去做；明天做的事，今天要去想。

时间的犁，在勤奋者的额头，开出无数条智慧之渠。

懒汉可以撕掉日历，但不能留住时间。

……

尽量多找些，这对你很有用！

你要感谢自己今天付出的一切！做个好梦，明天我们继续训练，你又会改掉自己的一个坏习惯。

晚安！

第三天 没有目标，人生形若游魂

1.你前进的方向在哪里

大千世界，芸芸众生，各人有各人的活法。我不能强求每个人都志存高远，都能成为什么杰出人物。但是，你起码不应该做得比别人差，起码应该让你身边的人感到舒服。我并不想谈多么伟大的人生理想，不错，这应该算是终极目标，但这毕竟难以驾驭。我们只要把每一小步走好，使每一个小目标都能达到，那么终极的成功也会自然到来的。

我们中的大部分人都是由于自身的惰性，懒得去制定平时的目标。我们平时经常用到的目标是中期目标和近期目标。中期目标就是离现在稍微远一些，但又不像终极目标那么远。比如说，一个月内我要达到电脑操作的中级水平，10周内我要完成这个函授课程。近期目标就是马上就要行动的目标，比如今天我要完成这个稿子的初稿，明天中午前我要见这3个客户。想想看，你是不是经常会有中期目标，但近期目标却很少去考虑，这就是我说的惰性。

确实，中期目标就像终极目标一样，想想就可以了，又无法立即兑现，也没什么压力。而近期目标就会迫使你关掉电视机，扔掉报纸，推掉朋友的约会，关掉MSN，确实很痛苦。而我们的工作效率是怎么来的，就是在这个近期目标的压力下完成的。如果说你不能承受这些压力，无论你读多少成功学的书籍，听多少演讲也无济于事。可以说，懒惰的人根本不配谈目标。

有时，对经验的恐惧也会使你没有目标或者目标过低。你以前制定过一个这个方面的目标，但由于某种原因失败了。以后当你再制定这方面目标的时候，就会畏首畏尾，你会对自己说“做到多少算多少吧”，大幅度地把标准降低。

还有一种情况是，当你获得暂时的成功后，会暂时丧失下一步的目标。我的一个朋友，以前很穷，经过几年的努力，生意做得非常成功。可是，有一天他打电话来，说他对做生意厌恶极了，整天吃吃喝喝，花天酒地，忙忙碌碌，活得一点目标也没有。很显然，他丧失了自己前进的方向。

连箭靶都没有，你怎么能企图射中目标？

2.找回失落已久的目标

也许你现在充满克服生活茫然的欲望，但你还是在犹豫。告诉我为什么，是觉得长远目标太空泛，没有实际意义，还是因为近期目标难以实现？因为有借口你不去行动不去努力，很显然，你也不会体会到成功的快乐。

我记得拖延的恶习已经离你远去了，所以现在开始立即行动，一刻也不要耽误！因为现在是你最好的治疗时机。

行动一：现在，闭上你的眼睛，回到有记忆有理想的5岁童年，那时你曾经想过、发誓自己长大要做什么，要成为一个什么样的人，是如何规划自己的人生的？

请写下来，你曾经有过的激情想法：________________________

你曾经有过的所有的人生梦想：___________________________

行动二：重新点燃你那盏将要熄灭的梦想之灯，放下这本书，拿出一张够大的白纸，在纸的右上方画出你的梦想，记住目标订立的原则：可量化、可分解执行，而且一定要有时间限制。

我的终极奋斗目标：________________________________

我的10年奋斗目标：________________________________

我的3年奋斗目标：________________________________

我今年的奋斗目标：________________________________

我这个月的奋斗目标：________________________________

现在，想象完成目标后的快乐，让自己完全沉浸在目标实现后的美梦里。在训练后的每一天里，你都要做一次这样的“美梦”，以后每周日的晚上或当你疲惫时，也要看一遍。

行动三：现在，对着镜子手握拳头，把自己今年的奋斗目标大声喊出来，并向朋友和亲人声明自己的目标。这样一来，在向目标前进时这些就会时刻督促自己。

目标会让你的人生更明确，在一个个小目标达成之后，你就能实现自己更远大的目标！你要时刻告诉自己，我能行！

第四天　抱怨只能增添更多怨恨

1.抱怨不停，你简直要把别人烦死

你的时间和精力都放在抱怨上，它是你解决问题的唯一方法。

在一本书上看过这么一个故事：

一对夫妇在婚后11年生了一个男孩，夫妻恩爱，男孩自然是两个人的宝贝。男孩2岁的某一天，丈夫在出门上班之际，看到桌上有个药瓶打开了，但因为赶时间，他只告诉妻子把药瓶收好，然后就上班去了。妻子在厨房忙得团团转，很快就忘了丈夫的叮嘱。男孩拿起了药瓶，觉得好奇，又被药水的颜色所吸引，于是放到嘴里喝了个干净。药水的药力太厉害，即使成人也只能少量服用。男孩被送到医院后，抢救无效死亡。妻子被吓呆了，不知如何面对丈夫。紧张的丈夫赶到医院，得知噩耗非常伤心，看着儿子的尸体，他望了妻子一眼，然后说了一句话。丈夫到底说了一句什么？

答案是：I love you, darling.（我爱你，亲爱的。）

很简短的故事，很简单的一句话，但是，有多少人能做到呢？

同样一件不幸的事，你可以怨天尤人，痛骂社会，甚至自责，但事情却不会因此而改变，这一切只改变了你和你日后的生活，带着疤痕活下去。我想，大部分人都是这么一直抱怨下去，让局面来控制自己。

看看你在干什么？你在抱怨世道不好，你在抱怨学校不是名校，你在抱怨中午的工作餐简直不是人吃的，你在抱怨没有一个有钱有势的老爸，抱怨工作差、工资少，抱怨空怀一身本能却无人赏识……

你觉得现实有太多的不如意。就算生活给你的是垃圾，我认为，你同样能把垃圾踩在脚下，登上世界之巅。其实，这个世界只在乎你是否到达了一定的高度，而不在乎你是踩着巨人的肩膀上去的，还是踩着垃圾上去的。

2.改变自己比改变环境容易

如果你想抱怨，生活中的一切都会成为你抱怨的对象；如果你不抱怨，生活中的一切都不会让你抱怨。正如我上面所说，一味地抱怨不但于事无补，有时还会使事情变得更糟。所以，不管现实怎样，你都不应该抱怨，而要靠自己的努力来改变现状并获得幸福。

（1）不再自怨自艾

如果你想放弃抱怨，你就必须学会如何凭借意志力重组你的经验。想一想，如果你能把消极负面的情况当成是正面的机会，你就对自己的生命取得了掌控的权力。

在这里，我要跟你分享一种技巧，他们训练自己把那个著名的杯子看成是半满的，而不是空的。这种技巧相当简单，就是不再问“为什么”，而是开始问“如何”。我如何将亲身经历变成一种正面的力量，变成一种不仅能帮助我自己也能帮助他人的力量？我如何能够不受痛苦？我如何能发挥自己的能力、优点和成就？

把“为什么”转变成为“如何”，能够给你超过你所想象的更有建设性、更愉悦的人生。你有没有注意到自己抱怨的语言结构？你经常说：

“为什么我的父母不是富翁？”

“为什么老板没有让我晋升？”

“为什么我不能受到更多的训练？”

“为什么我没有做到？”

“为什么没人告诉我应该这样做？”

“为什么我就是找不到爱我的人？”

……

所有这些“为什么”，控制了你的心态和情绪，让你把生命中很大一部分精力和时间都放在这样的抱怨中。长久下去，只会加剧你害怕自己毫无价值、无力量、无用的恐惧。现在，你可以尝试用“如何”来替换它们，使自己充满热情和挑战。比如问自己：“我如何才能做到？”“我如何才能让老板给我升职？”

有什么样的问题就有什么样的人生，你会迅速看到你的惊人转变。

（2）满足于自己的所有

你从没有感到满足，无论是生活还是事业，哪怕是一顿简简单单的饭，你都会感到无比失望。你的致命伤是永远不知满足。

抱怨生活，只会使自己过得更疲惫。

我听过这样一个故事，主人公和你很像。他叫比尔，生活在城市里，生活很舒适，但他仍感觉缺少精彩，忙碌时也会觉得空虚。有快乐，也有彷徨；有希望，也有失望，总是难得如意。因此，寻访乡野成了他解决烦恼的一种途径。乡间正值丰收季节，田垄上堆着稻子，农夫提着镰刀，松松斗笠，用毛巾擦着汗，嬉笑着走向冒着炊烟的家。比尔和一老者在树下搭讪，老者淳朴而友善。

老者说：“我们感觉快乐是因为我们能够适应田间的生活，而且喜欢它。我很乐观，我对生活不曾抱怨过，我吃自己种的蔬菜和水果，觉得那是世上最好的食物。”比尔感到自己找到了答案。

你喜欢抱怨，从另一个角度来看，是无法与现实生活相适应、相融合，本质上是你自己的无能造成的。因此，你要学会满足。别说你是无能的人，那样你只会被人看不起。

（3）别把得失看得太重

你觉得自己应该抱怨生活，但仔细想想，当你收获幸福收获甜蜜时，是否也是在抱怨。对，恰恰相反，那个时候，你陶醉于此，觉得自己是全宇宙的宠儿。而与之相反，当生活变得不再轻松愉快的时候，你就立刻抱怨它。

你是多么幼稚不成熟，急功近利，缺乏耐性。心态成熟的人可以接受任何磨难的洗礼，而你只想找一个容纳自身的避风港，你根本不知道自己出海的目的是什么。

你经常埋怨生活得这么累，又如此辛苦，因为你只看到了自己的付出，没有看到自己的所得；而不抱怨的明智之士即使真的很累，也不会埋怨生活，因为他知道，失与得总是同在，一想到自己获得了那么多，他就会感到高兴。

我坚信你付出就能得到收获，但有时并不尽如人意，这种结果是不可以控制的。所以，你应该学会调整心态，对每件事情都做一个最坏打算。

（4）你必须学会赞美

我认为，人类本性的需求之一就是期望被赞美、钦佩、尊重。你和我一样，希望得到尊重和赞美，这如同食物和空气一样对我们很重要。

你希望别人说你好，却从来都吝惜对别人的赞美。你不知道一句话、一个微笑、一个肯定的眼神，有时就能给人无限的鼓舞和温暖，你这样标准的"守财奴"，不知道赞美可以让你打开一片天空。

韩国某大公司的一个清洁工，本来是一个被人忽视、被人看不起的角色。但就是这样一个人，却在一天晚上公司保险箱被窃时，与小偷进行了殊死搏斗。事后，有人为他请功并问他的动机时，答案却出人意料。他说，公司的总经理从他身旁经过时，总会不时地赞美他"你扫的地真干净"。

你得到的是上司的宠爱、同事的信任、朋友的喜爱，这对你停止抱怨是一个极大的方便。你不再像吃了大蒜不刷牙那样招人讨厌，相反，你吐气如兰，别人会喜欢你，让你感到世界的美好。

当你养成赞美的习惯后，你会没有时间去抱怨，你想到的是如何发现别人和世界的美好而不是垃圾。

3.克服抱怨原来如此简单

你从现在开始记住，不要抱怨父母，不要抱怨环境；你无法改变环境，就改变自己；你改变不了过去，就努力改变未来。

我了解你的内心，你渴望快乐，你不想众叛亲离，那么从现在起，行动起来，让抱怨消失得无影无踪。你又变成了行动的矮子了吗？你担心你的愤怒无处发泄，那你为什么不把它们变成更积极的行动？你又在享受那些抱怨带来的愉快，你害怕不抱怨会让你心情沉重，会让你感到巨大的压力？

那我有一些立即可做的行动，能帮你克服抱怨的弱点。

行动一：写下发生在你身上的5件事，写下其中你的抱怨：________

____

对照自己写的内容，抱怨能真正帮助你解决问题吗？显而易见，牢骚满腹不能解决任何问题，相反只会阻碍你成功。

行动二：找出一直困扰你的一件事，像看电影一样回忆其中的每一个细节，然后把这段过程转化为滑稽的形式。

你找一把高高的椅子坐在上面，然后满脸堆笑，气定神闲地进行这一过程。如果有个人对你说了什么坏话，你就像录像带快进一样，让那个人说话的速度变快。如果不过瘾，你还可以给那个人安上米老鼠的鼻子和唐老鸭的嘴，再配上一些古怪的音乐。这样来来回回10遍，再看这个困扰你的过程，你会发现变得非常滑稽了，你会觉得失去了抱怨的意义。

行动三：找一个支持你和值得信赖的真挚友人作为倾诉的对象，把所有的抱怨、牢骚、不满都发泄出来。

行动四：就在这张纸上尽快地写出你所有的感觉，把你的每一个意见、思想和感觉尽情发泄在纸上。当你全部发泄完后，把纸撕掉，最好把纸撕得粉碎，然后再写出来，再撕掉，直到你感觉不到激烈的情绪为止。

或者想象我拥抱着你，你可以放声痛哭一场。

____

____

____

（请把你的抱怨写在本页纸上，然后把它撕得粉碎！）

对于习惯抱怨的人来说，改掉这个弱点可能非常困难。当你不如意时，你潜意识里的第一个想法就是抱怨环境，这对你的心态非常不利。

第五天　冷漠，你宛如僵尸

1.冷漠，你宛如僵尸

在20世纪30年代，一位犹太传教士每天早晨总是按时到一条乡间土路上散步。无论见到何人，他总是热情地打一声招呼：“早安。”

其中，有一个叫米勒的年轻农民，对传教士的这声问候起初反应冷漠。当时，当地的居民对传教士和犹太人的态度是很不友好的。然而，年轻人的冷漠未曾改变传教士的热情。每天早上，他仍然给这个一脸冷漠的年轻人道一声“早安”。终于有一天，这个年轻人也脱下帽子，向传教士道了一声：“早安。”

好几年过去了，纳粹上台执政。

这一天，传教士与村中所有的人都被纳粹抓了起来，送往集中营。下火车后，一个手拿指挥棒的纳粹军官，在前面挥动着棒子，叫道：“左，右。”被叫到左边的是死路一条，被叫到右边的则有生还的机会。

传教士被点到了名字，他浑身颤抖，走过去。当他无望地抬起头时，目光一下子和指挥官的目光相遇了。

传教士习惯地脱口而出：“早安，米勒先生。”

米勒虽然没有过多的表情变化，但仍不禁还了一句：“早安。”声音低得只有他们两个人才能听到。最后的结果是，传教士被叫到了右边。

奉献爱心的力量是如此伟大，它能让你赢得奇迹！正如这位传教士，他对人的关爱感动了无情的纳粹分子，使自己得到了生存的机会。

然而，你没有爱心，你的世界就会阴暗如黑夜，你对生活的积极性远不如以前，你感到空虚和无聊，你对身边发生的一切视而不见。爱心会让你活得更加愉快，而冷漠恰恰相反，只会指引你通向寂寞和死亡。

看到你，我不禁想到僵尸，身体冰冷，目光呆滞，在冷漠的道路上缓缓爬行。

2.用阳光融化心中的坚冰

冷漠对你的毒害之深，出乎你的意料。作为人性的一大弱点，冷漠是最容易被忽视的，因为你并不知道冷漠对你的影响如此之大。冷漠让你孤独地活着，让你在别人眼中如同僵尸一样。我想，你已经决心改掉冷漠，希望自己变成一个充满爱心的人。

那么，你现在必须突破冷漠的笼罩，我要求你从心态上调整自己。在阅读接下来我给你的几点思考建议时，请静下心来记忆，这对你的突破非常关键。

（1）把付出爱心当作一种责任

因为自私自利，所以你不愿意付出爱心，你变得冷漠讨厌。这个社会是人与人公平生存的社会，你不付出爱心，也会很难收获别人的关爱，那些不断付出爱心的人会联合在一起。

为什么沃伦·巴菲特最终选择付出而不是继续追求财富，因为他发现了付出的重要性。付出爱心让你得到的是另一片重要的天空，如果只考虑自己，你不可能得到一个完整世界。

我要求你每天付出自己的爱心。你可以付出爱心给你的朋友、同事和亲人，或者参加一些社会公益活动。当你把爱心付给这些人时，他们也会相应地付给你同样的爱心。你们会紧密联系在一起，从此你不会感到孤独和空虚。

你必须把付出爱心当作一种责任，争取每天都实现它。一旦发现身边那些需要关心的事物，便立即去行动。

（2）重新找到自己的信念之火

给自己5分钟时间，回想一下你刚步入社会或刚到一个新的工作、学习环境中的情景，那时你心情不错，正积极投入到你的人生奋斗当中。可是，你碰到了一些微不足道的问题，结果你把它们当成了大问题，你这个弱者被它们打败了，你感到失落和无助，然后你慢慢变得心态冷漠。

现在，你这个没人性的怪物，应该放下你的冷漠之心，重新想象一下你那颗火热的心、你热情的工作态度、你友好的微笑。那些宝贵的东西都跑哪去了？都去见鬼了吗？你应该重新找到你的信念之火，找回你积极热情的状态，当你的心态发生了变化，你的冷漠也会随之解体。你也可以像我一样感受世界的美好。

（3）丢掉自己的垃圾态度

改掉冷漠的最大困难是身体里的冷漠态度已经根深蒂固，你应该有意识地提醒自己改掉如同垃圾的冷漠态度。

我认识的朋友中有很多是金牌推销员，他们给我最大的感受就是待人做事的态度非常积极。同样的两个推销者，人们一般会选择态度乐观积极的人，因为认识这样的人本身就是一件有意义的事情；而那些冷漠哭丧着脸的人，让人反感到了极点。所以，态度会影响你的事业和生活的成功，你必须丢掉那些垃圾态度。

当你不情愿做某件事的时候，以往的你肯定是一副冷漠或无所谓的态度。从今天开始，你必须丢掉这样的态度，把好的积极的一面展现出来。

（4）从现在开始多交流

我发现很多不愿意与人交流的人最终都变成了冷漠的“僵尸”，他们可能最后与人说话时都是结巴的。你必须记住这个技巧，经常与人交流对克服冷漠非常重要。

在我上大学的时候，我经常和社会各个阶层的人交流，了解他们的生活，分享他们的快乐。我的交流对象从职业经理人到零售店的收银员，从学校的教授到工厂的工人，这些都对我树立良好的心态产生了至关重要的影响。

你接触的有情感的事物越多，你本身的情感也会越丰富。经常与人交流的人往往具有良好的心态和谈话技巧，并且把交流作为一种生活必需，这样的结果必然是不给冷漠任何机会。

从现在开始，你要开放你的胸怀，多与人交流，你会发现其中有无限的乐趣。我一直坚信这句话：只要你有足够的爱心，你会成为世界上最有影响力的人！

3.对冷漠说“NO”

把你的冷漠融化掉真是一件不容易的事！你已经把冷漠当成一种习惯，而根除习惯是世界上最困难的事情。当你用一颗爱心和热情迎接世界的时候，你害怕什么？你害怕付出得不到回报吗，你害怕被别人误解吗，还是害怕浪费自己的时间和精力？

如果你害怕这个那个，你将还是一个麻木的冰块，你的一生还会孤独和失败。所以，请克服恐惧，按照我下面的方法去做，你就可以自动自发地克服冷漠的弱点。

行动一：仔细回忆20分钟，在下面的空白处写下让你感动的人生时刻。例如宝贝的降生、爱人给你的一封信、父母给你的长途电话等。在你感到冷漠的时候，请随时看看这些美好的记忆。

美好记忆：________________________________

行动二：连续3天，每天给你爱的人一个拥抱，如果可以，也给你恨的人一个。

写下你的感受：________________________________

行动三：回忆5次别人曾经需要你关心、照顾和支持时，你冷漠地对待他的经历。请换位思考，如果你是他，你会怎么想？

行动四：早晨起来，对着镜子给自己一个微笑。上班的路上，试着对3个陌生行人微笑。无论结果如何，记住这是你突破自我的重要功课，一定要完成。

写下你的感受：________________________________

对你来说，习惯于以自我为主的冷漠让你渐渐丧失了与人交往的信心，行动三和四可能是一个很大的挑战，希望你能成功地完成，并时刻检查自己。

第六天　虚荣，你最好去马戏团当小丑

1.华丽的外表，无法掩饰空虚的心灵

把虚荣当作创可贴，没用，你的骨头和脸面早已溃烂了！

有一只高傲的乌鸦非常瞧不起自己的同伴。于是，它到处寻找孔雀的羽毛，一根一根地收集，等收集得差不多了，它就把这些孔雀羽毛插在自己乌黑的身上，将自己打扮得五彩斑斓。然后，它离开乌鸦的队伍，混到孔雀之中。但当孔雀们看到这位新同伴时，立即注意到它穿着它们的衣

服，扭扭捏捏，装腔作势，并企图超过它们，大伙都气愤极了。它们扯去乌鸦所有的假羽毛，拼命地啄它、扯它，直揍得它头破血流，昏倒在地上。

乌鸦苏醒后，不知该怎么办好。它再也不好意思回到同伴中去，想当初，自己插着孔雀羽毛神气活现的时候，是怎样地看不起自己的同伴啊！

最后，它决定还是老老实实地回到同伴们那儿去。有一只乌鸦问它："请告诉我，你瞧不起自己的同伴，拼命想抬高自己，你可知道害羞？要是你老老实实地穿着这件天赐的黑衣服，如今也不至于受这么大的痛苦和侮辱了。当人家扒下你那伪装的外衣时，你不觉得难为情吗？"说完，谁也不理睬它，大伙一起高高地飞走了。

地面上，孤零零地只留下那只梦想当孔雀的乌鸦。

没错，华丽的外表不能掩饰空虚的心灵。很难想象一个爱慕虚荣的人能有多大的成就，因为这种人总是把一些浮在表面上的东西作为提高自己地位的条件，而不是扎实地生活和工作。

虚荣是虚妄的荣耀，是掩耳盗铃的现代解释，是无知无能的你最想依赖而实际上最依靠不住的心灵稻草。稻草人是用来吓唬鸟及其他动物的，而你是人，还有点智商，你想用稻草人来保护自己，真是愚蠢至极。

2.撕开虚荣的面具

虚荣的你被聪明人鄙视，被愚蠢者和喜爱奉承的怪物崇拜，而你本身被自己的虚荣奴役。在我眼里，你是不会思考的动物，你恬不知耻地把那些不足为奇的东西拿来显摆，借以证明自己的英明神武。赶快醒来吧，沉睡者！

你为逞一时之勇，得一时之满足，就出卖了自己的灵魂。你连基本的理性都没有，大脑对你来说如同装饰。

现在，让我来教你克服虚荣心的基本常识。

3.解决方法之一：首先区分自尊和虚荣

我欣赏那些有知识而深藏不露的人，他们把精力花在如何用知识武装自己上面，而不是通过语言来提高自己的地位。

而你恰恰相反。虚荣的你在面对他人质疑时，常常把自尊挂在嘴边，似乎自己是个很有骨气的人。我请你不要再侮辱骨气和自尊这些伟大的词汇了，虚荣和自尊根本就是两回事。

你所有的虚荣心就是以不适当的虚假方式来保护自己自尊心的一种心理状态。我认为，虚荣心是自尊心的过分表现，是为了取得荣誉和引起普遍注意而表现出来的一种不正常的社会情感。

我要求你从现在开始不要再表现你那些所谓的才能，收起你为数不多的昂贵衣服，在朋友和同事面前保持你的自尊而不是炫耀。你一开始极不适应，因为你每天的表演形成了习惯，你已经丧失了思考的能力。保持你的沉默一定时间，你就能分清自尊和虚荣的差别了。

4.解决方法之二：不成为别人的奴隶

虚荣的你是在为他人而活，而丧失了自我，将你自己的名誉看得比生命还重要，遇到一点挫折就感到不能容忍，陷入苦闷的境地，难以自拔。

你经常取悦于人，以获得他人对自己的肯定。同时，过分重视他人对自己的评价。一旦他人对自己给予肯定、积极的评价，便精神振奋，干劲十足。一旦他人对自己给予否定、消极的评价，便垂头丧气，觉得自己一无是处，没脸见人。

你最大的失败就是没有自我，为别人活着。你像奴隶一样，别人的一个眼神就能把你否定。

你要为自己活着。所以，你应该从现在起，不要太理会别人对你的看法，多多关注自己那颗需要关注的心。

5.解决方法之三：会用平常心调节

你得学会以平常心来对待生活、学习和工作，消除不必要的心理压力。你必须学会摆脱虚荣心的干扰，遇到某些不尽如人意的事情，迅速调整自己的心态，保持平常心，才不会被虚荣心战胜。

现在的你在受到挫折或没有达到预期目标时，就会因虚荣心没有得到满足而感到难以忍受，你会不惜为了满足虚荣心而编造谎言。你最本质的特征就是过分在意别人对你的印象、自己的名声等虚无的东西，把名誉看得很重。所以，在不能树立和维持一个好的形象和名声时，你就靠编造谎言来达此目的。

另外，我想说的是，通过平常心来克服虚荣心，并不是说你不应该有企图心，你应该追求那些对你来说真正重要的东西，但当你达不到自己的期望时，你应该用平常心来防止虚荣心作怪。你必须记住，虚荣心和企图心是完全不同的。

6.解决方法之四：最后，结束骗子生活

你的虚荣，说到底是不够真诚，虚假，虚妄，虚伪。这个世界上最被人唾弃和不齿的就是骗子。虚荣的你，虽然只是对自己做个虚假包装，可能并没有伤害到他人、激起公愤，但这种姿态本身就是可耻的骗子模样。

你不能真诚地面对世界、面对他人，只是一副虚假的嘴脸，假模假样，别人怎么能不讨厌你？你要用真知实学来充实自己，用真诚待人来完善自己，向世人展示一个真实的自己，唯有真实的你才是美的，才不会产生虚荣，才不会遭人唾弃。

你需要真诚地去宣泄自己的爱，真诚地去表达自己的情；用真诚的旗帜去驱赶一切虚荣，驱赶一切伪善，驱赶一切逢场作戏、自欺欺人。

只有如此，你才不至于在虚荣的泥沼里越陷越深，无力自拔。

7.逃离你的马戏团

虚荣就在你眼前，它是让你成为小丑、生活痛不欲生的根源。我要告诉你的是，用你最大的马力杀它个片甲不留，救赎你自己。

可能你也知道虚荣让你受了不少罪，但你仍辛苦攒钱准备买名牌衣服；你知道下属对你的工作颇有微词，但你仍喜欢听他们当面夸赞你的能力。难道你还准备把自己所有的钱都用来请客吃饭吗？面子难道比生活中的真实对你更重要吗？

行动一：现在起身收起你那为数不多的奢侈品牌的衣服和背包吧，穿戴和背挎着它们上班逛街绝不是一件可炫耀的事情，相反，你要背负极其沉重的心理压力。

行动二：放下这本书，穿起你衣柜里最差劲的衣服，把头发弄乱，走

出家门，走到街上，让别人看看你的样子，找回你那颗平常心。

行动三：体验一天定义中的成功人士，专门去人多的地方打电话："你要买60万的那个钻戒？行，没问题。对了，顺便买那条50万的项链搭配一下。""你怎么搞的，1000万你自己做不了主啊，给你月薪10万都给狗吃了？""明天我打算去法国旅游，那边除了欧元别的货币都不能用吗？"

……

你可能觉得行动三挺有意思，在公共场合有这种行为当然有些不恰当，但我的初衷是为了帮助你克服虚荣爱面子的心理，从上面的行动中，除了好玩你还有别的感觉吗？

夜晚的时候，请你注视着天上的星星，慢慢地你会觉得自己的行为是多么的愚蠢、多么的无聊，你不是为别人生存，没有必要在别人的目光里虚伪地度过人生。

第七天　自我设限，你杀死了你的潜能力

1.成功在于一口气

你拖着沉重的枷锁生活，你每天都在扼杀自己的潜力和欲望！

很多年以前，在美国纽约街头，有一位卖气球的小贩。每当他生意不好的时候，总要向天空中放飞几只气球。这样一来，就会引来很多玩耍的小朋友围观，他的生意就会好起来，孩子们会兴高采烈地买他那些色彩艳丽的气球。

一天，当他在纽约街头重复这个动作时，他发现在一大群围观的白人小孩中间，有一位黑人小孩用疑惑的眼光望着天空。他在望什么呢？小贩顺着黑人小孩的目光望去，发现天空中有一只黑色的气球。黑色，是黑人小孩的肤色，在黑人小孩的心中，代表着自己。

精明的小贩很快看出了这个黑人小孩的心思，他走前去，用手轻轻地抚摸着黑人小孩的头，微笑着说："小伙子，黑色气球能不能飞上天，

在于它心中有没有想飞的那一口气。如果这口气足够，它一定能飞上天空！”

这是很久以前，我在美国著名心理医生基恩博士的演讲中听来的故事，真是太精彩了。

确实，能不能飞上天，关键在于气球里边有没有那口气，而不在于气球的颜色。如果你认为你飞不起来，你肯定就飞不起来。别人都在拼命地想飞起来，谁又有时间跟你说：“嘿，你怎么不试试呢？”这正是我今天要对你说的。

你是不是总是在想，不可能的，我都这么大年纪了，怎么能跑那么远；我学历那么低，公司怎么会雇佣我；我长得不够漂亮，他怎么会喜欢我。这跟懦夫有什么区别？由于你的自我设限，导致身体内无穷的潜能和欲望没有发挥出来。自我设限和其他人性的弱点一样，让你沦为平庸之辈！

2.提高你的期望

由于你早已习惯自我设限，就像早已给每个坟墓安上墓碑一样，破除这种恶习的一个重要方法是不断给自己制定新高度。人生的远大目标，正如本书开始时所明确的，是由一个个小目标实现的。你已经具备了自我制定目标并完成的能力，我们现在要做的事，就是把这之前自我设限的那些低目标提高一下，每个小目标都提高一点点，人生将会提高一大步！

比如，碰到一项工作，现在的你觉得自己最快用3个小时完成。OK，那么我要求改为2个小时。在一个新的高度下，集中精力释放潜力，当你在两个小时后完成工作时，你会重新认识自己，觉得原来所认为的3个小时工作时间是极端错误的。你会为此感到振奋，如果经常能找到新高度并且超越原来的界限，成功的概率将迅速增大。

现在你可以做一件很重要的事，就是把原来限定的标准提高一个级别，通过自己的努力打破原来的限定。我的目的在于，当你的自信心达到一定的高度时，你根本不需要想任何限定，而是自动高效地去实现长远目标。

3.有欲望就集中精力去做

在做事时，你必须知道一点，当有一个欲望的时候，你应该把80%的力气用于实现它，而不是过分去想“我能不能成功”，“我以前真的没有经验”。这些想法会直接影响你的行动，它们是自我设限的一种表现。

过分思考的结果必然会引起你的自信心下降、目标降低、心态消极，影响你做事的准确性和效率。优秀的射击运动员都是这样做的：他们在瞄准的时候，注意力是放在远处的靶心上的。这个时候，他们心如止水，从来不想会不会失败，会不会打偏，会不会被对手赶超。一旦心有杂念，必然导致脱靶。这件事给我们的经验是，做事一定要注意集中精力，一旦有所分散就容易脱离目标。给自己设定一个比较高的目标，然后集中精力去实现它。

我的另一个经验是，在做事情之前做一个充分的规划，不要设定任何限制，而是想象一个美好的远景。任何远大的目标都需要细致和精准的计划支持。

4.不再说“不可能”

喜欢自我设限的你最爱说的话就是“不可能”，在做事之前，你告诉自己“不可能完成”，结果是你真的没有完成。于是，你更加相信一开始给自己限定的高度。

你经常说“不可能”，对你来说真的是一件很恐怖的事情。长此以往，你本来可能做到的事情，由于你的限制变成了不可能的事情。这方面我们可以从心理学的角度去考虑，每次你在说“不可能”之后去做事，你会感到压力小之又小。另一方面，当你失败之后，你会告诉自己说，“看，我早就说了不可能吧”。于是，失败的压力又减小了很多。经常说“不可能”会让你逐渐放松对自己的要求，所以也不会有太大的作为。

我要求你从现在开始，不要在做每件事情前说“不可能”，只需大胆去做。即使失败了，你也应该觉得自己努力了并不遗憾，你比那些不敢去尝试和努力的人要强多了！

5.别再给自己上枷锁

自我设限让你在生活的各个层面都上了一把枷锁，就连最基本的衣食住行都给自己划了个圈圈住自己。我觉得你真是一个活在井里的人，你的四周都是阻挡你的墙壁。

现在，你应该打破这层墙壁突围。突破自我设限在很多时候就是突破自我极限，这对你来说太难了，不是吗？事实上，很多成功的人一生都在不断突破自我极限，他们突破的速度很快，于是在短暂的一生中达到了你所不能达到的高度，享受了你所不能享受的生活。

别再给自己上枷锁，突破你的极限对你的成功来说至关重要。

6.马上行动

我讲了如何打破藩篱，那么，从现在开始，把你深层次的潜能力发挥出来就是成功的关键。

我知道你有些担心，担心提高欲望和目标后，自己达不到反而失去自信心。你觉得自己已经很好了，已经习惯平淡乏味的生活。下面，我有一些行动建议，你可以用来克服自我设限。

行动一：完成一件自己认为根本不可能的小事，比如一天不吸烟、起个大早看日出、给家人做一次大餐等。不要事前给自己设置障碍，你的目的就是完成它！

写下你的感受：______________________________

行动二：今天，我要你把自己多年来积压的不敢说出来的意见直接告诉你的家人、朋友或上司。怎么，你害怕？好吧，把你认为最坏的结果写下来。

然后，你一定要真诚坦率地把自己的想法说出来，对照上面你预料的结果，看看真的有你想象的那样糟糕吗？

行动三：我要你走到大街上，向两个陌生人各索要1元钱。

写下你的感受：______________________________

我想这些行动都是你认为不可能的，你可以努力去验证一下，它们真的不可能实现吗？最后一个行动，我让一个学员亲自试过。他告诉我，当他放下一切去向路人索要了1元钱后，他感到无比兴奋。之后，他觉得再也没有不可能发生的事了。

第八天　自私，如同自掘坟墓

1.自私鬼都生活在地狱

赶紧藏好你的小饼干，你这个世界上最狭隘、最冷血的动物！

一位虔诚的教徒受到天堂和地狱问题的启发，希望自己生活得更好，他找到先知伊里亚。

他问："哪里是天堂，哪里是地狱？"伊里亚没有回答他，拉着他的手穿过一条黑暗的通道，来到一座大厅。大厅里挤满了人，有穷人，也有富人。有的人衣衫褴褛，有的人珠光宝气。大厅的中央支着一口大铁锅，里面盛满了汤，下面烧着火。整个大厅中弥漫着汤的香味。大锅周围挤着一群面黄肌瘦的人，他们在设法用勺子舀汤喝。

但那勺子太长太重，饥饿的人们贪婪地拼命用勺子在锅里搅着，但谁也无法用勺子舀出汤来，即使是最强壮的人能舀出来，也无法把勺子靠近嘴边。有些鲁莽的家伙甚至烫了手和脸，还把汤溅在旁边的人身上。于是，大家争吵起来，人们挥舞着长勺子大打出手。

先知伊里亚对那位教徒说："这就是地狱。"

他们离开了这座房子，再也不忍听他们身后恶魔般的叫喊声。他们又走进一条长长的黑暗的通道，进入另一座大厅。这里也有许多人，大厅中央同样放着一大锅热汤。就像地狱里的一样，这里的勺子同样又长又重，但这里只能听到勺子放入汤中的声音，无人争抢。这些人总是两个人一起操作：相互用勺子舀汤给对方喝。如果一个人觉得汤勺太重了，另外的人就过来帮忙。这样一来，每个人都在安安静静地喝。当一个人喝饱了，就换另一个人。

先知伊里亚对他的教徒说："这就是天堂。"

心胸狭隘的自私鬼都在地狱中，因为自私不懂得分享美好，无论谁也喝不到汤。如果你自私，就只能下地狱，挥舞大勺和其他的自私鬼争斗，你们大打出手，但你们谁也喝不到汤。这就是自私者的结局，实在是可怜。

在这一天的训练中，我将帮你一脚踹开自私。你的身体会感到温暖，你会觉得时刻有阳光沐浴自己的心灵。

2.你想一辈子被人厌恶

自私的人是可耻的，你的家人以你为耻，朋友以你为耻，同事也会以你为耻，而你更应该以自己为耻。在你的身上，别人会看到很多东西，如刻薄、吝啬、卑鄙、无耻……几乎所有令人唾弃的性格都能找到，你可能觉得我在危言耸听，其实不是，自私的确是万恶之源。我在这里不想跟你谈什么人性，讲什么大道理。我的目的就是让你不被别人厌恶，给你一个成功的性格。往下读吧，会对你有用的。

（1）共赢，为合作带来战略性成功

在你与人交往的经历中，你的潜意识里长期存在的想法是“你赢我输”或“我赢你输”，多么可怜的单细胞思维，没有一点创造性！而我现在教你的是“你赢我赢”的思维方式。

举个例子：你有一片土地，可是种子不好，而我有优良的大麦种子，我们合作的结果必然是收获金灿灿的大麦。通过互相信任和共同努力，回报给我们的是更大的财富。

通过这么简单形象的比喻，就是单细胞思维也应该明白了吧？共赢能让合作者同时体会到创造财富的乐趣。

既然明白了我的意思，你必须有大方而富足的心态。对这个世界的各个层面来讲，共赢带来的好处是显而易见的，如朋友的友谊、爱人的亲密关系、精美的产品、事业的成功。如果这些东西你一样都没有，那你真是个自私透顶的讨厌鬼。

别再鼠目寸光了，应把眼光放长远，首先把自己的东西尽量展现在别人面前，别人才会展现给你看他的所有。只有这样，才能构成共赢的基础。否则，别人肯定会离你远远的，私下还会议论：“嘿，离那个自私的家伙远一些吧。”这将是多么可悲！

（2）坚持对方第一的原则

我猜得一点也没错，你并没有足够尊重并重视对方，更别提试着从对方的角度来考虑。把对方放在第一的位置，这对你来说简直是不可完成的任务。

对此，我要给出的建议就是，合作时可能要吃一些亏，但你要舍得吃亏。什么？不可能？再想一下，虽然你吃了一些亏，但是别人会因此愿意和你合作，使你成功的速度更快！

我小的时候，父亲告诉我，在和别人合作的时候，如果能拿八成，你就只拿六成。我坚信父亲的话，后来在我步入社会之后，我发现吃一些亏可以带来更多的合作，最终受益的还是我自己。

无论在事业上还是家庭中，你要牢记对方第一的原则。

（3）付出没有你想的那么痛苦

我知道，你习惯于索取甚至寄希望于不劳而获，这个小算盘算得很带劲，这样多划算啊！可是，你的大算盘就是算不响，这样一来你会逐渐养成依赖的作风，私心会越来越重。小算盘算大账，简直是不可能！

告诉你吧，击败自私的另一个重要手段就是把付出放在重要的位置。你应该这样来做，在同样的岗位上，争取做更多的事情，把一些额外的工作当成自己的任务。对朋友和家人额外关照，花时间、精力在他们身上，你的付出会让他们感到你的巨大变化，让他们感到一个很有安全感和爱心的人在他们身边。

你可以这样来做，首先看看你可以付出什么，同事、朋友和家人都需要什么，然后尽自己的努力付出爱心、付出行动，你会发现付出是那么令人愉悦，这种感觉前所未有。

（4）你必须学会分享

心胸如果开阔，就可以容下世间万物，可以承受挫折；心胸如果狭窄，连一粒沙子都容不下。我敢肯定，心胸狭窄的人是成不了大事的。

我的一位交往了十几年的朋友，是橡胶公司的副总经理。刚认识的时候，他跟我说他很难做到心胸开阔，他觉得像有无数的阻力阻挡他与别人分享。在公司，他完全可以授权给下属，可他害怕下属另有打算。于是，他身心疲惫，觉得非常痛苦。我跟他聊了很多次，让他试着用我给的办法去解放自己。他真不是个好学生，花了我不少精力。值得庆幸的是，经过几个月的努力，我的精力并没有白费。最后，他欣喜地告诉我，他学会了分享和宽容，他和他的团队团结一致，他管得少了很多，但公司的业绩却有了很大提高。他和家人、朋友的关系也亲密了很多，他感到自己的生活真是开心。他还邀请我去参加他们公司的年会，把我介绍给他的同事，告诉同事他有多快乐。

（5）发现分享的乐趣

让你把自己心爱的东西与他人分享，比登天还难！这是因为你一叶蔽目，看不到分享的快乐。分享是世界上伟大的感觉之一。我能够不厌其烦地讲述成功学并鼓励他人，是因为我看到了学员们脸上洋溢的微笑和感激的眼神。当我看到他们突破自我、走向成功的时候，那种感觉简直太棒了！而你从来不会有这样的感受，真是失败。

细心观察和思考之后，你必然会体会到分享的乐趣。那个时候，你就能自动自发地爱上这种行为。你从一个无耻的自私鬼变成一个心胸宽广的人，当然我也能从中感受到分享的无限乐趣。就是这么一个简单的良性循环，多棒啊！

这样去做吧，尝尝“无私”的滋味，否则你的人生也太不完整了！

选择我做教练是你的幸运，因为我对改掉“自私”的经验很丰富。认真阅读下面的要点，努力改变你的观念。

3.开始我们的爱心行动

在你弄明白自私的原因，并转换了思维后，我有一些很好的行动并相信你的能力，等待分享你成功的喜悦。

但是，你可能还不会去努力克服自私，因为不愿自己努力得到的东西，白白让别人知道或分享，害怕别人踩在你的肩膀上超越了你，你会为这次分享感到后悔。自私的心理导致了你的狭隘和失败。

现在，让我们一脚踹开自私这个不堪一击的纸老虎！

行动一：没有任何理由地送别人一件礼物，把你的感受写在下面：____

行动二：现在要你去体会“付出就是快乐”这句话，你要以别人的快乐感受为焦点。比如，从打扫办公室、放弃霸占电视遥控器、不在公共场合吸烟等开始。

写下你的感受：________________________________

行动三：写下别人对你无私帮助的5件事，这可能很困难，不要放弃，一定有的。写下你的感受：____________________________

你体会到了，这种感觉是多么美妙！你想让周围的人见到你都有这样美妙的感觉吗？不要吝啬你的一切，与大家一同分享吧！

你应该时刻记住付出大于索取，应该善于用更好的思维方式思考问题，并不断体会分享的乐趣，你必须把这些都培养成为自己的习惯。

第九天　不守承诺，带你入地狱

1.遵守承诺，是进入天堂的门票

继续言而无信吧，你的下一站将是地狱！

一个拥有健康、美貌、机敏、才学、金钱、荣誉等等的完美的人死去了，上帝安排他进地狱，他不服，想要入天堂。于是，他的鬼魂去找上帝理论。

上帝笑了笑，问道：“你有什么条件可以进入这极乐的天堂？”鬼魂于是把阳间他所有的东西统统抖搂出来，带着炫耀的口气反问道：“所有这些，难道不足以使我去天堂吗？”

“难道你不知道你缺少进入天堂的最重要的一样东西吗？”上帝并不恼怒。

鬼魂嘿嘿地笑着：“你已经看到了，我什么都有，我完全应该进入天堂。”

“你忘记了你曾经抛弃了一种最重要的东西？”上帝对这个恬不知耻的鬼魂有点不耐烦了，便直截了当地提醒他，“在人生的渡口上，你抛弃了一个人生的背囊，是不是？”

鬼魂想起来了：年轻时，他有一次乘船，突然狂风大作，小船险象环生。老艄公让他抛弃一样东西。他左思右想，美貌、金钱、荣誉……他舍不得。最后，他抛弃了“承诺”。但是，鬼魂不服：“难道仅仅因为我没有‘承诺’，就被拒绝进入光明的天堂而进入可怕的地狱吗？”

上帝变得很严肃：“那么，之后你做了些什么？”鬼魂回想着，那次他回家后，答应母亲要好好照顾她，答应妻子永远不背叛她，答应朋友要一起做一番事业。后来，后来……他回想着，自己在外面有了情人，母亲劝阻他，他对母亲却再也不闻不问，他不允许母亲破坏自己的“幸福”；他和朋友做生意，最后却私吞了朋友的那一份……

上帝打断他，说：“看到没有？由于不守承诺，你做了多少背信弃义的勾当。天堂是圣洁的，怎能容你这卑污的鬼魂？”

鬼魂沉默了，他不是无所不有，而是一无所有，亲情、友情、爱情……统统随承诺而去。他，一个卑污的鬼魂，只能下地狱！

“下地狱去吧！”上帝说完，飘然离去。

你今天拿承诺开玩笑，明天你就会成为地狱的鬼魂，生不如死。对你而言，下地狱不是什么遥远的事情，你的现实生活与地狱相差无几。

我必须叫醒你，回到一个正常人的行为当中——说过的话怎能不兑现！

2.从心开始，重新做事

我相信，一个成功的人，绝对不会出尔反尔。一天能失信于人3次以上的人，实在是太让人讨厌了。起码，我的朋友中没有这样的人。他们虽然各有缺点，但是，他们都会尽量做到坚守承诺。这也正是他们能跟我成为朋友的最基本的原因。而我，一个言出必行的人，也正是这个最关键的原因让我拥有了众多朋友，其中很多是非常优秀的朋友，他们在事业、生活的每个方面都能给我帮助和启发。正是这样圆满的人际关系，给我带来了很多成功的机会。

其实，我知道，当你回过头去看看这些年你的所作所为，你也很厌恶自己这个坏毛病。只要你想改变，我会帮你的，我要让这个世界上多一个诚信的人。

（1）找回做人的尊严

你告诉朋友如果他搬家需要人，可以来找你，结果朋友真的来找你了，你却嫌这个活又脏又累，找个借口推脱了，全然忘记了自己当初拍胸脯许诺时的样子。

你自己说过的话，就应该实现，不论代价是什么。你有能力说出那样的话，就要有能力去实现它。如果实现不了，当初就不要答应，言而无信的小人是最令人深恶痛绝的。记住，信口开河的人会经常忘记自己的承诺。

可是你没有，你先是夸下海口，告诉大家我多么有能力，许下种种诺言，暂时赢得了一些面子。等到要兑现的时候，你一再给自己找理由，根本没想或者没能力去实现它。你告诉自己，这不是我分内的工作，我没有必要去做。

就这样，你一次又一次地让大家失望，他们都知道了你是一个只会说大话的小人，他们再也不会和你打交道。于是，你的朋友越来越少。甚至在家里，孩子也渐渐对你不再信任，拿你说的话不当一回事。做人做到了这个地步，活着还有什么意思?

尊严对一个人来说太重要了，如果我跟一个不要尊严的人在一起，我会把他当成动物，他也没资格跟我谈任何东西，我也不愿意给他什么或者告诉他什么，因为我不想玷污我的名声。我相信任何人都会有同样的想法。

（2）承诺带来成功

你一直不清楚，为什么要坚守承诺。我可以告诉你，无论从哪个方面讲，承诺带给你的只有好处。我曾经培训过数十万名学员，我怎么能做到这一点? 对，坚守承诺! 最忙的时候，我一个月要做70场演讲，但是我从来没有取消或者推迟过一场，因为我答应了主办方，也答应了我的学员，没有什么理由能让我心安理得地缺席，除非我死了。

如果我在某次培训的时候没有实现自己的诺言，没有给那些学员带来我许诺过的东西，他们就不会继续参加我的培训，也不会向他人宣传我，我也就无法继续从事这个行业，无法赢得人们的尊重。虽然实现自己的承诺需要费一些精力，但这点努力比失去别人的信任后再弥补要简单得多。

在美国有一个著名的创业城——硅谷。这里有的是资本，但并不是人人都可以获得风险投资。风险投资家平时什么工作也不做，除了到处吃饭，就是与人聊天。他们并不是闲着没事干，实际上，他们是在考察对方。90%以上的风险投资商考察的时候，都把诚信放在第一位。

坚守承诺能让你受人尊敬，也能给你带来很多成功的机会。也许你为一个承诺付出了很多，但你会在以后收到10倍的回报。我之所以今天能取得这样的成绩，都是因为有很多人在支持我。因为他们觉得我这个人讲信用，和我合作很放心。如果你能把自己说过的话都兑现，你也完全可以体会合作带来的快乐，你也可以享受成功。

坚守承诺给你带来尊严。有尊严，别人才会尊敬你，这是成功的前提!

（3）拯救你的形象

赶快从噩梦中醒来吧，不要在地狱的边缘徘徊了。你的爱人，你的孩子，你的父母都需要你为他们带来一些安全感、一些荣誉，这是做人的基本责任。如果你做不到这一点，干脆大声对自己说："我是懦夫，你们都来嘲笑我吧！"不要觉得不好意思，因为你的确是个懦夫，一个大家都鄙视，连亲人都以你为耻的懦夫！

想要赢得人们的尊重，就请遵守你的诺言。说好8点开会，就绝对不要迟到一分钟；说好了帮朋友的忙，哪怕当时面临着巨大的经济损失，也要尽力去帮朋友。钱没有了可以再挣回来，信誉没了就很难挽救。其实，做到这些并不难，只要说话的时候注意一点就可以，不要为了一时的面子而说一些大话，要考虑你是否有能力去实现它。如果没有，就不要出这个风头。

今后的一切都是由过去和现在决定的。过去做得很失败，给人留下了恶劣的印象。如果能认识到这一点，还不至于十恶不赦。下面，我要开始拯救你卑污的灵魂了。

3.决不食言

你一定很清楚不守承诺带给你的伤痛，然而你不一定清楚根源在哪里。我来告诉你吧，根源就是你的虚荣心太强。为了在朋友面前有面子，你夸下海口，而你的能力却不够，这就造成了你不守承诺的结果。

让自己成为坚守承诺的人真的很难吗？你不守承诺还不是因为你害怕自己受损失，你害怕承诺束缚你的生活，你因此失信。但是，如我在前面所说，失信的结果是自食恶果。

OK，接下来，照着下面的几条去做，一刻也不要耽误，争取尽快改掉你的臭毛病！

行动一：现在回忆一下你曾经向别人承诺的5件事，而自己根本没有兑现。现在把这5件事写下来：______________________________

行动二：承接行动一，请换位思考，如果你是对方，你会怎么想？

记录在下面：____

你是不是觉得自己很可恶？失信后的致歉会博得原谅吗？

设身处地的换位思考有助于你更好地克服这个缺点。

行动三：你是不是觉得失信实在是太令人讨厌了？下面，你要发誓遵守自己的诺言，坚决践行自己所说的每一句话！

写下你的誓言：________________________________

恭喜你有这样的承诺！写下了誓言说明你已经做了承诺，你必须为自己的承诺负责！如果你只是罗列出来，又无限期延长，就等同于没做这样的事情。

你要保护自己的个人品牌！

在做完这些行动之后，你是否感到作出承诺和实现承诺之间的距离，这个距离完全可以由自己控制，只要用心去做。

在商业社会，我只相信一点，小聪明只会吃大亏，诚信会让你最终出人头地。

第十天　苛求完美，你的生命有多长

1.苛求虚无的完美等于浪费生命

别再苛求完美啦，你今生剩余的时间已不多了！

有位伟大的雕刻家，他的艺术是如此完美，以至于当他完成一座雕像时，令人几乎难以区分哪个是真人，哪个是雕像。有一天，占星师告诉雕刻家他的死期即将来临。雕刻家非常伤心，他开始害怕，就像所有人一样，他也想要避免死亡。他静心思索，最后想到了一个方法，他做了11个自己的雕像。当死神来敲门时，他藏在那11个雕像之间，屏住了呼吸。

死神感到困惑，无法相信自己的眼睛。从未发生过这种事，从没听说过上帝会创造出两个完全一样的人。上帝的创造总是独一无二的，所有东西都是唯一的。

到底怎么回事？12个一模一样的人，现在该带走哪一个呢？只能带走一个……死神无法决定。带着困惑，死神回去问上帝："你到底做了什么？居然会有12个一模一样的人，而我要带回来的只有一个，我该如何选择？"

上帝微笑着把死神叫到身边，在死神耳旁轻声说了一个方法，一个能够在“赝品”之中找出真品的方法。他给了死神一个暗号，他说：“你到那个艺术家藏身的房间里，说出这个暗号。”

死神问：“真的有用吗？”上帝说：“别担心，你试了就知道。”

带着怀疑的神情，死神又一次走进了房间，往四周看了看，说：“先生，一切都非常完美，只有一件小事例外。你做得非常好，但你忘记了一点，所以仍然有个小小的瑕疵。”

雕刻家完全忘记了自己得躲起来一事，跳出来问道：“什么瑕疵？”

死神笑着说：“抓到你了吧，这就是瑕疵——你无法忘记你自己，天堂都没有完美的东西，何况人间。别废话了，跟我走吧！”

是啊，天堂都没有完美的东西，何况人间！

你还在事事追求完美？你有没有想过自己生命的长度？你真的以为世界上有完美的爱人、完美的朋友、完美的工作、完美的老板？你只是在浪费你的时间，那点本来就少得可怜的时间。你肯定还要把大量时间花在唏嘘感叹上，感叹完美真的好难。

放弃完美主义吧，不要把你有限的生命浪费在虚无的完美之中。

2.你不能再陷进去

你正一步一步陷入这个漂亮的陷阱，你陶醉在其中沾沾自喜。你觉得自己高人一等，你身边的人都是没用的、低能的，你在各方面都要比身边所有的人做得好。在别人眼里，你永远是那个稳重、聪明、无所不能的偶像。因为这个，你获得了巨大的成就感，虚荣心也得到了极大满足。我要揭露你的是：你自己心里正在发虚，你活得比谁都辛苦，其实你羡慕身边每个人的生活，他们过得是那么舒服、安逸。

醒来吧，完美主义者，现在还不是太晚！

（1）承认缺憾

如果说黄金分割是真正完美的，它也只是个无理数。化为有理数也只近似于0.618。我平常做事，做到0.6或者0.61就可以，当然你可以做到0.618，但是再往下做就没什么意义了，因为真正的黄金分割是无法穷尽的。

不知道你买过水晶没有，我选购过一些水晶。刚开始选购的时候，总是觉得这块水晶里面有杂质或者不够透明，那块水晶又太小，反正每次都很难挑到自己想象中的最完美的水晶。有一次，朋友给我看了一块确实够大又很清澈的水晶。不过，她告诉我，那是人造的。

（2）不要对自己过分苛刻

你对自己太苛刻，你给自己定的目标和要求都比别人高很多，而人的能力总是有限的，所以问题就来了。我给自己定目标都是稍微高一点，只要尽心努力就能完成。

比如，今天我能写3000字的文章，但我给自己定的目标是3800字。你也应该给自己定一个“跳一跳，够得着”的目标，只要对得起自己的努力和良心，就不要太在意别人对自己的评价。否则，遇到一点挫折就可能导致身心疲惫。不要为了让周围的人都对你满意而处处谨小慎微，还是要有点“我行我素”的气魄，否则让所有人都满意而自己却活得那么辛苦，这对你又有什么意义呢？

你是不是觉得自己如果不能表现得比别人好的话，别人就会无视你的存在，吸引不了别人的眼光？

不要把自己看得太重要，绝大多数人都是普普通通的凡人，地球少了谁都会继续它的旋转。放下架子，别再自作多情了，没有人在乎你今天穿的皮鞋是什么牌子，也没有人关注你家的地板到底多少钱一平方米，不要总是为一些无谓的琐事而费心劳神。

如同你对他人的关注一样，人们不会在乎太多的琐事。你的责任就是让自己的家人过得更加幸福，力所能及地帮助朋友，大家因为你的存在更开心，仅此而已。

（3）大胆尝试新事物

还是举打网球的例子，如果不去学习新的技术，当然也就不会有太高的水平。所有的事情都是这样。

你是不是觉得如果做事做不到100%甚至120%的话，就是碌碌无为或太平庸了呢？你把完美主义看成取得成功必须付出的代价，你也相信实现完美是你达到理想高度的唯一途径，但实际情况怎样呢？你对失败的恐惧使你做事如履薄冰，畏首畏尾。你擅长打网球，但你从来不敢去尝试别的球类，甚至连新的网球技术都不愿意尝试。当朋友跟你谈及棒球时，你会找个蹩脚的借口来转移话题。

不敢尝试新事物的坏处不用我多说了吧？它简直就是贫乏、无知、胆小、可怜、自卑的同义词。你这样的人居然跟“完美”这个字眼扯在一起，真的很好笑。

你是不是从来没想到过，你追求完美的背后其实是怯懦无能的心理？是不是觉得脸在发烧，羞愧难当？这正是我要让你感觉到的。

3.摆脱完美主义的魔咒

不用太过自责。我让你感到羞愧、感到恐惧的原因，就是要帮你改掉这个可恶的坏毛病，逃离这个漂亮的陷阱！

下面，请照着我的话去做。

行动一：在你的同事或者朋友中找出一位比较优秀的，然后准备笔和纸，在纸的左边写上你优于他的地方，在纸的右边写上他优于你的地方。越多越好，一定要客观，不要有任何害羞的心理。这是为了让你明白，人人都有优缺点，你不可能处处比别人强。

行动二：给你的老板打电话，告诉他，你明天请半天或者一天的假，不要管电话那头的老板有多惊讶。你可以好好享受这个小假日，或者至少你可以把这一天用来总结一下你学习本书的收获。

行动三：把你认为最完美的人、最完美的公司写在下面：__________

____

把你认为最完美的建筑、最完美的工艺品、最完美的佳肴写在下面：

____

然后，你开始考虑，它们真的毫无瑕疵？

记住，为了搞明白这个问题，我们必须吹毛求疵、求全责备。

完美主义只是人性中一个意识上错误的观点，突破完美主义后，你会有更多的时间和精力来提高自我。

在你艰难地完成前9天的训练之后，相信这最后一天的冲刺让你感到无比快乐。虽然你身心疲惫，但我相信你体会到了改变的乐趣。好了，让我们善始善终，写下这最后一天训练的感受。

最后，让我们一起来咒骂完美主义这个魔鬼——这个消耗我们时间和精力的海市蜃楼。

完美主义，

极具诱惑的口号，

一个漂亮的陷阱，
一株妖艳的罂粟，
将我们引诱的鬼火，
却以为是上帝的圣灯。
我们高兴地奔去，
我们一边逞强，
一边虚荣。
显微镜下精致的世界，
让你无法容忍，
你拼命地修复眼中的世界，
你忘记了，
完美只不过是一厢情愿的幻影。
……

很高兴你一直把我当作真诚的朋友，我们共同度过了难忘的10天魔力之旅。现在你要做的就是坚持、坚持、再坚持，而我会一直注视着你，默默地为你祝福！